初中数学核心素养行为表现及教学案例研究

·

抽象能力

总 主 编　章建跃　鲍建生

本册主编　吴增生　董玉成　马文杰

编写人员（以姓氏笔画为序）

马文杰　朱　荻　刘春艳　杨鲜枝

吴灵秋　吴增生　曹　辰　董玉成

董建功　温孝明

华东师范大学出版社

·上海·

图书在版编目（CIP）数据

初中数学核心素养行为表现及教学案例研究. 抽象能
力／章建跃，鲍建生总主编. —上海：华东师范大学出
版社，2024
ISBN 978-7-5760-4387-7

Ⅰ. ①初… Ⅱ. ①章… ②鲍… Ⅲ. ①中学数学课—
初中—教学参考资料 Ⅳ. ①G633.603

中国国家版本馆 CIP 数据核字（2024）第 079535 号

初中数学核心素养行为表现及教学案例研究 抽象能力
CHUZHONG SHUXUE HEXIN SUYANG XINGWEI BIAOXIAN JI JIAOXUE ANLI YANJIU CHOUXIANG NENGLI

总 主 编　章建跃　鲍建生
责任编辑　孙　婷
特约审读　王小双
责任校对　刘伟敏
装帧设计　刘怡霖

出版发行　华东师范大学出版社
社　　址　上海市中山北路 3663 号　邮编 200062
网　　址　www. ecnupress. com. cn
电　　话　021-60821666　行政传真 021-62572105
客服电话　021-62865537　门市（邮购）电话 021-62869887
地　　址　上海市中山北路 3663 号华东师范大学校内先锋路口
网　　店　http://hdsdcbs.tmall.com

印 刷 者　江苏扬中印刷有限公司
开　　本　787 毫米×1092 毫米　1/16
印　　张　23
字　　数　426 千字
版　　次　2024 年 9 月第 1 版
印　　次　2024 年 9 月第 2 次
书　　号　ISBN 978-7-5760-4387-7
定　　价　69.00 元

出 版 人　王　焰

（如发现本版图书有印订质量问题,请寄回本社客服中心调换或电话 021-62865537 联系）

初中数学核心素养行为表现及教学案例研究

丛书编委

总 主 编　章建跃　鲍建生

编　　委　吴增生　孙　锋　景　敏　郭玉峰

　　　　　张宗余　刘　达　薛红霞　吴　锷

　　　　　董玉成　马文杰　周远方　温孝明

　　　　　王红权　赵桂芳　林祥华　潘小梅

　　　　　张劲松　任宏章　崔安玲　刘小歆

丛书前言

2022 年 4 月 21 日,教育部印发《义务教育课程方案(2022 年版)》和义务教育各科课程标准,标志着新一轮的课程改革全面实施。新的义务教育课程标准从五个方面描绘了育人蓝图:增强了思想性,充分反映习近平新时代中国特色社会主义思想,有机融入社会主义先进文化、革命文化、中华优秀传统文化、国家安全、生命安全与健康等重大主题教育;增强了科学性,遵循学生认知规律,注重与学生生活、社会实际的联系;增强了时代性,反映经济社会发展新变化、科学技术进步新成果;增强了整体性,注重学段纵向衔接、学科横向配合;增强了指导性,加强了课程实施指导,做到好用管用。

本次课程改革以核心素养为导向。《义务教育数学课程标准(2022 年版)》(以下简称《课标(2022 年版)》)基于义务教育培养目标,将党的教育方针具体细化为数学课程应着力培养的核心素养,并给出了各学段数学核心素养的具体表现。义务教育数学的课程、教学、评价等都必须围绕学生数学核心素养的发展进行思考、研究与实践。因此,深入细致地研究、领会数学核心素养的内涵成为当务之急,也是我们今后一段时间内重中之重的研究课题。当前,结合具体的数学学习领域构建可操作、可观察、可测量的核心素养行为指标体系,针对具体的核心素养行为指标设计教学与评价案例,是亟待研究和解决的问题。

为此,中国教育学会中学数学教学专业委员会(以下简称"中数专委会")于 2022 年 5 月设立"义务教育数学课程标准研究专项课题(初中)",推出了一批相关的研究课题,由中国教育学会正式立项,其中包括:

(1)数学核心素养解读与案例研究;

(2)领域—主题—单元内容解读与案例研究;

(3)基于数学整体性的单元—课时教学设计与实践;

(4)综合与实践领域的教学研究;

(5)体现学习规律的作业设计研究;

(6)基于核心素养的教学评价研究;

(7)基于核心素养的学业质量标准与考试评价;等等。

我们相信,这一系列的研究一定能为我国广大初中教师理解数学核心素养的内涵,挖掘具体内容中蕴含的发展学生数学核心素养的资源,实施基于数学核心素养的教学与评价,达成基于数学核心素养的教学目标,实现数学课程立德树人的根本任务等提供帮助,并引领我国初中数学教师更深入地开展理论与实践相结合的研究工作。

本套丛书是专项课题中的重点课题"数学核心素养行为表现及教学案例研究"的研究成果。这个课题由中数专委会直接负责,专委会学术委员会主任章建跃、鲍建生作为课题总负责人,课题组成员来自中学、大学、教研部门以及数学教育研究部门,是一支"四结合"的队伍。课题组围绕数学核心素养在初中阶段的九个主要表现,成立了八个专题研究小组。在总课题组的协调下,各专题研究组既有分工又有协作,在各专题研究组分头研究的基础上,总课题组适时组织大家交流研究心得体会、阶段性研究成果,并及时进行归纳总结,为课题研究指明方向。历经一年多的时间,在全体课题组成员的通力协作下,终于完成了本丛书的编写工作。

回顾这一年多的研究历程,可以说,每一个参与者都多次亲历了"山重水复疑无路,柳暗花明又一村"的过程,令人感慨万千。

素养+表现

众所周知,《课标(2022 年版)》将数学课程应着力培养的核心素养明确为"会用数学的眼光观察现实世界,会用数学的思维思考现实世界,会用数学的语言表达现实世界"(简称"三会"),以体现正确价值观、必备品格和关键能力的培养要求,统领义务教育阶段的数学课程、教学与评价。

为了落实"三会",《课标(2022 年版)》给出了核心素养在初中阶段的九个主要表现——抽象能力、运算能力、几何直观、空间观念、推理能力、数据观念、模型观念、应用意识与创新意识,希望通过这些"看得见""抓得住"的行为表现及其达成水平的行为描述,使数学核心素养成为可学、可教、可评的课程目标,不仅在课堂教学中能够具体落地,而且能为构建学业质量标准提供依据,引领中考命题改革。

随着《课标(2022 年版)》的颁布,数学核心素养及其主要表现的研究立即成为一个热点问题。可以看到,这些研究许多都聚焦在核心素养的概念解读及其理论诠释上,结合具体教学内容的、使核心素养与教学内容建立紧密关联的、具有教学实践可操作性的研究还比较稀缺。本套丛书试图在理论与实践之间建立桥梁。我们以"更贴近一线教师的实际需求,更有

效地解决教学中的实际问题"为研究宗旨,希望通过系统而深入的研究,切实回答下列问题:

- 如何进一步明确核心素养的主要表现,形成可学、可教、可评的表现性指标?
- 如何将核心素养的表现性指标与具体的数学领域(数与代数、图形与几何、统计与概率、综合与实践)相结合,构建可操作的指标体系,成为制定课堂教学目标和考试评价的依据?
- 如何在核心素养行为指标体系的指导下,设计针对性的评价样例和教学课例,提炼基于数学核心素养的教学策略与评价策略?

毫无疑问,上述这些都是落实数学核心素养的关键问题,我们课题组试图尽最大努力回答这些问题。我们的努力是一次凝聚集体智慧的尝试,希望能够抛砖引玉,期待广大数学教育工作者能在这套丛书的基础上开展进一步的研究,通过大家的努力,有效地引导广大教师将核心素养的主要表现体现在教学要求中,帮助教师掌握在"四基""四能"的教学中落实数学核心素养的策略与方法。

教学+评价

21 世纪以来,评价的理念已经有了较大的变化,从"对教学的评价"到"为了教学的评价"再到"教学即评价",但在实践中,这种理念主要体现在课堂教学中的"即时评价"和"过程性评价"上。作为终结性评价的各类考试,如中考、高考,在很大程度上与教学仍然是"两张皮"。如何尽可能地消除这种隔阂,是基础教育课程教学深化改革中遇到的瓶颈。可以说,这个瓶颈不突破,再完美的课程教学改革设计,其实施效果都将大打折扣。

在中小学数学教育中,消除教学与评价之间隔阂的一个关键问题是处理好四基、四能与核心素养的关系。数学"双基"的教学是我国数学教育的优良传统,也是学生在数学和科学领域进一步学习与发展必须具备的基本功,但如果教学与考试只关注"双基",就必然导致"双基"的过度训练,形成"天花板效应",使教学与考试成为一种"捉迷藏"游戏。因此,探索与形成立足"双基"、数学核心素养导向、教—学—评相互协调的评价标准是当务之急,这样才能有效地将教学的过程与结果融于一体,使教学与评价相辅相成,切实发挥评价的导向、诊断、反馈作用,实现以评促教、以评促学,促进学生全面发展。

《课标(2022 年版)》首次构建了义务教育阶段的数学课程学业质量标准,作为教学与评价的重要依据。《课标(2022 年版)》明确指出:"学业质量标准是以核心素养为主要维度,结合课程内容,对学生学业成就具体表现特征的整体刻画。"据此,我们确定了本套丛书的一个重要研究目标：将数学核心素养的行为表现指标与具体课程内容相关联，系统设计具有教学与评价双重功能的、体现不同学业质量水平的行为表现样例。期望通过具有系统性的结构化样例设计，为教—学—评一体化提供引领示范。

基于上述目标，本套丛书提供了大量的具有教学与评价双重功能的"样例"与"教学案例"。丛书中的每一分册虽然聚焦数学核心素养的一个主要表现，但由于数学知识体系及数学核心素养都具有整体性、一致性、发展性的特征，因此，各分册中的"样例"既相对独立，又互有关联，初步形成了一个"初中数学核心素养样例系统"，为进一步构建基于数学核心素养的题库打下了基础。

理论 + 实践

长期以来，基础教育界的理论与实践之间也存在着"两张皮"现象。各种新的理论层出不穷，各种口号花样翻新，但教学实践却往往"涛声依旧"。

毋庸置疑，理论有理论的长处，好的理论应该源于实践又用于实践。实践同样有自身的优势，通过实践生成的各种经验不仅好用、管用，也是构建理论的基础。因此，本套丛书从团队构建，到研究过程，再到成果的提炼与推广，都遵循着理论与实践相结合的原则。特别是在研究过程中，我们采用了自上而下与自下而上相结合的途径。

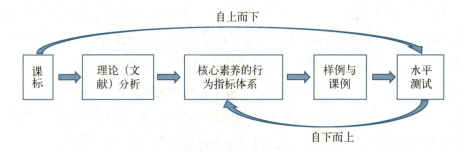

图 1　丛书的研究路径

每个专题研究小组首先从《课标（2022 年版）》出发，研读与梳理各种相关文献，构建数学核心素养各主要表现的行为表现指标体系，其中包括核心素养的内涵，行为表现的认知分析，水平划分的理论依据，等等。这种自上而下的方式有助于从整体上把握研究方向，确定宏观的分析框架，但到了具体的数学内容层面，则需要借助实际的教学经验，通过对样例的分析进一步细化与完善行为指标体系。通过这种双向的研究过程，使得研究成果既有理论的支持,也有实践的基础。

教师的职业本质上是一种实践,实践中首先积累的是宝贵的经验,但教师的经验带有个性化、情境化、内隐性等特征,因此需要从理论层面进一步梳理、分析、反思,从中提炼出理论模型。也正因为有这样的需求,近年来国际教师教育研究领域开始提倡"基于实践的知识""实践中的真实""关于实践的知识"这类力图使理论与实践相互结合的研究思路。实际上,数学教育作为交叉学科领域,在我们以往的研究中,也是一直特别强调其实践品格,注重"实践基础上的理性概括"的重要性。

专业 + 领航

在 2023 年举行的中国教育学会的年度工作会议上,朱之文会长布置了 9 项工作,其中第 3 项重要工作就是新课程实施的"领航计划",而承担数学学科新课程"领航计划"的就是中国教育学会中学数学教学专业委员会。

在国际教师教育研究领域,教师一直被认为是一个职业化水平不算太高的职业,入职的门槛较低,职业的进阶也不够规范。其原因之一是缺乏专业的引领。教师是一个职业,但数学教师更多的是一种专业。专业的提升与职业的规范同样重要。因此,数学教师的专业成长除了教育理念的更新、教育理论的指导及教学方法的改进外,更重要的是对数学本身的理解。"理解数学,理解学生,理解教学"是教师专业化发展的基石,也是提高教学质量的根本保证。这里,"理解数学"是第一位的。

中数专委会作为我国中学数学教师最大的专业团体,其主要的工作就是在专业上起到引领作用。研究和出版这套丛书的一个重要目的是希望它可以成为一种专业引领的工具,通过这套丛书,引领广大初中数学教师更好地理解核心素养导向的新课程理念,掌握挖掘具体内容蕴含的育人资源的方法,深入理解每一个特定的学习内容在培养学生相关核心素养中的作用,学会建立具体内容与核心素养主要表现的关联,能将核心素养的主要表现体现在教学的各个环节中,从而使数学核心素养能够真正落地。

团队 + 合作

2022 年 5 月,中数专委会推出"《义务教育数学课程标准(2022 年版)》专项研究课题(初中)"后，很快中数专委会的同仁中就形成了本套丛书的写作与出版意愿。我们成立了丛书编委会，然后在全国范围招募"有水平，肯投入，好合作"的优秀教师参与，组成实力强大的八个专题研究组，分别针对数学核心素养在初中阶段的九个主要表现(其中，"应用意识"与"创新意识"作为一个专题)进行深入的研究。专题研究组的成员包括中学专家教师(特级或正高级)、省市资深教研员和大学教授。可以说，这是一个既有高度理论水平、又有丰富实践经验的研究团队。

我们相信团队的力量，更明白合作的重要性。在研究的起步阶段，每个专题都遇到了一些极具挑战性的问题。特别是数学核心素养行为表现指标体系的构建，不仅对绝大多数团队成员来说是一个全新的课题，在国际数学教育研究领域也缺乏可以借鉴的理论成果和相关的可以本土化的研究范例。在这种背景下，所有团队成员都没有气馁、没有放弃。我们进行了无数次线上线下的研讨活动，虽经历了一次次的争论，但最终总能达成共识；虽遇到了一个个的困难，但总能找到解决办法。就这样，通过团队的齐心合力，我们完成了这套丛书的编写。

因为参与本课题研究的成员数以百计，也因为各个核心素养的主要表现分属"数学眼光""数学思维""数学语言"，因而各具特色，还因为希望最大限度地发挥各研究小组的主观能动性，所以本套丛书尽管事先给出了统一的格式体例，但在具体研究、编写过程中我们没有对各分册进行严格限制，因此现在呈现在广大读者面前的是格式体例不完全一致的书稿。我们想，这样也可以给大家以不同方面的启发，为大家开展后续更加深入的研究提供不一样的思路。

最后，作为课题负责人、本套丛书的主编，我们要感谢所有的团队成员，正是由于他们的精诚合作与精益求精，才有这套丛书的诞生。我们要感谢中国教育学会和中数专委会的大力支持，使我们这个团队有了归属感和使命感。我们还要特别感谢华东师范大学出版社，从项目的策划到丛书的出版发行，都离不开他们的专业支撑。

因为是初次尝试，再加上成书仓促，来不及进行字斟句酌的推敲，所以本书谬误肯定不少，敬请读者批评指正。

章建跃　鲍建生
谨识
2023 年岁末

摘 要

在核心素养导向的新一轮课程教学改革实施过程中,广大初中数学教师反映,在如何把握数学核心素养行为表现的内涵,如何分析具体内容对培养相关核心素养的作用,如何建立具体内容、内容主线与核心素养的关联,如何把握核心素养行为表现的水平层次,如何评价学生数学核心素养的发展水平等问题上,都存在较大困难。为此,中国教育学会中学数学教学专业委员会组织编写了这套丛书,尝试通过建构初中数学核心素养行为表现指标体系,将核心素养行为表现具体化,并通过典型案例解析行为表现的含义和水平层次,给出核心素养落实于课堂的教学策略与方法。

本套丛书按照《课标(2022 年版)》建构的初中阶段数学核心素养九大行为表现(抽象能力、运算能力、几何直观、空间观念、推理能力、数据观念、模型观念、应用意识、创新意识),分八个分册,分别对每一个行为表现的内涵进行详细解析,在此基础上给出行为表现的一级指标;以“领域—主题”为单元,结合具体内容将一级指标进一步具体化,从而形成相应行为表现的二级指标体系,建立具体内容、内容主线与相应核心素养发展之间的关联;在每一个主题中选择核心内容,给出相应行为表现二级指标在该核心内容中的具体行为表现,从而将二级指标进一步细化为三级指标,三级指标实际上就是“单元—课时”教学目标,以“通过(经历)X,能(会)Y,发展(体验)Z”的格式呈现,其中 X 是数学活动,Y 是显性目标(知识、技能等),Z 是隐性目标(思维发展、关键能力、情感态度价值观等);研制样例,对行为表现指标作出解析,即通过精选情境、提出问题,描述解决问题过程中的行为指标及水平层次,并针对样例给出教学建议;通过若干典型课例,给出单元—课时教学中培养学生数学核心素养的示例及单元教学建议;最后给出核心素养发展水平测试范例,含测试工具的研制、测试数据的收集、测试结果的分析等。

本套丛书的主要亮点是建构了初中数学核心素养主要行为表现的分级指标体系,全面建立了初中数学具体内容与核心素养主要表现的关联,通过样例将核心素养的主要表现体现在具体教学要求中,针对当前新课程实施中最亟需解决的问题,给出了高屋建瓴且具可操作性的解决方案。

本套丛书的作者是我国初中数学课程、教学、评价研究与实践中的佼佼者。可以相信，由这样一支有情怀、水平高、讲奉献、能攻坚的队伍倾力编写的著作，一定可以成为广大初中数学教师践行新课程理念的好帮手。

前　言

《课标（2022 年版）》凝练了数学核心素养的"三会"内涵，根据数学核心素养的整体性和发展的阶段性，进一步提出了初中阶段数学核心素养九个方面的行为表现：抽象能力、运算能力、几何直观、空间观念、推理能力、数据观念、模型观念、应用意识和创新意识。为了帮助广大数学教育工作者更好地理解数学核心素养的内涵及其行为表现，推进初中数学课程教学改革，中国教育学会中学数学教学专业委员会设立专项课题，开展数学核心素养的系统研究。这一专项课题的研究取向是：建构核心素养行为表现指标体系，将行为表现的抽象描述转化为可操作的"单元—课时"教学目标；通过案例解析行为表现，并给出核心素养落实于课堂的"单元—课时"教学案例，提出融合内容、发展核心素养行为表现的教学建议和评价建议。

本书是上述专项课题的研究成果之一，包含九章内容：

第 1 章"概述"，对《课标（2022 年版）》中的课程性质、核心素养内涵和抽象能力等进行了分析，从中小学数学课程的整体性出发，阐释了初中"抽象能力"与小学的"数感、量感与符号意识"及高中的"数学抽象"之间的关系；分析了数学抽象在数学发展中的地位作用、抽象的心理过程和特点。以《课标（2022 年版）》关于初中阶段抽象能力行为表现的界定为依据，建立了含五个维度的抽象能力一级行为指标体系，并用案例解释了每一个维度的内涵、抽象过程、价值作用、难点及突破策略。最后，基于抽象的心理过程和指标体系，提出融合内容发展抽象能力的教学建议。

在第 2 章至第 8 章中，结合课程标准中的内容主题，分析抽象在主题内容结构化建构中的作用，分析该主题的课程内容与学业要求，在此基础上，根据第 1 章提出的抽象能力行为指标体系，构建该主题中抽象能力行为表现的二级指标框架。进一步，通过典型案例解析二级指标中抽象能力的内涵，分析抽象活动过程，划分抽象能力表现水平，用案例（题目或活动片段）解析达成相应水平的要求，为评价具体内容学习中的抽象能力表现水平提供参照。最后，用"单元—课时"教学案例说明如何融合该主题内容培养学生的抽象能力，并提出相应的教学建议。

第 9 章，基于案例介绍融合内容测试阶段性抽象能力发展水平的试卷布局、试题命制、测试分析等，并在此基础上，进一步提出命题建议。

本书具有以下几个特点：

一是基于《课标（2022 年版）》构建抽象能力行为表现指标体系，在分析数学核心素养中抽象能力具体表现的基础上，结合研究一类数学对象的一般过程或研究问题的方法、策略，提炼抽象能力行为表现的一级、二级指标体系，并通过案例进行解析。

二是融合内容，体现"教—学—评"的有机衔接。《课标（2022 年版）》中明确了抽象能力的内涵和行为表现，并在"学业要求"和"教学提示"中对如何培养抽象能力给出了概括性指导，但对于一线教师来说，仍然会觉得抽象。本书根据一线教师的需求，在具体单元内容中分析抽象活动，明确抽象活动的水平层次，提出评价和教学建议。通过案例这种生动具体的形式，解析抽象能力的行为表现、评价与教学建议，从而帮助教师更好地理解在哪些内容建构中可以设计抽象活动，需要抽象什么，怎样抽象，如何引导学生开展抽象活动，如何评价抽象能力，等等。

三是具有可操作性，力图为从课程标准到教学及评价实践提供可操作的指南和可借鉴的案例。本书以研究一类数学对象的过程为参照，以研究一个（类）问题的方法或策略为主线，建构了五维度、三层级的抽象能力行为表现指标体系。这个指标体系的结构与初中数学课程中每一单元（教材中的每一章）内容结构具有对应性，由此可以给教师在确定"单元—课时"教学目标、创设情境与问题、设计学习活动来引导学生的抽象活动、评价学生抽象能力水平等方面提供目标引领。同时，本书在具体案例中解析抽象能力的目标设置、教学方式、评价方法，从而使《课标（2022 年版）》的抽象表述有了具体内容的支撑，给出了如何培养抽象能力的示范。

本书是集体智慧的结晶，具体分工如下：吴增生负责第 1 章和第 5 章的撰写；董玉成负责第 2 章的撰写；温孝明、杨鲜枝负责第 3 章的撰写；刘春艳负责第 4 章的撰写；吴灵秋负责第 6 章的撰写；朱荻负责第 7 章的撰写；董建功负责第 8 章的撰写；曹辰负责第 9 章的撰写。全书统稿为吴增生和马文杰。从 2022 年 5 月开始，设计研究方案，统一研究框架，逐章多次研讨，六易其稿。

特别感谢丛书主编章建跃博士和鲍建生教授，他们参加了本课题的每次研讨会，并给出了高屋建瓴且有针对性的指导。

限于水平，本书难免会存在些许问题或差错，欢迎读者批评指正。

本书编写组

2023. 8. 15

目 录

第1章　概述

　　本章在解读《课标(2022 年版)》的课程性质、核心素养内涵和抽象能力的基础上,对初中抽象能力与小学的"数感、量感与符号意识"及高中的"数学抽象"之间的关系,数学抽象在数学发展中的地位作用、抽象的心理过程和特点等进行分析. 根据单元整体教学中针对一类数学对象的研究主线和抽象能力的课程标准要求,建立抽象能力的行为指标体系,并用案例解释每一个行为指标的内涵、抽象过程、价值作用、难点及突破策略. 最后,基于抽象的心理过程和指标体系,提出融合内容发展抽象能力的教学建议.

1.1　抽象能力的内涵解读

　　所谓抽象,指的是舍弃个别的、非本质的属性,抽出共同的、本质的属性的认知活动. 抽象是形成概念的必要手段,它是科学研究中经常使用的一种方法. 数学是研究数量关系和空间形式的科学,因此,数学抽象指的是对现实世界中的数量关系与空间形式的抽象.

　　解读抽象能力的行为表现,首先建立在明确其内涵、育人价值和活动过程的基础上.

1.1.1　什么是抽象能力

　　《课标(2022 年版)》指出了如下的数学课程性质:数学是研究数量关系和空间形式的科学. 数学源于对现实世界的抽象,通过对数量和数量关系、图形和图形关系的抽象,得到数学的研究对象及其关系;基于抽象结构,通过对研究对象的符号运算、形式推理、模型构建等,形成数学的结论和方法,帮助人们认识、理解和表达现实世界的本质、关系和规律.

　　其中"数学是研究数量关系和空间形式的科学"是对数学学科的本质界定;"数学源于对现实世界的抽象,通过对数量和数量关系、图形和图形关系的抽象,得到数学的研究对象及其关系"说的是通过抽象活动从现实世界中得到数学的研究对象及其关系,是"用数学的眼光观察现实世界";"基于抽象结构,通过对研究对象的符号运算、形式推理、模型构建等,形成数学的结论和方法"指的是"用数学的思维方式思考现实世界"和"用数学的语言表达现实世界".因此,抽象能力是"用数学的眼光观察现实世界"的核心行为表现.

初中阶段的"抽象能力",一方面是小学阶段"数感、量感与符号意识"的进一步发展,另一方面为高中阶段的更为严谨、形式化的"数学抽象"打下基础.《课标(2022年版)》对初中阶段"抽象能力"的内涵与要求表述如下:

抽象能力主要是指通过对现实世界中数量关系与空间形式的抽象,得到数学的研究对象,形成数学概念、性质、法则和方法的能力.能够从实际情境或跨学科的问题中抽象出核心变量、变量的规律以及变量之间的关系,并能够用数学符号予以表达;能够从具体的问题解决中概括出一般结论,形成数学的方法与策略.

这段话中,"抽象能力主要是指通过对现实世界中数量关系与空间形式的抽象,得到数学的研究对象,形成数学概念、性质、法则和方法的能力"是对抽象能力的内涵的界定,也明确了通过抽象活动得到的抽象结构——数学概念、性质、法则和方法."能够从实际情境或跨学科的问题中抽象出核心变量、变量的规律以及变量之间的关系,并能够用数学符号予以表达"指的是抽象的基本过程."能够从具体的问题解决中概括出一般结论,形成数学的方法与策略"指的是能通过反思和总结得到数学的方法和策略,是比数量关系和图形关系更抽象的"程序性知识"和"策略性知识"的抽象.其中所说的核心变量是广义的,本质上指的是数学对象和关系的核心要素.例如,在数的内容中指的是构成算式的数与运算、构成数系结构的运算与运算律;在代数式的内容中指的是构成代数式的基本要素"数、字母"及结构要素"运算""运算律";在几何图形性质内容中体现为图形的构成要素与相关要素,构成欧氏几何公理化体系中的基本要素(定义、基本事实)及结构要素(形式推理的逻辑);等等.当然,在函数内容中,核心变量就是我们通常所说的因变量与自变量,用数学符号表示指的就是用函数模型表示,是抽象变量与模型的过程.

1.1.2 数学抽象的意义

数学抽象是一切科学抽象的典范.抽象并不是数学所独有的,但数学除了关注数量与空间的特征外忽略了其余一切物理特征,数学抽象具有典型性、确定性和高度的形式化,使之成为抽象活动的典范,数学抽象的方法广泛地应用于其他学科和实际问题的研究中.正因为如此,数学可以在更抽象的层次(数量关系、空间结构、逻辑关系)上一般性地研究事物的本质、关系与规律,具有应用的广泛性;也正因为如此,数学抽象成为了数学产生和发展的思维基础,是数学活动的基本形式.史宁中指出,数学的发展所依赖的最重要的基本思想也就是抽象,这种抽象了的东西就是数学研究所必须定义的最基本的概念.

数学抽象反映了数学的本质特征和基本思想.数学具有高度的抽象性、逻辑确定性和应用的广泛性,正是数学的高度抽象性,才使得数学成为科学的语言,在自然科学和社会科学中具有极其广泛的应用,无论是5G、量子通信、人工智能、大数据、半导体还是生命科学的发展,都离不开数学的支撑.随着时代的发展,一门学科是否可以用数学进行研究和表达,已经成为检验这门学科是否成熟的标志.抽象是从现实世界中引入数学研究对象及其关系的核心认知活动,是进一步研究和表达现实世界的基础,因此,抽象成为最为重要的数学基本思想.

数学抽象具有重要的育人价值.抽象不仅在数学、自然科学和社会科学中有着广泛的应用,也是人类智能的核心.能否在纷繁复杂的现实世界中借助数量关系和空间形式洞察事物的本质属性、普遍联系和一般规律,并用来预测未来、采取适当的行动,关系着一个人是否能很好地适应环境,获得更好的发展.因此,抽象能力对学生未来的发展,具有重要的意义.《课标(2022年版)》指出发展抽象能力的育人价值是:"感悟数学抽象对于数学产生与发展的作用,感悟用数学的眼光观察现实世界的意义,形成数学想象力,提高学习数学的兴趣."

数学抽象源于直观.数学抽象是在聚焦数量关系和空间形式进行直观观察和想象的基础上,进一步借助语言加以明确,推广所聚焦的具体的数量关系和空间形式,并用符号表示.直观观察和想象是所有学科所共有的感知能力,但是,数学观察和想象是戴着"滤色镜"观察的,这一"滤色镜"过滤掉了除数量关系和空间形式外的一切物理信息,这种对信息的过滤和选择并进一步明确化和推广的活动就是抽象.例如,人们基于现实生活中圆形物体的外部轮廓得到圆的空间视觉形象,这是对空间物体的边界的整体知觉;接着,通过画圆操作,聚焦圆的核心要素——组成圆的点,决定点的运动方式的要素——定点和定长,分析要素的关系——用定点和定长约束点的旋转运动;获得圆的发生式定义"线段一端固定,另一端点旋转一周得到的图形叫做圆";进一步,用决定要素约束组成要素的语句表达圆的点集定义"平面上到定点的距离等于定长的点的集合叫做圆".在这一过程中,只看圆的空间结构,聚焦"线段绕着一个端点旋转一周"的运动方式,这是直观观察和想象的过程,在此基础上聚集其的空间结构,用语言符号进行一般化、无歧义的表达,这就是抽象的过程.

课程标准中指出的抽象的意义,明确了抽象是用数学的眼光观察现实世界的核心认知成分,抽象是对直观的数量关系和空间形式的聚焦、明确化、一般化的逻辑表达,通过抽象,可以促进学生的数感、量感和符号意识的进一步发展,形成想象力,并使学生的空间视觉直观和操作直观发展到基于概念和推理的数学直觉.

1.1.3　数学抽象的过程和特点

数学抽象,就其深刻程度而言,分为简约阶段、符号阶段和普适阶段.首先,把握事物的本质,把繁杂问题简单化、条理化,能够清晰地表达,称之为简约阶段;其次,去掉具体的内容,利用概念、图形、符号、关系表述包括已经简约化了的事物在内的一类事物,称之为符号阶段;第三,通过假设和推理建立法则、模式或者模型,并能够在一般意义上解释具体事物,称之为普适阶段.

数学抽象首先需要在目标导向下,发现和表示对象的数量关系和空间形式方面的属性——分离出关键要素,分析要素之间的关系(这需要感知和表征),实现本质属性的明确化、理想化和简约化,这就是抽象的"简约阶段";其次,通过类比和想象寻找更多的类似对象,得到对象类别,通过类比归纳把这种分离出来的属性推广到某一类的对象或特殊化到某一类对象,实现本质属性的一般化,在此基础上通过类比内外对象辨别构建类别的判断准则,给出定义,简约、确定地表示抽象出的属性,在此基础上用符号表示,这是符号阶段;最后,建立概念之间的联系,形成概念网络和命题、命题关系,研究概念以及命题关系形成数学结构系统(如公理化系统,不同数学系统之间相互关联形成新的数学系统),并用来解释现实世界、解决问题,这就是普适阶段.例如,初中函数概念的抽象,第一步,要分析运动变化过程,分离出决定变化过程的关键要素——核心变量,在此基础上分析变量之间单值对应的关系并用语言表达;第二步,通过归纳把这种单值对应关系推广到一般;第三步,用语言定义函数概念并用符号表示(符号表示在高中阶段学习);第四步,讨论函数的表示法,研究具体的函数模型的图象与性质,建立函数、方程和不等式的联系,形成函数的知识系统.再如,数学操作程序的抽象(包括数学思想方法的抽象),第一步,通过具体例子的操作,总结分离出关键步骤及其组成的序列(关键要素及其关系);第二步,把操作步骤应用于新的例子,突出操作步骤的特征和可迁移性,把这种操作步骤推广到一般,形成普适的操作程序;第三步,用语言总结操作流程,并用程序框图表示;第四步,把这种操作程序与别的程序重组,建立不同的操作程序的相互联系,或者从不同的操作程序中抽象出上一层级的操作程序.例如,在一元一次方程的解法中,先分别概括移项、合并同类项、去括号、去分母步骤,再整合成解一元一次方程的一般程序;再如,从不等式建模、函数建模到一般数学建模程序的抽象,也需经历类似的过程;等等.

因此,数学抽象的核心操作步骤是:(1)分析典型对象,分离核心要素,分析要素关系;(2)通过类比获得对象类别,抽取要素关系的共性,推广到一般,获得对象的本质属性;(3)用语言符号表达本质属性;(4)建立不同概念之间的联系,实现概念的系统化.即"分析要素及其关系——概括与一般化——定义与符号化——系统化".

数学抽象具有理想化、符号化和层次性等特点.数学抽象摒弃了除数量关系和空间形式外的一切物理属性,是时空空间和符号形式空间中的理想对象,不一定在现实生活中存在.例如,"直线"的概念是基于想象的理想化抽象,在现实生活中就找不到"线段向两端无限延伸的笔直的线".抽象得到的数学对象及其关系往往用符号表示,体现出数学对象、结构和关系的一般性和简约化,例如,用代数式表示数量关系,用"$\square ABCD$"表示顶点依次为 A,B,C,D 的平行四边形,用 $f(x)$ 表示关于自变量 x 的函数,等等.数学抽象具有层次性,数学既有直接来自现实生活中基于知觉运动经验的数学对象及其关系,也有基于已有的概念、事实和原理中抽象出的新的概念、事实和原理.皮亚杰及其同事用"反省抽象"中的"投射"与"反省"来描述从现有的概念之上发展出更新、更高级概念的心理过程,这种抽象的层次性得到认知神经科学研究的支持.对于数字 1~9 概念的表征,普遍的结论是在一条心理数轴上表示的(如从左到右),负数的概念抽象,大脑则是依赖于"符号"和"绝对值"而进行表征的,在负数概念形成后,把负数概念作为一个对象与正数和 0 进行比较,则又可以延伸心理数.费舍尔采用比较判断任务,研究结果支持数轴从零向左延伸包含负数的假设.数学抽象的层次性可以用图 1.1-1 表示.

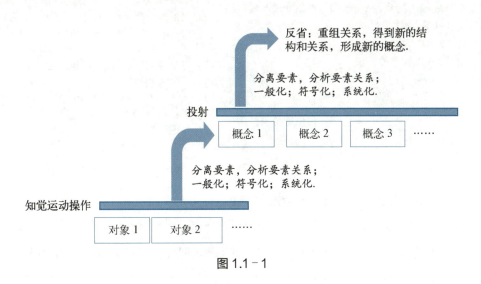

图 1.1-1

1.2　抽象能力的行为表现

在明确抽象能力的内涵、育人价值、心理过程和特点的基础上,进一步明确抽象能力的行为指标体系,对促进发展抽象能力的教学和评价,具有重要的意义.

1.2.1　抽象能力的行为指标

根据 1.1 中的分析,可以得到抽象能力的以下行为指标:

表 1.2－1　抽象能力的主要行为指标

《课标(2022 年版)》中的具体表现	行 为 指 标	行为指标的描述
能够通过对现实世界中数量关系与空间形式的抽象,得到数学的研究对象,形成数学概念、性质、法则、方法和系统结构. 能够从实际情境或跨学科的问题中抽象出核心变量、变量的规律及变量之间的关系,并能够用数学符号予以表达. 能够从具体的问题解决中概括出一般结论,形成数学的方法与策略.	C1　抽象概念.	能够在具体情境中抽象出数学概念,形成定义,并用数学符号表示;能够利用概念的定义进行判定并推导概念的其他属性.
	C2　抽象命题与规则.	能够讨论概念之间的关系,形成简单的命题;能在具体的问题情境中抽象出数学命题,得到性质、法则和规律;理解数学命题的结构与意义.
	C3　抽象变量与模型.	能够在具体的问题情境中抽象核心变量、分析变量的规律及变量之间的关系,抽象出具有一般意义的数学模型(如代数式、方程、不等式、函数、几何图形等),借助数学模型解决问题.
	C4　抽象方法与策略.	能通过具体问题的解决、反思和总结,形成具有普适性的方法与策略.
	C5　抽象系统与结构.	能够梳理所学单元的知识结构与思想方法,形成合理的认知结构.

1.2.2　抽象能力行为指标的案例解析

下面,我们进一步借助案例解析表 1.2－1 中抽象能力行为指标的含义.

(1)C1 抽象概念. 能够在具体情境中抽象出数学概念,形成定义,并用数学符号表示;能够利用概念的定义进行判定并推导概念的其他属性. 概念抽象的基本过程是:分析要素及其关系——概括与一般化——定义与符号化——系统化. 例如,在数轴概念的教学中,需要在"把有理数在直线上有序排列"的任务驱动下,发现和提出问题:有理数有无数个,一个一个地表示,永远做不完,我们只能给出用直线上的点表示有理数的操作方法. 为此,要回顾数系扩充过程,自然数是从 1 开始,通过加 1 运算得到正自然数,再添加 0 构成的,只要有了 0 和1,通过加 1 运算,就可以得到所有的自然数,通过自然数之间的除法运算,得到正分数,通过相反意义的量得到负数. 因此,分离构成有理数的基本要素 0,1,分析由这两个基本要素通过"加 1 运算""除法运算""改变符号"等操作,转译成直线上的操作——确定原点和单位长度、比例分割、原点对称等活动,就可以在直线上有序地表示出有理数. 0,1 就是构成有理数的基本要素,加 1 运算、比例分割、原点对称则是由基本要素生成所有有理数的基本规律. 这样,可以引导经历以下的建立数轴的过程:

① 分离要素,分析关系. 首先,画一条直线,选择任意一点表示有理数 0,这就是确定原点;接着,考虑把 1 表示在 0 的哪一侧,这就是确定正方向;第三,考虑把 1 标记在离 0 点多远处,这就是单位长度. 这样,就分离出了数轴的"三要素",明确了三要素本质上确定了表示 0,1 的点在直线上的相对位置关系.

② 概括与一般化. 基于数轴的"三要素",把这种由三要素确定 1 与 0 在直线上相对位置关系的方法推广到一般:把表示 1 的点连续向正方向依次平移 1 次、2 次、3 次……得到数 2,3,4 等自然数,把表示相邻两个自然数的点之间的线段按比例分割,得到表示正分数的点. 在 0 的左侧找出到原点距离等于单位长度的点,表示−1,通过表示−1 的点依次向左平移 1 个单位,得到−2,−3,−4 等负整数,再把表示相邻负整数的两个点之间的连线按比例划分,用得到的分割点表示负分数.

③ 定义与符号化. 用语言表达数轴的定义:规定了原点、正方向和单位长度的直线叫做数轴,并进一步用图形进行表达.

④ 系统化. 基于数轴,可以把直线上两点之间的位置关系用数进行量化表达,也可以用数轴上的点的位置表示有理数,这样建立数与形的联系. 后续,还可以用数轴直观表示互为相反数的数和绝对值.

概念是思维的基本单位,是进一步进行数学思考的基础. 通过抽象概念,可以帮助学生洞察具体情境中各种现象背后的数量关系和空间结构,得到确定而一般的数学对象,发展抽象能力.

概念教学的难点是分离出对象的基本要素,分析要素关系,这是概念形成过程的基础.

例如,在数轴概念中,分离生成有理数的基本要素和基本运算机制,并转换成直线上点的确定,分离出数轴的三要素,分析三要素的作用,这是教学的难点,需要教师在教学中设计相应的四个阶段的活动,用问题启发学生思考.

(2) C2 抽象命题与规则.能够讨论概念之间的关系,形成简单的命题,能在具体的问题情境中抽象出数学命题,得到性质、法则和规律;理解数学命题的结构与意义.命题与规则的抽象也需要经历下列活动过程:分析要素及其关系——概括与一般化——定义与符号化——系统化.例如,两点确定一条直线这一基本事实的抽象过程为:

① 分析要素及其关系.根据点动成线,分离构成直线的要素——点,把直线看成点集,通过画直线直观图形的过程,分离出决定直线的点的关系,点沿着同一方向运动,所有点按照同一方向排列,因此,作直线的过程就是确定一个点和点的运动方向,一个点和一个运动方向是直线的决定要素.进一步,通过直观想象,如果一条直线上只固定一个点,这条直线可以旋转,方向不确定,只有再确定一个点,才能确定直线的方向.在过两点作直线的操作过程中,发现并分离出决定直线的要素:两个点.

② 概括与一般化.把这种"过两点作直线,有且只有一条"的结论推广到一般.

③ 语言符号表达.用语言表达这一基本事实:过两点有且只有一条直线,简称"两点确定一条直线",并用表示直线上两点的大写字母表示或单个小写字母表示.

④ 系统化.平面上直线与点的位置关系:点在直线上、点在直线外,在这个过程中,是用关系语言"在……上"直接建立起概念"点"和"直线"之间的联系.

数学中的命题,往往是用关系语句诸如"相等""大于(小于)""在……上""在……外(内)""平行于""全等于""垂直于"连接两个概念来表达命题,如"对顶角相等".但这种命题的抽象过程基于直观想象和操作,需要经历分离要素分析要素关系、概括与一般化、语言符号表达等过程.

数学命题与规则是在概念的基础上,获得这类对象新的属性及这类对象与别的对象之间的关系,是数学学习与研究的主要内容,其形成和应用过程中蕴含发展数学核心素养的育人价值.例如,在引入一次函数,抽象其概念,从解析式结构给出定义后,还需要借助图象直观,抽象一次函数的性质,形成理论,便于建立模型研究和解释变化规律,解决实际问题.而在一次函数性质的研究中,蕴含着发展空间观念、几何直观、抽象能力、创新意识、推理能力等核心素养行为能力的育人价值,在应用一次函数模型解决问题过程中蕴含着发展模型观念、应用意识等育人价值.数学命题和规则是数学学习和研究的核心内容.

数学命题的抽象的难点是基于条件发现结论并用语言符号准确表达,发现结论过程既需要基于观察、操作和想象的数学直观支撑,更需要基于概念和推理的数学直觉支撑;数学语言的准确表达,需要经历批判质疑和举反例等活动逐步达成.例如,发现"过直线外一点有且只有一条直线与已知直线平行"这一基本事实比较难,难点主要有两点:一是发现结论,这依赖于下面的直观操作和想象活动:基于固定一直线 a,作截线 c(基准直线),过截线上一点 P(不在直线 a 上)作直线 b,想象直线 b 绕着点 P 旋转的过程,发现有且只有一个位置与已知直线没有公共点,再通过作图进行验证;二是在把结论推广到一般后,怎样用语言准确表达,如把操作中的"能作"翻译成"有",把操作中的"只能作"翻译成"只有",而学习这种"唯一存在"的语言表达形式比较难,需要教师的引导,并进行长期的训练.而在"平行四边形的对角线互相平分"结论发现中,需要基于全等三角形得到线段相等的几何直觉支撑,并能用"互相平分"这一关系术语进行精确表达.

(3) C3 抽象变量与模型.能够在具体的问题情境中抽象核心变量、分析变量的规律及变量之间的关系,抽象出具有一般意义的数学模型(如代数式、方程、不等式、函数、几何图形等),借助数学模型解决问题.抽象变量与模型需要经历"分析要素及其关系——概括与一般化——语言符号表达——系统化(通过推理运算,解决问题)"等数学活动.

▶ **问题:** 把两碗咸淡不同的汤混合,得到的汤的咸淡程度有什么规律?请通过数学运算证明你的结论.

在解决这个问题中,首先需要抽象汤的咸淡程度及混合机制.其抽象过程如下:

① 分离要素,分析要素关系.先给出具体数量,分离基本量,分析基本量关系,并用基本量的算式表示目标量.例如,把含盐 2% 的汤 100 克与含盐 4% 的汤 300 克混合,得到的汤的含盐质量分数为 $\dfrac{2\% \times 100 + 4\% \times 300}{100 + 300} = \dfrac{14}{400} = 3.5\%$.计算结果显示,混合的汤的咸淡程度介于已知的两碗汤的咸淡程度之间,从生活经验也容易得到这一结论.由此发现,原来的两碗汤的质量分数由含盐量和汤的总质量确定,混合后的汤的含盐质量分数是原来两碗汤的质量分数的加权平均数,与两碗汤的各自质量相关,因此,决定混合汤的咸淡的基本量是:两碗汤各自的含盐质量,汤的质量,这些基本量先通过分数构成原来两碗汤的质量分数,再通过加权平均数计算混合后汤的质量分数.

② 概括与一般化.把这种基于质量分数关系的具体计算和直观经验推广到一般,需要用字母表示决定混合汤含盐质量分数的基本量,通过基本量的大小比较论证结论.

③ 符号表示,建立模型.设原来两碗汤的含盐质量分别为 m, n,汤的总质量分别为 a, b,则原来两碗汤的含盐质量分数分别为 $\dfrac{m}{a}$, $\dfrac{n}{b}$,混合汤含盐的质量分数为 $\dfrac{m+n}{a+b}$,其中 $0<m<a$, $0<n<b$.为了比较咸淡程度,不妨假设 $\dfrac{m}{a}<\dfrac{n}{b}$.于是,问题转化为比较 $\dfrac{m+n}{a+b}$ 与 $\dfrac{m}{a}$, $\dfrac{n}{b}$ 的大小关系问题.

④ 系统化(通过推理运算,解决问题). $\dfrac{m+n}{a+b}-\dfrac{m}{a}=\dfrac{am+an-am-bm}{a(a+b)}=\dfrac{an-bm}{a(a+b)}$,根据 $\dfrac{m}{a}<\dfrac{n}{b}$, $a>0$, $b>0$, $m>0$, $n>0$,可得 $an>bm$,进一步得到 $an-bm>0$,所以 $\dfrac{m+n}{a+b}-\dfrac{m}{a}>0$,即 $\dfrac{m+n}{a+b}>\dfrac{m}{a}$.

同理,可得 $\dfrac{m+n}{a+b}<\dfrac{n}{b}$.

在建立分式模型解决上述现实情境问题中,难点在于明确目标变量,分析决定目标变量的基本量,分析基本量是通过怎样的运算形成目标变量的,要对目标变量进行怎样的操作(运算? 比较大小? 研究变化规律? ——对变量的规律和变量之间的关系进行分析).在教学中,应该设计有针对性的活动,提出导向性的问题,引导学生经历上述抽象变量与模型的活动,而不要总是先给定变量 x, y,再让学生写出函数解析式,回答问题.例如,前面的"比较汤的咸淡"问题,在某县域测试中实测难度只有 0.18,测试后的访谈中,学生普遍反映没有给出字母,根本不知道从哪里着手解决问题,说明学生的基于现实情境独立抽象变量和模型的能力比较薄弱.创设现实中的跨学科情境,让学生经历抽象核心变量,分析变量的规律和变量之间的关系,建立数学模型表达、分析和解决问题,发展抽象变量和模型的能力,是发展抽象能力和跨学科综合实践能力的要求,对改变碎片化教学、题型化操练的教学弊端具有十分重要的现实意义.

(4) C4 抽象方法与策略.能通过具体问题的解决、反思和总结,形成具有普适性的方法与策略.数学方法是人们在解决具体问题中逐步总结出来的解决一类问题的方法,例如数学中的配方法、待定系数法、消元法、数学建模方法等,它们相对具体,是个体指向外部的活动;数学思想是方法内化后形成的指向内部的观念,如数学模型思想,数形结合思想,还有抽象、推理、模型三种基本数学思想;策略指的是人们总结出来的解决问题的方向,比较宏观,它也是个体指向内部的观念.

数学方法、思想与策略的抽象是以数学研究和解决问题的活动为基础,分离出解决问题的步骤,分析步骤之间的先后联系,形成程序;再用框图、流程图等进行直观表示,当然,也有系统化过程——综合各种已有的方法、思想、策略形成新的方法、思想、策略.

例如,在抽象解方程组的加减消元法时,需要经历以下的数学活动:

① 分析操作步骤及其顺序关系.通过解具体的二元一次方程组$\left(\text{如}\begin{cases}2x+y=4,\\3x-y=6\end{cases}\right)$,体会通过把两个方程相加消去未知数 y 转化为一元一次方程的做法,得到最简单的操作步骤——依据等式性质把两个方程相加,再通过回代得到另一个未知数的值.进一步,变化 y 前的系数,总结加减消元解方程组的步骤:系数化为相同或相反数,加减消元,回代求解.

② 概括与一般化.经历解其他的二元一次方程组的过程,通过归纳,理解这种操作程序的普适性.

③ 语言符号表达.制作流程图表达用加减消元法解二元一次方程的操作程序(如图 1.2－1).

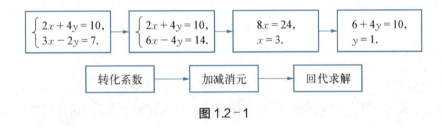

图 1.2－1

④ 建立方法体系.建立与代入消元法的联系,形成消元的思想,通过解三元一次方程组,形成逐步消元的思想.

抽象出数学的方法与策略后,通过长期的方法与策略指导下的分析和解决问题的训练,逐步内化,可以缩短思考过程,形成方法策略与问题的快速联结,形成什么问题用什么方法策略解决的数学直觉.

抽象数学的方法和策略,形成层次清晰的方法策略系统,是数学促进人的智能发展的重要标志.

在方法与策略抽象过程中,难点是分离操作步骤及其次序,形成操作程序.因此,为了促进学生抽象出数学的方法与策略,需要在具体问题解决中,让学生充分经历规划问题解决方案活动,在解决问题后,引导学生总结解决问题的步骤及其次序,通过若干个不同具体问题的解决,归纳得到普适的操作程序、思考流程和适用范围,并用语言和流程图、框图等进行可视化的表达.

（5）C5 抽象系统与结构.能够梳理所学单元的知识结构与思想方法,形成合理的认知结构.

现代纯数学的不同分支,都是基于定义和公理的公理化系统,通过定义确定研究对象,通过公理确定逻辑起点,通过演绎推理建立命题之间的联系,构建具有逻辑确定性的知识结构系统.鉴于学生思维发展阶段,在初中课程中,代数基于归纳构建逻辑基础,在此基础上进行推理与运算,几何基于知觉运动经验抽象概念以明确研究对象,抽象基本事实以构建逻辑起点,用证明体现论证的逻辑,用演绎的方法建立知识体系.从心理学看,结构良好的知识体系便于进行关联记忆,结构不良的孤立知识点以机械记忆为主,所以结构良好的知识体系比结构不良的孤立知识点更容易理解和记忆.

《课标(2022 年版)》不仅在 2011 年版课标划分"数与代数""图形与几何""统计与概率"的基础上划分出具有内在逻辑一致性的内容主题,还提出了"重视数学知识的整体性""重视单元整体教学"等教学建议.例如,数与式主题,包含了数系的扩充(有理数、实数)和代数式两部分内容,这两部分内容有着研究框架的一致性和运算的一致性.从研究框架上看,都是在原有数集的基础上引入新的形态的数(引入负数、无理数、字母表示的抽象的数并通过运算构造代数式),扩大原有集合,在扩大后的集合中研究其性质和运算,研究的思路是:引入、定义、分类——性质——运算,研究的核心问题是运算及运算律,而且代数式的运算的基本思想是把字母看作数,普遍应用运算律,运算研究的基本思想是从简单到复杂,用归纳的方法形成运算或化简的法则,因此这种"数式通性"是数与式主题内容逻辑一致性的具体表现.事实上,数学知识具有广泛的联系和高度的系统性,在不同层次上形成各自的逻辑体系.例如,无论是代数和几何,都需要经历引入或构造研究对象、提出研究问题、通过推理或运算构建知识体系的活动(几何通过尺规作图和图形变化有逻辑地构造图形,通过命题推理、图形变化和量化研究构建知识体系;代数通过运算构造研究对象,抽象运算法则,推导运算性质).通过单元整体教学,有利于学生在结构化知识建构活动中发展数学核心素养,而在这种单元整体教学中,抽象知识结构体系是不可或缺的活动.

抽象系统与结构,完善学生的认知结构,是《课标(2022 年版)》的要求,也是改变当前碎片化教学现状,在整体性问题研究中设计"数学观察、数学思考、数学表达"三种活动,发展数学核心素养的必然要求,也是让学生学会"用相似的方法研究不同内容"的核心教学策略.

例如,在平行线单元内容的知识结构整理中,首先要整体回顾单元的研究思路:定义——基本事实——性质、判定,概括单元研究的主题:两条直线在什么条件下平行,平行线有什么性质.本质上是通过定义明确研究对象,通过基本事实确立论证的起点,通过证明确立论证的逻辑,通过命题确立论证的结果,这体现了欧几里得平面几何的基本思想.研究的方法是通过三条直线构造"三线八角",用角的数量关系刻画直线的位置关系,得到两直线平行的充分必要条件——判定和性质.①

在此基础上,形成如下平行线知识结构体系(如图1.2-2).

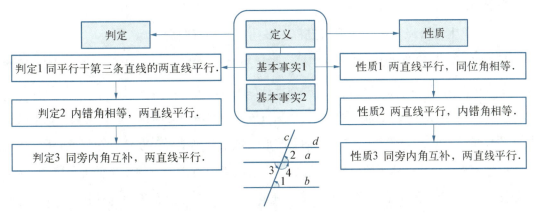

研究方法:借助基准直线,用角刻画方向;直观观察,归纳猜想,推理论证.

图1.2-2

系统与结构的抽象,是在怎样研究一类对象的一般观念引领下,基于研究的一般框架,从整体到部分地回顾知识点,分析知识的发生发展逻辑,并用思维导图予以直观表达的过程.在这个过程中,难点是分析知识的发生发展逻辑,并把相关的知识(概念、基本事实、性质、定理、推论、法则、公式等)与研究主线建立关联,这既需要在新课教学中加强知识发生发展逻辑的教学,也需要在单元复习中进行研究框架引领下的知识发生发展逻辑关系的系统整理.

---

① 如果引入直线的方向,这种方法的本质是:借助截线构建基准方向,用两条直线相对于截线的方向判断两条直线是否同向(平行),再用角度刻画平行线的判定和性质(同向的充分必要条件).

1.3　发展数学抽象能力的教学策略

基于"单元—课时"教学中的一类对象及其关系的研究主线,让学生经历通过抽象概念引入并明确研究对象,通过抽象命题和规则进一步探究研究对象的结构、属性与关系,形成新知、发展技能,在应用新知解决问题的过程中经历抽象核心变量、分析变量的规律及其关系、建立模型解决问题的过程,在解决具体问题后反思总结,形成普适的方法与策略.最后,通过在一般观念引领下,整体到细节的知识整理活动,抽象数学的系统与结构,这是发展数学抽象能力的总的教学策略.

1. 让学生充分经历概念的形成过程,多角度地理解概念

从现实情境和数学情境中引入并明确一类研究对象,这需要抽象出数学概念.数学概念是数学思维的基本单位,也是抽象的目的和进一步研究这类对象的基础.

从数学本身的发展来看,数学概念的来源一般认为有两个方面:一是直接从客观事物的数量关系和空间形式反映获得,二是在抽象的数学理论基础上经过多级抽象所获.所以数学概念的形成是一个从具体到抽象的过程.数学概念的学习有助于发展学生的抽象能力.除了抽象性,数学概念的另一个显著特点就是表征的多元性.莱什将布鲁纳的动作、表象和符号表征的思维活动以直线方式的发展修正为平面网状式的互动发展而提出数学学习的五种表征:实际情境、图形、教具、口语符号、书写符号.莱什认为数学的学习,除了布鲁纳的表征理论强调深度的提升外,加强广度的学习也有助于深度的提升.因此他增加了实物情境和口语符号两种表征,并且强调各种表征内部和表征之间的转换(如图1.3-1).

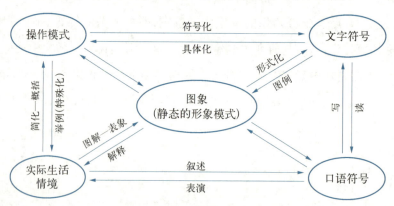

图 1.3-1　表征形式之间的转化

上述图形的一个附加功能就是可以作为概念理解的评价框架.当我们说学生理解了数学概念时,在一定程度上是指他能够运用图1.3-1中勾绘的转化程序.比如,说学生理解了一次函数概念,意味着他们能够用具体的实例(如匀速直线运动,周长一定时矩形花园的长与宽的数量关系等),通过操作(利用表格列出自变量与函数值的对应关系)、图形(画出函数的图象)、符号(写出函数的解析式)、口语(用自己的语言表述函数值随自变量变化而变化的过程)等多角度地描述一次函数.

数学概念是抽象的结果,经历概念的抽象过程,可以有效促进从直观到抽象的概念的发展,对抽象能力的培养,有着至关重要的作用.数学概念内涵的高度抽象性使得它具有普遍的意义和广泛的应用,而外延表征的多元性又使得数学概念的运用具有一定的灵活性.因此,在教学中要尽可能地使学生亲历概念的抽象过程,并从不同角度理解概念.

按照拉卡托斯的观点,许多科学概念的定义并非一开始就是精确的,其中涉及如下的抽象化和精致化过程:首先,产生一个模糊的想法,尝试对这个想法用语言进行描述;接着,通过形式的定义得到初步的概念;然后,尝试由定义给出具体的例子、推出某些性质、验证相关的定理、寻找等价或者相似的对象;最后,对原先的定义进行修正以排除那些不合理的推论,进而调整、变更或者拓展对概念的理解,以便适应新的可能性.因此,理解概念的定义是形成概念抽象能力的基本途径.

要加强数学概念的教学,可以从概念发生发展的历史过程、逻辑过程及心理过程考虑.

从历史上看,许多数学概念都经历了起起落落、曲折漫长的发展过程,今天出现在教科书上的概念定义与表示形式往往都是几代数学家不断简化、改进的结果.通过这种过程,学生不仅可以更深刻地理解概念的意义及其必要性,而且可以感悟数学抽象的特征和数学的人文精神.

从逻辑上看,数学概念都不是孤立的知识点,每一个概念都有一些相关的概念,它们之间组成各种逻辑结构,形成一定的知识体系.其中,特别是一些处于这个核心位置的概念,对于整个知识体系的抽象与理解至关重要.

从学习心理上看,概念的认知加工包括"概念形成"与"概念同化"两种类型.数学概念的抽象需要经历"分析要素及其关系——概括与一般化——定义与符号化——系统化"的过程,这四个步骤既体现在具体对象概念的形成过程,也体现在基于已有概念抽象出新概念的过程;既体现在概念的形成过程,也体现在概念的同化过程.只不过概念的层次和抽象类型不同,其相应的要素也不同.例如,构成单项式的要素是字母和数,构成的机制是乘法运算;

构成多项式的核心要素是单项式,核心的构成机制是加法运算;构成分式的要素是整式,构成分式的机制是除法运算;而到了方程学习阶段,则需要进一步研究代数式之间的相等关系;等等. 再比如,构成平行四边形的核心要素是四条边,核心关系是两组对边分别平行;构成矩形的核心要素还是四条边,只不过要素(关系)多了一个,有一个角是直角(一组邻边互相垂直).

数学核心概念的抽象活动,往往出现在引入研究对象,用定义明确研究对象的过程中,本质上是抽象单元内容中的研究对象及其关系的概念. 例如,一元一次方程中的核心概念就是方程及其解的概念. 在这种核心概念的抽象中,要让学生体会研究这类对象的必要性,明确研究对象是什么,提出针对这类对象需要研究什么.

例如,在一元一次方程的教学中,要让学生体会方程方法与算术方法的思维方式及其差异,体会方程方法的优越性,就需要抽象方程及其解的概念,提出方程内容需要研究的核心问题:寻找获得方程解的普适方法,建立方程模型解决实际问题.

首先,可以通过下面猜年龄游戏让学生分析用算式解决问题的基本思路.

▶ **问题 1:** 猜年龄游戏——用你的年龄乘 2 再减 5,然后把结果告诉我,我便可以猜出你今年几岁了. 比如告诉我的结果是 21,怎样猜出实际的年龄呢?

算式:$(21 + 5) \div 2$.

思考方式:只用已知数进行运算,需要逆向思考,直接计算获得答案.

接着,提高难度,在解决下面问题中,列算式比较困难.

▶ **问题 2:** 一辆客车和一辆卡车同时从 A 地出发沿着同一条公路同方向行驶,客车速度是 70 km/h,卡车速度是 60 km/h,客车比卡车早 1 h 经过 B 地. A,B 两地间的路程是多少?

算式:$\dfrac{1}{\dfrac{1}{60} - \dfrac{1}{70}}$.

思考方式:只用已知数进行运算,需要复杂分析,直接计算获得答案.

进一步提高难度,让学生列不出算式.

▶ **问题 3:** 一张长方形桌子,长是宽的 2 倍,面积为 4 m²,它的长和宽分别是多少?

通过这三个问题,让学生体会到,对于一些复杂问题,算式要么用得不方便,要么无法用算式解决问题.

此时,教师引导学生通过设未知数,用含有未知数的等式表示两个量相等,分别为:

（1）设年龄为 x 岁，则 $2x - 5 = 21$.

（2）设 A，B 间路程为 x km，则 $\dfrac{x}{60} - \dfrac{x}{70} = 1$.

（3）设长方形桌子的宽为 x m，则 $2x^2 = 4$.

思考方式：未知数可以像数一样参与运算，直接顺向翻译得到含有未知数表示等量关系的等式，间接迂回得到答案.

在此基础上，分离这类表示代数式相等关系的式子的构成要素，分析要素关系：代数式 1 = 代数式 2，且代数式中含有未知数.

通过归纳推广到一般，用语言表达这类式子的特征，给出方程的定义：含有未知数表示等量关系的等式叫做方程.

在此基础上，总结列方程的步骤：在实际问题中，通过设未知数，用含有未知数的代数式表示相等的两个量，得到方程.

进一步，分析解决上述三个问题的含义是得到符合要求的未知数的值，给出方程解的定义.

2. 经历命题的抽象过程，建立概念之间的联系，发展命题抽象能力

命题是通过关系连接词建立概念之间的联系，用来表达一类对象的属性，或者表达两类对象之间的关系. 如"三角形内角和等于180°"表达的是三角形的属性，反映的是构成三角形的要素三内角的数量关系；"全等三角形对应边相等"反映的是两个全等的三角形之间关系在边上的具体体现；等式性质反映的是两个等式之间的等价关系；运算律反映的是运算中的不变性，是两个算式之间的恒等关系.

组成命题与规则的基本结构是：题设⇒结论，例如："平行四边形的对角线互相平分"这一命题的结构是：题设"一个四边形是平行四边形"⇒结论"它的两条对角线互相平分".

再如，"等式两边都加上或减去同一个数或整式，等式仍然成立."这一命题的结构是：题设"如果两个量相等""在等式两边加上（或减去）同一个量"⇒结论"得到的两个量也相等".

命题有真命题和假命题两类，真命题指的是在题设成立的前提下结论一定成立的命题，假命题指的是题设成立的前提下结论不一定成立的命题. 命题之间具有互逆和互否关系，这种关系可以用图 1.3 - 2 表

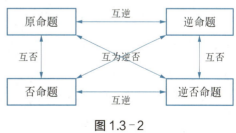

图 1.3 - 2

示.一个命题为真命题,它的逆命题和否命题不一定为真命题,但它的逆否命题一定是真命题.

抽象核心概念是为了引入并明确一类研究对象,而抽象命题则是为了在概念的基础上进一步表达一类对象的属性(体现为对象的基本要素之间的不变关系)和这类对象之间的关系、这类对象与另类对象的关系.

抽象命题,建立命题之间的关系,形成知识结构,并用于解决问题,这是数学学习和研究的核心内容,是新概念的普适化抽象阶段.分析概念之间的关系,抽象反映其属性和关系的命题,对发展学生的抽象能力、推理能力、空间观念、几何直观具有重要的作用.

抽象数学命题,往往出现在对一类对象及其关系的核心研究过程中.例如,在一元一次方程的学习中,抽象方程及其解的概念,规划从简单到复杂的研究路径,明确从一元一次方程开始研究后,提出核心问题:怎样获得求方程解的普适方法?

例如,我们要解方程 $2x - 5 = 21$,可以从算式方法中得到算式:$x = (21 + 5) \div 2$.

我们看,先算什么? $21 + 5$,这是根据被减数、减数、差的关系:被减数 = 减数 + 差,实际上在等式两边都加上同一个数5,得到 $2x - 5 + 5 = 21 + 5$;再算什么? 在此基础上应用"乘数 = 积÷另一个乘数",实际上是在 $2x = 21 + 5$ 的基础上两边都除以同一个数2得到.

于是提出要研究等式的以下性质:一个等式两边都加上同一个数,等式是否成立? 一个等式两边都除以同一个数,等式是否成立?

分离出等式的运算性质的基本要素:

(1) 题设:等式两边都与同一个量进行加减运算;结论:等式是否仍然成立?

(2) 题设:等式两边都与同一个量进行乘除运算;结论:等式是否仍然成立?

题设与结论这两个基本要素之间的关系是推出关系(因果关系).

在分离等式性质的题设与结论的因果关系的基础上,通过天平表达相等关系,直观地进行实验、观察与归纳,把这种题设与结论关系推广到一般;再用语言符号表达等式性质;最后,依据等式性质进行推理,解简单的一元一次方程.

等式的性质是解方程的逻辑基础,在发现和抽象等式性质的过程中,能促进学生命题抽象能力的发展.

3. 在应用知识解决问题的过程中,发展抽象核心变量和模型的能力

从小学进入初中后,学生首先要面临的是代数课程的系统学习.从算术到代数,不只是从具体的数字过渡到字母代数,也不只是增加了未知数、方程、不等式、变量、函数等抽象概

念与符号,更重要的是要从算术思维过渡到代数思维.

那么,什么是代数思维呢? 我们先来看一个典型的"鸡兔同笼"案例:

今有鸡、兔若干,它们共有 50 个头和 140 只脚,问:鸡、兔各有多少?

算术解法 1:假设这 50 只都是鸡,就该有 100 只脚,但题目有 140 只脚,说明其中还有兔.所以用 140 减去 100 所得的差 40,正好是兔的头数的 2 倍.于是结论是 30 只鸡,20 只兔.

算术解法 2:假设出现下面的奇观,所有的鸡都抬起一只脚,所有的兔都只用后脚站起来,这时站立的脚的总数是题目脚数的一半即为 70,它恰好是鸡的头数与 2 倍的兔的头数之和,所以用 70 减去 50 所得的差 20 就是兔的头数.于是结论是 30 只鸡,20 只兔.

代数解法:设鸡为 x 只,兔为 y 只,于是有方程组:$\begin{cases} x+y=50, \\ 2x+4y=140, \end{cases}$ 解得 $\begin{cases} x=30, \\ y=20, \end{cases}$ 即有 30 只鸡,20 只兔.

比较上述两类解法可以看到,算术解法有较高的技巧性,而代数方法只需掌握并实施一定的程序,便可解决问题;算术方法是一题一法,这里所用的方法一般不能用于别的问题,而代数方法是一种通法,可以形式化地解决一类问题;算术方法主要是通过运算从一个量得出另一个量,而代数方法侧重于各种量之间的(相等)关系;算术方法是含情境的,其中的"数"有不同的含义,如"鸡的脚数""兔子的脚数""兔子的头数",而代数方法是去情境的,其中的具体"量"已经变成了一种抽象的符号,处于同等的地位;算术方法中的未知量是"捉摸不定"的,直到解出问题时,才露出"庐山真面目",而代数方法中的未知数是设定的、具体的,可以参与各种运算.

可见,算术思维和代数思维在解决实际问题时有本质的差异.

首先,在算术思维中,侧重于利用数量的计算求出答案的过程,算式是构造性的,是需要技巧的;而代数思维倚重的是关系的符号化及其运算,这种运算具有一般性,而且是有章可循的算法程序.

其次,算术思维解决实际问题的过程是含情境的,具有特殊性;而代数思维解决实际问题是去情境和形式化的,具有普适性.

第三,在算术思维中,表达式直接联结题目中已知量与答案;而在代数思维中,表达式是表示各种已知量与未知量之间运算结构和相等关系的符号结构.

此外,算术思维解决问题时采用的是一种目标指引的直接思路;而代数思维采用的则是"迂回战术",其过程被分成三个阶段:第一阶段是通过去情境、引入符号将实际问题转化为代数问题,第二阶段是通过推理和运算解决相应的代数问题,最后把结果还原到实际情境中去.在上面的这三个阶段中,作为核心部分的第二个阶段是一种与原问题、情境无关的形式(符号)运算和推理,运用的是具有结构性与抽象性的运算法则.正因为这一阶段是脱离情境的,因此,才可以发展成为一般化的途径.

基兰认为,从算术思维向代数思维的过渡需要满足以下五个条件:(1)聚焦关系,而不仅仅是数值运算;(2)聚焦运算和逆运算,以及设而不求的思想;(3)聚焦对问题的表征及解决过程,而不只是答案;(4)聚焦字母符号,而不只是数字;(5)重新认识等号的意义.因此,"符号意识"是学生从算术思维过渡到代数思维的必要条件.

要帮助学生从算术思维过渡到代数思维,发展符号抽象能力,需要在教学中关注以下几个方面:

一是符号表征,即用符号或者由符号组成的代数式、方程、不等式、函数去表示数学(或其他学科或现实生活)中的对象或结构.其中包括:(1)能够将用自然语言表示的条件或命题写成符号形式,如将"三个连续的自然数"表示为"$n, n+1, n+2$"或"$n-1, n, n+1$",或根据题意写出"已知""求证"等;(2)根据题设的相等关系、不等关系和函数关系分别列出方程、不等式和函数解析式;(3)建立认知操作与符号之间的联系,能借助语言中介把操作转换为符号关系,把符号关系转换为操作,例如把数轴上点的移动操作转换为有理数的加法法则,反过来,能把有理数的运算转化为数轴上点的移动操作,情境中的认知操作是知觉运动,符号化则是对情境中认知操作的缩短,情境中认知操作与大脑的视觉区及运动区相关,符号则与后顶叶的空间视觉网络相关,借助自然语言,可以建立情境网络、运动网络与空间视觉网络的关联,实现数学思维过程的压缩.

二是符号变换,即各种表征之间的等价的或不等价的转化.比如,代数式的赋值、化简和恒等变形的技能,解方程和不等式的技能,换元法等.

三是意义建构,即解释或发现形式符号或表达式背后的数学结构或实际模型以及各种符号操作的意义与作用.比如,知道任意一个实数的绝对值都是非负数,可以表示"数轴上的点到原点的距离";知道一次函数的图象是一条直线.

由此可见,小学阶段培养的符号意识是初中阶段形成符号抽象能力的基础之一,而数学符号抽象能力则是符号意识的进一步发展.

在初中数学课程内容中,代数式、方程、不等式、函数承担了实现从算术思维到代数思维发展的育人价值.这种育人价值,既体现在代数式、方程、不等式、函数等概念形成和数量关系的表达中,也体现在运算、解法和性质研究过程及其符号表达上.其中,在现实问题中抽象核心变量并用符号表达,分析变量之间的数量关系和变化规律,并用代数式、方程、不等式、函数模型表达、研究和解决问题,这是发展学生变量和模型抽象能力,实现从算术思维到代数思维发展的核心途径.

例如,用一元一次方程解决下面问题:

"双 11"期间,A,B 两家网上购物平台各自推出自己的打折销售方案:

A 平台:全部商品打 9.5 折销售;B 平台:消费额在 100 元以下不打折,消费额达到 100 元且小于 200 元时,超过部分打 8 折,消费额达到 200 元及以上的,超过部分打 7 折.

问:如果要在这两家网上购物平台购物,你认为选择 A 平台划算还是选择 B 平台划算?

在这个问题的解决中,要求学生能把方程建模思想嵌入自己分析问题、规划解决问题的方案中,作为联系已知与未知的桥梁.

在这种现实情境问题的解决中,应该让学生经历"理解问题、确定目标,分析问题、制订计划、实施计划、解决问题"等数学活动,让学生独立抽象核心变量,分析变量之间的关系,建立方程模型等过程,在发展"四能"的同时实现抽象能力、推理运算能力的发展.

4. 通过具体的问题解决过程,感悟和提炼数学的通性通法,发展数学方法与策略的抽象能力

在抽象能力的培养中,最具挑战性的是对数学思想方法的抽象能力.

数学思想方法是人们对数学知识和方法形成的规律性的理性认识和基本看法,既包括从某些具体的数学认识过程中提炼出来的并在后继的认识活动中通过反复运用而证实正确的认识结果或观点,又包括对数学的本质和特征、数学与现实世界的关系及地位作用、数学内部各部分之间对立统一关系的认识,同时也包括关于数学概念、理论、方法、形态的产生与发展规律的认识,以及重要数学内容成果所显现的核心本质.数学的思想方法不仅是抽象的产物,其存在形式也是抽象的.数学思想方法的形成通常蕴含在数学概念、原理、命题的发生发展过程及数学问题解决的过程中.

由于数学思想方法在内涵与形式上都是抽象的,因此,在初中阶段的教学中需要通过具体的问题解决过程,使学生逐步地感悟与内化,并通过反思总结使其明朗化,进一步,还需要用总结出的思想方法引领新的问题的解决,建立不同的思想方法之间的联系.在数学思想方法的教学中,应该重点关注具有一般意义的通性通法,而不是一些高难度的解题技巧.

中小学数学中的通性通法主要是一些最基本的、常用的,而且多数学生可以自然想到、可以掌握的方法. 例如, 在学习了等式性质后, 解一元一次方程的重点是构建具有普适性的算法, 这种算法的构成要素是以下 5 个操作步骤:

去分母、去括号、移项、合并同类项、系数化为 1.

而这 5 个步骤的顺序关系就是解一元一次方程普适方法所表现出的操作程序. 这种操作程序的依据分别是:

等式性质 2——分配律——等式性质 1——分配律——等式性质 2.

最终, 这种方法所体现的思想是"化繁为简"的转化思想, 基本策略是利用等式性质和代数式的运算法则逐步化简方程获得方程的解.

再如, 建立方程模型解决问题的模型思想, 可以在实际问题解决中, 先总结列方程解决问题的操作步骤: 审题, 明确目标——分析等量关系——设未知数, 列方程——解方程, 获得方程的解——解释实际意义, 作答.

进一步, 可以抽象出建立方程模型解决问题的一般思路, 并用框图进行直观表达(如图1.3-3).

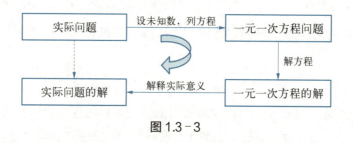

图 1.3-3

作为指向外部操作的数学方法, 是程序性知识; 作为指向个体大脑内部的思想观念, 是程序性操作的内化和整合, 反复成功应用后形成的能成功解决问题的方法感悟. 例如, 抽象、推理和模型是数学的三种基本思想, 其他的思想方法都是从这三种基本思想中派生出来的. 如抽象的思想说的是通过抽象获得具有一般性的研究对象及其普适关系, 而这种思想是需要经历大量的抽象活动, 用抽象方法解决问题的过程中内化的. 再如, 分类讨论的思想指的是把研究对象依照一定的标准分类, 把复杂问题划分成若干简单问题加以研究的想法, 需要经历具体的分类讨论过程, 通过反思总结提炼出来的. 数学思想方法的学习需要经历: (1) 操作体验(问题解决过程中数学思想方法的模仿应用和体会)阶段; (2) 明朗化阶段(用明确的语言符号和图式表示数学思想方法的内涵, 应用的步骤和要点); (3) 自觉运用阶段(用特定的思想方法解决问题); (4) 联系发展阶段(建立不同思想方法之间的相互联系, 形成数学思想方法体系).

5. 重视一般观念统领下的知识结构整理，构建结构化的知识体系

专家在解决问题时,具备了围绕核心概念和原理的高度结构化的知识体系,而组织这种结构化知识体系的顶层组织结构、思想和观念称之为一般观念,这种一般观念有力地支撑了专家比新手具有更强大的提出问题和解决问题的能力.一般观念是数学学习中把数学理解为连贯的整体的顶层思想观念的陈述,因此,一般观念是可以用语言表达的.章建跃认为,研究一类数学对象的大观念,是对知识的发生发展过程及其思想方法的再概括,是引导学生思考的脚手架和方向标.这种一般观念,保证了在一定范围内数学知识发生发展过程的整体性、连贯性和逻辑一致性,在组织整体连贯的数学知识体系中起着"脚手架"作用,在数学思考中起着方向标作用,在数学学习中可以让学生学习用相似的方法做不同的事情,减轻记忆负担,整体把握知识,学会学习.

在《课标(2022年版)》的数学课程的性质表达中,其实体现了以下怎样研究一类数学对象的一般观念.

研究内容:现实世界中的数量关系与空间形式.

研究思路:引入一类数学对象,通过基于要素关系的定义明确研究对象,提出研究问题,对象的表示与分类——用形式推理、符号运算等方法研究对象要素的稳定关系,得到对象的性质、判定、法则、规律等——研究对象之间的普遍联系和一般规律,形成数学理论——通过建立数学模型,把数学理论应用于现实世界.

研究的方法:抽象、推理、建模.

不同内容体系形成过程,由于研究对象聚焦,可以在一般观念统领下进行"单元—课时"整体教学,设计教学活动主线,融合发展数学核心素养.具体的教学建议是:

设计"引入研究对象""研究对象的性质和关系""研究成果的应用""回顾与整理"四个阶段的学习活动.首先,通过现实情境和数学内在发展逻辑引入或建构一类新的研究对象,提出研究问题,回顾、重组已有经验,规划这类对象的研究框架;然后,在这种研究框架的统领下,分课时研究这类对象的性质(对象的要素之间稳定的数量关系和空间结构)和关系,获得新知;接着,设计新知的应用活动,让学生应用新知,解决具体情境中的问题;最后,在单元复习阶段,要开展一般观念统领下进行知识回顾与整理,建构知识结构体系的活动,帮助学生用整体和关联的视野,深化知识内容和思想方法的理解,体会抽象数学结构体系的一般思路和方法.

通过这种体现数学研究一般过程的单元各课时协同的整体教学,让学生在整体思考中融合发展数学核心素养,学习怎样研究一类数学对象,学会学习.

例如,在一元一次方程的单元内容教学中,研究的主线是:基于实际问题,抽象一元一次方程模型,引入方程并抽象方程及解的概念、一元一次方程的概念;接着,抽象解方程的逻辑起点——等式性质,并进一步研究方程的解法,形成解一元一次方程的一般程序;最后,通过抽象一元一次方程模型解决实际问题,体会方程的应用价值,建立模型观念.

于是,一元一次方程的知识结构可以用图1.3-4来表达.

研究内容:一元一次方程的解法与应用.

研究思路:引入、定义——性质——解法——应用.

研究方法:转化、建模.

知识结构:

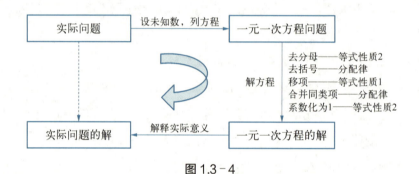

图 1.3-4

第2章　抽象能力在"数与式"中的行为表现与案例解析

　　数与式是初中阶段数学学习的基础,是学生认知数量关系、探索数学规律、建立数学模型的基石,可以帮助学生从数量的角度清晰准确地认识、理解和表达现实世界. 由于其基础性,大部分人往往没有意识到,数和式经历了漫长而曲折历程才发展成今天的形式,由此也导致对学生在形成数、式概念及其运算中遇到困难估计不足. 神经认知学家已经证实,在人脑中已经形成专门感知 3 以内的数量加减和大于 3 的数量的估算的基础数感神经网络,并且推测人的基因中有关于数的密码. 虽然人的基因中包含有关数的片段,但大量的研究表明,绝大部分人的数学能力差异来自后天的努力和社会文化的影响. 可以设想,让阿基米德来分解因式 $4x^2 + 3xy - y^2$,他也是无可奈何的,因为那时的他并不认识这个多项式,当时既没有 4,3, 2 这样的阿拉伯数字,也没有 +, −符号. 阿拉伯数字被西方使用始于 13 世纪,十进制成为西方主流则要到 16 世纪以后. 在数学史上,无理数的出现直接导致了毕达哥拉斯学派根基的动摇乃至数学的危机,但在东方,我国对无理数的提出处之泰然. 同样,在《九章算术》中,我国数学家对引入负数和有理数加减法法则并无不和谐感,而在西方,负数被接受一直要到 17 世纪. 在中国数学史上,阻碍数学进一步发展的重要障碍是符号化不充分.

　　总之,数与式一点也不像我们从教科书上看起来那么简单,它们是人类付出巨大努力不断抽象的结果,它们完全脱离于现实世界. 引入负数、无理数,把数系依次扩充到有理数和实数并研究其大小关系和运算;引入表示数的字母,通过字母及数的运算得到代数式,研究代数式的大小与运算,这两者的研究框架具有一致性. 引入字母表示数,通过运算简约地表示一般的数量关系,基于数量与数量关系的抽象并用字母表示,是从算术到代数飞跃的关键. 数与式的概念、法则的形成,符号模型的建立,思想方法的总结,知识结构的形成,都需要数学抽象活动,具有发展学生抽象能力的育人价值. 这一章我们将阐述数与式中的数学抽象,给出行为指标,划分抽象水平,并通过案例进行解析,提供单元设计和课时设计案例,最后基于课例提出在数与式内容中发展学生抽象能力的教学建议.

2.1　行为表现

数的概念和字母表示数观念的形成不会一蹴而就. 研究表明, 儿童在学习数的过程中需要从经验中的非正式数学知识出发, 经过抽取、简化, 最终变成正式的数学知识; 而数学的符号化过程的出现则更加困难, 需要基于学生运算操作经验并通过字母表示数来实现. 历史上, 代数的符号化发展缓慢. 到 16 世纪, 韦达使用元音字母来表示方程中的未知数, 用辅音字母表示方程的系数, 现代代数符号的使用则要到 17 世纪中期. 代数的符号化经历了从完全文字表达, 到出现专用文字(或缩略语), 再到部分符号化, 最后到完全符号化的过程.

在小学阶段, 学生认识了正有理数, 掌握了正有理数的四则运算, 知道可以用字母表示数、数量关系及规律. 在小学学习的基础上, 结合数与式的认识过程和《课标(2022 年版)》的要求, 我们给出数与式中抽象能力的行为表现分析框架.

2.1.1　课程内容与学业要求

初中数与式包括有理数、实数和代数式三个子主题, 每个子主题涉及一系列概念和关系.

1. 有理数

负数、有理数、数轴、相反数、绝对值, 有理数大小的比较, 有理数的加、减、乘、除、乘方及简单的混合运算(法则).

2. 实数

无理数、实数、平方根、算术平方根、立方根、开方, 百以内完全平方数的平方根, 千以内完全立方数(及对应的负整数)的立方根, 会用计算器计算平方根和立方根, 近似数及计算, 二次根式、最简二次根式, 二次根式的四则运算.

3. 代数式

整式、分式, 整式的加、减运算及乘法运算, 乘法公式及因式分解, 分式的性质、四则运算, 代数推理.

《课标(2022 年版)》对"数与式"的学业要求如下:

(1) 有理数.

理解负数的意义, 会用正数和负数表示具体情境中具有相反意义的量; 理解有理数的意义, 能用数轴上的点表示有理数, 能借助数轴体会相反数和绝对值的意义, 初步体会数形结合的思想方法;能比较有理数的大小,能求有理数的相反数和绝对值;会运用乘方的意义准确进行有理数的乘方运算;能熟练地对有理数进行加、减、乘、除、乘方及简单的混合运算(以三步以内为主),理解有理数的运算律,能合理运用运算律简化运算,能运用有理数的运算解决简单问题.

(2)实数.

了解无理数和实数,知道实数由有理数和无理数组成,感悟数的扩充;初步认识实数与数轴上的点具有一一对应关系,能用数轴上的点表示一些具体的实数,能比较实数的大小;能借助数轴理解相反数和绝对值的意义,会求实数的相反数、绝对值;知道平方根、算术平方根、立方根的概念,会用根号表示平方根、算术平方根、立方根;知道乘方与开方互为逆运算,会用乘方运算求百以内完全平方数的平方根和千以内完全立方数的立方根(及对应的负整数),会用计算器计算平方根和立方根;能用有理数估计一个无理数的大致范围;初步认识近似数,在解决实际问题中,能用计算器进行近似计算,会按问题的要求进行简单的近似计算,会对结果取近似值;会用二次根式(根号下仅限于数)的加、减、乘、除运算法则进行简单的四则运算.

(3)代数式.

能运用代数式表示具体问题中简单的数量关系,体验用数学符号表达数量关系的过程,会选择适当的方法求代数式的值;会用文字和符号语言表述整数指数幂的基本性质,能根据整数指数幂的基本性质进行幂的运算;会用科学记数法表示数(包括在计算器上表示);理解整式的概念,掌握合并同类项和去括号的法则,能进行简单的整式加法和减法运算;能进行简单的整式乘法运算(多项式乘法仅限于一次式之间和一次式与二次式的乘法);知道平方差公式、完全平方公式的几何背景,并能运用公式进行简单计算和推理;能用提公因式法、公式法(对二次式直接利用平方差公式或完全平方公式)进行因式分解(指数为正整数);知道分式的分母不能为零,能利用分式的基本性质进行约分、通分,并化简分式,能对简单的分式进行加、减、乘、除运算并将运算结果化为最简分式.

《课标(2022年版)》对"数与式"提出了如下的教学提示:

数与式的教学,教师应把握数与式的整体性,一方面,通过负数、有理数和实数的认识,帮助学生进一步感悟数是对数量的抽象,知道绝对值是对数量大小和线段长度的表达,进而体会实数与数轴上的点一一对应的数形结合的意义,会进行实数的运算;另一方面,通过代数式和代数式运算的教学,让学生进一步理解字母表示数的意义,通过基于符号的运算和推理,建立符号意识,感悟数学结论的一般性,理解运算方法与运算律的关系,提升运算能力.

数是数学最基本的研究对象,是各种具体量抽象的结果.近代数学对于数集的扩充一般采用两种方法:一是添加法,就是把一种新数添加到原来的数集中去;二是构造法,就是基于某些公理和代数结构思想定义数的集合和运算.为了适应学生学习经验和认知发展水平,中小学关于数的扩充采用添加法.初中有理数概念是在小学非负有理数基础上添加负有理数得到,实数在有理数中添加无理数得到.教学中要特别重视数的运算,其中有理数的运算是代数中一切运算的基础.单独的数是不存在的,也是没有意义的,抽象的数存在于它们的关系(运算)中.学习有理数、实数以后,要知道数的扩充以实现运算封闭性为目标.

代数式是数的概念的抽象和发展,理解代数式的概念和性质,掌握其性质和运算,是研究方程、不等式和函数的基础.

从以上课程要求和分析可知,数与式这一主题是培养学生抽象能力的重要载体,其主要体现在负数、无理数、绝对值、根式、代数式、整式、合并同类项、分解因式、分式等一系列概念的形成过程中,体现在有理数、实数、整式、分式的运算与法则的提出过程中,体现在用抽象算式和代数式表达、分析和解决简单的实际问题过程中,体现在运用运算和推理解决问题的方法策略总结活动中,体现在形成数、式研究框架整理知识体系的活动中.

2.1.2 分析框架

根据《课标(2022 年版)》对数与式的主题内容、学业要求和教学提示等描述,将抽象能力在数与式主题中的表现进一步具体化为如下指标体系(见表 2.1-1).

表 2.1-1 数与式中的抽象能力行为表现指标

行为表现指标	有理数（A11）	实数（A12）	代数式（A13）
C1 抽象概念	C1A11-1 抽象并理解有理数有关概念.通过具有相反意义的量,抽象形成负数的概念;理解负数与正数的关系,以及 0 的意义. C1A11-2 抽象并理解数轴概念.能通过生活实例建立数轴概念,掌握数轴三要素,会画数轴,能将已知数在数轴上表示出来,能说出数轴上已知点所表示的数.	C1A12-1 抽象实数相关概念.通过实际背景感悟无理数的存在性,了解无理数和实数的意义;会在具体情境中理解平方根、算术平方根、立方根等概念. C1A12-2 了解实数与数轴上的点一一对应.能用数轴上的点表示一些具体的无理数;能借助数轴理	C1A13-1 抽象代数式概念.在具体情境中,通过用字母表示数、字母及数的运算形成代数式概念;通过数及字母的乘法运算结构了解单项式,理解单项式、多项式、整式、分式的概念及其关系.

行为表现指标	有理数（A11）	实数（A12）	代数式（A13）
	C1A11－3 抽象相反数和绝对值的概念. 能借助实际问题和数轴抽象并理解相反数和绝对值的概念. C1A11－4 抽象乘方概念. 能从相同因数的乘法中抽象出乘方概念.	解相反数和绝对值的意义, 会求实数的相反数、绝对值, 知道实数与数轴上的点具有一一对应关系.	
C2 抽象命题与规则	C2A11－1 探索有理数大小比较法则. 能基于数系扩充, 通过实际情景和数轴得到有理数大小比较的法则. C2A11－2 抽象有理数的运算法则和运算律. 能在具体情境中抽象出有理数运算法则和运算律, 理解运算法则和运算律的意义和作用.	C2A12－1 会求平方根和立方根. 通过乘方运算计算百以内完全平方数的平方根和千以内完全立方数的立方根（及对应的负整数）. C2A12－2 概括二次根式运算法则. 能通过具体例子的归纳, 得到二次根式的加、减、乘、除运算法则（根号下仅限于数）. C2A12－3 能比较实数大小. 能用有理数估计无理数的大小, 能比较实数的大小.	C2A13－1 形成合并同类项法则. 能类比数的运算单位, 理解同类项的运算单位特征, 基于运算律形成合并同类项法则. C2A13－2 抽象整数指数幂的基本性质. 能通过具体的数、式乘法运算抽象整数指数幂的基本性质. C2A13－3 抽象整式运算法则. 能用数式运算的一致性, 基于分配律形成去括号法则和合并同类项法则, 基于运算律和幂的运算性质形成整式的乘法运算法则, 基于多项式乘法的特殊化得到平方差公式、完全平方公式. C2A13－4 抽象提公因式法、公式法. 知道整式乘法与因式分解是逆向变形过程. C2A13－5 抽象分式基本性质和运算法则. 能类比分数的基本性质和运算法则抽象分式的基本性质和运算法则. C2A13－6 体会数式运算的一致性. 能够将数的运算律推广到整式和分式, 并用符号表示.

行为表现指标	有理数（A11）	实数（A12）	代数式（A13）
C3 抽象变量与模型	C3A11－1 用有理数的运算解决问题.在现实情境中,能抽象运算对象和运算类型,用有理数的运算表达数量关系,通过有理数的运算解决问题.	C3A12－1 用实数的运算解决问题.在现实情境中,能抽象运算对象和运算类型,用实数的运算表达数量关系,通过实数的运算或估算解决问题.	C3A13－1 建立代数式表达和解决问题.能用字母表示数,建立代数式模型,表达和研究一般规律,解决问题.
C4 抽象方法与策略	C4A11－1 体会数系扩充的基本框架.感受数的扩充原则,引入新数,原有运算适用于新数集,同时解决原来数集一些运算不封闭情况. C4A11－2 感悟数学归纳、数形结合是数学发现、解决问题的基本方法.通过有理数的扩充、法则的形成感受归纳思想在数学知识形成中的重要作用;能通过有理数相关概念和运算法则的形成感受数形结合思想. C4A11－3 建立运用运算律简化运算思想.能用运算律理解运算顺序,优化运算方法.	C4A12－1 初步认识估算与无限逼近思想.能用有理数估计无理数的大小,体会用有理数无限逼近理解无理数的无限不循环小数特征.	C4A13－1 感悟数学中符号化的价值.感悟用代数式表示数量关系,通过推理和运算得到的结论具有一般性. C4A13－2 理解代数式运算与化简的同义,体会代数式运算中化繁为简的转化思想. C4A13－3 体会类比与归纳思想.能类比数的研究框架规划代数式的研究框架,能类比数的运算学习代数式的运算,能通过归纳发现规律,通过用字母表示数把规律推广到一般.
C5 抽象系统与结构	C5A11－1 梳理有理数知识结构.能理解在添加负数后有理数的结构性变化,应用数系扩充的一般框架梳理有理数知识结构.	C5A12－1 形成实数知识网络.能利用数系扩充的基本框架梳理实数相关概念关系,形成实数知识网络.	C5A13－1 形成代数式知识结构.能用代数式研究的一般框架(引入——定义——性质——运算),整理整式、分式的知识结构.

2.2 样例解析

2.2.1 有理数

◆ **案例 1　抽象负数概念.**

通过具有相反意义的量,抽象形成负数的概念;经历符号化的过程,体会引入负数的必要性,理解负数和正数的关系,进一步发展数感和量感.

抽象过程

从气温的零上、零下,收入、支出,输、赢等情境中感受到现实世界中大量存在具有相反意义的量;引入新的数字符号表示具有相反意义的量;体会新数的结构:用正负号表示量的相反意义,用非负数字表示量值;建立正数、0 和负数之间的联系,理解 0 的新意义——正数与负数的分界点.

水平划分

水平 1:在简单熟悉的情境中初步了解负数,知道负数和正数的读、写法;能用正数、负数描述现实生活中一些简单的具有相反意义的量,进一步加深对负数的认识.

水平 2:能正确区分正数和负数,明确 0 既不是正数也不是负数,建立正数和负数的符号感和数感.

水平 3:理解正数、负数的一致性(用数字表示量值)和区别(用"+""−"符号表示的量的方向不同),能结合实例理解正数、0 和负数的大小关系.

样题

(1) 我们周围的自然和社会现象中都存在着很多具有相反意义的量.下面的例子中有哪些"相反意义的量",怎样用数学方式来表示这些相反意义的量呢?

① 某天,月球表面白天的平均温度是零上 126℃,记作 126℃,夜间的平均温度为零下 150℃,记作＿＿＿＿＿＿＿℃.

② 通常,我们规定海平面的海拔高度为 0 米,珠穆朗玛峰比海平面高 8 848.86 米,可以记作＿＿＿＿＿＿＿;吐鲁番盆地大约比海平面低 154 米,它的海拔高度应记作＿＿＿＿＿＿＿＿.

(2) 读出下列各数,再将这些数填入相应的方框内.

$$-6, +\frac{2}{5}, 0, -56, 31, -0.101\,010\,1, -\frac{11}{15}.$$

正数	负数

（3）比较下列各数的大小,用现实情境解释,并用"＜"把这些数连接起来:

$-3, 0, 1.5.$

答案:

（1）① -150　② $+8\,848.86$ 米, -154 米

（2）正数有: $+\frac{2}{5}, 31$;负数有: $-6, -56, -0.101\,010\,1, -\frac{11}{15}$

（3）$-3 < 0 < 1.5$,举例略.

说明: 第(1)题测评抽象水平1,第(2)题测评抽象水平2,第(3)题测评抽象水平3.

◆ **案例2　抽象数轴的概念.**

通过生活实例,由直观感知上升到理性认识,得到数轴概念,能画出数轴,能正确表示具体有理数与数轴上点的对应关系,培养抽象能力.

抽象过程

通过抽象表示水平公路上不同物体位置(或者温度计)抽象数轴三要素,形成数轴的概念;经历在数轴上表示有理数的活动,体会每个有理数在数轴上能找到唯一的点与之对应;体会用数轴实现数形结合的思想.

水平划分

水平1:认识数轴的三要素,知道可以用数轴上的点表示有理数.

水平2:理解数轴三要素的作用,能写出数轴上的点表示的有理数.

水平3:能画出数轴,选择适当的单位长度,用数轴上的点表示有理数.

样题

（1）下面所画的数轴中,正确的是(　　　　)

（2）分别写出图 2.2－1 数轴上 A，B，C，D 四点表示的有理数.

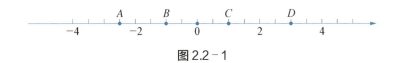

图 2.2－1

（3）画出数轴,并在数轴上表示下列各数：－100，－200，150.

答案：

（1）D.

（2）A，B，C，D 四点对应的有理数分别是：－2.5，－1，1，3.

（3）数轴有不同画法,图 2.2－2 是其中的一种.

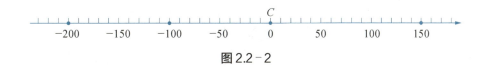

图 2.2－2

说明： 第（1）题测评抽象水平 1;第（2）题测评抽象水平 2;第（3）题测评抽象水平 3.

◆ **案例 3　理解相反数与绝对值的概念.**

经历从相反意义的量的表示和借助数轴抽象相反数与绝对值概念的活动,能举例说明相反数与绝对值的意义,并能用符号表示,发展抽象能力.

抽象过程

回顾用正负数表示既有方向又有大小的量的经验,分析表示方向相反、量值相同的量的数的特征,抽象相反数和绝对值的概念,并能借助数轴表示其几何意义,用符号表示一个数的相反数和绝对值.

水平划分

水平 1：借助数轴,直观理解相反数和绝对值的几何意义.

水平 2：能写出一个数的相反数和绝对值.

水平 3：能用符号表示任意一个数的相反数与绝对值,知道互为相反的两个数的数量关系特征,并能用来解决简单的实际问题.

样题

（1）在图 2.2－3 的数轴上画出表示－4，4，－3，3，－2，2，0 的点 A，B，C，D，E，F，G,指出表示互为相反数的点的位置特点.

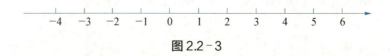

图 2.2 - 3

（2）分别求下列各数的相反数和绝对值：-3，$\dfrac{1}{3}$，-2.5.

（3）用符号表示实数 a 的相反数与绝对值，并计算：$-(-3)$，$-\left|-\dfrac{1}{2}\right|$，$-\left(-\dfrac{1}{2}\right)+\left(-\dfrac{1}{2}\right)$.

答案：

（1）如图 2.2 - 4.

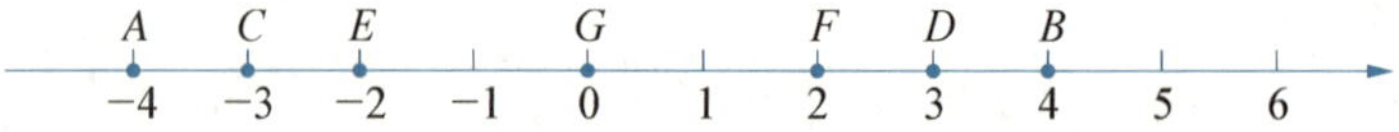

图 2.2 - 4

表示相反数的点的位置特征是：互为相反数的两个点关于原点对称，分居在原点的两侧且到原点的距离相等，0 的相反数是 0.

（2）-3 的相反数是 3，绝对值是 3；$\dfrac{1}{3}$ 的相反数是 $-\dfrac{1}{3}$，绝对值是 $\dfrac{1}{3}$；-2.5 的相反数是 2.5，绝对值是 2.5.

（3）实数 a 的相反数是 $-a$，绝对值是 $|a|=\begin{cases}a, & a>0,\\0, & a=0,\\-a, & -a.\end{cases}$ $-(-3)=3$；$-\left|-\dfrac{1}{2}\right|=-\dfrac{1}{2}$，

$-\left(-\dfrac{1}{2}\right)+\left(-\dfrac{1}{2}\right)=0$.

说明： 第（1）题测评抽象水平 1，第（2）题测评抽象水平 2，第（3）题测评抽象水平 3.

◆ **案例 4　比较有理数的大小.**

经历借助数轴抽象有理数大小比较法则的活动，得到有理数的大小比较法则，能比较有理数的大小，发展抽象能力.

抽象过程

通过在数轴上表示非负有理数，分析其大小关系的几何意义，发现左边的数小于右边的数，把这种数的大小关系的几何意义推广到整条数轴，得到有理数大小关系的定义，并进一

步通过推理得到有理数大小比较的法则.

水平划分

水平1：能借助数轴,直观理解有理数大小关系的定义,能借助数轴比较有理数的大小.

水平2：能从数轴上有理数大小比较定义出发,通过推理得到正数、0、负数的大小关系.

水平3：能从数轴上有理数大小比较定义出发,通过推理得到两个负数的大小比较法则,并能比较任意两个有理数的大小,对一组有理数按照大小进行排序.

样题

（1）在数轴上表示 0, 1.5, 2, 3 四个数,根据 $0 < 1.5 < 2 < 3$,你发现这种数的大小关系在数轴上表现出什么规律？你能把它推广到所有有理数,并给有理数的大小关系做个规定吗？

（2）正数、负数、0 之间有怎样的大小关系？为什么？

（3）不用数轴,你能规定两个负数之间的大小关系吗？说说这样规定的理由,并比较 $\frac{3}{4}$, $\frac{4}{5}$, $-\frac{6}{7}$, $-\frac{19}{21}$ 的大小.

答案：

（1）数轴上的非负数中,左边的数小于右边的数;推广到有理数,给出规定：数轴上,左边的有理数小于右边的有理数.

（2）负数 $< 0 <$ 正数.因为在数轴上,原点表示 0,表示负数的点在原点的左侧,表示正数的点在原点的右侧,根据"数轴上,左边的数小于右边的数"的规定可得这个结论.

（3）两个负数相比较,绝对值大的反而小.因为在数轴上,负数都在原点的左侧,而绝对值大的有理数离原点更远,在绝对值小的数的左边,根据"数轴上,左边的数小于右边的数"的规定,可以推出这个结论. $-\frac{19}{21} < -\frac{6}{7} < \frac{3}{4} < \frac{4}{5}$.

说明：第(1)题测评抽象水平1,第(2)题测评抽象水平2,第(3)题测评抽象水平3.

◆ **案例5　抽象有理数的运算律.**

经历将小学学过的运算律推广到有理数的活动,并用符号表示运算律,能用运算律简化有理数的运算,发展抽象能力.

抽象过程

经历观察现实生活情境中运用运算律的实际例子,让学生认识到在数的运算中运用运算律的意义,进一步将小学学习过的运算律推广到有理数运算中.

水平划分

水平 1:能理解小学学习过的数的运算律的作用,即理解运算律使运算简便,能运用运算律解决具体数学问题.

水平 2:能将小学学习过的数的运算律推广到有理数中,并能用符号表示,能运用运算律简化有理数的运算.

水平 3:能根据运算的意义和运算律理解多个有理数不同顺序组合后,加法运算及乘法运算结果的一致性.

样题

(1)操场上有 17 名女生和 28 名男生在跳绳,还有 23 名女生在踢毽子,请用不同的方法计算操场上跳绳和踢毽子的学生共有多少人.

(2)运用有理数加法的运算律进行简便运算:① $4-7+3$;② $\left(-\dfrac{1}{2}+\dfrac{2}{3}\right)\div\left(-\dfrac{1}{6}\right)$.

(3)有理数的加法运算法则是对于两个有理数的运算来说的,对于任意两个有理数 a, b, $a+b$ 有唯一确定的值.对于三个有理数 a, b, c,如果把任意两个数先相加,再与第三个数相加,请问这些计算方法得到的结果相同吗?为什么?

答案:

(1)$(17+28)+23=68$(人)或者 $28+(17+23)=68$(人).

先算有多少人在跳绳 $17+28=45$(人),再加上 23 人踢毽子,等于 68 人;或者先算女生有多少人 $17+23=40$(人),再加上男生 28 人跳绳,等于 68(人).

(2)① $4-7+3=(4+3)+(-7)=0$.

② $\left(-\dfrac{1}{2}+\dfrac{2}{3}\right)\div\left(-\dfrac{1}{6}\right)=\left(-\dfrac{1}{2}\right)\times(-6)+\dfrac{2}{3}\times(-6)=3+(-4)=-1$.

(3)对于任意三个有理数 a, b, c,任意两个数相加再与第三个数相加,有如下几种形式:$(a+b)+c,(a+c)+b,(b+c)+a$,根据加法结合律和交换律,可得:

$$(a+c)+b=a+(c+b)=a+(b+c)=(a+b)+c;$$
$$(b+c)+a=a+(b+c)=(a+b)+c.$$

所以这些计算方法得到的结果相同,所以三个有理数 a, b, c 的和可以简约地写成 $a+b+c$.

说明:第(1)题测评抽象水平 1,第(2)题测评抽象水平 2,第(3)题测评抽象水平 3.

◆ **案例6   抽象有理数运算模型解决实际问题.**

在现实情境或者跨学科解决问题中,能抽象运算对象和运算类型,用有理数的运算表达数量关系,通过运算解决简单的实际问题,形成合适的运算思路,发展抽象能力和运算能力.

抽象过程

在具体问题解决过程中,抽象运算对象和运算类型,用有理数的运算表达数量关系,把实际问题转化为有理数运算问题,通过有理数的运算解决实际问题.

水平划分

水平1:在熟悉的简单情境中,能抽象运算对象和运算类型,用有理数的运算表达数量关系,通过有理数的运算解决实际问题.

水平2:在熟悉的复杂情境中,能抽象运算对象和运算类型,用有理数的运算表达数量关系,通过有理数的运算解决实际问题.

水平3:在陌生的复杂情境中,能抽象运算对象和运算类型,用有理数的运算表达数量关系,通过有理数的运算解决实际问题.

样题

(1)某地区高山的温度从山脚开始,当高度每升高 100 m 时,气温降低 0.6℃,现测得山脚的温度是 4℃.

① 求离山脚 1 200 m 高的地方的温度;

② 若山上某处气温为 −5℃,求此处距山脚的高度.

(2)古埃及同中国一样,是四大文明古国之一,古埃及人处理分数的方式与众不同,他们一般只使用分子为1的分数.例如,用 $\frac{1}{3} + \frac{1}{15}$ 表示 $\frac{2}{5}$,用 $\frac{1}{4} + \frac{1}{7} + \frac{1}{28}$ 表示 $\frac{3}{7}$ 等,现在有 90 个分数 $\frac{1}{2}, \frac{1}{3}, \frac{1}{4}, \frac{1}{5}, \cdots, \frac{1}{90}, \frac{1}{91}$,你能从中选出 10 个,并给它们添上正负号,使它们的和等于 −1 吗?

(3)在一条直线上有依次排列的 $n(n > 1)$ 台机床在工作,我们要设置零件供应站 P,使这 n 台机床到供应站 P 的距离总和最小.要解决这个问题,先退到比较简单的情形:如果直线上有 2 台机床 A_1,A_2 时,很明显供应站 P 设在 A_1 和 A_2 之间的任何地方都行,因为 P 到 A_1,A_2 走的距离之和等于 A_1 到 A_2 的距离.如果直线上有 3 台机床 A_1,A_2,A_3 时,不难判断,供应站 P 设在中间一台机床 A_2 处最合适,因为如果设在 A_2 处,P 到 A_1,A_2,A_3 所走的距离之和恰好为

A_1 到 A_3 的距离,若设到别处,那么 P 到 A_1,A_3 所走的距离之和仍是 A_1 到 A_3 的距离,可是还多出 P 到 A_2 这一段,故供应站 P 设在 A_2 处是最佳选择. 不难知道,如果直线上有 4 台机床,P 应设在第 2 台与第 3 台之间的任何地方;有 5 台机床,P 应设在第 3 台的位置.

① 如果有 n 台机床时,供应站 P 应设在何处?

② 根据问题①的结论,求 $|x-1|+|x-2|+|x-3|+\cdots+|x-617|$ 的最小值,并说明理由.

答案:

(1) ① 根据题意,得 $4-(1\,200\div100)\times0.6=4-7.2=-3.2$,则离山脚 1 200 m 高的地方的温度为 $-3.2\,℃$.

② 根据题意,得 $[4-(-5)]\div0.6\times100=1\,500$,则此处距山脚的高度为 1 500 m.

(2) 能. 选出如下数做分母的分数:$1\times2=2$,$2\times3=6$,$3\times4=12$,$\cdots$,$9\times10=90$,发现

$\dfrac{1}{n}+\dfrac{1}{n(n-1)}=\dfrac{1}{n-1}(n=2,3,\cdots,10)$. 而 $n=3$ 时,式子左边 + 右边恰好等于 1. 所以取 n_1,n_2

和特值 3,列式:$-\left(\dfrac{1}{3}+\dfrac{1}{6}+\dfrac{1}{2}\right)+\left[\dfrac{1}{n_1}+\dfrac{1}{n_1(n_1-1)}-\dfrac{1}{n_1-1}\right]+\left[\dfrac{1}{n_2}+\dfrac{1}{n_2(n_2-1)}-\dfrac{1}{n_2-1}\right]$,9 个

分数不能重复,故 n_1,n_2 可为 5,8 或 5,9,

所以 $-\left(\dfrac{1}{3}+\dfrac{1}{6}+\dfrac{1}{2}\right)+\left(\dfrac{1}{5}+\dfrac{1}{20}-\dfrac{1}{4}\right)+\left(\dfrac{1}{8}+\dfrac{1}{56}-\dfrac{1}{7}\right)=-1$ 或 $-\left(\dfrac{1}{3}+\dfrac{1}{6}+\dfrac{1}{2}\right)+$

$\left(\dfrac{1}{5}+\dfrac{1}{20}-\dfrac{1}{4}\right)+\left(\dfrac{1}{9}+\dfrac{1}{72}-\dfrac{1}{8}\right)=-1$.

(3) ① 分 n 是奇数还是偶数讨论,如果 n 是奇数,供应站 P 应设在第 $\dfrac{n+1}{2}$ 台机床处;如果 n 是偶数,供应站 P 应设在第 $\dfrac{n}{2}$ 台与第 $\dfrac{n}{2}+1$ 台机床之间的任意地方.

② 617 是奇数,所以利用求点 P 的方法,求出 $(617+1)\div2=309$,所以当 $x=309$ 时,$|x-1|+|x-2|+|x-3|+\cdots+|x-617|$ 有最小值,且最小值为 $308\times309=95\,172$.

说明: 第(1)题测评抽象水平 1,第(2)题测评抽象水平 2,第(3)题测评抽象水平 3.

2.2.2 实数

◆ **案例 1 抽象实数的有关概念.**

经历通过平方根发现无理数的活动,知道实数由有理数和无理数组成,掌握平方根、算

术平方根、立方根的概念,感悟数的扩充,发展数学抽象能力.

抽象过程

从平方运算和立方运算的逆运算出发,建立平方根、算术平方根、立方根的概念,用根号表示平方根、算术平方根、立方根,借助算术平方根和立方根引入无理数,建立无理数和实数的概念.

水平划分

水平 1:能借助平方运算和立方运算的逆运算求简单的有理数的平方根、算术平方根和立方根.

水平 2:了解无理数是无限不循环小数,知道有理数与无理数统称为实数.

水平 3:能举例说明无理数的存在性.

样题

(1) 填空:

① $\sqrt{72} =$ _____ , $\sqrt[3]{-125} =$ _____ ;

② 如果 $3x^2 = 48$,则 $x =$ _____ ;

③ $(2\sqrt{2})^2$ 的立方根为 _____ .

(2) 有下列实数:$\dfrac{1}{7}$,$\sqrt{8}$,π,$-0.333\cdots$,$\sqrt{3}-\sqrt{2}$,0.314,其中有理数是 _____ ,

无理数是 _____ .

(3) 你能通过拼图说明 $\sqrt{2}$ 是一个数,而且说明它不是有理数吗?

答案:

(1) ① $\sqrt{72} = \sqrt{36 \times 2} = 6\sqrt{2}$, $\sqrt[3]{-125} = \sqrt[3]{-5 \times 5 \times 5} = \sqrt[3]{-5^3} = -5$.

② $3x^2 = 48$,化简,得 $x^2 = 16$,故 $x = \pm 4$.

③ $(2\sqrt{2})^2$ 的立方根为 $\sqrt[3]{(2\sqrt{2})^2} = \sqrt[3]{8} = 2$.

(2) 有理数是 $\dfrac{1}{7}$,$-0.333\cdots$,0.314;无理数是 $\sqrt{8}$,π,$\sqrt{3}-\sqrt{2}$.

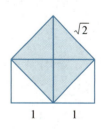

(3) 可以用两张边长为 1 的小正方形纸片剪拼成一张面积为 2 的大正方形纸片(如图 2.2−5).$\sqrt{2}$ 是面积为 2 的大正方形的边长,是一个数.

可以通过用有理数估计无理数的大小,说明这是一个无限不循环小数,或者分别用分母为 1,2,3,$\cdots$ 进行验证,用归纳的方法初步说明它不是一

图 2.2−5

个分数,或用反证法证明$\sqrt{2}$不是有理数.

说明: 第(1)题测评抽象水平1,第(2)题测评抽象水平2,第(3)题测评抽象水平3.

◆ **案例2 抽象数轴上的点与实数一一对应的关系.**

知道每一个实数都可以用数轴上的一个点来表示;反过来,数轴上的每一个点都表示一个实数.经历数系从有理数扩展到实数的过程,通过无理数的引入,培养从特殊到一般、具体到抽象的逻辑思维能力.能用数轴上的点表示实数,将数和形联系在一起,进一步体会数形结合的思想.

抽象过程

经历回忆数轴的概念,思考问题"任何一个有理数都可以在数轴上表示,但数轴上的任何一点都表示的是有理数吗?"来引出数轴上的点所表示的不一定都是有理数.回忆有理数的分类引出无理数,认识少数无理数之后建立无理数的一般概念.引入无理数后,使数系在有理数的基础上进一步扩展到实数:有理数与无理数统称为实数.以少数熟悉的无理数为突破口,发现无理数也可以在数轴上表示,体会实数都可以在数轴上来表示.而数轴上的任一点表示的数不是无理数就是有理数,即数轴上的任一点所表示的都是实数.知道数轴是由无数个点组成的直线,每一个点表示一个实数,每一个实数都对应数轴上的一点,了解实数与数轴上的点一一对应.

水平划分

水平1:能建立数轴并在数轴上表示出有理数.

水平2:理解无理数的概念,知道可以用数轴上的点表示无理数.

水平3:能建立数轴与实数的联系,了解实数与数轴上的点一一对应.

样题

(1) 将有理数2,-1,$\dfrac{1}{2}$在数轴上表示出来,数轴上的点都表示有理数吗?

(2) 用计算器求$\sqrt{2}$,利用平方与开方之间的关系验算所得结果.再利用计算机求$\sqrt{2}$的结果.$\sqrt{2}$可以在数轴上表示吗?如何表示?

(3) 前面我们通过引入新的数来扩大数的范围,任意两个实数之间还有不是实数的新数吗?

答案:

(1) 图略,数轴上的点可能表示一个有理数,也可能表示无理数.

（2）利用计算器可得$\sqrt{2} = 1.414\,213\,562$，$(1.414\,213\,562)^2 = 1.999\,999\,9$，

由这个结果可以得出：$(\sqrt{2})^2 = 1.999\,999\,9$．显然这个结果是不准确的．

利用计算机求$\sqrt{2}$的结果：

$\sqrt{2} = 1.41421356237309504880168872420969807856967187537694807317667973799073$
$24784621070388503875343276415727350138462309122970249248360558507372126441214970$
$99935831413222665927505592755799950501152782060571 5\cdots$

整数、分数、有限小数、无限循环小数都属于有理数，可以发现：$\sqrt{2}$不是有理数，是一个无限不循环小数，是无理数．

以单位长度为边长画一个正方形，以原点为圆心，正方形的对角线长为半径画弧，与正半轴的交点就表示$\sqrt{2}$．

（3）因为数轴上的点与实数成一一对应关系，所以数轴上的点都表示实数．所以任意两个实数之间没有不是实数的新数．

说明： 第（1）题测评抽象水平1，第（2）题测评抽象水平2，第（3）题测评抽象水平3．

◆ **案例3　能比较实数的大小．**

经历用有理数估计无理数大小的活动，能用有理数估计无理数的大小、比较两个实数的大小，能通过比较被开方数的大小比较算术平方根的大小，发展抽象能力．

抽象过程

在比较有理数大小的基础上，通过平方运算比较算术平方根的大小，在此基础上，用有理数估计无理数的大小，并进一步形成借助有理数比较两个无理数大小的方法．

水平划分

水平1：能通过比较被开方数的大小比较两个算术平方根的大小．

水平2：能用有理数估计无理数的大小，并能比较两个实数的大小．

水平3：能综合运用有理数的大小比较法则及用有理数估计无理数大小的方法比较两个实数的大小．

样题

（1）比较$\sqrt{7}$和$\sqrt{11}$的大小．

（2）用有理数估计$\sqrt{11}$的大小，精确到0.1．

（3）比较$-\pi$和$-\sqrt{11}$的大小．

答案:

(1) ∵ $0 < \sqrt{7} < 3$, $\sqrt{11} > 3$,∴ $\sqrt{7} < \sqrt{11}$.

(2) ∵ $9 < 11 < 16$, ∴ $3 < \sqrt{11} < 4$. 取 3,4 的平均数 3.5,

∵ $3.5^2 = 12.25 > 11$,∴ $\sqrt{11} < 3.5$.

再取 3 与 3.5 的平均数 3.25,∵ $3.25^2 = 10.5625 < 11$,∴ $\sqrt{11} > 3.25$.

又∵ $3.4^2 = 11.56 > 11$,∴ $3.25 < \sqrt{11} < 3.4$,∴ $\sqrt{11} \approx 3.3$.

(3) ∵ $-3.15 < -\pi < -3.14$, $-3.4 < -\sqrt{11} < -3.25$,∴ $-\pi > -\sqrt{11}$.

说明: 第(1)题测评抽象水平1,第(2)题测评抽象水平2,第(3)题测评抽象水平3.

◆ **案例 4   抽象实数模型解决实际问题.**

在现实情境或者跨学科解决问题中,能抽象运算对象和运算类型,用实数的运算表达数量关系,通过实数的运算解决问题,形成合适的运算思路,进一步发展运算能力.

抽象过程

在具体问题解决过程中,抽象运算对象和运算类型,用实数的运算表达数量关系,把实际问题转化为实数运算问题,通过实数的运算解决问题,进一步发展抽象能力和运算能力.

水平划分

水平 1:在简单的熟悉情境中,能抽象运算对象和运算类型,用实数的运算表达数量关系,通过实数的运算解决问题.

水平 2:在熟悉的复杂情境中,能抽象运算对象和运算类型,用实数的运算表达数量关系,通过实数的运算解决问题.

水平 3:在陌生的复杂情境中,能应用实数运算,转化问题,解决问题.

样题

(1) 李明在实验过程中将一个半径为 10 cm 的圆柱体容器里的药液倒进一个底面是正方形的长方体容器内,发现药液在两个容器里的高度是一样的,那么长方体容器的底面边长是多少?(结果保留 π)

(2) 在拼图游戏中,请你用 4 个长为 a,宽为 b 的矩形拼成一个大正方形,并且正中间留下的空白区域恰好是一个小正方形(4 个长方形拼图时不能重叠). 当拼成的这个大正方形的边长比中间小正形的边长大 $2\sqrt{5}$ cm 时,大正形的面积比小正形的面积多 40 cm²,求中间小正方形和大正方形的面积.

（3）如图 2.2－6 中的三角形都是直角三角形，且都有一条直角边的长为 1，面积分别为 S_1，S_2，S_3，S_4，S_5，$\cdots$．已知 $OA_1 = 1$，斜边分别是 OA_2，OA_3，$\cdots$，求 $S_1^2 + S_2^2 + S_3^2 + \cdots + S_{10}^2$ 的值.

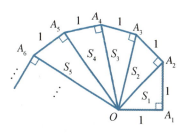

图 2.2－6

答案：

（1）由两容器液体体积、高度相等，可知两容器的底面积相等.

设长方体容器的底面边长为 x，则 $x^2 = \pi \cdot 10^2$．

所以 $x = 10\sqrt{\pi}$．

所以长方体容器的底面边长是 $10\sqrt{\pi}$（cm）．

（2）拼图结果如图 2.2－7 所示. 根据题意可知：

中间小正方形的边长为 $(a - b)$，大正方形的边长为 $(a + b)$，

则有 $\begin{cases} (a+b) - (a-b) = 2\sqrt{5}, \\ (a+b)^2 - (a-b)^2 = 40. \end{cases}$ 解得 $\begin{cases} a = 2\sqrt{5}, \\ b = \sqrt{5}. \end{cases}$

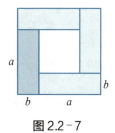

图 2.2－7

因此，中间小正方形的边长为 $a - b = 2\sqrt{5} - \sqrt{5} = \sqrt{5}$（cm），

所以中间小正方形的面积为 $\sqrt{5} \times \sqrt{5} = 5$（$\text{cm}^2$），大正方形的面积为 $5 + 40 = 45$（cm^2）．

（3）$\quad S_1^2 + S_2^2 + S_3^2 + \cdots + S_{10}^2$

$$= \left[\frac{1}{2} \times (1 \times 1)\right]^2 + \left[\frac{1}{2} \times (1 \times \sqrt{2})\right]^2 + \left[\frac{1}{2} \times (1 \times \sqrt{3})\right]^2 + \cdots + \left[\frac{1}{2} \times (1 \times \sqrt{10})\right]^2$$

$$= \frac{1}{4} + \frac{2}{4} + \frac{3}{4} + \cdots + \frac{10}{4}$$

$$= \frac{55}{4}.$$

说明：第（1）题测评抽象水平 1，第（2）题测评抽象水平 2，第（3）题测评抽象水平 3.

◆ **案例 5　通过估算实数的大小解决实际问题.**

在现实情境中，经历通过估算解决问题的活动，形成估算意识，进一步发展数感.

抽象过程

在解决实际问题的过程中，抽象运算对象和运算类型，用实数的运算表示数量关系，用有理数估计一个无理数的大致范围，运用比较实数大小的方法，判断实数的大小关系，解决

实际问题.

水平划分

水平1：在熟悉的简单情境中,通过估算判断两个实数的大小关系,检验结果的合理性.

水平2：在熟悉的综合情境中,能估计一个无理数的大致范围,并判断数量的大小关系,解决实际问题.

水平3：在陌生的复杂情境中,通过估算得出实数的大小关系,解决问题.

样题

（1）某地开辟了一块长方形的荒地,新建一个主题公园.已知这块荒地的长是宽的 2 倍,它的面积为 400 000 m^2.公园的宽有 1 000 m 吗?

（2）如图 2.2-8,生活经验表明：靠墙摆放梯子时,若梯子底端离墙的距离约为梯子长度的 $\frac{1}{3}$,则梯子比较稳定.现有一长度为 6 m 的梯子,当梯子稳定摆放时,它顶端能达到 5.6 m 高的墙头吗?

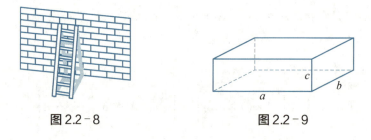

图2.2-8   图2.2-9

（3）如图 2.2-9,长方体的长、宽、高分别为 a,b,c,已知 $b = \sqrt[3]{3}$,c 是 b^2 的小数部分,$a = (c+2)^3$,求长方体的体积(结果保留一位小数).

答案：

（1）公园的宽小于 1 000 m.

方法一：若公园的宽为 1 000 m,则长为 2 000 m,此时公园的面积为 2 000 000 m^2,大于公园实际面积. 所以公园的宽小于 1 000 m.

方法二：设公园的宽为 x m,则长为 $2x$ m. 依题意有 $2x^2 = 400\,000$,解得 $x = 200\sqrt{5}$. 因为 $2^2 < (\sqrt{5})^2 < 3^2$,所以 $2 < \sqrt{5} < 3$,所以公园的宽在 400~600 m 之间,小于 1 000 m.

（2）设梯子稳定摆放时的高度为 x m，此时梯子底端离墙面的距离恰好为梯子长度的 $\dfrac{1}{3}$，由勾股定理，得 $x^2 + \left(\dfrac{1}{3} \times 6\right)^2 = 6^2$，即 $x^2 = 32$，解得 $x = \sqrt{32}$．

因为 $5.6^2 = 31.36 < 32$，所以 $\sqrt{32} > 5.6$．

因此，梯子稳定摆放时，它的顶端能够到达 5.6 m 高的墙头．

（3）由 $b = \sqrt[3]{3}$，则 $b^2 = \sqrt[3]{9}$．因为 $2^3 < (\sqrt[3]{9})^3 < 3^3$，所以 b^2 的整数部分为 2，小数部分为 $\sqrt[3]{9} - 2$，即 $c = \sqrt[3]{9} - 2$．而 $a = (c+2)^3$，则 $a = 9$．

所以长方体的体积 $V = 9 \times \sqrt[3]{3} \times (\sqrt[3]{9} - 2)$，化简得 $V = 27 - 18\sqrt[3]{3}$．

因为 $1^3 < (\sqrt[3]{3})^3 < 2^3$，$1.4^3 < (\sqrt[3]{3})^3 < 1.5^3$，$1.44^3 < (\sqrt[3]{3})^3 < 1.45^3$，$\sqrt[3]{3} \approx 1.4$，

所以 $V \approx 1.8$．

说明： 第（1）题测评抽象水平 1，第（2）题测评抽象水平 2，第（3）题测评抽象水平 3.

2.2.3　代数式

◆ **案例 1　通过具体情境抽象代数式概念.**

经历用字母表示数、用代数式表示数量关系的过程，进一步体会字母表示数的意义，发展抽象能力．

抽象过程

在实际生活情境中，分析其中的数量关系，通过字母表示数、字母及数的运算依次建构单项式、多项式、分式等代数式，明确这些代数式的运算结构，理解它们之间的关系，建立代数式的概念体系．

水平划分

水平 1：能分析简单具体情境中的数量关系，并用代数式表示，进一步体会字母表示数的意义．

水平 2：理解整式、分式、二次根式等概念的内涵，并能举例说明．

水平 3：能用例子说明分式的意义，能画出单项式、多项式和分式的关系图，了解有理式、无理式的概念．

样题

（1）用小木棒搭如图 2.2 - 10 所示的正方形组合图，请用代数式表示搭成的正方形个数

与所需要的小木棒根数之间的关系.

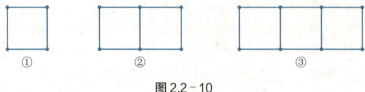

图 2.2 - 10

（2）请写出用数 2，-3 和表示数的字母 a，b 通过运算得到的三个不同的单项式,写出它们的系数和次数,给出单项式的定义.

（3）请用（2）中的单项式和数 2，-3 写出两个不同的多项式,指出其项和次数,给出整式的定义,提出整式的研究问题,给出整式的研究思路.

（4）请用（3）中的两个多项式的运算写出一个分式,并给出分式的定义,提出分式的研究问题,写出分式的研究思路.

（5）整式和分式表示数,类似于数,还可以求它们的算术平方根、立方根等,得到整式和分式的算术平方根和立方根,如果根号下含有字母,得到的式子叫做无理式,整式和分式统称有理式. 请写出两个无理式,并类比实数对代数式进行分类.

答案:

（1）$3n + 1$.

（2）答案多样,如 $-3a^4b^2$，$2ab$，$-\dfrac{2}{3}a^5b^2$ 等. 这三个单项式的系数分别为 -3，2，$-\dfrac{2}{3}$，次数分别为 6，2，7. 数及表示数的字母的积叫做单项式,单独一个数或字母也是单项式.

（3）有多个符合条件的多项式,如 $2ab - 6$，$-3a^4b^2 + 2ab - 6$ 等,第一个多项式是 2 次二项式,第二个多项式是 6 次三项式,它们是按照降次排列的;若干个单项式的和叫做多项式,单项式和多项式统称整式,整式的研究思路是: 背景——定义——运算.

（4）符合条件的分式不唯一,如 $\dfrac{-3a^4b^2 + 2ab - 6}{2ab - 6}$;两个整式的商,且分母含有字母的代数式叫做分式;类似于数,整式和分式统称有理式,有理式可以统一地表示成两个整式的商;类比分数,可以提出分式的研究问题:分式的基本性质和运算,分式的研究思路:背景——定义——性质——运算及运算律.

（5）两个无理式如 $\sqrt{2ab - 6}$，$\sqrt[3]{a}$;对代数式进行如下的分类:

说明： 第（1）题测评抽象水平 1，第（2）题、第（3）题、第（4）题测评抽象水平 2，第（5）题测评抽象水平 3.

◆ **案例 2　抽象合并同类项法则.**

经历类比数基于运算单位的合并理解字母的单位 1 地位，把字母看作数，与数进行乘法运算得到单项式，进一步把单项式看作运算单位，利用运算律进行合并化简，形成同类项的概念和合并同类项法则，体会数式运算一致性，发展抽象能力.

抽象过程

自然数的运算以自然数系的结构为依据，利用单位 1，把自然数加法定义为"+1 运算的复合"，乘法定义为"自相加的缩写"，乘方定义为"自相乘的缩写"，其中"单位 1"起到奠基作用. 类似的，代数式的运算，也从字母表示数出发，在给出整式（单项式、多项式）概念的基础上，利用数的运算律，将整式的加减归结到怎样的单项式可以合并的问题，再根据单项式的概念，归纳出同类项概念和合并同类项法则. 其中，"同类项"相当于"单位 1".

水平划分

水平 1：能借助分配律合并两个一次单项式，体会数式运算一致性，理解字母相当于"单位 1"的地位.

水平 2：能用一个单项式，通过改变系数得到可以合并的若干个单项式，并进行合并，理解同类项相当于"单位 1"的地位，在此基础上得到同类项的概念和合并同类项法则.

水平 3：能在综合情境中辨别同类项，通过合并同类项化简整式，说出化简的依据.

样题

（1）下面的多项式能进行合并化简吗？为什么？如能合并化简，请化简多项式.

$a+a$，$a+b$，$-3b+2b$，$-3a+2b$.

（2）已知单项式 $-2a^3b^2$，请写出两个与它可以合并化简的单项式，求这三个单项式的和，并写出同类项的定义和合并同类项法则.

（3）化简多项式并用运算律说出每一步的依据：$4x+3xy^2-2x^2y-5y^2x-6yx^2-x$.

答案：

（1）因为相同的字母表示相同的数，不同的字母表示的数不一定相同，根据分配律，可以合并化简的多项式有：$a+a$，$-3b+2b$. $a+a=(1+1)a=2a$，$-3b+2b=(-3+2)b=-b$.

（2）只改变系数，可以得到系数不同，字母及字母指数分别相同的单项式，如 $4a^3b^2$，$-a^3b^2$，这三个单项式的和为 $-2a^3b^2+4a^3b^2-a^3b^2=(-2+4-1)a^3b^2=a^3b^2$. 可以这样合并化简的依据是分配律，把可以合并化简的单项式叫做同类项，同类项的定义：所含字母相同，并且相同字母的指数也相同的项叫做同类项；合并同类项法则：系数相加，字母及字母的指数不变.

（3）$\quad 4x+3xy^2-2x^2y-5y^2x-6yx^2-x$

$\qquad = 4x+3xy^2-2x^2y-5xy^2-6x^2y-x$ \hfill （乘法交换律）

$\qquad = -2x^2y-6x^2y+3xy^2-5xy^2+4x-x$ \hfill （加法交换律）

$\qquad = (-2x^2y-6x^2y)+(3xy^2-5xy^2)+(4x-x)$ \hfill （加法结合律）

$\qquad = (-2-6)x^2y+(3-5)xy^2+(4-1)x$ \hfill （分配律）

$\qquad = -8x^2y-2xy^2+3x.$

说明： 第（1）题测评抽象水平1，第（2）题测评抽象水平2，第（3）题测评抽象水平3.

◆ **案例3　抽象分式的基本性质和运算法则.**

类比分数，得到分式的基本性质和运算法则，会进行分式的约分化简，理解最简分式的概念，能进行分式的通分和分式的四则运算，培养抽象能力.

抽象过程

类比分数，提出研究分式的基本性质和运算问题，通过数式运算的一致性，提出分式的基本性质和运算法则.

水平划分

水平1：能说出分式的基本性质和运算法则.

水平2：能利用分式的基本性质进行约分和通分，理解最简分式和最简公分母的概念，会求几个分式的最简公分母，能用分式的运算法则进行分式的四则运算.

水平3：能类比分数提出分式的基本性质和分式运算的研究问题，能类比分数的基本性质和运算法则提出分式的基本性质和运算法则，能用等式的性质验证具体分式的基本性质.

样题

（1）分式的基本性质是＿＿＿＿＿＿＿＿＿＿＿＿＿＿＿＿＿＿＿＿＿＿＿＿＿＿＿；

分式的加减法法则是＿＿＿＿＿＿＿＿＿＿＿＿＿＿＿＿＿＿＿＿＿＿＿＿＿＿＿＿＿；

分式的乘法法则是＿＿＿＿＿＿＿＿＿＿＿＿＿＿＿＿＿＿＿＿＿＿＿＿＿＿＿＿＿；

分式的除法法则是＿＿＿＿＿＿＿＿＿＿＿＿＿＿＿＿＿＿＿＿＿＿＿＿＿＿＿＿＿．

（2）① 约分化简：$\dfrac{12a^2b^3c}{18ab^3c^2}$，$\dfrac{a-b}{-3a}$，$\dfrac{x^3-16x}{x^3+8x^2+16x}$；

② 通分：$\dfrac{x+1}{x^2-2x}$ 与 $\dfrac{x-1}{x^2-4}$；

③ 将分式 $\dfrac{x-4}{x+4}$ 和 $\dfrac{4}{x-4}$ 进行加、减、乘、除运算，并说出每一步运算的依据.

（3）请以 $\dfrac{(x-2)(x+2)}{x(x+2)}=\dfrac{x-2}{x}$ 为例，用等式的性质说明分式的基本性质.

答案：

（1）略.

（2）① $\dfrac{12a^2b^3c}{18ab^3c^2}=\dfrac{2a}{3c}$，$\dfrac{a-b}{-3a}=-\dfrac{a-b}{3a}$，$\dfrac{x^3-16x}{x^3+8x^2+16x}=\dfrac{x(x+4)(x-4)}{x(x+4)^2}=\dfrac{x-4}{x+4}$.

② $\dfrac{x+1}{x^2-2x}=\dfrac{x+1}{x(x-2)}=\dfrac{(x+1)(x+2)}{x(x-2)(x+2)}=\dfrac{x^2+3x+2}{x(x-2)(x+2)}$，

$\dfrac{x-1}{x^2-4}=\dfrac{x-1}{(x+2)(x-2)}=\dfrac{x(x-1)}{x(x+2)(x-2)}=\dfrac{x^2-x}{x(x+2)(x-2)}$.

③ $\dfrac{x-4}{x+4}+\dfrac{4}{x-4}=\dfrac{(x-4)^2+4(x+4)}{(x+4)(x-4)}=\dfrac{x^2-4x+32}{x^2-16}$；

$\dfrac{x-4}{x+4}-\dfrac{4}{x-4}=\dfrac{(x-4)^2-4(x+4)}{(x+4)(x-4)}=\dfrac{x^2-12x}{x^2-16}$；

$\dfrac{x-4}{x+4}\cdot\dfrac{4}{x-4}=\dfrac{4(x-4)}{(x+4)(x-4)}=\dfrac{4}{x+4}$；

$\dfrac{x-4}{x+4}\div\dfrac{4}{x-4}=\dfrac{x-4}{x+4}\cdot\dfrac{x-4}{4}=\dfrac{(x-4)^2}{4x+16}$.

每一步运算的依据略.

（3）设 $\dfrac{(x-2)(x+2)}{x(x+2)}=A$，根据商的意义，得 $(x-2)(x+2)=Ax(x+2)$，根据等式性质，

当 $x+2\neq0$ 时，有 $x-2=Ax$，再根据整式的商的意义，得 $A=\dfrac{x-2}{x}$. 即分式的分子分母乘以（或

除以)同一个不为0的整式,分式的值不变.

说明： 第(1)题测评抽象水平1,第(2)题测评抽象水平2,第(3)题测评抽象水平3.

◆ **案例4 抽象代数式模型解决实际问题.**

在现实情境或跨学科问题解决中,经历从具体情境获得数量信息,用字母表示数,分析数量关系列出代数式,选择适当的方法进行代数式的求值运算,通过运算解决问题的活动,发展抽象代数式模型解决问题的能力.

抽象过程

在现实情境中,分析数量关系与规律,引入数学符号抽象出算式或代数式,并运用各种运算法则得出结果;通过反思解决问题的思路,归纳出基于代数推理和运算解决问题的一般性策略与方法.

水平划分

水平1：在简单熟悉的情境中,能发现代数关系,预见结论,启发思考,解决问题.

水平2：在复杂熟悉的情境中,能选择或构造出代数关系,联系已知与未知,解决问题.

水平3：在陌生和复杂的情境中,根据问题的要求能应用代数关系,综合利用代数的基本性质,解决问题.

样题

(1) 有每千克 m 元的糖果 x 千克与每千克 n 元的糖果 y 千克,将它们混合成杂拌糖,这样混合后的杂拌糖果每千克的价格为多少?

(2) 小明大学毕业回家乡创业,第一期培植盆景与花卉各50盆,售后统计,盆景的平均每盆利润是160元,花卉的平均每盆利润是50元,调研发现：① 每增加1盆盆景,盆景的平均每盆利润减少2元;每减少1盆盆景,盆景的平均每盆利润增加2元;② 花卉的平均每盆利润始终不变.小明计划第二期培植盆景与花卉共100盆,设培植的盆景比第一期增加 x 盆,第二期盆景与花卉售完后的利润分别为 w_1, w_2(单位：元),用含 x 的代数式分别表示 w_1, w_2.

(3) 如图2.2-11,"丰收1号"小麦的试验田是边长为 a m$(a>1)$ 的正方形去掉一个边长为1 m的正方形蓄水池后余下的部分,"丰收2号"小麦的试验田是边长

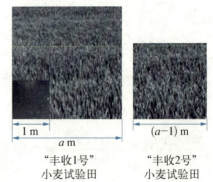

"丰收1号"
小麦试验田　　"丰收2号"
　　　　　　小麦试验田

图2.2-11

为 $(a-1)$ m 的正方形,两块试验田收获了相同数量的小麦. 问:哪种小麦的单位面积产量高?请说明理由.

答案:

(1) $\dfrac{mx+ny}{x+y}$ 元.

(2) 第二期培植的盆景比第一期增加 x 盆,则第二期培植盆景 $(50+x)$ 盆,花卉 $(50-x)$ 盆. 根据每增加 1 盆盆景,盆景的平均每盆利润减少 2 元;每减少 1 盆盆景,盆景的平均每盆利润增加 2 元;花卉的平均每盆利润始终不变,即可得到利润 w_1,w_2 与 x 的关系式;$w_1=(50+x)(160-2x)=-2x^2+60x+8\,000$,$w_2=50(50-x)=2\,500-50x$.

(3) "丰收 1 号"小麦试验田的面积为 (a^2-1) m²,"丰收 2 号"小麦试验田的面积为 $(a-1)^2$ m²,设两块试验田的产量均为 b 千克($b>0$),则"丰收 1 号"小麦试验田的单位面积产量为 $\dfrac{b}{a^2-1}$ kg/m²,"丰收 2 号"小麦试验田的单位面积产量为 $\dfrac{b}{(a-1)^2}$ kg/m².

$\because$ $(a-1)^2-(a^2-1)=2-2a$,且 $a>1$,

$\therefore$ $(a-1)^2-(a^2-1)<0$,

$\therefore$ $(a-1)^2<a^2-1$.

$\because$ $a>1$,

$\therefore$ $a^2-1>0$,$(a-1)^2>0$.

$\because$ $b>0$,

$\therefore$ $\dfrac{b}{a^2-1}<\dfrac{b}{(a-1)^2}$,

$\therefore$ "丰收 2 号"小麦的单位面积产量高.

说明: 第(1)题测评抽象水平 1,第(2)题测评抽象水平 2,第(3)题测评抽象水平 3.

◆ **案例 5 感悟数学中符号化的价值.**

感悟用代数式表示数量关系,通过推理和运算得到的结论具有一般性,能总结这种符号抽象及推理的步骤和方法,发展抽象能力.

抽象过程

从具体情境发现规律,通过字母表示数、用代数式表示数量关系,把规律推广到一般,通过代数推理证明规律,并通过反思总结,得到这种符号抽象和推理方法的一般步骤.

水平划分

水平 1：能在具体情境中发现规律.

水平 2：能通过符号表示数,表达发现的规律,并能通过代数推理和运算,证明规律.

水平 3：能总结用字母表示数,列代数式表示数量关系,用推理证明结论的步骤和方法.

样题

把咸淡程度不同的两碗汤 A, B 混合后得到第三碗汤 C.

(1) C 汤的咸淡程度有什么规律?

(2) 请设出必要的字母,用代数式表示两碗汤的咸淡程度和混合后的汤的咸淡程度.

(3) 请通过计算证明(1)中发现的规律.

(4) 请总结解决这个问题的步骤和方法.

答案：

(1) 根据生活经验发现,C 汤的咸淡程度在 A 汤和 B 汤的咸淡程度之间.

(2) 设计 A 汤、B 汤的质量分别为 m 克、n 克,含盐分别为 a 克、b 克,则 A 汤、B 汤和 C 汤的含盐质量分数分别为：$\dfrac{a}{m}$, $\dfrac{b}{n}$, $\dfrac{a+b}{m+n}$.

(3) $\dfrac{a+b}{m+n} - \dfrac{a}{m} = \dfrac{(a+b)m - a(m+n)}{m(m+n)} = \dfrac{bm - an}{m(m+n)}$,

$\dfrac{a+b}{m+n} - \dfrac{b}{n} = \dfrac{(a+b)n - b(m+n)}{n(m+n)} = \dfrac{an - bm}{n(m+n)}$.

不妨假设 $\dfrac{a}{m} < \dfrac{b}{n}$,因为 a, b, m, n 都是正数,且 $m > a$, $n > b$,所以有 $an < bm$,

所以 $\dfrac{a+b}{m+n} - \dfrac{a}{m} = \dfrac{bm - an}{m(m+n)} > 0$, $\dfrac{a+b}{m+n} - \dfrac{b}{n} = \dfrac{an - bm}{n(m+n)} < 0$.

所以混合后的汤的质量分数大于 A 汤的质量分数而小于 B 汤的质量分数,所以 C 汤的咸淡程度在 A 汤和 B 汤之间.

当 A 汤的质量分数大于 B 汤的质量分数时,同理可证.

(4) 解决这个问题的步骤是：

发现规律→确定研究的目标量和决定目标量的基本量→用字母表示基本量,用含有字母的代数式表示目标量→通过代数式的运算证明规律. 简言之为：

发现规律→抽象符号→推理运算.

说明： 第(1)题测评抽象水平 1,第(2)题测评抽象水平 2,第(3)题和第(4)题测评抽象水平 3.

◆ **案例 6 整理代数式的知识结构.**

经历用代数式研究的基本框架整理知识结构的活动,深化代数式知识的理解,体会符号抽象与推理的方法,发展抽象能力.

抽象过程

在新知的学习过程中,经历类比数的学习规划代数式的研究框架活动和依托研究框架研究整式、分式的活动,初步体会数式研究框架和运算的一致性.在整式、分式等内容的复习中,分别依托其研究的基本框架建构知识;在代数式复习中,类比数,依托研究的框架整理知识结构,优化知识体系.

水平划分

水平 1：能说出整式、分式、代数式等相关概念、性质和法则,并能说出它们之间的联系.

水平 2：能基于研究框架,整理整式和分式的知识结构.

水平 3：能基于研究框架,整理代数式的知识结构,并能与实数的知识结构比较.

样题

(1) 请罗列整式中所学的知识.

(2) 请用运算对象的研究框架整理整式的知识体系,用运算对象的研究框架整理分式的知识结构.

(3) 在(2)的基础上整理代数式的知识结构,并与实数的知识体系相联系.

答案：

(1) 单项式及其次数与系数的概念,多项式及其项与次数的概念,合并同类项法则、去括号法则、整式的加减运算;幂的运算性质、单项式与单项式相乘、单项式与多项式相乘、多项式与多项式相乘(仅限于一次式之间和一次式与二次式)、乘法公式、因式分解(提公因式法、公式法)等.

(2) 整式的知识结构(如图 2.2 - 12)；

分式的知识结构(如图 2.2 - 13).

(3) 代数式的知识结构(如图 2.2 - 14).

研究主题：代数式的运算建构,代数式的运算与运算律.

研究思路：背景——定义——性质——运算.

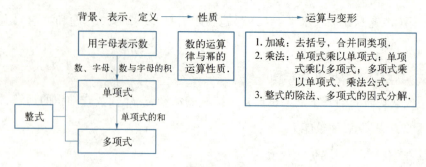

图 2.2 - 12

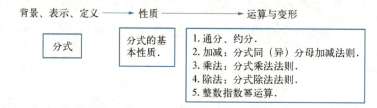

图 2.2 - 13

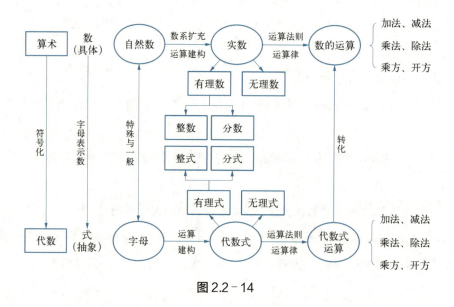

图 2.2 - 14

说明: 第(1)题测评抽象水平 1,第(2)题测评抽象水平 2,第(3)题测评抽象水平 3.

2.3 教学设计案例

2.3.1 单元设计案例：代数式

一、知识结构图

图 2.3-1

二、内容与内容解析

1. 内容

用字母表示数，代数式，求代数式的值.

2. 内容解析

数的发展中所讨论的是一个个具体的数. 在现实情境中，往往会出现各种量(已知量、未知量，常量、变量等)及其相互之间的数量关系；在数学内部，由于逐步抽象的需要或者表达方便的需要，出现了代数式. 通过用字母表示数和运算建立字母或数之间的运算结构，从而普适而简约地表示数量关系和一般规律，这为今后进一步研究方程、不等式和函数奠定了基础.

用含有字母的式子表示数量关系、变化规律时，需要从现实情境中分离出数量，分析数量之间的关系，用字母表示数，通过字母与数的运算，建立代数式，在此基础上，抽象代数式的概念，为今后通过符号运算和推理研究数量关系和普遍规律奠定基础. 在这一过程中，可以促进学生积累从现实中抽象数量关系，借助符号运算建立代数式模型的活动经验，培养学生的抽象能力和推理能力；通过将符号还原到具体情境中，求代数式的值，可以帮助学生领会符号表示数量关系和规律的一般性和简约性. 用字母表示数突出了从特殊(具体)到一般(抽象)的思想，而求代数式的值又是从一般(抽象)到特殊(具体)的理解和应用，同时体现了变量之间的依赖关系，蕴含着变化与对应思想，体现了数式通性. 因此，抽象代数式，理解其运算结构所代表的数量关系,可以让学生贯通特殊与一般,学会从一般意义上研究数量关系及其普遍规律,对发展学生的数学抽象能力和推理运算能力具有重要的作用.

基于以上分析,确定本单元的教学重点:通过字母表示数,从现实情境中抽象出代数式,理解代数式的意义,并用代数式表示数量关系,求代数式的值.

三、目标与目标解析

1. 目标

(1)经历从现实情境抽象数量关系,并用字母及数的运算关系表示的活动,进一步体会用字母表示数的意义,发展数量与数量关系的抽象能力.

(2)经历分析具体问题中的简单数量关系并用代数式表示的活动,能根据数量关系列代数式,发展符号抽象能力,会用代数式表示反比例关系,建立初步的模型观念.

(3)会把具体数代入代数式进行计算,求代数式的值,体会数式通性,进一步发展符号意识.

(4)能类比数的研究经验提出代数式的研究问题,体会数与式的一致性,培养学习能力.

2. 目标解析

达成目标(1)的标志:能从现实情境中抽象出数与数量关系,体会用字母表示数,用字母与字母、字母与数之间的运算表示数量关系,体会字母表示数的一般性和简约性.

达成目标(2)的标志:在具体问题中,能确定研究对象,分离出决定研究对象的基本量,分析从基本量通过怎样的运算组成研究对象,会选择合适的运算符号连接数或字母,列出代数式;能总结列代数式的基本操作步骤:分析数量关系——确定基本量并用字母表示——用字母及数的运算表示数量关系;能给相同的代数式赋予不同的实际背景;能列出代数式表示现实中两个量的反比例关系,能通过表示反比例的代数式中的字母取值变化所导致的代数式值的变化的规律来表达反比例关系的特征.

达成目标(3)的标志:能给相同字母赋予不同的数值,代入代数式计算,求出代数式的值;理解代数式的值与字母的值之间的依赖关系;能通过具体问题中的数量关系,归纳出一般规律,并用代数式表示,再通过代入具体的数值,求出相应的代数式的值,充分感悟数式通性,并体会从特殊到一般,再回到特殊的数学思想.

达成目标(4)的标志:经历列代数式的过程,体会数式通性,总结代数式的结构特征;经历求代数式值的过程,体会代数式是刻画实际问题中数量关系的一个数学模型,是从算术到代数的飞跃,总结列代数式解决问题的思路和步骤,规划代数式研究的一般思路(定义——表示——应用)及代数式研究的核心问题——列代数式和求代数式的值,代数式的运算.

四、目标谱系

核心素养 内容	数学眼光	数学思维	数学语言	学会学习
代数式	1. 在现实情境中,理解代数式的意义,体会代数式表示数量关系的普遍性和简约性,发展符号抽象能力. 2. 知道同一个代数式在不同的实际背景中有不同含义,同一个数量关系可以用不同的代数式表示.	能分析代数式中字母与字母、字母与数的运算结构,知道字母可以与数一样参与运算.	体会代数式是用运算结构表示普遍的数量关系的简约数学模型,初步能根据问题中的数量关系列代数式.	能类比列数的算式列出代数式,能辨别代数式与数的算式的区别与联系.
列代数式	1. 能在具体情境中抽象出数量关系,并用代数式表示,发展数量关系抽象能力和符号抽象能力. 2. 了解反比例关系的代数式表达. 3. 能给同一个代数式赋予不同的实际意义.	理解代数式中的运算结构,并能在现实情境下解释运算所表达的数量关系,发展推理能力.	1. 在现实情境中,能用字母表示基本量,通过字母及数的运算表示数量关系,体会代数式是描述数量关系的数学模型,发展模型观念. 2. 会用代数式表示和分析反比例关系的特点.	能总结列代数式表示数量关系的方法: ① 明确目标量,分析数量关系; ② 分离基本量,用字母表示; ③ 用字母及数的运算表示数量关系.
求代数式的值	1. 理解在代数式中,字母取值确定时,代数式表示一个确定的数值;代数式的值随字母取值的确定而唯一确定. 2. 理解当字母的取值确定时,代数式表示确定的值;从运算结果看,代数式仍然表示一个数,理解数式通性,发展抽象能力.	1. 在代数式中,当字母确定一个值时,能通过数的运算得到代数式确定的值. 2. 在一个代数式中,能通过字母取不同的值,通过计算该代数式的值,分析代数式的值随字母取值变化而变化的规律(如反比例关系),发展推理能力.	在现实情境中,能通过归纳发现数量关系,列出代数式,并进一步通过求代数式的值,解决问题,发展模型观念.	能总结根据代数式中字母取值求代数式值的方法;能总结先抽象数量关系,再求具体代数式值的"一般化"和"特殊化"解决问题的方法.

五、教学问题诊断分析

1. 已有基础

在小学阶段及有理数学习中,学生经历了用数表示现实世界数量关系及其规律的过程,初步感受数学语言的简洁与精确;通过小学阶段的学习,能用符号表示基本的数量关系,学生对含有字母的式子不会感到生疏.但是,学生的符号抽象能力仍然较弱,分析问题的能力有待提高,几乎不具备较复杂数量关系的抽象能力.

2. 学习需要

本单元是从算术到代数发展的过渡,是今后进一步研究变量之间的大小关系(方程、不等式)和对应关系(函数)的基础.从"数"到"式"的过程,是一个抽象的过程,需要学生能够从实际情境或者跨学科的问题中抽象出核心变量、变量的规律,以及变量之间的关系,并且能够用数学符号予以表达;能够从具体的问题解决中概括出一般结论,理解符号有助于理解数学表达方式,发展抽象能力和代数推理能力,形成一般性的数学的结论与方法,感悟数学抽象对于数学产生与发展的作用,发展数学的想象力,提高学习数学的兴趣.

3. 难点及应对策略

由于学生对数量关系的抽象能力不足,导致在列代数式、理解代数式的数量关系中存在困难.比如,学生认为 $x-3$ 与 $y-3$ 表示的是不同的数量关系;由于缺乏对应的观点,导致理解代数式与代数式值的对应关系也存在困难.

因此,本单元的难点是:在具体情境中建立代数式表示数量关系,理解代数式中字母取值与代数式的值之间的对应关系.

突破难点的策略是:在列代数式的基础上总结操作步骤.① 明确目标量,分析数量关系;② 找基本量并用字母表示;③ 用字母及数的运算表示数量关系.同时,重视对代数式中的字母取不同的值导致代数式值的变化的观察和探究,帮助学生理解代数式的值依赖于字母的取值.

六、教学建议

1. 合理设计教学主线.设计如下的研究主线贯穿各课时的教学:字母表示数,引入代数式→定义代数式→列代数式→求代数式的值.具体分为三个阶段,第一阶段:引入并定义代数式,用字母表示数并列代数式表示数量关系,抽象代数式的概念,体会代数式表示数量关系的一般性和简约性,体会从特殊到一般的思想.第二阶段:列代数式,从具体问题中抽象数量关系并用代数式表示,总结列代数式的一般操作步骤.第三阶段:求代数式的值,体会从字母到数值的转化,把求代数式的值转化为具体数的运算,初步理解代数式的值与字母取值的依赖关系.

2. 重视数学思想方法的教学.本单元蕴含的主要思想方法有：抽象的思想、特殊化与一般化的思想、对应的思想.在教学过程中,加强用字母表示数和列代数式的活动,让学生经历代数式模型的抽象过程,总结建立代数式模型的思考步骤,发展学生数学抽象能力和模型观念;加强求代数式的值的活动,理解代数式的值与字母取值之间的依赖关系.让学生经历列代数式表示两个量的反比例关系,再通过求代数式的值,研究值的变化,探索反比例关系的变化规律,让学生体会特殊化与一般化思想.

3. 重视核心素养的落地.本单元的核心内容是用字母表示数、列代数式和求代数式的值等,蕴含的核心素养发展侧重于进一步发展符号意识,培养抽象能力、代数推理能力、运算能力和初步的模型观念.在教学过程中,通过用符号表示数,用字母及数的运算表示数量关系列代数式、求代数式的值等活动,发展学生抽象数量关系并用符号表示的符号抽象能力,通过求代数式的值的活动发展代数推理和运算能力,通过建立代数式表达现实中的数量关系、解决问题的活动形成初步的模型观念.

4. 在揭示数式通性(整体性、一致性)的同时,要特别注意代数式是数的发展和超越,有其自身的独特性和复杂性.与数相比,代数式有着更丰富的含义,变化更加灵活,要结合添(去)括号法则让学生感受其变化多样性,同时增强操作代数式的能力.

5. 课时安排：代数式 1 课时,列代数式 2 课时,求代数式的值 2 课时,数学活动 1 课时,复习 1 课时,共 7 课时.

2.3.2 课时设计案例：代数式

教学目标

1. 经历在现实情境中抽象数量关系、列代数式的活动,进一步体会字母表示数的意义,发展符号意识.

2. 理解代数式的概念,体会代数式表示数量关系的一般性和简约性,发展抽象能力.

3. 能解释简单代数式的运算意义和现实意义,初步建立模型观念.

4. 能通过类比有理数运算的研究,提出代数式的研究问题,规划其研究思路,培养学习能力.

重点难点

1. 重点：引入代数式并抽象代数式的概念.

2. 难点：分析代数式的运算结构,体会代数式表示数量关系的本质:通过字母及数的运算表达现实中的数量关系.

教学过程设计

一、情境引入,提出问题

前面,我们将数的范围扩充到了有理数,有理数在生产生活中有着广泛的应用.但是,现实世界是变化的,许多数量关系仅仅用数及运算难以进行确切的表达.

▶ **问题1** 某段高铁 A, B 两站之间运行着时速分别为 240 km/h 和 300 km/h 的动车组甲和高速列车乙. 某一时刻,动车组甲通过 A 站开往 B 站,30 min 后,高速列车乙也通过 A 站开往 B 站. 为了确保列车运行安全,必须实时把握这两列火车之间的路程间隔,你能用数学式子表达出这两列火车的实时路程间隔吗?

追问1: 高速列车乙开出后 1 min, 2 min, 3 min, 4 min, 10 min 后两列火车的路程间隔分别是多少? 能通过数的运算,用列表的方式表达吗?

师生活动: 通过运算,得到下表.

高速列车乙驶出 A 站后的时间（min）	1	2	3	4	10	…
两列车的路程间隔（km）	119	118	117	116	110	…

追问2: 如何表示出高速列车乙通过 A 站后经过的每一时刻,两车的路程间隔(单位: km)?

师生活动: 让学生充分发表想法,比如开始时学生还是习惯于用数的有关算式表示 1 min, 2 min, 3 min 后两列火车的路程和时间间隔,发现还不够,若是 3.1 min 呢? 20.125 min 呢? 体会到用数的算式表示无法表达实时状态,此时,回忆小学中学习过的用字母表示数,引导学生用字母 t 表示列车乙通过 A 站后的时间,通过"路程 = 速度×时间"这一基本数量关系列出表示列车之间路程间隔,从而简约而一般地解决问题:设高速列车乙通过 A 站后运行 t min,则甲、乙两列车的路程间隔为 $4(t+30)-5t$(或 $120-t$).

设计意图:通过现实情境体会用字母表示数,用代数式表示数量关系的必要性,体会用字母表示数,用字母及数的运算可以简约而一般地表示数量关系,形成符号抽象意识.

▶ **问题 2**　在上述问题中,为什么要用字母 t 表示列车乙通过车站 A 后的运行时间? 这里的 t 与表中的时间(单位: min)1, 2, 3, 4, 10 是怎样的关系?

师生活动: 教师引导学生进一步分析,通过用字母 t 表示数,通过 t 与数的运算表示了甲、乙列车之间任一时刻的路程间隔,简约而一般地表示了数量关系.

设计意图: 通过具体情境,让学生进一步体会字母表示数的意义,发展符号抽象能力.

追问: 我们得到了算式: $4(t+30)$, $5t$, $120-t$,像这样的式子还有吗?

二、探究思考,形成新知

▶ **问题 3**　继续探究下面的问题:

(1) 往水中投一块小石头,激起水中圆形涟漪,如果涟漪半径每秒增加 0.1 m, t s 后,圆形涟漪的周长和面积各是多少?

(2) 一项工程,若甲工程队单独完成,则需要 5 天;若乙工程队单独完成,则需要 10 天. 若甲工程队施工 a 天,乙工程队施工 b 天,则完成的工程量是多少?

师生活动: 学生列出对应的式子: (1) $0.2\pi t$, $0.01\pi t^2$;(2) $\dfrac{a}{5}+\dfrac{b}{10}$.

设计意图: 为抽象代数式的概念进一步提供样例,发展数量关系的抽象和符号表示能力.

▶ **问题 4**　前面得到的式子: $4(t+30)$, $5t$, $120-t$, $0.2\pi t$, $0.01\pi t^2$, $\dfrac{a}{5}+\dfrac{b}{10}$,这些式子是由表示数的字母通过哪些运算得到的?

师生活动: 教师引导学生归纳,它们是数与表示数的字母之间加、减、乘、除、乘方等运算的式子,进一步给出代数式的定义:像这样,用加、减、乘、除、乘方和开方(今后学习)基本运算符号把数或表示数的字母连接起来的式子,我们称这样的式子为代数式.

单独一个数或字母也是代数式,如 x, 7 等.

设计意图: 通过归纳式子运算对象和运算结构的共同特征,抽象代数式的概念,发展抽象能力.

▶ **问题 5**　现在,我们遇到了一类在现实生活情境中刻画数量关系的常用的式子——代数式,类比数的学习,代数式需要研究哪些问题? 你认为应该按照怎样的思路研究?

师生活动: 教师引导学生类比数的学习提出代数式需要研究的问题:研究运用代数式表示大小关系和运算,按照"定义、表示——性质——运算"的思路研究.

设计意图：引导学生提出代数式的研究问题，规划其研究思路，发展系统结构抽象的意识.

三、初步列式，巩固新知

例1 （1）苹果原价是每千克 p 元，按 9 折优惠出售，用代数式表示苹果的现价；

（2）一个长方形的长是 0.9 m，宽是 p m，用代数式表示这个长方形的面积；

（3）某产品前年的产量是 n 件，去年的产量比前年的产量的 2 倍少 10 件，用代数式表示去年的产量；

（4）一个长方体水池的长和宽都是 a m，高是 h m，池内水的体积占水池的 $\dfrac{1}{3}$，用代数式表示池内水的体积.

师生活动： 学生独立完成并进行展示. 得到答案如下：

（1）苹果的现价是每千克 $0.9p$ 元；

（2）这个长方形的面积是 $0.9p$ m^2；

（3）去年的产量是 $(2n-10)$ 件；

（4）由"长方体的体积 = 长×宽×高"，得这个长方体水池的体积是 a^2h m^3. 故池内水的体积为 $\dfrac{1}{3}a^2h$ m^3.

追问： 用字母表示数后，同一个式子可以表示不同的含义. 例如，第（1）题和第（2）题，$0.9p$ 既可以表示苹果的售价，又可以表示长方形的面积. 它还可以表示很多的含义，你能再赋予 $0.9p$ 一个含义吗？

设计意图：让学生初步学会用代数式表示现实情境中的数量关系，并能对同一个代数式赋予不同的实际意义，发展符号抽象能力.

例2 指出下列代数式是由字母通过怎样的运算得到的：

（1）$2a+3$；　　　　　　（2）$2(x+3)$.

师生活动： 教师引导学生从代数式的运算意义去思考，体会蕴含其中的运算结构.

（1）$2a+3$ 的意义是 a 的 2 倍与 3 的和.

（2）$2(x+3)$ 的意义是 x 与 3 的和的 2 倍.

追问： 你能分别赋予这两个式子一个实际意义吗？

设计意图：引导学生分析代数式中字母与字母、字母与数的运算结构，体会代数式是表达数量关系的重要工具,发展符号抽象能力.

四、回顾小结,概括提升

(1)什么是代数式?列代数式时要注意哪些书写格式要求?

(2)为什么要用字母表示数、用代数式表示数量关系?

(3)对于代数式,你认为需要研究哪些问题?应该怎样研究?

五、目标检测

1. 用代数式填空:

(1)一种笔记本的售价为 2.2 元/本,购买 50 本,需花费_____元;购买 n 本,需花费_____元.

(2)某车间每小时加工零件 100 个,工作 3 小时,加工零件_____个;工作 t 小时,加工零件_____个.

(3)某公园的门票价格:成人 20 元,学生 10 元.某旅游团有成人 5 名,学生 40 名,应付门票_____元;若有成人 x 名,学生 y 名,应付门票_____元.

(4)梯形的上底长是 2 cm,下底长是 3 cm,高为 4 cm,则梯形的面积是_____ cm²;梯形的上底长是 a cm,下底长是 b cm,高为 h cm,则梯形的面积是_____ cm².

2. 用代数式表示:

(1)温度由 t℃下降 2℃后是多少?

(2)每件上衣 a 元,降价 20% 后的售价是多少元?

(3)n 箱苹果重 p 千克,每箱重多少千克?

(4)棱长为 a 米的正方体的表面积是多少平方米?

(5)飞机的速度是汽车的 10 倍,自行车的速度是汽车的 $\frac{1}{3}$.如果汽车的速度是 v,那么飞机、自行车的速度分别是多少?

3. 指出下列代数式的运算意义:

(1)$2a-3c$; (2)$3(m-n)$; (3)$ab+1$; (4)$\dfrac{3a}{5b}$.

4. 在实际问题中代数式 $0.6p$ 可以表示不同的含义,请举例说明.

答案:

1. (1)110, 2.2n (2)300, 100t (3)500, 20$x+10y$ (4)10, $\dfrac{(a+b)h}{2}$

2. （1）$t-2$　（2）$0.8a$　（3）$\dfrac{p}{n}$　（4）$6a^2$　（5）$10v$，$\dfrac{1}{3}v$

3. （1）$2a-3c$ 的意义是 a 的 2 倍与 c 的 3 倍的差.

（2）$3(m-n)$ 的意义是 m 与 n 的差的 3 倍.

（3）$ab+1$ 的意义是 a 与 b 的积与 1 的和.

（4）$\dfrac{3a}{5b}$ 的意义是 a 的 3 倍除以 b 的 5 倍的商.

4. 答案不唯一，例如 $0.6p$ 可以表示购买单价为 0.6 元的商品 p 件的总价.

设计意图：第 1 题检测目标 1，第 2 题检测目标 2，第 3 题、第 4 题检测目标 3.

2.4　教学建议

数与式是数量与数量关系的最基本知识,蕴含着进一步发展符号意识、抽象数量关系的核心育人价值.

《课标(2022 年版)》对数与式的内容提出了相应的教学提示,在数与式的实际教学中,需要进一步发展学生的数感、符号意识,发现数量关系的抽象能力;发展学生的运算能力.

根据在数与式的教学中进一步发展数感、符号意识和抽象能力的课标要求,提出以下教学建议:

(1)在数系扩充的一般观念引领下,整体设计有理数和实数内容的教学,便于学生体会数系扩充的思想.在有理数和实数的教学中,重视从小学的数的学习中归纳数系扩充的基本研究框架:引入新数,扩大数集——分类、表示——性质(相等与不等关系)——运算与运算律,让学生知道数学习的核心内容是运算及运算律,因为可以运算是数的本质特征.在此基础上,用这种数系扩充的一般观念引领学生提出有理数和实数的研究问题,规划研究思路,进行有序学习.

(2)重视结合现实情境和数学情境引入负数,抽象负数的意义.历史上,负数的引入是基于减法运算封闭性的需要,负数在很长时间内难以被历史上数学家所接受,主要是缺乏负数及其运算的现实情境.通过创设表示既有大小又有方向的量的表达的现实情境和小数减大数的数学情境让学生体会引入负数的必要性,通过把正数表示的量变成相反意义的量,从正数的符号出发通过正数前面加符号"−"得到负数,体会相反数的意义;通过分析数量的量值,体会绝对值的意义.通过数轴直观,理解有理数的有序性和相反数、绝对值的几何意义.

(3)基于小学中的数的大小比较和运算抽象有理数的大小比较和运算法则,研究运算律.比如,通过把小学中的非负数的大小比较法则呈现在数轴上,推广到整条数轴,就可以借助数轴定义有理数的大小关系,并进一步得到两个负数比较大小的法则;可以把小学中的非负数的加法呈现在数轴上,形成数轴上的点的运动,并进一步推广到有理数的运算;通过对加数、和的符号和绝对值的归纳得到有理数的加法法则;等等.同时,注重有理数四则运算封闭性的说明.

(4)重视无理数的理解与认识.无理数的发现,是数学家希帕索斯等人的理性思维的产物.在实数内容的教学中,要让学生经历无理数的发现与理解过程,以"用有理数理解无理数的意义"和"借助数轴与实数的——对应关系体会实数的连续性"为重点.

（5）基于运算一致性进行代数式的"单元—课时"整体教学. 引入字母表示数,类比数的学习,提出代数式的研究问题,规划代数式的研究思路,并进行有序研究.

（6）重视用字母表示数及用字母及数的运算表示数量关系的活动,体会字母表示数和代数式表示数量关系的一般性和简约性;通过代数式的运算理解数式通性,基于适当的几何直观表达字母表示数的一般性和可变性.

（7）通过运算一致性理解代数式运算与数的运算的关系. 例如,在抽象同类项概念和合并同类项法则时,借助"运算单位",从自然数的运算、小数的运算、分数的运算的共同基础 $ma + na = (m + n)a$,其中 a 分别表示单位1、小数单位、分数单位,进一步提出 $7a + 5a$ 怎么算的问题,得到 $7a + 5a = (7 + 5)a = 12a$,并通过用其他字母、单项式代替 a,得到合并同类项法则和同类项的意义,让学生经历从数的基于单位的运算到合并同类项运算的抽象过程,让学生用运算一致性理解同类项的概念,理解合并同类项法则.

（8）重视列代数式的教学活动. 代数是操作符号的艺术,要通过现实情境、跨学科情境和数学情境的广泛设置让学生感受代数化过程,发展学生抽象变量与模型的能力.

第3章 抽象能力在"方程与不等式"中的行为表现与案例解析

方程与不等式是初中阶段数与代数领域的三大主题之一,是刻画现实世界相等关系和不等关系、解决实际问题的有效模型.初中阶段方程与不等式的学习,是后续研究方程与不等式的基础,这一阶段,学生需要经历方程与不等式的概念生成、运算求解和实际应用等活动,是从算术思维到代数思维发展的关键阶段,而这种思维方式转换的核心是抽象方程模型.本章依据课程标准,基于知识内容的数学本质和学生的认知规律,构建抽象能力在方程与不等式中的行为表现指标体系,并通过具体的样例、课例对各行为表现指标进行阐释,说明怎样在方程与不等式主题的教学中,培养和发展学生的抽象能力.

3.1 行为表现

抽象活动是数学产生和发展所依赖的活动,抽象的思想是数学的基本思想,抽象能力是数学核心素养的重要行为表现.本节将以《课标(2022年版)》为依据,围绕方程与不等式主题的内容要求、学业标准,结合初中学生的认知规律,分析并构建抽象能力在方程与不等式内容中的行为表现指标体系.

3.1.1 课程内容与学业要求

方程与不等式是刻画现实世界中的数量关系的有效模型,也是推动数学自身发展的重要工具.方程与不等式的学习过程,完整体现了现实材料的数学化、数学材料的逻辑组织化和数学应用的三个阶段,这三个阶段分别与数学核心素养中的"三会"紧密联系.如利用方程与不等式建立现实中含有未知数的两个量之间的相等与不等关系;利用等式、不等式的性质,对方程、不等式进行变形、运算,求得未知数的值或取值范围;通过解释实际意义得到实际问题的解,这是典型的抽象数学模型表达和解决问题的活动过程.史宁中认为:数学的基本思想可以归结为"抽象的思想""推理的思想"和"模型的思想",通过数学抽象实现了从现实进入数学,通过逻辑推理,推动了自身的发展,通过模型的构建,让数学回归了现实.因此,数学抽象是数学产生和发展的基础,也是研究、学习数学的基本思想方法.方程与不等式主题蕴含着从现实的生活情境或跨学科的问题中抽象核心变量、表达变量间的关系与规律、构建模型解决问题的抽象能力的发展价值;蕴含着基于等式和不等式性质推理活动中发展代数推理能力的育人价值;蕴含着抽象出数学研究对象、形成数学概念与定义、提炼性质与法则、归纳思想与方法等抽象能力的发展价值.

在义务教育课程内容中,数量关系的研究贯穿始终,针对数与式主题的学习经历了如下过程:

(1)从自然数到实数的数系扩充.经历简单的数的抽象过程,抽象出数的概念和性质及运算法则、运算律,基本建立和形成了数感.

(2)从字母表示数.经历数字的基本运算到用字母表示数的运算法则、运算律的符号化表达过程,体会用字母表示数量及数量关系的一般性;在初步建立符号意识的基础上,抽象出各种代数式的概念与运算法则,体会数式通性.

(3)简单数量关系的学习.能在具体情境中用字母或含有字母的式子表示数量及数量之间的关系、性质和规律,感悟用符号语言表示数量及数量关系的普适性;初步体会符号语言的使用是数学表达和数学思维的重要形式,实现用代数式表达基本数量关系的抽象过程.

学生已有的学习经历和知识能力储备,具备了进一步从现实情境中两个量的相等关系和不等关系中抽象出代数式的相等与不等关系的基础,具备了学习方程与不等式的条件,但他们的抽象能力、思维方式等正处在一个转变的关键时期.因此,基于已有的基础知识、基本技能和基本活动经验,从现实生活情境中,抽象出方程与不等式的概念、性质、运算等相关知识,刻画现实世界中的数量关系,解决具体问题,培养抽象能力、运算能力,发展代数思维,是方程与不等式主题中承载的重要内容.

《课标(2022年版)》中规定的方程与不等式的内容与要求为:

(1)方程与方程组

① 能根据现实情境理解方程的意义,能针对具体问题列出方程;理解方程解的意义,经历估计方程解的过程.

② 掌握等式的基本性质;能解一元一次方程和可化为一元一次方程的分式方程.

③ 掌握消元法,能解二元一次方程组.

④ *能解简单的三元一次方程组.(标*为选学内容)

⑤ 理解配方法,能用配方法、公式法、因式分解法解数字系数的一元二次方程.

⑥ 会用一元二次方程根的判别式判别方程是否有实根及两个实根是否相等.

⑦ 了解一元二次方程的根与系数的关系.

⑧ 能根据具体问题的实际意义,检验方程解的合理性.

（2）不等式与不等式组

① 结合具体问题,了解不等式的意义,探索不等式的基本性质.

② 能解数字系数的一元一次不等式,并能在数轴上表示出解集;会用数轴确定两个一元一次不等式组成的不等式组的解集.

③ 能根据具体问题中的数量关系,列出一元一次不等式,解决简单的问题.

关于方程与不等式,在《课标（2022 年版）》提出了以下学业要求：

（1）方程与方程组

能根据具体问题中的数量关系列出方程,理解方程的意义;认识方程解的意义,经历估计方程解的过程;掌握等式的基本性质,能运用等式的基本性质进行等式的变形;能根据等式的基本性质解一元一次方程和可化为一元一次方程的分式方程;能根据二元一次方程组的特征,选择代入消元法或加减消元法解二元一次方程组;* 能解简单的三元一次方程组;能根据一元二次方程的特征,选择配方法、公式法、因式分解法解数字系数的一元二次方程;会用一元二次方程根的判别式判别方程是否有实根及两个实根是否相等,会将一元二次方程根的情况与一元二次方程根的判别式相联系;知道利用一元二次方程的根与系数的关系可以解决一些简单的问题;能根据具体问题的实际意义,检验方程的解是否合理. 建立模型观念.

（2）不等式与不等式组

结合具体问题,了解不等式的意义,探索不等式的基本性质;能用不等式的基本性质对不等式进行变形;能解数字系数的一元一次不等式,并能在数轴上表示出解集;会用数轴确定两个一元一次不等式组成的不等式组的解集;能根据具体问题中的数量关系,列出一元一次不等式,解决简单的实际问题. 建立模型观念.

可以发现,在初中阶段关于方程与不等式主题的学习中,主要内容是结合现实生活中的具体实例,抽象出问题情境中的核心变量,学会分析已知量与未知量之间的数量关系,用方程或不等式（组）进行表达;抽象出方程或不等式（组）的相关概念;基于对数与式运算的理解、生活中的实践感悟和等式、不等式的意义,探究它们的性质;通过代数推理,获得方程和不等式(组)的解法,形成新的数学结论或命题,建构方程与不等式的知识体系;认识和理解从具体的问题情境中抽象出相应的方程、不等式(组)模型,探究解决问题的基本思路和一般套路等.方程与不等式的学习,对进一步理解数量及数量关系,实现从算术思维向代数思维的转变,建立模型观念,培养抽象能力、运算能力和模型观念等有着非常重要的作用.

3.1.2 分析框架

"方程与不等式"是用数学方法严谨表达现实生活中最基本的数量关系(相等关系与不等关系)的结果,是一类应用广泛的数学工具.结合抽象能力的内涵、行为表现和心理过程,依据《课标(2022年版)》中对方程与不等式主题内容、学业要求和教学及评价建议等的描述,将抽象能力在方程与不等式主题中的表现进一步具体化为如下指标体系(见表3.1-1).

表3.1-1 方程与不等式中的抽象能力行为表现指标

行为表现指标	方程（A21）	不等式（A22）
C1 抽象概念	C1A21-1 形成方程的概念.能结合现实情境理解方程的意义,形成方程及其解的概念,理解一元二次方程的概念.	C1A22-1 了解不等式的概念.能类比方程,结合现实情境,了解不等式及其解与解集的概念.
C2 抽象命题与规则	C2A21-1 掌握等式的性质.结合等式的意义和数与式的运算,抽象出等式的基本性质. C2A21-2 推导一元二次方程的求根公式.能用配方法推导一元二次方程的求根公式,体现方程公式解的普适性,并能用求根公式解一般的一元二次方程. C2A21-3 探索一元二次方程的根与系数的关系.能从一元二次方程的求根公式出发通过运算推导一元二次方程的根与系数关系,会用两根的和与积表达一元二次方程的系数关系.	C2A22-1 掌握不等式的性质.能类比等式性质,抽象出不等式的基本性质.
C3 抽象变量与模型	C3A21-1 抽象方程模型.能在具体的问题情境中找出未知量与已知量,分析数量间的相等关系,列出方程(组)关联已知量和未知量,解决简单的实际问题.	C3A22-1 抽象不等式模型.能在具体的问题情境中找出未知量与已知量,分析数量间的不等关系,列出不等式(组)关联已知量与未知量,解决简单的实际问题.

行为表现指标	方程（A21）	不等式（A22）
C4 抽象方法与策略	C4A21－1　总结方程的解法.能提炼出"消元""降次"等转化思想;总结解一元一次方程、二元一次方程组、分式方程及一元二次方程的一般步骤. C4A21－2　概括建立方程模型解决问题的方法.能从具体问题的解决过程中,概括出利用方程解决问题的基本思路,并能用框图表示.	C4A22－1　总结不等式的解法.能提炼出解一元一次不等式（组）的一般步骤. C4A22－2　概括建立不等式模型解决问题的方法.能从具体问题的解决过程中,概括出利用一元一次不等式（组）解决问题的基本思路,并能用框图表示.
C5 抽象系统与结构	C5A21－1　整理方程的知识结构.会总结研究方程的一般框架,并用来整理方程的知识内容,构建方程（组）的知识结构体系.	C5A22－1　整理不等式的知识结构.能类比方程总结研究不等式的一般框架,并用来整理不等式的知识内容,构建不等式（组）的知识体系.

3.2 样例解析

为进一步阐释抽象能力在方程与不等式主题中的行为表现,下面将通过案例对方程与不等式中的抽象能力行为表现指标进行分析,为建立核心素养和方程与不等式主题的具体内容之间的关联提供基础.

3.2.1 方程

◆ **案例 1 形成方程的概念.**

经历用方程表达现实情境中两个量的相等关系的活动,通过概括共同特征,形成方程及其解的概念,能举例说明方程及其解的意义,概括方程的结构特征,掌握定义方式和符号表达形式,体会方程的优越性,发展符号模型的抽象能力和代数概念的抽象能力.

抽象过程

经历分析具体问题中的等量关系,用含未知数的代数式表示量、用等式表示相等关系的活动,分析方程的结构特征,将其推广到一般,并用语言表达方程及其解的意义,得到方程及其解的定义.

水平划分

水平 1:能识别方程,判断一个数是否为方程的解.

水平 2:能针对具体的问题情境列出方程,理解方程及其解的意义,能够概括一元一次方程、二元一次方程组、一元二次方程、分式方程的结构特征.

水平 3:能比较列算式解决问题与列方程解决问题的不同点.

样题

(1)判断下列各式哪些是方程,并判断数值 3 是哪些方程的解:

① $0.5x = 2$; ② $x - 3 > 9$; ③ $6 + 12 = 18$; ④ $6a + b = -13$;

⑤ $3x^2 - 6x - 9$; ⑥ $x^2 - 2x = 3$; ⑦ $\dfrac{6}{x} - \dfrac{1}{x-2} = 1$.

(2)根据下面实际问题中的数量关系,设出未知数、列出方程,并指出是哪一类方程.

① 某学校女生占全体学生数的 52%,比男生多 80 人,问:该校男生、女生各有多少人?

② 一根长竹竿斜靠在竖直的墙上,该长竹竿的下端离墙的水平距离为 0.5 m,上端离地

的高度为 2 m,把竹竿下端向外移动多少米时,其上端离地高度与下端外移的距离相同?

（3）用列算式和列方程两种不同的方法解决下面的"鸡兔同笼"问题,比较两种解决问题方法的不同点.

笼子里有鸡和兔若干只,它们共有 13 头,42 足,问:笼中有鸡、兔各几只?

答案:

（1）①④⑥⑦是方程,数值 3 是方程⑥⑦的解.

（2）① 不同设法可以得到不同的方程或方程组.

如果设该校女生有 x 人,则男生为 $(x-80)$ 人,则得到一元一次方程 $52\%(x+x-80)=x$;
如果设该校男生有 x 人,则女生为 $(x+80)$ 人,则得到一元一次方程 $52\%(x+x+8)=x+80$;

如果设该校女生有 x 人,男生有 y 人,则得到二元一次方程组 $\begin{cases} x=y+80, \\ 52\%(x+y)=x. \end{cases}$

② 设竹竿下端外移距离为 x m,则移后竹竿下端离墙的水平距离为 $(0.5+x)$ m,上端离地的高度是 x m,根据勾股定理可以列出一元二次方程 $(0.5+x)^2+x^2=0.5^2+2^2$.

（3）算式解法:如果全部为兔,则应该有 52 足,但实际上只有 42 足,$52-42=10$,$10÷2=5$,$(13×4-42)÷2=5$,说明有 5 只鸡,所以有 8 只兔.

方程解法:设未知数不同,可以得到一元一次方程或二元一次方程组. 例如:设笼中有兔 x 只,有鸡 y 只,则可以得到二元一次方程组 $\begin{cases} x+y=13, \\ 4x+2y=42. \end{cases}$

算式解法与方程解法的不同点:① 算式解法中只能用已知数运算、列算式,往往需要数量关系转换,而方程中未知数像数一样参与运算,列方程只要直接翻译数量关系即可,列方程比较简便;② 用算式解决问题是一题一法,方法缺乏普适性,而方程方法具有普适性;③ 算式只要列出,就能计算结果,而方程需要进一步研究解法,间接地得到问题的解.

说明: 第(1)题测评抽象水平 1,第(2)题测评抽象水平 2,第(3)题测评抽象水平 3.

◆ **案例 2 探索并掌握等式的基本性质.**

基于数的运算和天平的实验操作,经历从数归纳推广到式的过程,抽象出符号表示,并推广到等式两边与同一个整式运算下的不变性,掌握等式的性质,发展代数规律的抽象能力.

抽象过程

分析等式表示两个量相等关系的特征,发现等式的基本结构——用等号连接两个代数式,借助天平直观,感知等式的传递性及在运算下的不变性,把这种不变性和传递性推广到符号表示,得到等式性质,从等量关系的传递性和运算不变性角度系统理解等式性质.

水平划分

水平1:能借助天平直观,感知两个量的相等关系的传递性和运算不变性,并能用符号表示,得到等式性质.

水平2:能依据等式性质说明解方程的依据.

水平3:能建立等式性质的知识体系,并能用等式性质进行公式变形.

样题

(1)下图3.2-1~3.2-4所示四种情况下,天平都处于平衡状态,已知每个长方体包装盒的质量都是300克,每个圆柱体包装盒的质量未知,设为 x 克,每个圆锥体包装盒的质量也未知,设为 y 克.根据图3.2-1~3.2-4所示情况,分别列出对应的等式①②③④表示其平衡状态.

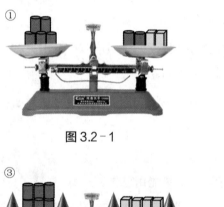

图3.2-1

图3.2-2

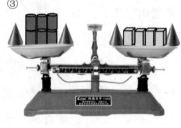

图3.2-3

图3.2-4

(2)请说出第(1)题中得到的这四个等式从前到后依次转化的依据:①→②→③→④.

(3)说出下面解一元一次方程步骤中的依据.

解方程: $\dfrac{x-3}{2}+1=\dfrac{x}{6}$.

解:去分母,得 $3(x-3)+6=x$, (   )

去括号，得 $3x - 9 + 6 = x$，

移项，得 $3x - x = 9 - 6$，　　　　（　　　　　　　　　　）

合并同类项，得 $2x = 3$，

系数化为 1，得 $x = \dfrac{3}{2}$.　　　　（　　　　　　　　　　）

（4）如果 $a = b$，$c = d$，根据等式性质可得 $a + b = c + d$，$ac = bd$，能写出其推导过程吗？等式的这两个性质用语言怎样表达？这两条性质反映了相等关系在什么情况下的不变性？

答案：

（1）① $5x = 2x + 600$；② $3x + y = 600 + y$；③ $6x + 2y = 1\,200 + 2y$；④ $3x = 600$.

（2）由等式①变形为等式②，在等式两边同加 $y - 2x$；等式②变形为等式③，在等式两边同乘以 2；等式③变形为等式④，在等式两边同减去 $2y$ 并除以 2.

（3）等式性质 2：如果 $a = b$，那么 $ac = bc$；等式性质 1：如果 $a = b$，那么 $a \pm c = b \pm c$；等式性质 2：如果 $a = b$，$c \neq 0$，那么 $\dfrac{a}{c} = \dfrac{b}{c}$.

（4）因为 $a = b$，所以 $a + c = b + c$. 又因为 $c = d$，所以 $a + c = b + d$. 因为 $a = b$，所以 $ac = bc$. 又因为 $c = d$，所以 $ac = bd$. 语言表达：等量加等量，和相等；等量乘等量，积相等. 这两条性质反映了相等关系在加法和乘法运算中的不变性.

说明：第（1）题测评抽象水平 1，第（2）题、第（3）题测评抽象水平 2，第（4）题测评抽象水平 3.

◆ **案例 3　探索一元二次方程根与系数的关系.**

结合具体的一元二次方程，经历由特殊到一般的探究过程，能获得一元二次方程的根与系数的关系，体会一元二次方程的根可以用系数的算式表示；反之，系数也能用方程的根表示.

抽象过程

通过用公式法解一元二次方程、用判别式判别一元二次方程根的情况的活动，感悟系数是确定方程根的要素；反过来，是否可以用一元二次方程的根表示系数？经历从具体方程推广到一般的过程，抽象出根与系数的双向关系：可以用系数的代数式表示一元二次方程的根，也可以用根的代数式表示一元二次方程的系数.

水平划分

水平 1：知道一元二次方程中根与系数的关系式并能直接应用.

水平 2：会用一元二次方程的根与系数关系构造以两个数为根的一元二次方程,解决简单的问题.

水平 3：能推导韦达定理,借助求根公式和韦达定理体会一元二次方程根与系数的关系.

样题

(1) 求下列方程两根的和与积.

① $5x^2 + x - 5 = 0$;　　② $4x^2 - 10x - 9 = -2x^2 + 7x + 5$.

(2) 一个直角三角形的周长为 14,斜边长为 6,求这个直角三角形两直角边的长.

(3) 对于一元二次方程 $x^2 + px + q = 0$(p, q 为已知数).

① 请写出这个方程的求根公式,并说明方程的根是由系数通过哪些运算得到的代数.

② 如果这个方程有两个实数根 x_1, x_2,请用这两个根的代数式表示系数,并分析表达式的特征.

③ 通过两个实数根 x_1, x_2 的运算构造两个代数式 A, B,使得 A, B 是这个一元二次方程的根,并研究这两个代数式与系数的关系.

答案：

(1) ① $x_1 + x_2 = -\dfrac{1}{5}$, $x_1 x_2 = -1$;② $x_1 + x_2 = \dfrac{17}{6}$, $x_1 x_2 = -\dfrac{7}{3}$.

(2) 解：设直角三角形的直角边长分别为 a, b,则有 $a + b = 8$, $a^2 + b^2 = 36$,

所以 $ab = \dfrac{(a+b)^2 - (a^2 + b^2)}{2} = 14$. 所以 a, b 是方程 $x^2 - 8x + 14 = 0$ 的两根.

解这个方程,得 $x = \dfrac{8 \pm \sqrt{8^2 - 4 \times 14}}{2} = \dfrac{8 \pm 2\sqrt{2}}{2} = 4 \pm \sqrt{2}$.

所以这个直角三角形的两条直角边的长分别为 $4 + \sqrt{2}$ 和 $4 - \sqrt{2}$.

(3) 解：① $x = -\dfrac{p}{2} \pm \dfrac{\sqrt{p^2 - 4q}}{2}$,$p^2 - 4q \geq 0$,方程的根是由系数与数通过加、减、乘、除、乘方和开方运算后得到的.

② $p = -(x_1 + x_2)$, $q = x_1 x_2$, p, q 的表达式是由 x_1, x_2 和数通过加、减、乘运算得到的对称式(交换字母位置不改变系数的值).

③ 根据①和②可得：$x = \dfrac{x_1 + x_2}{2} \pm \dfrac{\sqrt{(x_1 + x_2)^2 - 4x_1 x_2}}{2}$，

于是，$A = \dfrac{x_1 + x_2}{2} + \dfrac{\sqrt{(x_1 + x_2)^2 - 4x_1 x_2}}{2}$ 和 $B = \dfrac{x_1 + x_2}{2} - \dfrac{\sqrt{(x_1 + x_2)^2 - 4x_1 x_2}}{2}$ 是原方程的两个根.

说明： 第（1）题测评抽象水平 1，第（2）题测评抽象水平 2，第（3）题测评抽象水平 3.

◆ **案例 4 抽象未知数和方程模型解决问题.**

在现实情境中经历抽象已知量和未知量，分析等量关系，抽象方程模型表达和解决问题的活动，理解方程是表达相等数量关系的重要数学模型，体会方程的抽象性和一般性特点，发展变量和模型的抽象能力.

抽象过程

在实际情境中，发现等量关系，确定未知量并用字母表示，通过已知量与未知量的运算分别表达两个相等的量，再用等式表示，得到方程模型，通过解方程得到方程的解，通过解释实际意义得到实际问题的解.

水平划分

水平 1：在熟悉的简单情境中，能设出适当的未知数，建立方程模型表达等量关系，解决问题.

水平 2：在熟悉的综合情境中，能设出适当的未知数，建立方程模型表达等量关系，解决问题.

水平 3：在陌生的综合情境中，能把方程作为建立已知与未知联系的工具，解决问题.

样题

（1）一辆汽车开往距离出发地 180 千米的目的地.出发后的第一小时按原计划的速度匀速行驶，一小时后以原来速度的 1.5 倍匀速行驶，并比原计划提前 40 分钟到达目的地，求汽车出发后的第一小时的行驶速度.

（2）某营养餐公司为学生提供的 300 克早餐食品中，蛋白质总含量为 8%，包括一份牛奶，一份谷物食品和一个鸡蛋（一个鸡蛋的质量约为 60 克，蛋白质含量占 15%；谷物食品和牛奶的部分营养成分如表 1 和表 2 所示）.问：该公司配送的营养早餐组成中，牛奶和谷物食品各多少克？

表 1 谷物食品的部分营养成分	
项目	每 100 克
能量	2 215 千焦
蛋白质	9.0 克
脂肪	32.4 克
碳水化合物	50.8 克
钠	280 毫克

表 2 牛奶的部分营养成分	
项目	每 100 克
能量	261 千焦
蛋白质	3.0 克
脂肪	3.6 克
碳水化合物	4.5 克
钙	100 毫克

（3）如图 3.2－5，某海军基地位于点 A 处，在其正南方向 200 海里处有一重要目标 B，在 B 的正东方向 200 海里处有一重要目标 C。小岛 D 位于 AC 的中点，岛上有一补给码头；小岛 F 位于 BC 的中点。一艘军舰从 A 出发，经 B 到 C 匀速巡航，一艘补给船同时从 D 出发，沿南偏西方向匀速直线航行，欲将一批物品送达军舰。已知军舰的速度是补给船的 2 倍，军舰在由 B 到 C 的途中与补给船相遇于 E 处，那么相遇时补给船航行了多少海里？（$\sqrt{6} \approx 2.45$，结果保留一位小数）

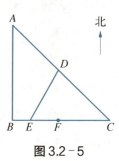

图 3.2－5

答案：

（1）解：设汽车出发后的第一小时的行驶速度为 x 千米/小时，

根据题意，得 $\dfrac{180}{x} - \dfrac{180-x}{1.5x} - 1 = \dfrac{40}{60}$，

解得 $x = 60$。

答：汽车出发后的第一小时的行驶速度为 60 千米/小时。

（2）解：设该公司配送的营养早餐中，谷物食品 x 克，牛奶 y 克，根据题意列出方程：

$$\begin{cases} x + y + 60 = 300, \\ \dfrac{9x}{100} + \dfrac{3y}{100} + 60 \times 15\% = 300 \times 8\%, \end{cases}$$ 解得 $\begin{cases} x = 130, \\ y = 110. \end{cases}$

答：该公司配送的营养早餐中含有谷物食品 130 克，牛奶 110 克。

（3）解：如图 3.2－6，连接 DF。

∵ $AD = CD$，$BF = CF$，

∴ DF 是 △ABC 的中位线。

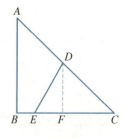

图 3.2－6

$$\therefore DF /\!/ AB,\ DF = \frac{1}{2}AB.$$

$$\because AB \perp BC,\ AB = BC = 200,$$

$$\therefore DF \perp BC,\ DF = 100,\ BF = 100.$$

设相遇时补给船航行了 x 海里,那么 $DE = x$,$AB + BE = 2x$,$EF = AB + BF - (AB + BE) = 300 - 2x$.

在 $\mathrm{Rt}\triangle DEF$ 中,根据勾股定理可得 $x^2 = 100^2 + (300 - 2x)^2$,

整理,得 $3x^2 - 1\,200x + 100\,000 = 0$.

解得 $x_1 = 200 - \frac{100\sqrt{6}}{3} \approx 118.3$,$x_2 = 200 + \frac{100\sqrt{6}}{3}$(不合题意,舍去).

答:相遇时补给船大约航行了 118.3 海里.

说明:第(1)题测评抽象水平 1,第(2)题测评抽象水平 2,第(3)题测评抽象水平 3.

◆ **案例5　概括解二元一次方程组的代入消元法.**

经历用代入消元法解具体二元一次方程组的过程,通过反思与归纳,抽象出用代入消元法解二元一次方程组的步骤和消元的思想,发展数学方法与策略的抽象能力.

抽象过程

能结合具体情境,类比一元一次方程的求解过程,感悟二元一次方程组的求解可以转化为一元一次方程,形成解二元一次方程组的基本思路——消元;通过一元一次方程与二元一次方程组的结构分析,归纳代入消元的基本方法,概括出代入消元法解二元一次方程组的基本操作步骤和注意事项;经历解二元一次方程的过程,进一步分析、总结出灵活多样的代入消元方法,体会优化解法的优越性,感悟解多元方程组中"消元"的本质,实现将代入消元法解二元一次方程组迁移到解多元一次方程组.

水平划分

水平1:能基于具体问题的解决,总结用代入消元法解二元一次方程组的步骤和依据,体会消元思想.

水平2:能用代入消元法解二元一次方程组,并总结出消元转化思想.

水平3:能把代入消元法迁移到三元(或多元)一次方程组的解答中.

样题

1. 用代入消元法解下列方程组,并总结用代入消元法解二元一次方程组的步骤.

$(1)\begin{cases}b = 3a, \\ 3a + b = 4;\end{cases}$ $(2)\begin{cases}2a + b = 3, \\ 3a + b = 4.\end{cases}$

2. 在解第 1 题中的两个二元一次方程组中,写出"代入"这个步骤的依据和目的.

3. 解方程组:$\begin{cases}x = 2y + z, \\ x - 3y = z, \\ x + y + z = 24.\end{cases}$

答案:

1. 解:(1) $\begin{cases}b = 3a, & ① \\ 3a + b = 4. & ②\end{cases}$

把①代入②,得 $3a + 3a = 4$,

解这个方程,得 $a = \dfrac{2}{3}$. ③

把③代入①,得 $b = 2$.

所以原方程组的解为 $\begin{cases}a = \dfrac{2}{3}, \\ b = 2.\end{cases}$

(2) $\begin{cases}2a + b = 3, & ① \\ 3a + b = 4. & ②\end{cases}$

由①,得 $b = 3 - 2a$. ③

把③代入②,得 $3a + 3 - 2a = 4$,解这个方程,得 $a = 1$.

把 $a = 1$ 代入①,得 $2 + b = 3$,$b = 1$.

所以原方程组的解为 $\begin{cases}a = 1, \\ b = 1.\end{cases}$

用代入消元法解二元一次方程组的一般步骤:

① 变形:用含一个未知数的代数式表示另一个未知数;

② 代入:把二元一次方程转化为一元一次方程,解一元一次方程,得到一个未知数的值;

③ 回代:把得到的未知数的值代入方程组中的方程,得到另一个未知数的值.

2. "代入"这一步骤的依据是等式性质,目的是消去一个未知数,把二元一次方程组转化为一元一次方程,从而求得未知的值.

3. 解：$\begin{cases} x = 2y + z, & ① \\ x - 3y = z, & ② \\ x + y + z = 24. & ③ \end{cases}$

由②，得 $x = 3y + z$.   ④

把①代入④，得 $2y + z = 3y + z$，$y = 0$.   ⑤

把⑤代入①，得 $x = z$.   ⑥

把⑤和⑥代入③，得 $z + 0 + z = 24$，$z = 12$.

再把 $z = 12$ 代入⑥，得 $x = 12$.

所以原方程组的解为 $\begin{cases} x = 12, \\ y = 0, \\ z = 12. \end{cases}$

说明：第 1 题测评抽象水平 1，第 2 题测评抽象水平 2，第 3 题测评抽象水平 3.

◆ **案例 6 形成方程建模的思想.**

经历建立方程（组）模型解决实际问题的具体活动，通过反思总结形成建立方程（组）模型表达和解决问题的一般步骤和基本思想，发展数学方法和策略的抽象能力.

抽象过程

经历从现实问题中抽象未知数和方程模型的活动，通过反思总结得到解决问题的基本步骤和思想，并用框图表示，能在这种思想指导下建立方程模型解决新的问题.

水平划分

水平 1：能基于具体解决问题的过程总结建立方程模型解决问题的解题步骤.

水平 2：能基于具体解决问题的过程总结建立方程模型解决问题的思维方式并用框图表示.

水平 3：能总结设未知数列方程的分析思考步骤，能用总结出的方法步骤解决新情境下的问题.

样题

（1）案例 4 中三个问题的解决过程经历了哪些步骤？

（2）解决案例 4 的三个问题的思考过程是怎样的？能用框图表示吗？

（3）请总结案例 4 中列方程的步骤，用总结出的解题步骤和思考方法解下面问题：

洗一件衬衫分去污和清洗两个阶段.① 去污阶段：先把衣物放在含洗衣液的水中去污，

让衣服中的污物充分溶解形成污水,拧干后衣服中还残留污水 800 mL;② 清洗阶段:加入若干清水清洗,充分混合后形成清洗水,再把清洗水拧干;再次加入清水清洗后又拧干. 假设清洗阶段每次加入等量的清水,且每次拧干后衣服中残留清洗水 800 mL.

在清洗阶段,如果想通过第二次加清水清洗后,污水在清洗水中所占百分比降低到 9%,问:每次加清水多少毫升?

答案:

(1)设未知数——列方程(组)——解方程(组)——检验、解释实际意义——答.

(2)思考过程用框图表示如下(见图 3.2-7):

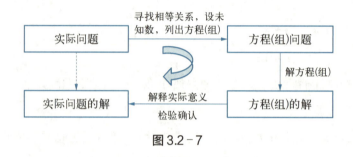

图 3.2-7

(3)列方程的步骤:寻找等量关系——分析两个相等的量的共同决定要素,设为未知数——用代数式分别表示相等的两个量——用等号表示两个量的相等关系.

寻找等量关系:质量分数 $= \dfrac{溶质质量}{溶液质量}$,溶液质量 = 溶质质量 + 溶剂质量.

设未知数:在清洗过程中,每次等量加清水的容积决定了清洗后水中污水的质量分数,从而决定了两次清洗的效果,所以设每次清洗中加入清水的容积为 x mL.

用代数式表示相等的两个量:设每次加清水 x mL,第一次清洗的清洗液中含污水的质量分数为 $\dfrac{800}{800+x}$,第一次清洗拧干后剩下的原污水质量为 $\dfrac{800^2}{800+x}$;第二次清洗后,衣服上留下原污水质量分数为 $\dfrac{800^2}{(800+x)^2}$.

用等号表示两个量的相等关系,列出方程:$\left(\dfrac{800}{800+x}\right)^2 = 0.09$,解得 $x = \dfrac{5\,600}{3}$.

所以每次加清水 $\dfrac{5\,600}{3}$ mL.

说明：第(1)题测评抽象水平1,第(2)题测评抽象水平2,第(3)题测评抽象水平3.

◆ **案例7 梳理方程的知识结构体系.**

能整理方程(组)知识体系,进一步完善方程认知结构,构建研究与运用方程的一般框架,发展系统结构的抽象能力.

抽象过程

整体回顾各类方程的主要学习内容及学习顺序,形成方程及其应用的研究框架,进一步以方程的研究框架为脚手架,整理具体知识,形成反映研究内容、研究思路和研究方法的知识结构体系.

研究内容：方程的解法和应用.

研究思路：引入(基于现实引入,从代数式大小关系认识)、定义——解法——应用.

研究方法：用含未知数的代数式表示两个量,用方程表示这两个量的相等关系;通过基于等式性质的推理运算进行方程的转化,最终获得方程的解.

知识结构图：如图3.2-8.

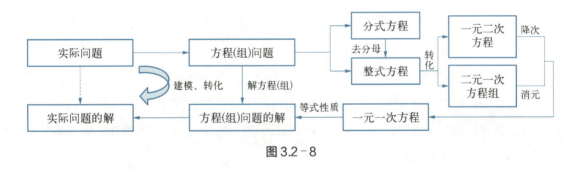

图3.2-8

3.2.2 不等式

◆ **案例1 了解不等式及其解与解集的概念，了解一元一次不等式和一元一次不等式组的概念.**

能结合具体的现实情境,用不等号表示不等关系,列出不等式(组),知道不等式(组)及其解与解集的含义,发展抽象能力.

抽象过程

基于现实情境,经历分析不等关系并用不等式表示的活动,类比等式认识不等式,类比一元一次方程认识一元一次不等式,类比二元一次方程组认识一元一次不等式组.

水平划分

水平 1：能用不等式表示不等关系，会判断一个数是否为不等式的解，知道不等式的解集的意义.

水平 2：能类比一元一次方程理解一元一次不等式及其解集的概念，类比二元一次方程组理解一元一次不等式组解集的概念，能用数轴表示不等式的解集并确定一元一次不等式组的解集.

水平 3：能比较等式与不等式、一元一次方程和一元一次不等式的异同，能理解方程和不等式本质上是两个量大小关系的代数表示.

样题

（1）用式子表示下列各题中的不等关系：

① "复兴号"动车组列车运行的平均速度与高速公路上汽车行驶的平均速度的关系；

② 小王驾驶汽车要在 40 分钟内行驶 50 km；

③ 小明带着弟弟小冬和小刚一起在公园玩跷跷板，已知小明的体重是小刚体重的 $\frac{2}{3}$，小冬的体重是 20 千克. 小刚坐在跷跷板的一边，小明和弟弟小冬坐在另一边，这时小刚坐的那一边仍然着地.

（2）类比方程，你认为第（1）题第③小题中的不等式应该叫做什么不等式？你能用不等号表示出这个不等式的解集吗？你能用数轴画出这个不等式的解集吗？

（3）怎样比较两个代数式 $6-2x$ 和 x 所表示的量的大小？方程和不等式分别反映了两个量之间怎样的数量关系？

答案：

（1）① 设 "复兴号"动车组列车运行的平均速度是 a km/h，汽车在高速公路上行驶的平均速度为 b km/h，则有 $a > b$.

② 设汽车行驶的速度为 v km/h，则 $\frac{2}{3}v \geqslant 50$.

③ 设小刚的体重为 x 千克，则 $\frac{2}{3}x + 20 < x$.

（2）一元一次不等式；不等式 $\frac{2}{3}x + 20 < x$ 的解集为 $x > 60$；解集用数轴表示略.

（3）如果 $6-2x = x$，则 $x = 2$；如果 $6-2x > x$，则 $x < 2$；如果 $6-2x < x$，则 $x > 2$；反之也对.

所以当 $x < 2$ 时, $6 - 2x > x$;当 $x = 2$ 时, $6 - 2x = x$;当 $x > 2$ 时, $6 - 2x < x$.

方程和不等式分别反映了两个代数式表示的量之间的相等关系和不等关系.

说明: 第(1)题测评抽象水平 1,第(2)题测评抽象水平 2,第(3)题测评抽象水平 3.

◆ **案例 2 探索不等式的基本性质.**

经历类比等式的基本性质提出不等式性质猜想并用具体数值验证的活动,探究不等式的基本性质,能应用不等式的基本性质对不等式进行变形,发展代数性质的抽象能力.

抽象过程

类比等式性质,理解不等关系的三歧性、对称性和传递性,提出研究不等关系在四则运算中的不变性和变化规律问题,通过数值验证猜想并推广到一般,用符号表示,建立不等式性质知识体系.

水平划分

水平 1:能类比等式理解不等式的三歧性、对称性和传递性,并能应用这些知识对不等关系进行简单推理.

水平 2:能类比相等关系在四则运算中的不变性提出不等式运算性质的猜想,并能通过具体数值进行验证,推广到一般,得到不等式的运算性质;能应用不等式的运算性质进行不等式的变形,解一元一次不等式.

水平 3:能理解不等式的传递性与实数的大小关系的联系,建立不等式的知识体系;能运用等式性质和不等式性质比较用代数式表示的两个量的大小,解决简单的问题.

样题

1. 数轴上,若点 A 位于点 B 的左边,点 C 位于点 B 的右边,则点 A 位于点 C 的_____;若 A,B,C 三点对应的实数分别为 a,b,c,则上述推理过程可以用表达式表示为:"若_____,则_____."

2.(1)等式有如下的运算性质:① 若 $a = b$,则 $a \pm c = b \pm c$;② 若 $a = b$,则 $ac = bc$;③ 若 $a = b$,$c \neq 0$,则 $\dfrac{a}{c} = \dfrac{b}{c}$.类比这些等式的运算性质,你能提出哪些不等式运算性质的猜想?请用具体数值验证,并修订自己的猜想.

(2)解一元一次不等式 $\dfrac{x-3}{2} + 1 > 2x$,并说明解不等式中每一步变形的依据.

3.(1)如果 $2 < x < 5$,$1 < y < 3$,请用不等式分别表示 $x + y$ 和 $x - y$ 的取值范围;

（2）一般地，如果 $a < x < b$，$c < y < d$，请用不等式分别表示 $x + y$ 和 $x - y$ 的取值范围.

答案：

1. 左边；$a < b$，$b < c$；$a < c$.

2. （1）猜想：① 若 $a > b$，则 $a \pm c > b \pm c$；② 若 $a > b$，则 $ac > bc$；③ 若 $a > b$，$c \neq 0$，则 $\dfrac{a}{c} > \dfrac{b}{c}$.

令 a，b，c 取不同的数，命题①的结论都正确；如果取 $a = 2$，$b = 1$，$c = -1$，发现命题②和③都是假命题. 进一步修改猜想，得到：① 若 $a > b$，则 $a \pm c > b \pm c$；② 若 $a > b$，$c > 0$，则 $ac > bc$，$\dfrac{a}{c} > \dfrac{b}{c}$；③ 若 $a > b$，$c < 0$，则 $ac < bc$，$\dfrac{a}{c} < \dfrac{b}{c}$.

（2）解：两边都乘以 2，得 $x - 3 + 2 > 4x$.　　　　　　　　　　　（不等式性质 2）

移项，得 $x - 4x > 3 - 2$.　　　　　　　　　　　　　　　　　（不等式性质 1）

合并同类项，得 $-3x > 1$.　　　　　　　　　　　　　　　　　（合并同类项法则）

系数化为 1，得 $x < -\dfrac{1}{3}$.　　　　　　　　　　　　　　　（不等式性质 3）

3. 解：（1）因为 $x > 2$，所以 $x + y > 2 + y$. 因为 $y > 1$，所以 $2 + y > 2 + 1$，所以 $x + y > 3$.
因为 $x < 5$，所以 $x + y < 5 + y$. 因为 $y < 3$，所以 $5 + y < 8$.
综上，$3 < x + y < 8$.
因为 $y < 3$，所以 $-y > -3$，所以 $x - y > -3 + x$. 因为 $x > 2$，所以 $x - y > -1$.
因为 $y > 1$，所以 $-y < -1$，所以 $-y + x < -1 + x$. 因为 $x < 5$，所以 $x - y < -1 + 5$，即 $x - y < 4$.
综上，$-1 < x - y < 4$.

（2）$a + c < x + y < b + d$，$a - d < x - y < b - c$.

说明： 第 1 题测评抽象水平 1，第 2 题测评抽象水平 2，第 3 题测评抽象水平 3.

◆ **案例 3　建立不等式（组）模型表达和解决问题.**

经历从现实情境或跨学科问题中抽象未知量，分析数量关系并用不等式表示不等关系，建立一元一次不等式解决问题的活动，发展从现实情境中抽象核心变量和模型解决实际问题的能力.

抽象过程

在现实情境中，分析具有不等关系（如大于、小于、至多、至少、超过、不超过、低于、不低于、最高、最低、最多、最少、不高于等）的两个量，分析决定这两个量的共同基本量，设为未知数,用含有未知数的代数式表示这两个量,最后用不等式表示不等关系,得到不等式,通过用不等式组表示几个不等式同时成立;依据不等式的性质进行推理,解不等式(组),得到未知数的取值范围,通过实际意义上的解释得到实际问题的解集.

水平划分

水平1:能在熟悉简单的数学问题情境中列出不等式(组).

水平2:能在熟悉综合的现实问题情境中列出不等式(组),掌握列不等式(组)的基本步骤.

水平3:能在陌生综合的现实情境或跨学科问题情境中列出不等式(组),运用不等式(组)解决问题.

样题

(1)根据题意,列出下列不等式.

① x 的 2 倍与 1 的和大于 3.

② a 的一半与 4 的差的绝对值不小于 a.

③ x 的 2 倍减去 1 不小于 x 与 3 的和.

④ y 的 2 倍加上 3 的和大于 -2 且小于 4.

(2)一种食品净重约 500 克,在其营养成分的说明中标注有"含糖量 $\leqslant 0.4\%$",此食品中糖的含量为多少?

(3)今年某公司分两次采购了一批土豆共 375 吨.为获取更高利润,该公司可将土豆加工成薯片或淀粉出口销售,因设备原因,两种产品不能同时加工.若单独加工成薯片,每天可加工 5 吨土豆;若单独加工成淀粉,每天可加工 8 吨土豆.由于出口需要,所有采购的土豆必须全部加工完且用时不超过 60 天,其中加工成薯片的土豆数量不少于加工成淀粉的土豆数量的 $\frac{2}{3}$.为实现上述目标,该工厂应该如何确定加工方案?

(4)某园林的门票每张 10 元,一次性使用.考虑到人们的不同需求,也为了吸引更多的游客,该园林除保留原来的售票方法外,还推出一种"购买个人年票"的售票方法(个人年票从购买日起,可供持票者使用一年),年票分 A, B, C 三类:A 类年票每张 120 元,持票者进入园林时,无需再购门票;B 类年票每张 60 元,持票者进入园林时,需再购买门票,每次 2 元;C 类年票每张 40 元,持票者进入园林时,需再购买门票,每次 3 元.

① 若你只选择一种购买门票的方式,且计划在一年中花在该园林的门票上 80 元,试通

过计算,找出可使进入该园林的次数最多的购票方式.

② 问:一年中进入该园林至少多少次时,购买 A 类年票比较合算?

答案:

(1) ① $2x+1>3$;② $\left|\dfrac{a}{2}-4\right| \geqslant a$;③ $2x-1 \geqslant x+3$;④ $-2<2y+3<4$.

(2) 解:设此种食品中糖的含量为 x 克,由题意,得 $\dfrac{x}{500} \leqslant 0.4\%$,

解这个不等式,得 $x \leqslant 2$.

答:此食品中糖的含量不超过 2 克.

(3) 解:设将 m 吨土豆加工成薯片,则有 $(375-m)$ 吨土豆加工成淀粉,

由题意,得 $\begin{cases} \dfrac{m}{5}+\dfrac{375-m}{8} \leqslant 60, \\ m \geqslant \dfrac{2}{3}(375-m), \end{cases}$ 解得 $150 \leqslant m \leqslant 175$.

答:加工成薯片的土豆只要在大于等于 150 吨且小于等于 175 吨之间即可.

(4) 解:① 不可能选 A 类年票.

若选 B 类年票,则可以进入园林的次数为 $\dfrac{80-60}{2}=10$(次).

若选 C 类年票,则可以进入园林的次数为 $\dfrac{80-40}{3}=13\dfrac{1}{3}$(次).

若不购买年票,则可以进入园林的次数为 $\dfrac{80}{10}=8$(次).

故购买 C 类年票进入园林的次数最多.

② 设一年中进入该园林至少 x 次,购买 A 类年票才划算,

则有 $\begin{cases} 60+2x>120, \\ 40+3x>120, \\ 10x>120, \end{cases}$ 解得 $\begin{cases} x>30, \\ x>26\dfrac{2}{3}, \\ x>12. \end{cases}$

所以不等式的解集为 $x>30$.

所以,一年中进入园林至少 30 次时,购买 A 类年票比较合算.

说明: 第(1)题、第(2)题测评抽象水平 1,第(3)题测评抽象水平 2,第(4)题测评抽象

水平 3.

◆ **案例 4　总结解一元一次不等式的方法.**

经历类比一元一次方程解法解一元一次不等式及解法总结的活动,掌握解一元一次不等式(组)的步骤和方法,形成算法程序并能指导解一元一次不等式活动,发展方法与策略的抽象能力.

抽象过程

通过具体解一元一次不等式(组),总结解一元一次不等式(组)的步骤和基本思路,形成算法程序,提炼转化思想和集合思想——利用不等式基本性质及整式加减,将不等式转化为与它同解的最简不等式 $x > a$ 或 $x < a(a$ 为常数)的形式,求得解集;利用数轴确定公共解集,把一元一次不等式组的问题转化为解一元一次不等式的问题. 把这种步骤、基本思路和思想方法推广到一般,形成算法程序并用框图表示.

水平划分

水平 1:会类比一元一次方程解一些简单的一元一次不等式.

水平 2:通过解后反思,类比方程总结一元一次不等式(组)的解法程序和基本思想,能熟练地解数字系数的一元一次不等式.

水平 3:能用框图表示解一元一次不等式(组)的转化思想,并能探索根据字母的取值范围求分式的取值范围.

样题

(1) 解不等式 $3 - 2x \leqslant 5 + 4x$,并在数轴上表示出其解集.

(2) 解下面不等式,并总结出解不等式的一般步骤.

$$2\left(\frac{1}{2} - x\right) - 1 \geqslant \frac{2x - 1}{3}.$$

(3) 用框图表示解一元一次不等式(组)中的基本思想,并解决下面问题:已知 $x \leqslant 4$,求 $\frac{x - 1}{x - 3}$ 的取值范围.

答案:

(1) 解:$3 - 2x \leqslant 5 + 4x$.

移项,得 $-2x - 4x \leqslant 5 - 3$.

合并同类项,得 $-6x \leqslant 2$.

系数化为 1,得 $x \geqslant -\dfrac{1}{3}$.

不等式的解集在数轴上表示如图 3.2-9 所示.

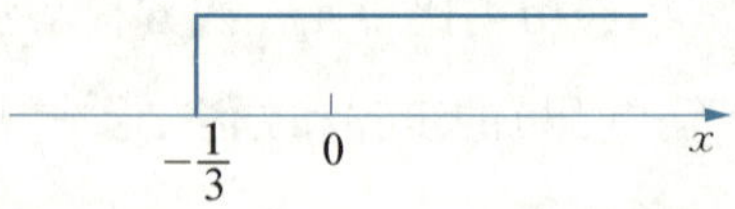

(2) 解: $2\left(\dfrac{1}{2} - x\right) - 1 \geqslant \dfrac{2x-1}{3}$.

图 3.2-9

去分母,得 $6\left(\dfrac{1}{2} - x\right) - 3 \geqslant 2x - 1$.

去括号,得 $3 - 6x - 3 \geqslant 2x - 1$.

移项,得 $-6x - 2x \geqslant -1$.

合并同类项,得 $-8x \geqslant -1$.

系数化为 1,得 $x \leqslant \dfrac{1}{8}$.

类似于解一元一次方程,解不等式的一般步骤是:① 去分母;② 去括号;③ 移项;④ 合并同类项;⑤ 系数化为 1.

解一元一次不等式组的步骤是:先分别解各个一元一次不等式得到解集,再利用数轴求各个不等式的解集的公共部分.

(3) 解一元一次不等式(组)中主要是转化思想,通过借助数轴确定公共解集,把解一元一次不等式组的问题转化为解一元一次不等式的问题,进一步把一元一次不等式转化为最简单的不等式表示未知数的取值范围,如图 3.2-10.

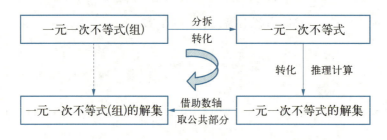

图 3.2-10

解:设 $y = \dfrac{x-1}{x-3}$,则 $x = \dfrac{1-3y}{1-y}$.

根据 $x \leqslant 4$,得 $\dfrac{1-3y}{1-y} \leqslant 4$,$y \neq 1$.

由 $\dfrac{1-3y}{1-y} \leqslant 4$,得 $\dfrac{1-3y}{1-y} - 4 \leqslant 0$,即 $\dfrac{y-3}{1-y} \leqslant 0$,

所以① $\begin{cases} y-3 \geqslant 0, \\ 1-y < 0, \end{cases}$ 或② $\begin{cases} y-3 \leqslant 0, \\ 1-y > 0. \end{cases}$

分别解这两个不等式组,得 $y < 1$ 或 $y \geqslant 3$.

即 $\dfrac{x-1}{x-3} < 1$,或 $\dfrac{x-1}{x-3} \geqslant 3$.

说明: 第(1)题测评抽象水平 1,第(2)题测评抽象水平 2,第(3)题测评抽象水平 3.

3.3 教学设计案例

本章选择"解二元一次方程组——加减消元法"及"实际问题与二元一次方程组(第1课时)"两个具体课例,以"单元+课时"的方式呈现,重点突出在"方程的解法"与"方程的应用"中,加强对学生抽象能力的培养.

3.3.1 单元设计案例:二元一次方程组

一、知识结构图

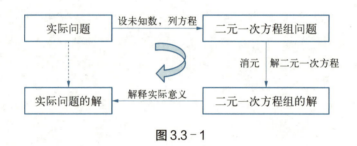

图 3.3-1

二、内容与内容解析

1. 内容

二元一次方程组及其相关概念,利用二元一次方程组分析、解决实际问题,利用消元思想和代入法、加减法解二元一次方程组,以及三元一次方程组的解法.

2. 内容解析

方程本质上是研究用含有字母的算式表示的几个量的等量关系.二元一次方程组具有承前启后的地位,从"一元一次"方程到"二元一次"方程,再到"三元一次"方程,体现了从一元一次方程到线性方程组的发展,二元一次方程组的学习,为今后进一步学习线性方程组,奠定了消元思想的基础.

本章中,实际问题情境贯穿始终,体现方程组在解决实际问题中的工具作用,渗透数学模型思想;在二元一次和三元一次方程组的解法中,体现了依据等式性质通过消元从多元向一元、从未知向已知转化的思想以及算法思想.

本章的核心育人价值是:在建立二元一次方程组模型表达和解决现实问题的过程中发

展抽象能力和模型观念;在解方程组的过程中发展推理能力和运算能力,用研究方程的一般框架研究二元一次方程组,体会建立结构化知识体系过程中蕴含的方法、策略及数学结构体系的抽象能力.

基于以上分析,确定本章的教学重点为:二元一次方程组模型的建立和解法.

三、目标与目标解析

1. 目标

(1)经历把实际问题抽象为方程问题的过程,了解二元一次方程组及其解的概念,发展抽象能力.

(2)经历用消元法解二元一次方程组和三元一次方程组的活动,能用代入消元法和加减消元法解二元一次方程组,发展运算能力和代数推理能力.

(3)了解三元一次方程组及其解法,进一步体会消元思想,发展代数推理能力和运算能力.

(4)能在现实情境和跨学科情境中建立二元一次方程组解决问题,体会数学的应用价值,发展模型观念,提高分析问题和解决问题的能力.

2. 目标解析

达成目标(1)的标志:了解二元一次方程组及其相关概念,经历把实际问题抽象为数学方程的过程,体会方程是刻画现实世界的一种有效的数学模型.

达成目标(2)的标志:了解解方程组的基本目标(使方程逐步转化为 $x = a$,$y = b$ 的形式),理解解二(三)元一次方程组的一般步骤和依据,掌握二(三)元一次方程组的解法,体会解法中蕴含的消元与化归思想.

达成目标(3)的标志:会解简单的三元一次方程组.

达成目标(4)的标志:能够找出实际问题中的已知量和未知量,分析它们之间的数量关系,设未知数,列出方程表示问题中的等量关系,通过解二元一次方程组解决简单的实际问题.

四、目标谱系

核心素养 内容	数学眼光	数学思维	数学语言	学会学习
二元一次方程组	会设未知数,列出二元一次方程,通过观察、归纳得到二元一次方程、二元一次方程组及其解的概念,进一步发展符号意识,发展抽象能力.	1. 在列方程的过程中经历运算和推理活动,发展运算与推理能力. 2. 经历抽象二元一次方程(组)概念中对方程特征的归纳活动,发展推理能力.	在现实情境中,能抽象未知量,用二元一次方程表达数量关系.	会类比一元一次方程的学习经验规划二元一次方程组的研究框架.
消元——解二元一次方程组	1. 经历解具体二元一次方程组的过程,理解消元的含义. 2. 能总结代入法和加减法的步骤,体会二元一次方程组解的过程中的转化思想和算法思想,发展抽象能力.	能用代入消元法和加减消元法解二元一次方程组,理解解法的依据,发展代数运算和推理能力.	能建立二元一次方程组的模型表达数量关系,解决简单的实际问题,发展模型观念.	学会类比一元一次方程解法探索二元一次方程组的解法,形成有依据的推理运算的习惯和验算的习惯.
实际问题与二元一次方程组	能从具体情境中抽象数量关系,设未知数、列方程,概括方程建模的步骤和思想方法,发展数学抽象能力.	能够熟练地用消元方法解二元一次方程组,发展代数推理和运算能力.	能根据实际或跨学科情境中的等量关系,设未知数、列方程组并解方程组,从而获得实际问题的解,能总结建模思想发展模型观念.	能类比一元一次方程总结列二元一次方程组解决实际问题的思维框图.
*三元一次方程组的解法	会类比二元一次方程组,抽象出三元一次方程组概念,进一步抽象消元的思想.	会用逐步消元的方法解简单的三元一次方程组.		会类比二元一次方程的解法经验学习三元一次方程组的解法.

五、教学问题诊断分析

1. 已有基础

学生已经学习过一元一次方程的内容,并学会了建立一元一次方程模型解决实际问题的方法,但这些都是基于只含有一个未知数的方程问题.

2. 学习需要

本章内容是用方程组解决问题的新方法,这种方法对于解含有多个未知数的问题很有效,但在解二元一次方程组中蕴含着"交集"的观念,求"方程的公共解"的思想,需要综合应用等式性质进行推理(如"若 $a = b$, $b = c$,则 $a = c$""若 $a = b$, $c = d$,则 $a + c = b + d$"等),从而达到消元转化的目的.

3. 难点及应对策略

难点有两个:第一个难点是"列方程",第二个难点是"消元".对于第一个难点,可以一以贯之地通过给出操作指导,帮助学生学会列方程:(1)寻找等量关系;(2)分离决定两个相等的目标量的共同要素,设未知数,用含有未知数的代数式表示目标量;(3)用等号连接两个相等的目标量.对于第二个难点,可以用以下问题引导学生深入思考,理解消元的意义:(1)为什么要消元?(2)为什么可以这样消元?(3)这样消元体现了怎样的思想?

六、教学建议

1. 采用单元整体教学.

(1)经历用二元一次方程组表达现实情境中的数量关系,引入二元一次方程和方程组.

(2)类比一元一次方程,提出研究问题——研究怎样通过设多个未知数,建立方程表达等量关系,怎样求解一元一次方程组,研究思路:定义——解法——应用.

在此基础上,分课时教学,有侧重地培养学生的数学核心素养的行为表现能力.

2. 重视数学思想方法的教学.

模型思想和消元转化思想是本章的两大核心思想,需要设计有针对性的数学活动,引导学生不断感悟总结、深化理解.比如,让学生及时回顾一元一次方程中总结出的列方程的步骤(找等量关系——设未知数、用代数式表示两个量——用等式表示两个量的相等关系),并用这一过程指导解决新的问题,持续感悟和概括,深化通过建立方程模型解决实际问题的模型思想;让学生经历解二元一次方程组活动,体会消元转化思想.

3. 融合内容,让核心素养落实到教学实践中.

通过设计指向核心素养行为表现的教学目标,并在具体教学内容中设计相应的教学活动,让学生在活动中落实"四基"、发展"四能",达成抽象能力、推理能力、运算能力、模型观念的发展.比如,通过引导学生经历二元一次方程组的概念抽象过程、解二元一次方程组及消元转化思想的概括过程、建立二元一次方程组解决问题及模型思想的概括过程以及知识结构的整理过程,发展学生的抽象能力和模型观念,通过具体的解二元一次方程组、三元一次方程组及其说理过程,发展学生的推理运算能力.

4. 课时安排.

二元一次方程组 1 课时,消元——解二元一次方程组 3~4 课时,实际问题与二元一次方程组 3 课时,*三元一次方程组的解法 2 课时,数学活动及小结 2 课时,共 11~12 课时.

3.3.2 课时设计案例1：解二元一次方程组——加减消元法

教学目标

1. 经历探索加减消元法解二元一次方程的活动,理解加减消元法的依据,能用加减消元法解二元一次方程组,进一步发展代数推理和运算能力.

2. 经历总结解二元一次方程组的加减消元法步骤的活动,体会转化思想和算法思想,发展方法与策略的抽象能力.

重点难点

1. 重点:用加减消元法解二元一次方程组.

2. 难点:如何用加减消元法进行消元.

教学过程设计

一、情境引入，提出问题

▶ 问题1 小王昨天在水果批发市场买了 2 千克苹果和 4 千克梨,共花了 14 元,小李以同样的价格买了 2 千克苹果和 3 千克梨,共花了 12 元,问:梨每千克的售价是多少?

师生活动: 小王比小李多买了 1 千克梨,多花了 2 元,故梨每千克的售价是 2 元.

追问: 你还有别的解法吗?

师生活动: 设苹果每千克 x 元,梨每千克 y 元.根据题意,得 $\begin{cases} 2x + 4y = 14, & ① \\ 2x + 3y = 12. & ② \end{cases}$

通过解这个二元一次方程组解决问题.

设计意图:基于现实情境,建立一个未知数系数相等的二元一次方程组,为引入加减消元法奠定基础,发展从现实情境中抽象核心变量和模型的能力.

二、探究思考，形成方法

▶ 问题2 怎样解这个二元一次方程组?

追问 1： 这个方程组的两个方程中，x 的系数有什么关系？根据问题 1 的做法，利用 x 的系数关系，你能发现新的解法吗？

师生活动： 这两个方程中未知数 x 的系数相等，①－②可消去未知数 x，得 $y = 2$，把 $y = 2$ 代入①，得 $x = 3$. 所以这个方程组的解是 $\begin{cases} x = 3, \\ y = 2. \end{cases}$

追问 2： 这种方法你是怎么想到的？有依据吗？蕴含了什么数学思想？

师生活动： 上述两个方程中未知数 x 的系数相等，故可以整体作差，蕴含了消元的数学思想. 依据是等式的性质：若 $a = b$，得 $a + c = b + c$，再根据 $c = d$，可得 $b + c = b + d$，所以 $a + c = b + d$.

教师引出本节课内容（板书）：当二元一次方程组的两个方程中同一个未知数的系数相反或相等时，把这两个方程的两边分别相加或相减，就能消去这个未知数，得到一个一元一次方程. 这种方法叫做加减消元法，简称加减法.

设计意图：基于二元一次方程组中未知数系数关系的特点，利用等式性质，通过加减消元法将二元一次方程转化为一元一次方程，进一步体会消元转化思想，发展依据等式性质进行代数推理的能力.

▶ **问题 3** 解方程组 $\begin{cases} 4x + 3y = 1, & ① \\ 2x - 5y = 7. & ② \end{cases}$

师生活动： 可以用代入法求解.

由②，得 $2x = 5y + 7$，代入①，得 $2(5y + 7) + 3y = 1$，解得 $y = -1$，从而 $x = 1$，所以方程组的解为 $\begin{cases} x = 1, \\ y = -1. \end{cases}$

追问 1： 可以直接用加减消元法来求解吗？

师生活动： 不能把方程①和②直接相加减，计算求出一个未知数的值.

追问 2： 直接相加减就能消元的两个方程有什么特征？

师生活动： 两个方程中同一个未知数的系数相反或相等.

追问 3： 怎样才能使方程组中某一未知数的系数的绝对值相等呢？

师生活动： 学生观察，发现 x 的系数成整数倍数关系，因此

②×2，得 $4x - 10y = 14$.　③

①－③，得 $13y = -13$，$y = -1$.

（追问：③－①可以吗？怎样更好？）

将 $y = -1$ 代入①，解得 $x = 1$．

所以方程组的解为 $\begin{cases} x = 1, \\ y = -1. \end{cases}$

追问 4： 可以先消未知数 y 吗？怎么消？

师生活动： 学生观察，发现两个方程中 y 的系数绝对值的最小公倍数为 15，因此

①×5，得 $20x + 15y = 5$． ③

②×3，得 $6x - 15y = 21$． ④

③+④，得 $26x = 26$，解得 $x = 1$．

将 $x = 1$ 代入①，解得 $y = -1$．

所以方程组的解为 $\begin{cases} x = 1, \\ y = -1. \end{cases}$

设计意图：通过比较方程组的三种解法，体会以下两点：一是加减消元法比代入消元法的优越；二是用加减消元法时，关键是要根据方程组中对应未知数的系数特征选择先消哪个未知数，发展抽象算法的能力．

▶ **问题 4** 解方程组 $\begin{cases} -2x + 3y = -1, \quad ① \\ 3x - 5y = 7. \quad\quad\ ② \end{cases}$

追问 1： 本题可以直接用加减消元法来解吗？

师生活动： 学生观察，教师启发：怎样才能使方程组中某一未知数的系数的绝对值相等呢？

解法 1：通过①×3，②×2，使关于 x 的系数的绝对值相等，从而可通过加减法解得．

解法 2：通过①×5，②×3，使关于 y 的系数的绝对值相等，从而可通过加减法解得．

追问 2： 哪种解法更好？

师生活动： 通过对比，学生自己总结出应选择方程组中同一个未知数系数绝对值的最小公倍数较小的未知数消元更好．总结：用加减法解同一个未知数的系数绝对值不相等且不成整数倍的二元一次方程组时，把一个（或两个）方程的两边乘以适当的数，使两个方程中某一个未知数的系数绝对值相等，从而转化为可以直接加减消元的方程组求解．

设计意图：梳理解题步骤及其依据，抽象如何通过加减达成消元的方法，发展算法抽象能力．

追问 3： 你是如何想到用上述方法解这个二元一次方程组的？

师生活动： 教师引导学生总结步骤（如图 3.3－2）：

（1）变形：利用等式性质把两个方程的某一未知数的系数变成绝对值相同；

（2）加减：通过加减消去一个未知数，求出剩余未知数的解；

（3）回代：把求出的未知数的值代入方程，求出另一个未知数的值.

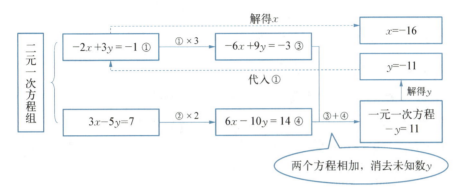

图 3.3－2

推广到一般：利用等式性质 2，变形方程，使得两个方程的某个未知数的系数相同或相反——利用等式性质，把两个方程加减，消去一个未知数，转化为一元一次方程——解一元一次方程，得到一个未知数的值——回代，解一元一次方程，得到另一个一元一次方程的解.

本质上：通过利用等式性质，进行加减消元，转化为解一元一次方程问题.其思维导图如图 3.3－3.

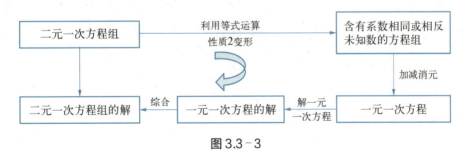

图 3.3－3

设计意图：总结加减法解二元一次方程的步骤和方法，推广到一般，发展抽象算法程序和方法策略的能力.

三、迁移应用，巩固方法

例 1 用加减法解下列方程组时，你认为先消去哪个未知数较简单，并解出方程组.

$(1)\begin{cases} 3x - 2y = 15, & ① \\ 5x - 4y = 23. & ② \end{cases}$ $(2)\begin{cases} 7m - 3n = 1, & ① \\ 2n + 3m = -2. & ② \end{cases}$

【答案】 解题过程略.

(1) ①×2-②,消去 y;(2) ①×2+②×3,消去 n.

设计意图:本题需要先分析方程组的结构特征,再选择适当的解法.通过此练习,学生熟练地掌握用加减法解二元一次方程组的技能.

四、回顾小结,概括提升

回顾本节课的学习过程,回答以下问题:

(1) 用加减法解二元一次方程组有哪些步骤? 每个步骤的依据是什么?

(2) 在探究解法的过程中用到了什么思想方法? 你还有哪些收获?

设计意图:让学生总结用加减法解二元一次方程组的步骤和依据,并概括消元转化思想,抽象加减消元的思维导图.

五、目标检测

1. 用加减法解下列方程组:

$(1)\begin{cases} 4x + y = 2, \\ 4x - 3y = -6; \end{cases}$ $(2)\begin{cases} 3x + 2y = -1, \\ x + 4y = -7; \end{cases}$ $(3)\begin{cases} 3x - 2y = 5, \\ 4x + 3y = 1; \end{cases}$ $(4)\begin{cases} x + 4y = 9, \\ x - 4y = 10. \end{cases}$

2. 已知方程组 $\begin{cases} 3x - 2y = 4, \\ mx + ny = 7 \end{cases}$ 与 $\begin{cases} 2mx - 3ny = 19, \\ 5y - x = 3 \end{cases}$ 有相同的解,求 m, n 的值.

答案: 1.(1) $\begin{cases} x = 0, \\ y = 2; \end{cases}$ (2) $\begin{cases} x = 1, \\ y = -2; \end{cases}$ (3) $\begin{cases} x = 1, \\ y = -1; \end{cases}$ (4) $\begin{cases} x = \dfrac{19}{2}, \\ y = -\dfrac{1}{8}. \end{cases}$

2. $m = 4, n = -1$.

设计意图:第 1 题和第 2 题检测目标 1.

3.3.3 课时设计案例2:实际问题与二元一次方程组(第1课时)

教学目标

1. 经历从具体情境中抽象未知量和数量关系,建立二元一次方程组的模型,把实际问题转化为二元一次方程组问题的过程,发展抽象能力和模型观念.

2. 能够用代入法或加减法解决二元一次方程组,得到方程的解,解决实际问题,进一步发展推理能力和运算能力.

3. 能总结用二元一次方程组表达数量关系,解决实际问题的步骤和方法,并经历这一过程,积累经验,发展方法和策略的抽象能力.

重点难点

1. 重点:用二元一次方程组解决实际问题,概括方程建模思想.
2. 难点:用二元一次方程组解决实际问题,概括方程建模思想.

教学过程设计

一、解决问题,体会模型思想

▶ **问题1** 前面我们学习了二元一次方程组的概念和解法,类比一元一次方程的学习,接下来要做什么?

师生活动: 学生类比一元一次方程的学习,提出应用二元一次方程组解决实际问题.

设计意图:引导学生通过类比发现和提出问题.

例1 某汽车销售公司分两批次购进新能源汽车进行销售,第一批购进 2 辆 A 型汽车、3 辆 B 型汽车,共花费 80 万元;第二批购进 3 辆 A 型汽车、2 辆 B 型汽车,共花费 95 万元.销售员小李估计每辆 A 型汽车的进价约为 21~25 万元,每辆 B 型汽车进价约为 12~15 万元.你能通过计算检验他的估计吗?

▶ **问题2** 如何理解"通过计算检验他的估计"这句话?

师生活动: 教师引导学生把实际问题转化为数学问题:要检验估计是否准确,需要求出每辆 A 型、B 型汽车的进价.

设计意图:理解实际问题并转化为数学问题.

▶ **问题3** 题目中哪些是已知量?哪些是未知量?有几个等量关系?

师生活动:(1)分析等量关系.引导学生从现实情境中抽象出等量关系:

① 2 辆 A 型车总价 + 3 两 B 型车总价 = 80 万元;

② 3 辆 A 型车总价 + 2 辆 B 型车总价 = 95 万元.

(2)抽象未知量.分离决定两个相等的目标量的基本量,设未知数:决定 A,B 两型车总价的要素是这两种类型车的价格,因此分别设为 x 万元,y 万元.

(3)用代数式表示目标量.在等量关系①中,A 型车总价为 $2x$ 万元,B 型车总价为 $3y$ 万元;在等量关系②中,A 型车总价为 $3x$ 万元,B 型车总价为 $2y$ 万元.

（4）列方程组.用等号连接相等的量,列出方程组 $\begin{cases} 2x + 3y = 80, \\ 3x + 2y = 95. \end{cases}$

解这个方程组,得 $\begin{cases} x = 25, \\ y = 10. \end{cases}$

即每辆 A 型汽车的进价为 25 万元,每辆 B 型汽车的进价为 10 万元.

因此,销售员小李对 A 型汽车的进价的估计正确,但对 B 型汽车进价的估计错误.

设计意图:经历建立二元一次方程组表达和解决实际问题的过程,发展抽象核心变量和模型的能力以及模型观念.

二、反思总结,概括模型思想

▶ 问题4　回顾问题 2 的解决过程,你能总结解决问题的思考路径并用框图表示吗?

师生活动: 学生总结问题解决过程中的方程建模思想,用框图表示如图 3.3－4.

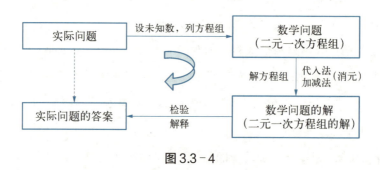

图 3.3－4

设计意图:引导学生总结运用方程组建立数学模型、解决实际问题的方法,发展方法与策略的抽象能力.

三、迁移应用,巩固内化

例2　某公司准备安装 7 600 辆共享单车投入市场.由于抽调不出足够熟练的工人,公司准备招聘一批新工人.生产开始后发现:1 名熟练工人和 4 名新工人每天共安装 28 辆共享单车;5 名熟练工人每天安装的共享单车数与 8 名新工人每天安装的共享单车数一样多.你能确定每名熟练工人和新工人每天分别可以安装多少辆共享单车吗?

▶ 问题5　题目中哪些是已知量,哪些是未知量?有哪几个等量关系?

师生活动: 学生充分读题,可以适当讨论.教师引导学生关注本题所涉及的两个未知数,即每名熟练工人和新工人每天分别可以安装多少辆共享单车,及其两个等量关系.

设计意图:引导学生发现未知数和等量关系,运用二元一次方程组解决.

▶ **问题 6** 如何解决这一问题?

师生活动: 学生依据发现的等量关系,建立方程.设 1 名熟练工人和 1 名新工人每天安装的共享单车分别为 x 辆和 y 辆,根据题意,得 $\begin{cases} x + 4y = 28, \\ 5x = 8y. \end{cases}$ 解这个方程组,得 $\begin{cases} x = 8, \\ y = 5. \end{cases}$

设计意图:让学生经历"分析数量关系→得到等量关系→列方程组"的过程,巩固和内化方程建模的思想.

四、综合应用,发展模型观念

例 3 考虑到节能减排,某单位准备购买安装某品牌的节能灯.已知 3 只甲型节能灯和 5 只乙型节能灯共需 50 元,2 只甲型节能灯和 3 只乙型节能灯共需 31 元.问:1 只甲型节能灯和 1 只乙型节能灯的售价各是多少元?

师生活动: 设 1 只甲型节能灯的售价是 x 元,1 只乙型节能灯的售价是 y 元.根据题意,得 $\begin{cases} 3x + 5y = 50, \\ 2x + 3y = 31, \end{cases}$ 解得 $\begin{cases} x = 5, \\ y = 7. \end{cases}$

设计意图:让学生体会如何利用建立方程组模型来解决实际问题.

五、回顾小结,概括提升

回顾三个例题的解决过程,回答问题:

(1)列二元一次方程组解决实际问题的一般步骤是什么?

(2)你认为列二元一次方程组解决实际问题和列一元一次方程解决实际问题有哪些相同点和不同点?

六、目标检测

1. 有大、小两种货车,2 辆大车与 3 辆小车一次可以运货 15.5 吨,5 辆大车与 6 辆小车一次可以运货 35 吨,问:3 辆大车与 5 辆小车一次可以运货多少吨?

2. 去年某公司按餐厨垃圾处理费 50 元/吨、建筑垃圾处理费 20 元/吨的收费标准,共支付餐厨和建筑垃圾处理费 7 000 元.从今年元月起,收费标准上调为:餐厨垃圾处理费 120 元/吨,建筑垃圾处理费 40 元/吨.若该公司今年处理的这两种垃圾数量与去年相比没有变化,但多支付垃圾处理费 8 600 元.该公司去年处理的餐厨垃圾和建筑垃圾各多少吨?

答案：

1. 解：设每辆大车和每辆小车一次运货量分别为 x 吨和 y 吨，

根据题意，得 $\begin{cases} 2x + 3y = 15.5, \\ 5x + 6y = 35, \end{cases}$ 解得 $\begin{cases} x = 4, \\ y = 2.5, \end{cases}$

则 $3x + 5y = 24.5$.

答：3 辆大车与 5 辆小车一次可以运货 24.5 吨.

2. 解：设该公司去年处理的餐厨垃圾 x 吨，建筑垃圾 y 吨.

根据题意，得 $\begin{cases} 50x + 20y = 7\,000, \\ 120x + 40y = 7\,000 + 8\,600, \end{cases}$ 解得 $\begin{cases} x = 80, \\ y = 150. \end{cases}$

答：该公司去年处理的餐厨垃圾 80 吨，建筑垃圾 150 吨.

设计意图：第 1 题和第 2 题检测目标 1 和目标 2.

3.4 教学建议

初中数学课程中的方程与不等式,都是简单的代数方程与不等式,主要是基于现实生活情境中的相等关系与不等关系,通过数学抽象形成的数学符号化表达,依据等式与不等式的基本性质和数与式的运算法则及运算律,求解方程或不等式,获得问题的解.从数学核心素养的角度分析,由于该主题内容本身所具有的属性,决定了方程与不等式在培养和发展学生抽象能力、运算能力、模型观念和应用意识方面具有较好的育人功能和价值.

《课标(2022 年版)》在教学提示部分特别指出:

初中阶段数与代数领域包括"数与式""方程与不等式"和"函数"三个主题,是学生理解数学符号,以及感悟用数学符号表达事物的性质、关系和规律的关键内容,是学生初步形成抽象能力和推理能力、感悟用数学的语言表达现实世界的重要载体.

方程与不等式的教学.应当让学生经历对现实问题中量的分析,借助用字母表达的未知数,建立两个量之间关系的过程,知道方程或不等式是现实问题中含有未知数的等量关系或不等关系的数学表达;引导学生关注用字母表示一元二次方程的系数,感悟用字母表示的求根公式的意义,体会算术与代数的差异.

因此,关于本主题的教学,提出以下建议:

1. 融合内容发展数学核心素养.

方程与不等式主题内容主要包括方程与不等式的概念、解法和应用三个部分,解方程和不等式活动能促进学生推理能力和运算能力的发展,而建模活动中承载着促进学生模型观念、抽象能力和应用意识的发展.要有效发展这些核心素养,首先需要制定指向核心素养的教学目标;其次要基于这些融合方程、不等式内容的核心素养行为表现,设计抽象概念、抽象等式和不等式基本性质、抽象未知量和方程(或不等式)模型、概括消元思想、整理知识结构等活动,发展学生的抽象能力;在利用等式及不等式性质进行推理运算求解的活动中,发展代数推理和运算能力;等等.

2. 重视单元整体教学.

要更好地综合落实这些核心素养的发展,依赖于具有整体性、系统性和深度思考的数学活动,包括:用数学的眼光观察现实世界中的相等关系和不等关系,并用方程和不等式表达,理解方程、不等式及其解的含义的活动;用等式性质推理、数式运算求解等数学思维活动;建立方程和不等式模型表达和解决实际问题的活动,这就要采用单元整体教学.以建模思想为主线,基于相对独立的能自成系统的不同内容划分单元,以研究方程(组)、一元一次不等式(组)的解法和应用为主题,以"引入、定义——解法——应用"为研究主线,设计单元各课时的教学,形成目标协同的课时教学系统,分别有侧重地达成单元学习目标.

3. 注重数学思想方法的教学.

在解方程(组)与一元一次不等式(组)教学中着重聚焦转化思想的教学,如把分式方程通过去分母转化为整式方程,多元线性方程组通过消元逐步转化为一元一次方程,一元二次方程通过降次转化为一元一次方程等;在列方程(组)、不等式(组)解决实际问题的教学中重视让学生总结方程、不等式建模的思想.

第4章 抽象能力在"函数"中的行为表现与案例解析

本章通过分析抽象在函数发展中的作用,根据第1章提出的抽象能力行为指标体系,结合《课标(2022年版)》中函数的课程内容与学业要求,给出函数主题中抽象能力的行为指标框架.通过典型案例进行解析,并用教学案例说明如何发展抽象能力,提出函数主题内容的教学建议.

4.1 行为表现

"运动、变量与曲线的数学描述,催生了函数思想,并把函数概念和方法置于整个数学的中心地位".函数概念是全部数学概念中最重要的概念之一,纵观300年来函数概念的发展,众多数学家从几何、集合、代数、对应、关系等不同角度不断赋予函数概念以新的思想,从而推动了整个数学的发展.

从函数的历史发展可以发现:

(1)函数概念的形成过程是弱抽象的过程.

函数概念的形成过程是以现实现象为原型进行的弱抽象,这个过程中不断舍弃非本质特征,只保留本质特征.

(2)不同阶段的函数定义体现了数学家们对函数概念的不同理解角度和不同的抽象水平.

史宁中指出,数学抽象经历了两个阶段:"第一阶段的抽象是基于现实的,人们通过对现实世界中的数量与数量关系、图形与图形关系的抽象,得到了数学的基本概念,这些基本概念包括:数学研究对象的定义、刻画研究对象关系的术语和计算方法.这种基于现实的抽象,是从感性具体上升到理性具体的思维过程.随着数学研究的深入,还必须进行第二阶段的抽象,这个阶段的抽象是基于逻辑的.人们通过第二阶段的抽象,合理解释了那些通过第一次抽象已经得到了的数学概念以及概念之间的关系.第二次抽象的特点是符号化、形式化和公理化,这是从理性具体上升到理性一般的思维过程."

纵观函数概念的发展历史,从笛卡尔识别出两个变量之间的依赖关系,莱布尼兹对曲线与方程关系的理解,到函数的解析式定义,再到函数的对应说和关系说,是数学家们从图形、代数、集合等不同角度理解函数的结果,充分体现了数学家们对函数的理解从感性具体上升到理性具体再到理性一般的思维过程.

4.1.1　课标内容与学业要求

在《课标(2022 年版)》中,"函数"主题的内容是:主要研究变量之间的关系,探索事物变化的规律;借助函数深化理解方程和不等式及其关系.

《课标(2022 年版)》对函数的学业要求是:

(1) 函数的概念

能识别简单实际问题中的常量、变量及其意义,并能找出变量之间的数量关系及变化规律,形成初步的抽象能力;了解函数的概念和表示法,能举出函数的实例,初步形成模型观念;能用适当的函数表示法刻画简单实际问题中变量之间的关系,理解函数值的意义;能确定简单实际问题中函数自变量的取值范围,并会求函数值;能根据函数图象分析出实际问题中变量的信息,发现变量间的变化规律;能结合函数图象对简单实际问题中的函数关系进行分析,结合对函数关系的分析,能对变量的变化趋势进行初步推测.

(2) 一次函数

能根据简单实际问题中的已知条件确定一次函数的表达式;会在不同问题情境中运用待定系数法确定一次函数的表达式;会画出一次函数的图象;会根据一次函数的表达式求其图象与坐标轴的交点坐标;会根据一次函数的图象和表达式 $y = kx + b$ ($k \neq 0$),探索并理解 k 值的变化对函数图象的影响.认识正比例函数中两个变量之间的对应规律,会结合实例说明正比例函数的意义及变量之间的对应规律.会根据一次函数的图象解释一次函数与二元一次方程的关系;能在实际问题中列出一次函数的表达式,并结合一次函数的图象与表达式的性质等解决简单的实际问题.

(3) 二次函数

会通过分析实际问题的情境确定二次函数的表达式,体会二次函数的意义;会用描点法画出二次函数的图象,会利用一些特殊点画出二次函数的草图;通过图象了解二次函数的性质,知道二次函数的系数与图象形状和对称轴的关系.会根据二次函数的表达式求其图象与坐标轴的交点坐标;会用配方法将数字系数的二次函数的表达式化为 $y = a(x - h)^2 + k$ 的形式,能由此得出二次函数图象的顶点坐标,说出图象的开口方向,画出图象的对称轴,得出二次函数的最大值或最小值,并能确定相应自变量的值,解决简单的实际问题.知道二次函数和一元二次方程之间的关系,会利用二次函数的图象求一元二次方程的近似解.

（4）反比例函数

结合具体情境用实例体会反比例函数的意义,能根据已知条件确定反比例函数的表达式;会用描点法画出反比例函数的图象;知道当 $k>0$ 或 $k<0$ 时反比例函数 $y=\dfrac{k}{x}(k\neq0)$ 图象的整体特征;能用反比例函数解决简单的实际问题.

进一步,《课标(2022 年版)》在函数的教学提示中指出:

函数的教学.要通过对现实问题中变量的分析,建立两个变量之间变化的依赖关系,让学生理解用函数表达变化关系的实际意义;要引导学生借助平面直角坐标系中的描点,理解函数图象与表达式的对应关系,理解函数与对应的方程、不等式的关系,增强几何直观;会用函数表达现实世界事物的简单规律,经历用数学的语言表达现实世界的过程,提升学习数学的兴趣,进一步发展应用意识.

4.1.2　分析框架

根据《课标(2022 年版)》中对抽象能力的描述,以及在函数内容主题上提出的教学要求与教学建议,抽象能力的 5 个一级行为指标在函数内容中的体现如表 4.1－1 所示.

表 4.1－1　函数中的抽象能力的行为表现指标

行为表现指标	函数（A31）	一次函数（A32）	二次函数（A33）	反比例函数（A34）
C1 抽象概念	C1A31－1　抽象函数概念.能从具体变化过程中抽象变量、常量的意义,能识别具体情境中的变量与常量;能分析变化过程中变量之间的依赖关系,抽象出函数的概念,理解变量之间的依赖关系,理解函数值的意义.	C1A32－1　抽象一次函数概念.能从均匀变化(如匀速直线运动)的现实情境中抽象一次函数的概念,并用一次函数解析式表示;能通过一次函数解析式的特殊化得到正比例函数的概念,理解一次函数与正比例函数的关系.	C1A33－1　抽象二次函数概念.能从匀变速变化(如匀加速直线运动)的现实情境中抽象二次函数的概念,并用二次函数解析式表示.	C1A34－1　抽象反比例函数概念.能从成反比例关系的现实情境中抽象反比例函数的概念,并用反比例函数解析式表示.

行为表现指标	函数（A31）	一次函数（A32）	二次函数（A33）	反比例函数（A34）
C2 抽象命题与规则	C2A31-1 理解函数图象.能通过画具体函数图象的活动抽象函数图象的意义；能从函数图象中获取变量的信息,分析变量之间的数量关系及变量间的变化规律. C2A31-2 理解函数性质.能借助函数的解析式、表格和图象初步讨论函数值随自变量的变化而变化的规律和变化趋势,抽象函数的增减性.	C2A32-1 探索正比例函数图象性质.能借助图象和解析式抽象正比例函数的增减性与系数的关系,得到正比例函数的性质. C2A32-2 探索一次函数图象性质.能类比正比例函数图象的性质探索一次函数图象的性质,抽象一次函数图象与正比例函数图象的关系,借助解析式和图象得到一次函数的性质. C2A32-3 建立一次函数与方程、不等式的联系.能从表达式、图象两方面抽象一次函数与对应的一次方程、不等式的关系.	C2A33-1 探索二次函数 $y=ax^2$ 的图象性质.能类比正比例函数的研究,借助图象探索 $y=ax^2$ 的性质,初步理解二次函数 $y=ax^2$ 的图象是抛物线,理解开口方向、顶点坐标和对称轴的概念,抽象二次函数 $y=ax^2$ 的增减性和最大(小)值. C2A33-2 探索二次函数 $y=a(x-h)^2+k$ 的图象性质.能抽象二次函数 $y=ax^2+k$, $y=a(x-h)^2$, $y=a(x-h)^2+k$ 图象与函数 $y=ax^2$ 图象之间的关系,进一步理解二次函数 $y=a(x-h)^2+k$ 的图象是抛物线,知道其开口方向、顶点坐标和对称轴,抽象其增减性和最大(小)值. C2A33-3 探索二次函数 $y=ax^2+bx+c$ 的图象性质.能通过配方方法把二次函数的一般式转化为配方式,能确定一般式表示的二次函数图象的开口方向、顶点坐标、对称轴,抽象其增减性和最大(小)值. C2A33-4 建立二次函数与一元二次方程的关系.能从表达式和图象两方面抽象二次函数与一元二次方程的联系,能用图象法确定一元二次方程的近似解.	C2A34-1 探索反比例函数的图象性质.能根据反比例函数的解析式想象其图象的大致位置,并通过画图,抽象反比例函数的图象特征和增减性.

行为表现指标	函数（A31）	一次函数（A32）	二次函数（A33）	反比例函数（A34）
C3 抽象变量与模型	C3A31－1 建立函数模型.在具体变化情境中,能抽象因变量和自变量;能分析变量之间的依赖关系,并能选择适当的表示方法表示;能对变量的变化规律和趋势进行初步推测,解决简单的实际问题.	C3A32－1 建立一次函数模型.在具体变化情境中,能识别均匀变化特征,抽象出变量;能分析变量之间的数量关系,建立一次函数模型,利用模型分析变量的变化规律和变化趋势,解决简单的实际问题.	C3A33－1 建立二次函数模型.在具体变化情境中,能识别匀变速变化特征,抽象出变量;能分析变量之间的数量关系,建立二次函数模型,利用模型分析变量的变化规律和变化趋势,解决简单的实际问题.	C3A34－1 建立反比例函数模型.在具体变化情境中,能识别具有反比例关系的变化特征,抽象出变量;能分析变量之间的反比例关系,建立反比例函数模型,利用模型分析变量的变化规律和变化趋势,解决简单的实际问题.
C4 抽象方法与策略	C4A31－1 体会数形结合思想.在经历画出函数图象探索函数的变化规律和变化趋势的活动中,初步感悟数形结合的思想. C4A31－2 体会函数建模思想.在经历通过抽象核心变量、建立函数模型研究具体变化过程的活动中,初步感悟数学模型思想.	C4A32－1 抽象一次函数性质研究的方法.能总结一次函数性质研究的数形结合思想、特殊到一般的思想和分类讨论思想. C4A32－2 抽象一次函数建模思想.能在建立一次函数模型表达和研究具体变化过程,解决具体问题的活动的基础上,总结建立一次函数模型解决实际问题的思路和步骤,并用框图表达.	C4A33－1 抽象二次函数性质研究的方法.能总结二次函数性质研究的数形结合思想、特殊到一般的思想和分类讨论的思想. C4A33－2 抽象二次函数建模思想.能在建立二次函数模型表达和研究具体变化过程,解决具体问题的活动的基础上,总结建立二次函数模型解决实际问题的思路和步骤,并用框图表达.	C4A34－1 抽象反比例函数性质研究的方法.能总结反比例函数性质研究的数形结合思想、特殊到一般的思想和分类讨论的思想. C4A34－2 抽象反比例函数建模思想.能在建立反比例函数模型表达和研究具体变化过程,解决具体问题的活动的基础上,总结建立反比例函数模型解决实际问题的思路和步骤,并用框图表达.
C5 抽象系统与结构	C5A31－1 整理函数知识结构.能根据函数的概念、表示和应用建立函数的概念体系,抽象研究函数的认知结构.	C5A32－1 整理一次函数知识结构.能总结一次函数研究的基本框架,并根据这一基本框架,抽象一次函数的结构体系.	C5A33－1 整理二次函数知识结构.能总结二次函数研究的基本框架,并根据这一基本框架,抽象二次函数的结构体系.	C5A34－1 整理反比例函数知识结构.能总结反比例函数研究的基本框架,并根据这一基本框架,抽象反比例函数的结构体系.

4.2 样例解析

函数内容中概念较多,同时函数概念既是函数内容的核心概念,也是中学数学体系中的核心概念,因此本节基于概念的抽象过程划分抽象能力水平.

4.2.1 函数

◆ **案例 1 形成函数概念.**

经历从具体变化情境中抽象核心变量、分析变量之间的数量关系,得到函数概念的活动,了解变量与常量的意义及函数的概念,发展概念抽象能力.

抽象过程

通过观察和比较典型的、学生熟悉的变化情境中的数量关系,辨认出每个情境中的常量与变量,体会每个情境中两个变量之间存在依赖关系,以及这种依赖关系的特点,即一个量 y 随另一个量 x 的变化而变化,给定 x 的值,y 就有唯一确定的值与之对应. 最后通过归纳概括推广至一般,得到在一个变化过程中两个变量依赖关系体现的共同特征,并用数学语言表达这种特征,得出函数概念.

水平划分

水平 1:能从简单实际情境中识别出常量与变量.

水平 2:能分析变量之间的对应关系,通过归纳概括推广至一般,得到函数概念,并根据函数的概念进行判断.

水平 3:能举出说明函数的概念的正例和反例.

样题

(1) 指出下列变化过程中的常量与变量:

① 汽车以 60 km/h 的速度匀速行驶,行驶路程为 S,行驶时间为 t;

② 每张电影票的售价为 10 元,设某场电影售出 x 张票,票房收入为 y 元;

③ 如图 4.2-1,圆形水波慢慢地扩大,在这一过程中,圆的半径为 r,面积为 S;

④ 如图 4.2-2,用 10 m 长的绳子围一个矩形,矩形的一边长为 x,它的邻边长为 y.

(2) 上述每个情境中的两个变量之间关系有什么共同的特征?

(3) 请举出函数的正例和反例.

图 4.2 - 1

图 4.2 - 2

答案:

(1) ① 速度 60 km/h 是常量;行驶路程 S 和行驶时间 t 是变量;② 每张电影票的售价 10 元是常量,电影票售出的张数 x 和票房收入 y 是变量;③ 圆周率 π 是常量,圆形水波的半径 r 和面积 S 是变量;④ 绳长 10 m 是常量,矩形的一边长 x 和邻边长 y 是变量.

(2) 当其中一个变量取定一个值时,另一个变量就有唯一确定的值与其对应.

(3) 答案不唯一.正例要求例子正确,情境恰当,并能说明其中的自变量;反例要求能说明为什么不是函数.

说明: 第(1)题测评抽象水平 1,第(2)题测评抽象水平 2,第(3)题测评抽象水平 3.

◆ **案例 2 理解函数图象.**

经历从函数图象中获取变量的信息,分析变量之间的数量关系及函数的变化规律的活动,能借助函数图象解释现实变化情境中变量的信息、变量之间的关系及函数变化趋势,发展函数图象的抽象能力.

抽象过程

借助坐标理解函数图象中点的横、纵坐标分别表示变化过程中的自变量和对应的函数值,理解函数图象表达的现实变化过程中的变量之间关系和变化规律,并逐步学会用函数图象表达对应关系.

水平划分

水平 1:知道函数的单值对应的图象特征.

水平 2:能用描点法画出函数的图象.

水平 3:能从图象中获取信息,分析变量之间的数量关系,分析函数的变化规律和变化趋势.

样题

(1) 如图 4.2 - 3,下列曲线中哪些表示 y 是 x 的函数?在函数图象上点的横坐标和纵坐标中,哪个是自变量? 哪个是自变量的函数?

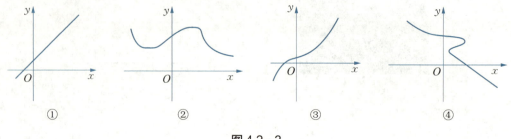

图 4.2-3

（2）正方形的边长为 x,面积为 y, y 随着 x 的变化而变化, y 是 x 的函数吗? 请画出这个函数的图象.

（3）小明家、食堂、图书馆在同一条直线上. 小明从家去食堂吃早餐,接着去图书馆读报,然后回家. 图 4.2-4 反映了这个过程中,小明离家的距离 y 与时间 x 之间的对应关系.

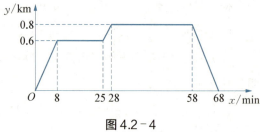

图 4.2-4

根据图象回答下列问题:

① 食堂离小明家多远? 小明从家到食堂用了多少时间?

② 小明吃早餐用了多少时间?

③ 食堂离图书馆多远? 小明从食堂到图书馆用了多少时间?

④ 小明读报用了多少时间?

⑤ 图书馆离小明家多远? 小明从图书馆回家的平均速度是多少?

⑥ 你还能提出什么问题? 如何解决?

答案：（1）①②③中的曲线表示 y 是 x 的函数. 这些函数图象上点的横坐标表示自变量,纵坐标表示自变量的函数.

（2）用描点法画函数 $y = x^2 (x > 0)$ 的图象:列表——描点——连线,图象略.

（3）① 食堂离小明家 0.6 km;小明从家到食堂用了 8 min.

② 小明吃早餐用了 17 min.

③ 由 0.8 − 0.6 = 0.2,食堂离图书馆 0.2 km;由 28 − 25 = 3,小明从食堂到图书馆用了 3 min.

④ 由 58 − 28 = 30,小明读报用了 30 min.

⑤ 图书馆离小明家 0.8 km;由 68 − 58 = 10,小明从图书馆回家用了 10 min,由此算出平均速度是 0.08 km/min.

⑥ 答案不唯一. 如小明从家到食堂,再到图书馆,最后返回家,全程一共走了多远? 平均速度是多少?

说明: 第(1)题测评抽象水平 1,第(2)题测评抽象水平 2,第(3)题测评抽象水平 3.

4.2.2 一次函数

◆ **案例 1 抽象一次函数的概念.**

通过具体的问题情境,分析均匀变化过程,归纳概括得到两个变量之间的对应关系,能描述一次函数解析式的特征,体会用一次函数表示"均匀变化"的规律,发展抽象一类变化过程特征的能力.

抽象过程

通过观察典型的、学生熟悉的"均匀变化"的问题情境,分析两个变量之间的线性关系并用解析式表示,通过归纳解析式的共同特征推广至一般,得到一次函数的概念,体会一次函数刻画的是现实世界中"均匀变化"现象的重要数学模型.

水平划分

水平 1:能从简单实际情境中识别出常量与变量,分析并说明两个变量之间具有函数关系,初步体会均匀变化过程的函数表达式的线性特征.

水平 2:能分析两个变量之间的均匀变化特征,并用自变量的一次式表示函数,通过归纳表达式的共同特征,推广到一般,得到一次函数的概念,能根据一次函数的概念进行判断.

水平 3:能举出一次函数概念的正例和反例,理解函数、一次函数和正比例函数之间的一般与特殊关系.

样题

(1) 某登山队大本营所在地的气温为 5℃,海拔每升高 1 km 气温下降 6℃. 登山队员由大本营向上登高 x km 时,他们所在位置的气温是 y℃. 请指出其中的常量与变量,两个变量之间是否具有函数关系? 为什么? 如果是函数关系,请用函数表达式表示.

(2) 下列问题中变量之间的对应关系是函数关系吗? 为什么? 如果是,请写出函数表达式.本问题中的各个函数表达式与问题(1)的函数表达式有哪些共同特征? 对于上述每个变化过程,当自变量每增加一个单位时,函数是如何变化的? 归纳这些情境中函数随自变量的变化而变化的规律.

①一种计算成年人标准体重 m(单位:kg)的方法是:以厘米为单位量出身高值 h,再减常数 105,所得差是 m 的值.

②某城市的市内电话的月收费额 y(单位:元)包括月租费 22 元和拨打电话 x min 的计时费(按 0.1 元/min 收取).

③把一个长 10 cm、宽 5 cm 的长方形的长减少 x cm,宽不变,长方形的面积 y(单位:cm^2)随 x 的变化而变化.

(3)请举例说明一次函数概念的正例和反例,并说明一次函数与正比例函数的关系.

答案:

(1)大本营所在地的气温 5℃和海拔每升高 1 km 气温下降 6℃是常量,大本营向上登高 x km 和所在位置的气温 y℃是变量.由函数的概念,对于 x 的每一个确定的值,y 都有唯一确定的值与其对应,所以气温 y 是 x 的函数.y 与 x 的函数解析式为 $y = 5 - 6x$.

(2)① $m = h - 105$;② $y = 0.1x + 22$;③ $y = -5x + 50(0 \leqslant x \leqslant 10)$,这些函数都是常数 k 与自变量的积与常数 b 的和的形式.形如 $y = kx + b$(k,b 是常数,$k \neq 0$)的函数,叫做一次函数.(1)中,海拔每升高 1 km 气温下降 6℃;(2)中,① 身高增加 1 厘米,成年人的标准体重 G 增加 1 kg;② 拨打电话的时间增加 1 min,收费增加 0.1 元;③ 长方形的长减少 1 cm,面积减少 5 cm^2.归纳共性:自变量的值每增加一个单位,函数值的变化量都是一个定值,也就是"均匀变化"的.

(3)答案不唯一.正例要求例子正确,情境恰当,并能说明其中的自变量;反例要求能说明为什么不是一次函数.正比例函数是特殊的一次函数,反映在变化过程就是函数的初值为 0(当自变量的值为 0 时,函数值也为 0).

说明: 第(1)题测评抽象水平 1,第(2)题测评抽象水平 2,第(3)题测评抽象水平 3.

◆ **案例 2** 探索一次函数的性质.

经历类比正比例函数探索一次函数 $y = kx + b(k \neq 0)$ 的图象特征和变化规律的活动,能说明 $k > 0$(或 $k < 0$)时一次函数 $y = kx + b$ 的函数值 y 随自变量 x 的增大而增大(或减小),建立几何直观,发展抽象能力.

抽象过程

类比正比例函数性质的研究探索一次函数的性质:选择具体的一次函数表达式,用描点法画出函数图象;观察图象特征与表达式系数的关系,解释变化规律和变化趋势与系数的关系;推广到一般,得到一次函数的性质,并用表达式进行推理验证.

水平划分

水平 1:能画出一次函数的图象,结合图象说出函数值 y 随自变量 x 变化而变化的趋势(y 随自变量 x 的增大而增大或 y 随自变量 x 的增大而减小).

水平 2:能通过具体函数解析式分析一次函数 $y = kx + b(k \neq 0)$ 的函数值 y 随自变量 x 的增大而变化的情况,理解函数解析式中的常数 k, b 对函数图象及函数的变化规律的影响.

水平 3:在具体变化过程中,能根据图象和基于表达式的推理解释一次函数 $y = kx + b(k$, b 为常数,$k \neq 0$)的变化规律与变化趋势,解释常数 k, b 的现实意义,并能根据变化规律和变化趋势对具体变化过程进行解释和推断.

样题

(1)画出函数 $y = 2x + 1$ 与 $y = -x - 1$ 的图象,并分析函数值 y 随自变量 x 的增大如何变化.

(2)说说 k, b 的正负对一次函数 $y = kx + b$ 的图象位置的影响.

(3)k 的正负决定了一次函数 $y = kx + b$ 图象的什么特征?它对一次函数的增减性有什么影响?能根据解析式通过计算加以证明吗?

(4)某汽车在高速入口 A 进入高速公路行驶,该车离目标出口 B 的路程 s(单位:km)与行驶时间 t(单位:min)的关系是 $s = -1.6t + 80$.请解释这个表达式中一次项系数和常数项的实际意义,并推断该车行驶 40 分钟时离出口 B 还有多远?

答案:

(1)图略;对于 $y = 2x + 1$,函数值 y 随 x 的增大而增大;对于 $y = -x - 1$,函数值 y 随 x 的增大而减小.

(2)当 $k > 0$, $b > 0$ 时,图象经过一、二、三象限;当 $k > 0$, $b < 0$ 时,图象经过一、三、四象限;当 $k < 0$, $b > 0$ 时,图象经过一、二、四象限;当 $k < 0$, $b < 0$ 时,图象经过二、三、四象限.

(3)k 的正负决定了一次函数 $y = kx + b$ 图象从左到右的升降趋势,也决定了一次函数的增减性.设自变量取值分别为 x_1, x_2, $x_1 < x_2$,其对应的函数值分别为 y_1, y_2,则 $y_2 - y_1 = (kx_2 + b) - (kx_1 + b) = k(x_2 - x_1)$.当 $k > 0$ 时,$y_2 - y_1 > 0$,即 $y_2 > y_1$,y 随 x 的增大而增大;当 $k < 0$ 时,$y_2 - y_1 < 0$,$y_2 < y_1$,y 随 x 的增大而减小.

（4）在 $s = -1.6t + 80$ 中，一次项系数 -1.6 的意义是该车离目标出口 B 的距离每分钟减小 1.6 km，即汽车行驶的速度为 1.6 km/min；常数项 80 的意义是自变量为 0 时的函数初值，即入口 A 到出口 B 的总路程．当 $t = 40$ 时，$s = -1.6 \times 40 + 80 = 16$，此时，该汽车离出口 B 的路程为 16 km．

说明： 第（1）题测评抽象水平 1，第（2）题测评抽象水平 2，第（3）题、第（4）题测评抽象水平 3．

◆ **案例 3　整理一次函数的知识结构．**

通过梳理一次函数概念、图象和性质的研究过程，明确研究一次函数的框架和方法，形成一次函数的知识结构体系，发展系统结构的抽象能力．

抽象过程

回顾一次函数的学习过程：引入、定义——图象、性质——联系、应用．梳理一次函数的概念形成过程、一次函数图象与性质的研究过程，能从研究内容、研究思路、研究方法等方面进行反思和概括，形成一次函数的结构体系．

水平划分

水平 1：能大致陈述一次函数的概念，说明一次函数的图象特点和一次函数的性质．

水平 2：能根据研究的思路分析知识之间的关系，形成知识结构．

水平 3：能系统总结研究函数的基本框架、研究方法，能明确一次函数与其他内容（如平面直角坐标系、方程、不等式等）之间的关系，形成完整的研究框架．

一次函数的研究框架与知识结构：

研究主题：一次函数的图象和性质．

研究思路：引入、定义——图象、性质——联系、应用．

研究方法：数形结合、分类讨论、函数建模、代数推理等．

知识结构：

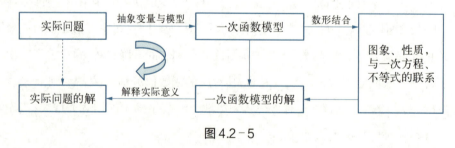

图 4.2-5

这种系统结构的抽象能力采用表现性评价方法进行评价.

4.2.3 二次函数

◆ **案例1 抽象二次函数的概念.**

在具体"匀变速"变化情境中,经历抽象核心变量、用函数表达式表示变量之间的依赖关系、归纳函数表达式的二次式特征的活动,得到二次函数的概念,能用二次函数表达式表示"匀变速变化"规律,发展抽象能力.

抽象过程

通过观察典型的、学生熟悉的"匀变速变化"的问题情境,识别变量,用表达式表示变化规律;分析函数表达式的二次特征,通过归纳推广至一般,并用解析式表示,体会二次函数刻画的是现实世界中"匀变速变化"现象的数学模型.

水平划分

水平1:能从简单"匀变速"变化情境中识别出常量与变量,通过计算体会"匀变速"变化过程的特征.

水平2:能用函数表达式表示"匀变速"变化规律,归纳"匀变速"变化过程函数表达式的二次共同特征,推广到一般,得到二次函数的概念,并能用一般式或配方式表示.

水平3:能把具体二次函数的表达式化为一般式或配方式,能根据对应值表分析二次函数的"匀变速"变化特征,判断变化过程是否符合二次函数模型.

样题

(1) 边长为 x cm 的正方形的周长为 y cm,面积为 S cm^2,计算当 x 的值分别为 1, 2, 3, 4, 5, 6 时 y 和 S 的值,填入下表:

x／cm	1	2	3	4	5	6	…
y／cm							
S／cm^2							

当 x 变化时,y,S 的变化规律有什么不同?

(2) 写出下列函数的解析式,说出这些函数解析式的共同特征,并用统一的解析式加以表达.

① 正方体的棱长为 x(单位:dm),其表面积为 S(单位:dm²),S 随着 x 的变化而变化;

② n 个球队参加比赛,每两队之间进行一场比赛,比赛的场次数 m 与球队数 n 之间的对应关系;

③ 某种产品现在的年产量是 20 t,计划今后两年增加产量. 如果每年都比上一年的产量增加 x 倍,那么两年后这种产品的产量 y 与计划所定的 x 之间的对应关系;

④ 长方形绿地的长 30 cm、宽 20 cm,把绿地的长、宽各增加 x cm,扩充后的绿地的面积 y 与 x 之间的对应关系.

(3) 通过计算说明二次函数所反映的变化过程的"匀变速"变化特征.

答案:(1)

x/cm	1	2	3	4	5	6	…
y/cm	4	8	12	16	20	24	…
S/cm^2	1	4	9	16	25	36	…

当自变量 x 每增加 1 时,函数值 y 都增加 4;而另一个函数值 S 的增加量不同,自变量从 1 增加 1 时函数值 S 增加 3,自变量从 2 增加 1 时函数值 S 增加 5,自变量从 3 增加 1 时函数值 S 增加 7,自变量从 4 增加 1 时函数值 S 增加 9,自变量从 5 增加 1 时函数值 S 增加 11.

(2) ① $S = 6x^2$;② $m = \dfrac{1}{2}n^2 - \dfrac{1}{2}n$;③ $y = 20(1+x)^2$;④ $y = x^2 + 50x + 600$.

这些函数解析式的共性:都是用自变量的二次代数式表示的. 形如 $y = ax^2 + bx + c$(a,b,c 是常数,$a \neq 0$)的函数,叫做二次函数.

(3) 对于二次函数 $y = ax^2 + bx + c$(a,b,c 是常数,$a \neq 0$),设 $x_1 < x_2 < x_3 < x_4$ 是 4 个自变量的值,且自变量依次增加 1,即 $x_2 - x_1 = x_3 - x_2 = x_4 - x_3 = 1$,对应的函数值分别为 y_1,y_2,y_3,y_4,则 $y_2 - y_1 = (ax_2^2 + bx_2 + c) - (ax_1^2 + bx_1 + c) = a(x_2^2 - x_1^2) + b(x_2 - x_1) = a(x_1 + x_2) + b$,则 $y_1 - y_2$ 不是一个常数;同理,$y_3 - y_2 = a(x_2 + x_3) + b$ 和 $y_4 - y_3 = a(x_3 + x_4) + b$ 也不是一个常数.

由 $(y_3 - y_2) - (y_2 - y_1) = [a(x_2 + x_3) + b] - [a(x_1 + x_2) + b] = a(x_3 - x_1) = 2a$,因为 a 是非零常数,所以 $(y_3 - y_2) - (y_2 - y_1)$ 是非零常数;同理,$(y_4 - y_3) - (y_3 - y_2) = 2a$ 也是一个非零常数,所以,在二次函数 $y = ax^2 + bx + c$ 中,当自变量依次增加 1 时,函数值的变化量不是一个固

定的常数,但函数值变化量的变化量(即变化速度)是一个常数,反映的是一个匀变速变化过程.

说明: 第(1)题测评抽象水平 1,第(2)题测评抽象水平 2,第(3)题测评抽象水平 3.

◆ **案例 2 探索二次函数 $y = ax^2$($a > 0$)的图象与性质.**

通过类比正比例函数的研究框架和方法,研究二次函数 $y = ax^2$($a > 0$)的图象特征和函数性质,知道二次函数的图象是一条抛物线,掌握抛物线的开口方向、顶点和对称轴,了解函数值 y 随自变量 x 的增大而变化的规律,建立几何直观,发展抽象能力.

抽象过程

类比一次函数的研究内容和研究方法,从几何直观和代数推理两个角度,通过分析简单的二次函数 $y = x^2$,明确图象称为抛物线,认识抛物线可以用开口方向、顶点、对称轴等描述其图象特征,归纳在对称轴两边的增减性的不同. 通过归纳把二次项系数推广到所有正数,得到一类二次函数 $y = ax^2$($a > 0$)的图象特征和性质;再通过类比研究 $y = ax^2$($a > 0$)时图象特征的方法,研究 $a < 0$ 时二次函数 $y = ax^2$ 的图象与性质;最后汇总结论,得到 $y = ax^2$($a \neq 0$)的图象与性质.

水平划分

水平 1:通过观察具体的二次函数图象,能说出函数图象的特征(抛物线开口方向、顶点、对称轴,以及在对称轴左右两侧抛物线的变化规律).

水平 2:不画函数图象,能通过具体函数表达式分析二次函数 $y = ax^2$($a > 0$)的图象特征(抛物线开口方向、顶点、对称轴,以及在对称轴左右两侧抛物线的变化规律).

水平 3:能类比二次函数 $y = ax^2$($a > 0$)的研究过程和研究方法,独立研究二次函数 $y = ax^2$($a < 0$)的图象和性质,归纳 $y = ax^2$(a 为常数,$a \neq 0$)的图像和性质并用数学语言表达结论.

样题

(1)画出函数 $y = 2x^2$ 的图象,指出抛物线开口方向、顶点和对称轴,以及在对称轴左右两侧抛物线的变化规律.

(2)不画图象,写出抛物线 $y = 3x^2$ 的开口方向、顶点坐标和对称轴,并能说明当自变量 x 变化时,函数值 y 如何变化.

(3)研究二次函数 $y = ax^2$($a < 0$)的图象和性质,归纳 $y = ax^2$(a 为常数,$a \neq 0$)的图像和性质并总结研究的过程和方法.

答案:

(1) 图象略;抛物线开口向上,顶点是坐标原点,对称轴是 y 轴,在对称轴的左侧,抛物线从左到右下降;在对称轴的右侧,抛物线从左到右上升.

(2) 抛物线 $y = 3x^2$ 的开口向上,顶点坐标是 $(0, 0)$,对称轴是 y 轴.当 $x < 0$ 时,y 随 x 的增大而减小;当 $x > 0$ 时,y 随 x 的增大而增大.

(3) 类似于 $a > 0$ 的情况,先画出诸如 $y = -x^2$, $y = -\frac{1}{2}x^2$ 等具体函数的图象,观察其形状、开口方向、对称轴和增减性,通过归纳推广到一般:函数 $y = ax^2 (a < 0)$ 的图象形状是抛物线,开口向下,顶点是坐标原点,对称轴是 y 轴.在对称轴的左侧,抛物线从左到右上升;在对称轴的右侧,抛物线从左到右下降.一般地,$y = ax^2 (a$ 为常数,$a \neq 0)$ 的图象为抛物线,顶点坐标为 $(0, 0)$,对称轴为 y 轴.当 $a > 0$ 时,在对称轴左侧,y 随 x 的增大而减小;在对称轴右侧,y 随 x 的增大而增大.当 $a < 0$ 时,在对称轴左侧,y 随 x 的增大而增大;在对称轴右侧,y 随 x 的增大而减小.

说明: 第(1)题测评抽象水平 1,第(2)题测评抽象水平 2,第(3)题测评抽象水平 3.

◆ **案例3 建立二次函数的模型表达和解决问题.**

通过辨认具体情境中的常量与变量,判断两个变量之间是二次函数关系,能根据条件确定二次函数的解析式,利用二次函数的图象和性质分析解决问题,感悟二次函数的应用价值,发展抽象变量和模型的能力.

抽象过程

通过分析现实情境,抽象出常量与变量,把实际问题转化为数学问题;通过代数运算或几何度量等相关知识建立问题中两个变量之间的对应关系,得出二次函数模型.能理解二次函数图象中变化规律的现实意义,理解现实问题对应的二次函数问题,体会将实际问题转化为二次函数问题的过程与方法.借助逻辑推理和代数运算分析问题中的二次函数,解决二次函数问题,进而解决实际问题.体会利用二次函数知识建模的基本过程,感悟二次函数的应用价值.

水平划分

水平 1:在熟悉的简单情境中,根据给出的二次函数关系,分析函数的变化规律和变化趋势,解决问题.

水平 2:在熟悉的综合情境中,能根据两个变量之间的关系建立二次函数模型,借助二次函数的图象和性质通过推理和运算,解决二次函数问题,进而解决实际问题.

水平3:在陌生综合情境或跨学科问题中,能根据变化过程的特点发现问题、提出问题,通过建立二次函数模型分析问题、解决问题.

样题

(1)从地面向上抛出一小球,小球的高度 h(单位:m)与小球的运动时间 t(单位:s)之间的关系式是 $h = 20t - 5t^2 (0 \leq t \leq 4)$.小球运动的时间是多少时,小球最高?最大高度是多少?

(2)用总长为 60 m 的篱笆围成矩形场地,矩形面积 S 随矩形一边长 l 的变化而变化.当 l 是多少米时,场地的面积 S 最大?

(3)如图 4.2-6,灌溉车沿着平行于绿化带底部边线 l 的方向行驶,为绿化带浇水.喷水口 H 离地竖直高度为 h(单位:m).如图 4.2-7,可以把灌溉车喷出水的上、下边缘抽象为平面直角坐标系中两条抛物线的部分图象;把绿化带横截面抽象为矩形 $DEFG$,其水平宽度 $DE = 3$ m,竖直高度为 EF 的长.下边缘抛物线是由上边缘抛物线向左平移得到,上边缘抛物线最高点 A 离喷水口的水平距离为 2 m,高出喷水口 0.5 m,灌溉车到 l 的距离 OD 为 d(单位:m).

图 4.2-6

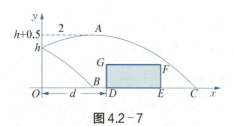

图 4.2-7

① 若 $h = 1.5$ m,$EF = 0.5$ m.要使灌溉车行驶时喷出的水能浇灌到整个绿化带,求 d 的取值范围.

② 若 $EF = 1$ m.要使灌溉车行驶时喷出的水能浇灌到整个绿化带,求 h 的最小值.

答案:

(1)小球运动 2 s 时达到最高点,最大高度为 20 m.

(2)由题意得,$S = -l^2 + 30l (0 < l < 30)$.利用二次函数的性质,当 $l = -\dfrac{b}{2a} = -\dfrac{30}{2 \times (-1)} = 15$ 时,S 有最大值 $\dfrac{4ac - b^2}{4a} = \dfrac{-30^2}{4 \times (-1)} = 225$,也就是说,当 $l = 15$ m 时,场地的面积 S 最大.

（3）① 上边缘抛物线的表达式为 $y = -\frac{1}{8}(x-2)^2 + 2$，下边缘抛物线的表达式为 $y = -\frac{1}{8}(x+2)^2 + 2$，$d$ 的取值范围是 $2 \leqslant d \leqslant 2\sqrt{3} - 1$。

② 当喷水口高度最低，且恰好能浇灌到整个绿化带时，点 D，F 恰好分别在两支抛物线上，故设点 $D(m, -\frac{1}{8}(m+2)^2 + h + 0.5)$，$F(m+3, -\frac{1}{8}(m+3-2)^2 + h + 0.5)$，则有 $-\frac{1}{8}(m+3-2)^2 + h + 0.5 - [-\frac{1}{8}(m+2)^2 + h + 0.5] = 1$，解得 $m = 2.5$，所以点 D 的纵坐标为 $h - \frac{65}{32}$。令 $h - \frac{65}{32} = 0$，得 $h = \frac{65}{32}$。所以 h 的最小值为 $\frac{65}{32}$。

说明： 第（1）题测评抽象水平 1，第（2）题测评抽象水平 2，第（3）题测评抽象水平 3。

◆ **案例 4　概括建立二次函数模型解决问题的方法.**

经历建立二次函数模型解决实际问题的过程，通过反思总结，概括建立二次函数模型表达和解决问题的方法.

抽象过程

经历建立二次函数模型表达和解决实际问题的过程，在初步感悟的基础上，通过反思总结，得到建立二次函数模型表达和解决问题的过程与方法，并用框图表示，形成建立二次函数模型表达和解决问题的方法.

水平划分

水平 1：能模仿例题建立二次函数模型，表达和解决问题.

水平 2：能通过反思总结，概括建立二次函数模型分析和解决问题的方法.

水平 3：能把总结出的建立二次函数模型分析和解决问题的方法迁移应用到陌生的情境中，解决综合性、跨学科的问题.

样题

（1）某校课外活动小组准备围建一个矩形生物苗圃园，其中一边靠墙，另外三边用长为 30 m 的篱笆围成. 已知墙长为 18 m（如图 4.2-8），设这个苗圃园垂直于墙的一边长为 x. 当 x 为多少米时，这个苗圃园的面积 S 最大？最大值是多少？

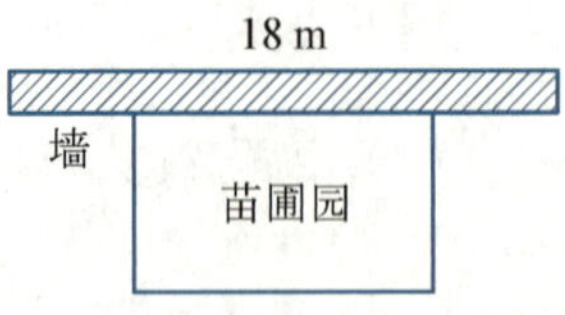

（2）在解决问题（1）的过程中，你是怎样想的？请总结思考过

图 4.2-8

程并用框图表示.

（3）请用第（2）题中总结出的方法解决下面的问题：

运行在某区段的高铁动车组对二等座实施浮动票价. 二等座的基准票价为 100 元, 按照基准票价售票时, 上座率为 60%. 试运行阶段实施表明, 票价在基准票价基础上每上浮 10 元, 则上座率减少 5 个百分点；票价在基准票价基础上每下降 10 元, 则上座率增加 10 个百分点. 比如, 当票价为 110 元时, 上座率为 55%；当票价为 90 元时, 上座率为 70%. 在实施浮动票价期间, 保证上座率不低于 30%.

① 请你用适当的函数表达式表示该区间段的列车二等座售票收入的变化规律；

② 在不超载的情况下, 请你帮助该区间段的列车的经营单位确定一个合理的价格, 使得二等座售票收入最多.

答案：

（1）分析变量之间的数量关系, 建立函数解析式, 得 $S = x(30 - 2x)$, 即 $S = -2x^2 + 30x$, $6 \leqslant x < 15$. 当 $x = 7.5$ m 时, S 有最大值, 最大值为 112.5 m^2.

（2）设变量, 列二次函数解析式, 确定自变量的取值范围, 把实际问题转化为二次函数问题；分析函数的变化规律和变化趋势, 得到二次函数问题的解, 解释实际意义, 得到实际问题的解. 这种思考过程可以用如图 4.2-9 的框图表示.

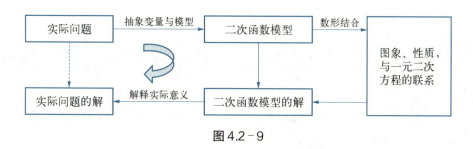

图 4.2-9

（3）① 设实际票价为 x 元, 二等座销售收入为 W, 总座位数为 a, 则

$$W = \begin{cases} -0.01ax^2 + 1.6ax, & 60 \leqslant x < 100, \\ -0.005ax^2 + 1.1ax, & 100 \leqslant x \leqslant 160. \end{cases}$$

② 当 $60 \leqslant x < 100$, $x = 80$ 时, W 最大, 最大值为 $64a$；

当 $100 \leqslant x \leqslant 160$, $x = 110$ 时, W 最大, 最大值为 $60.5a$.

所以, 二等座价格定为 80 元时, 二等座售票收入最多.

4.2.4 反比例函数

◆ **案例1 理解反比例函数的概念.**

通过具体的问题情境,分析反比例关系的现象,归纳概括得到两个变量之间的对应关系,能描述反比例函数解析式的特征,体会用反比例函数表示具有"反比例关系"的运动规律,发展抽象能力.

抽象过程

在典型的、学生熟悉的"反比例关系"情境中,经历列出函数表达式,分析表达式的共同特征,并推广至一般,用统一的反比例函数表达式表示的活动,得到反比例函数的概念,体会反比例函数所刻画的变量之间的"反比例关系"特征.

水平划分

水平1：能从简单的成反比例变化过程中识别出常量与变量,能用解析式表示,体会变量之间反比例关系的特征(乘积是一个定值).

水平2：能分析具体反比例函数表达式的特征,通过归纳推广至一般,用表达式表达,得到反比例函数的定义,能根据反比例函数的定义判断一个函数是否为反比例函数.

水平3：能举出说明反比例函数概念的正例和反例.

样题

(1)用函数表达式表达下面变化过程的变化规律,并分析这些变化过程变量之间数量关系的特征：

① 京沪线铁路全程为 1 463 km,某次列车的平均速度 v(单位：km/h)随此次列车的全程运行时间 t(单位：h)的变化而变化；

② 某住宅小区要种植一个面积为 1 000 m² 的矩形草坪,草坪的长 y(单位：m)随宽 x(单位：m)的变化而变化；

③ 已知北京市的总面积为 1.64×10^4 km²,人均占有面积 S(单位：km²/人)随全市总人口 n(单位：人)的变化而变化.

(2)指出上面这些函数表达式的共同特征,并类比一次函数、二次函数的定义给出这类函数的定义.

(3)请举出反比例函数的正例和反例.

答案：

（1）① $v = \dfrac{1\,463}{t}$，② $y = \dfrac{1\,000}{x}$，③ $S = \dfrac{1.64 \times 10^4}{n}$．这些函数中，自变量与函数值的积都是一个常数．

（2）上述解析式都具有 $y = \dfrac{k}{x}$ 的形式，其中 k 是非零常数．一般地，形如 $y = \dfrac{k}{x}$（k 为常数，$k \neq 0$）的函数，叫做反比例函数．

（3）答案不唯一．正例要求例子正确，情境恰当，并能说明其中的自变量；反例要求能说明为什么不是反比例函数．

说明： 第（1）题测评抽象水平 1，第（2）题测评抽象水平 2，第（3）题测评抽象水平 3．

◆ **案例 2　探索反比例函数的性质.**

通过观察具体的反比例函数的图象，结合反比例函数的解析式分析函数的变化规律，能说明 $k > 0$（或 $k < 0$）时，反比例函数的图象所在象限，函数值 y 随自变量 x 的变化而变化的规律，建立几何直观，发展抽象能力．

抽象过程

通过观察具体反比例函数 $\left(\text{如 } y = \dfrac{6}{x}, y = \dfrac{12}{x}, y = -\dfrac{6}{x}, y = -\dfrac{12}{x}\right)$ 的图象，利用几何直观可以发现它们的共同规律，推广到一般，得到反比例函数的图象性质：当 $k > 0$ 时，函数图象分别位于第一、第三象限，在每一个象限内，y 随 x 的增大而减小；当 $k < 0$ 时，函数图象分别位于第二、第四象限，在每一个象限内，y 随 x 的增大而增大．

水平划分

水平 1：通过观察具体的反比例函数图象，能说出图象所在象限和函数值 y 随自变量 x 的变化而变化的规律．

水平 2：能通过反比例函数表达式和图象，归纳概括得到反比例函数的性质，理解函数表达式中的常数 k 对反比例函数 $y = \dfrac{k}{x}$ 图象和性质的影响．

水平 3：能从代数推理和几何直观的角度，进一步研究反比例函数 $y = \dfrac{k}{x}$（k 为常数，$k \neq 0$）的其他性质．

样题

（1）画出反比例函数 $y = \dfrac{5}{x}$ 的图象，函数的图象位于哪些象限？当 x 的值增大时，y 的值怎样变化？

（2）在平面直角坐标系 xOy 中，若反比例函数 $y = \dfrac{k}{x}\ (k \neq 0)$ 的图象经过点 $P(1, 2)$，$A(x_1, y_1)$，$B(x_2, y_2)$．如果 $x_1 < x_2$，而且 x_1，x_2 同号，那么 y_1，y_2 有怎样的大小关系？为什么？

（3）反比例函数 $y = \dfrac{k}{x}\ (k$ 为常数，$k \neq 0)$ 还具有哪些性质？为什么？

答案：

（1）图象略；函数图象分别位于第一、第三象限；在每一个象限内，y 随 x 的增大而减小．

（2）若反比例函数 $y = \dfrac{k}{x}\ (k \neq 0)$ 的图象经过点 $P(1, 2)$，则 $k = 2$，所以函数图象分别位于第一、第三象限，且在每一个象限内，y 随 x 的增大而减小．因此，如果 $x_1 < x_2$，而且 x_1，x_2 同号，那么 $y_1 > y_2$．

（3）答案不唯一．比如，反比例函数的图象具有对称性，关于原点中心对称，关于直线 $y = x$ 和 $y = -x$ 对称等．

说明： 第（1）题测评抽象水平 1，第（2）题测评抽象水平 2，第（3）题测评抽象水平 3．

4.3 教学设计案例

4.3.1 单元设计案例：函数概念及其表示法

一、知识结构图

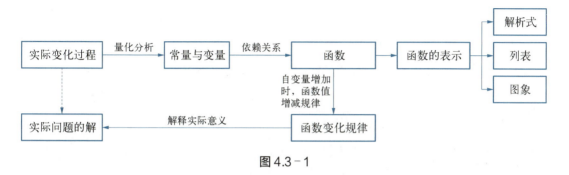

图4.3-1

二、内容和内容解析

1. 内容

常量与变量的意义,函数的概念,函数的表示,函数的初步应用.

2. 内容解析

"万物皆变",函数是研究变化过程的重要数学模型,是对事物的运动变化进行量化刻画的工具,其研究的核心内容是运动变化过程中变量之间的对应关系和变化规律.函数是数学的核心内容,是联系方程、不等式的桥梁和纽带.本单元是函数的基础部分,通过量化分析简单的变化过程,引出常量与变量的意义,再分析变量之间的对应关系,逐步抽象出函数的概念,介绍函数的三种表示(解析式、列表和图象),并借助图象讨论变化过程中的变化趋势和变化规律.

在函数的概念和表示中,蕴含着变化与对应思想、数形结合思想和模型思想,具有发展空间观念、几何直观、抽象能力、推理能力和模型观念的育人价值.

基于以上分析,确定本单元的教学重点:函数概念的抽象与表示.

三、目标和目标解析

1. 目标

(1)经历探索简单实例中的数量关系和变化规律的活动,能识别变量,分析变量之间的数量关系,得到函数的概念,了解变量、常量和函数的概念,并能举例说明,发展初步的抽象能力和初步的模型观念.

（2）理解函数值的意义,能确定简单实际问题中函数的自变量取值范围,能根据自变量的值求函数值.

（3）经历用解析式、对应值表、图象表示函数的活动,了解函数的三种表示方法,能根据函数图象分析实际问题中变量的信息及其数量关系,发现变量间的变化规律,能结合函数图象对简单实际问题中的函数关系进行分析,体会数形结合思想,借助图象建立函数的几何直观.

（4）在简单现实情境中,能建立函数模型,结合对函数关系的分析,对变量的变化趋势进行初步推测,解释实际现象,解决简单的问题,发展推理能力和模型观念.

2．目标解析

达成目标（1）的标志：能在具体变化情境中抽象出变量、常量,分析变量之间的依赖关系,形成函数的概念,能举例说明变化过程中的变量、常量,说明函数的内涵.

达成目标（2）的标志：会根据现实情境确定函数自变量的取值范围,已知自变量的值会求对应的函数值.

达成目标（3）的标志：知道函数的三种表示法,在现实情境中,能选择适当的表示法表示函数关系,能用描点法画函数图象,能结合图象分析当自变量增大时,函数值是增大还是减小.

达成目标（4）的标志：在现实情境中,能确定变量,分析变量之间的数量关系,建立函数模型,结合图象分析函数关系,解释变化过程,推测变量的变化趋势,解决简单的实际问题.

四、目标谱系

核心素养 内容	数学眼光	数学思维	数学语言	学会学习
函数	通过观察简单的实际变化过程,确定研究的目标变量,分离出决定变化的要素,确定自变量,从运动变化的角度认识两个变量的单值的对应关系,抽象出函数的概念,发展抽象能力.	1．能判断简单实际问题中的两个变量,其中一个变量是不是另一个变量的函数. 2．已知自变量的值,能根据函数关系求出函数值. 3．在简单实际问题中,能确定自变量的取值范围.	1．能说出简单实际问题中的变量和常量. 2．能说出函数的概念,并举出函数的实例. 3．会用函数解析式表示简单的实际变化过程中函数与自变量之间的数量关系.	1．用运动变化的观点观察和分析现实问题中的数量关系和变化规律,体会"变化与对应"思想. 2．总结抽象函数概念的过程和学习经验,并能推广到后续初等函数的学习中.

核心素养 内容	数学眼光	数学思维	数学语言	学会学习
函数的表示	1. 会用列表法表示函数;能借助平面直角坐标系,画出函数图象. 2. 能讨论函数的增减性,建立函数关系的几何直观.	1. 学会用描点法画出函数的图象. 2. 会判断一个点是否在一个函数的图象上,能根据图象和解析式初步分析变量的变化规律和变化趋势. 3. 会根据现实问题中的变化过程画出函数的大致图象;会根据函数图象构建简单实际问题情境.	1. 会根据现实情境建立函数模型表达变化过程,发展模型观念. 2. 能根据实际问题的需要选择适当的方式(解析式、图象、表格)或综合应用不同的表示方法表示变量之间的函数关系.	1. 通过用图象表达函数关系和用变量之间的对应关系解释函数图象的特征,体会数形结合思想. 2. 会类比列方程和不等式列出具体问题中的函数解析式.

五、教学问题诊断分析

1. 已有基础

学生已经知道方程与不等式都是刻画实际问题中数量关系的重要数学模型,初步积累了建立数学模型解决实际问题的经验.学习了平面直角坐标系的内容,了解平面直角坐标系中的点与有序实数对之间具有一一对应的关系,对数形结合思想有了初步体会.

2. 学习需要

函数研究的是变化过程,需要从变化与对应的视角考察两个量之间的关系,从原来的常量数学进入到变量数学,从研究的视角、研究的内容和研究的方法上都有根本性的变化,学生首次学习变量数学,会遇到很大困难.

3. 难点及应对策略

抽象和理解函数的概念,这是本单元的难点.为了帮助学生突破这个难点,首先,引导学生观察和分析一些典型和直观的变化过程,通过用字母表示数,用字母表示变化的量,引入变量的概念;其次,引导学生深入分析变量之间的依赖关系,先用含有一个变量的代数式表示另一个变量,通过计算直观地感知变量之间的依赖关系,进行函数概念的第一次抽象;然后,用表格和图象呈现变化过程,分析用表格和图象呈现的变量依赖关系,进行第二次抽象;最后,用归纳的方法获得不同表示方法下函数关系的单值对应共性,抽象出函数概念.通过加强直观、分步抽象、逐步抽象函数概念,帮助学生突破难点.

六、教学建议

1. 通过单元整体教学,融合内容发展数学核心素养.

设计单元教学主线,让学生完整经历研究一个具体变化过程的活动,经历"想象变化过程→确定变量→分析变量之间的数量关系→建立函数模型→画出函数图象→研究变化趋势和变化规律→解决实际问题"的过程.在此基础上,让学生通过类比研究,归纳与一般化,分步抽象获得函数的概念,发展抽象能力.在建立函数概念后,用不同的表示方法表示函数关系,重视变化与对应关系的直观表达与理解.在函数概念的形成、函数的表示、函数性质的研究和建立函数模型解决实际问题的过程中发展学生的抽象能力、几何直观、代数推理能力和模型观念.

2. 重视实例的运用.

学生初步学习高度抽象的函数概念,难以理解,而举例子是理解抽象对象的有效途径,因此,教学中要多举实例,用好实例.最好能用一个典型的实例一以贯之,再配合丰富的实例帮助理解.通过实例抽象概念,通过实例联系抽象的概念和具体情境,可以有效发展学生的抽象能力.

3. 重视几何直观.

通过直观图形理解抽象的概念也是一种有效的方法,重视应用函数图象直观反映变量之间的变化规律,以坐标为中介,用变量关系及其变化规律解析函数图象特征,通过这些活动,体会数形结合思想,建立函数的几何直观.

4. 重视用函数模型表达和解决实际问题.

函数是量化表达现实情境中变化过程的重要数学模型,是研究变化过程的量化工具,教学中应创设现实情境,让学生经历从现实情境中抽象变量和函数模型表达和研究变化过程,通过解决简单实际问题的活动,发展学生的模型观念和应用意识.

5. 课时安排.

常量、变量的概念 1 课时,函数的概念 2 课时,函数的图象 2 课时,函数的应用 1 课时,数学活动 1 课时,复习小结 1 课时,共 8 课时.

4.3.2　课时设计案例：函数的概念（第1课时）

教学目标

1. 经历分析具体实例中变量之间关系,抽象函数概念的活动,了解函数的概念,能识别自变量与函数,举例说明,发展抽象能力.

2. 了解函数值的概念,已知自变量的值会求对应的函数值.

重点难点

1. 重点：函数概念的抽象.

2. 难点：对函数概念中两个变量之间的单值对应关系(一个变量被另一个变量的取值唯一确定的依赖关系)的理解.

教学过程设计

一、创设情境，提出问题

引言:"万物皆变",在运动变化过程中往往蕴含着量的变化,研究变量之间的关系是把握变化规律的关键.同学们知道哪些变量？请举例说明.

设计意图：通过引言教学复习上一节课所学内容,并提出本节课需要研究的问题.

二、合作探究，形成概念

▶ **问题1**　下面变化过程中,各有几个变量？同一个问题中的变量之间有什么联系？

(1) 汽车以 60 km/h 的速度匀速行驶,行驶时间为 t h,行驶路程为 s km.

(2) 每张电影票的售价为 10 元,设某场电影售出 x 张票,票房收入为 y 元.

(3) 如图 4.3－2,圆形水波慢慢地扩大,在这一过程中,圆的半径为 r,面积为 S.

(4) 如图 4.3－3,用 10 m 长的绳子围一个矩形,矩形的一边长为 x,它的邻边长为 y.

图 4.3－2

图 4.3－3

追问1：s 是怎样随着 t 的具体变化而变化呢？能用数值加以说明吗？

师生活动：教师引导学生取定 t 的一些值,计算 s 的对应值,如表 4.3－1：

行驶时间 $t／h$	1	2	3	4	5
行驶路程 $s／km／h$	60	120	180	240	300

追问 2: 当 t 的数值取定后, s 的值有几个?

追问 3: 变化过程(2)中,有哪些变量? 当电影票张数确定,票房收入确定吗? 为什么?

追问 4: 变化过程(3)和(4)中,分别有哪些变量? 其中哪个变量确定,另一个变量也确定? 为什么?

师生活动: 教师与学生一起分析变化过程(1)中变量之间的关系. 在变化过程(1)的分析中,首先引导学生得出有两个变量 t, s,然后分析 s 与 t 的关系. 对于变化过程(2)(3)(4),让学生模仿变化过程(1)独立分析,教师补充完善.

设计意图:通过师生共同讨论,分析(1)中一个变量的变化对另一个变量变化的影响,在此基础上,学生独立进行对(2)(3)(4)变量之间对应关系的分析,为发现这些对应关系的共同特征、实现函数概念的第一次抽象提供归纳的样例.

▶ **问题 2** 你能归纳上述问题中的两个变量之间关系的共同特点吗?

师生活动: 教师引导学生归纳,变化过程中有两个变量,当一个变量取定一个值时,另一个变量有唯一确定的值与之对应. 如由 $s = 60t$, 当 $t = 1$, 2, 3 时能分别求出唯一的 s 的值.

设计意图:对能用解析式表示的变量之间的对应关系的共同特征进行初步概括.

▶ **问题 3** 表 4.3－2 是我国 1992~2022 年参加冬季奥运会获得的奖牌数. 年份与奖牌数可以分别记作两个变量 x 与 y. 这两个变量之间有什么关系? 这个关系是如何表示的?

表 4.3－2

年份 x	1992	1994	1998	2002	2006	2010	2014	2018	2022
奖牌数 $y／$枚	3	3	8	8	11	11	9	9	15

追问: 当年份确定时,奖牌数是否也是唯一确定的?

师生活动: 教师引导学生说出年份与奖牌数的对应关系.

设计意图:让学生体会用表格也可以表示两个变量之间的关系. 当一个变量取定一个值

时,可以通过查表唯一确定另一个变量的值,突出函数的本质属性,剥离"用公式表示变量关系"这一无关属性.

▶ **问题 4** 图4.3－4是国家气象信息中心实时监测得到的某地某时段的气温图.图中点的横坐标 x 表示时间,纵坐标 y 表示温度,它们是两个变量.这两个变量之间有什么关系?这个关系是如何表示的?

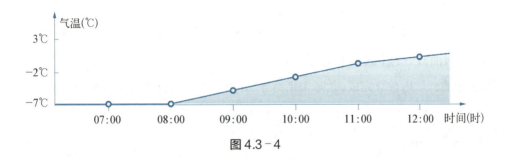

图4.3－4

追问: 在7:00~12:00,当时间确定时,气温的数值是否也是唯一确定的?

师生活动: 教师引导学生阅读温度变化图,以坐标为中介,根据时间确定对应的温度值.

设计意图:让学生体会用图象也可以表示两个变量之间的关系.当一个变量取定一个值时,可以通过图象唯一确定另一个变量的值,进一步突出函数的本质属性,剥离"用公式表示变量关系"这一无关属性.

▶ **问题 5** 综合上述问题,你能归纳出这些问题中变量之间关系的共同特点吗?

师生活动: 学生分组讨论,归纳出如下结论:在一个变化过程中,有两个变量,当一个变量取定一个值时,另一个变量有唯一确定的值与之对应.并将结论推广至一般,得到函数的概念.

一般地,在一个变化过程中,如果有两个变量 x 和 y,并且对于 x 的每一个确定的值,y 都有唯一确定的值与其对应,那么我们就说 x 是自变量,y 是 x 的函数.

追问 1: 请结合问题1中的(2)说说函数定义中"变化""对应""唯一确定"的含义.

追问 2: 请说出前面问题中的自变量和函数.

师生活动: 学生交流,教师引导学生进行点评,通过追问给出函数值的概念.设 y 是 x 的函数,如果当 $x = a$ 时 $y = b$,那么 b 叫做当自变量的值为 a 时的函数值.

设计意图:在前面分步概括的基础上,概括出三类不同表现形式的变量对应关系的共同特征,形成函数概念,并用函数概念进一步理解这些实例.

三、辨析实例,理解概念

例 下列问题中哪些是自变量? 哪些是自变量的函数? 试写出用自变量表示函数的式子:

(1) 每分钟向一水池注水 $0.1 \ m^3$,注水量 y(单位: m^3)随注水时间 x(单位: min)的变化而变化.

(2) 改变正方形的边长 x,正方形的面积 S 随之变化.

(3) 某汽车油箱中有 40 L 油,它在高速公路上行驶,耗油量为 0.07 L/km,汽车行驶的路程为 x km,油箱中剩下的汽油量为 y L.

师生活动: 学生独立完成,教师个别指导,并引导学生进行自我评价和相互评价.

设计意图: 形成函数概念后,及时进行概念辨析. 通过举例,深化对函数概念的理解.

四、课堂小结

教师引导学生回顾本节课所学的内容,通过相互交流分享观点.

(1) 请举例说明什么是函数;

(2) 请结合实例说说你对函数定义中"对于变量 x 每一个确定的值,y 都有唯一确定的值与之对应"的认识;

(3) 我们是如何得到函数概念的?

设计意图: 引导学生回顾函数概念,再次理解函数概念中的单值对应关系及确定对应关系方法(式子、表格、图象),通过回顾函数概念的获得过程,体会通过数学抽象得到数学概念的方法: 分离具体例子中的要素、分析要素关系——通过归纳推广到一般——用数学语言符号表示,明确定义.

五、目标检测

1. 请举出一个函数的实例.

2. 下列变化过程中两个变量之间是否具有函数关系? 若是,指出哪个量是自变量.

(1) "五一"期间故宫每天游客量如下表:

日　　　期	1	2	3	4	5	6	7	8
游客量(单位: 万人)	6.4	7.6	8.1	7.3	7.8	5.7	5.9	5.6

(2) 用长为 20 cm 的绳子围成一个一边长为 x cm 的矩形,该矩形的面积为 S cm^2.

（3）某地某天的温度 y（单位：℃）随时间 t（单位：时）的变化而变化，具体情况如图 4.3 - 5.

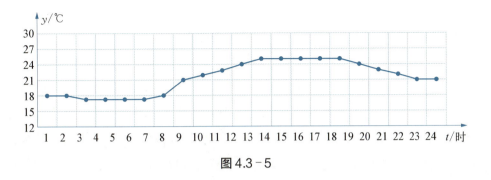

图 4.3 - 5

3. 在第 2 题的第（2）小题中，求 $x = 4$ 时对应的函数值 S.

4. 在第 2 题的第（3）小题中，时间 t 是气温 y 的函数吗？为什么？

答案：

1. 答案不唯一. 例如：动车以 200 km/h 的速度匀速行驶，行驶路程为 s km，行驶时间为 t h. 常量是 200，变量是 s 和 t. 两个变量之间具有函数关系，$s = 200t$.

2. （1）日游客量是日期的函数，日期是自变量；

（2）矩形面积 S 是边长 x 的函数，x 是自变量；

（3）气温 y 是时间 t 的函数，时间 t 是自变量.

3. 因为 $S = x(10 - x)$，所以，当 $x = 4$ 时对应的函数值为 $S = 4 \times (10 - 4) = 24$.

4. 不是，因为对于某些 y 值，对应的 t 值有两个，不是唯一确定的.

设计意图：第 3 题测评目标 2，第 1 题、第 2 题、第 4 题测评目标 1.

4.4 教学建议

1. 教学目标明确"四基""四能"，凸显抽象能力.

数学核心素养的形成是以数学基础知识和基本技能的掌握为基础,通过数学基本思想的感悟和基本活动经验的积累,在数学学习和思考过程中逐步形成和发展的."四基"是培养学生数学核心素养的沃土,它从数学知识、技能、思想、方法四个维度为数学核心素养的培养提供了支撑;"四能"是落实过程性目标、促进学生数学思考、发展学生数学核心素养的有效载体,它在发现问题、提出问题、分析问题和解决问题的过程中促进了数学核心素养的孕育、养成和发展.教师在设计教学目标时,既要注重"四基""四能",又要充分关注数学核心素养在数学教学中的达成情况.

函数内容是发展学生抽象能力的重要载体,抽象能力在函数内容的具体表现为通过对现实问题中变量的分析,建立两个变量之间变化的依赖关系,得到函数的概念;通过借助平面直角坐标系上的描点,形成函数图象与表达式的对应关系,得到函数的性质;能够理解函数与对应的方程、不等式的关系;会用函数表达现实世界事物的简单规律,经历用数学的语言表达现实世界的过程;在此基础上,增强几何直观,发展应用意识.

因此,在教学目标的设计过程中,要将上述的具体表现融入"单元—课时"的教学设计中,帮助学生逐步形成对函数的理解,学会用运动变化的眼光观察现实世界的现象和规律,通过用数学符号表示变化规律,建立和求解函数模型以解决现实生活和其他学科的问题,学会用符号、模型等数学语言交流、表达和解释现实世界.

2. 整体把握教学内容,重点关注概念本质属性.

教学内容是落实教学目标、发展学生数学核心素养的载体.教师要重视对函数内容的整体分析,了解函数的产生与发展过程,函数的研究内容和研究方法,函数与其他内容之间的联系,体会函数在数学知识体系中的地位与作用,了解函数课程内容和教学内容的总体安排.尤其要强化对函数本质的理解,发挥核心概念的作用,建构起函数主题的脉络体系,帮助学生形成知识结构,体会函数内容的研究方法.

概念的本质属性是概念教学的核心内容.概念教学的目标就是理解概念,理解的认知过程包括解释、举例、分类、总结、推断、比较和说明,比如举例涉及辨认概念的定义特征,并利用这些特征去选择或构建一个具体例子.这些过程都需要明确概念的本质属性,明确构成概念的要素以及要素之间的逻辑关系.

由于数学概念的抽象性、概念表征的多元性,以及概念形成过程中思想方法的丰富性,对概念教学要进行整体设计. 一方面,函数概念形成是以系统化为标志. 系统化是指新获得的概念纳入已有概念体系中,与相关概念建立起逻辑关系. 概念系统化主要是通过概念应用来实现的. 学生在明确函数概念的定义、名称、属性之后,就进入概念系统化阶段,通过概念的应用,不断完善优化已有概念系统,这个过程需要持续比较长的时间,涉及更多的概念. 如函数的概念,在得到定义之后,就进入概念的精致化与系统化的过程,这个过程将在后续的一次函数、二次函数、反比例函数等内容中逐步完成.

另一方面,函数概念抽象过程中蕴含着丰富的思想方法,如从特殊到一般、从具体到抽象,以及分类、归纳、类比等. 这些方法是连接数学概念的暗线,具体概念的数学抽象过程,既是运用这些方法的过程,又是进一步理解这些方法的过程. 数学思想方法的理解需要学生经历从直观到抽象,从模糊到严谨,从肤浅到深刻,从模仿到应用,从感性到理性,不断反思和反复提炼的过程. 因此,函数概念教学也需要整体设计,使得概念形成过程成为发展学生数学抽象素养的重要载体,学会用整体的、联系的、发展的眼光看问题,理解函数是对变化规律的数学表达,是通过符号运算和形式推理表达现实世界中事物的本质、关系与规律的重要载体,逐步形成科学的思维习惯,发展数学核心素养.

3. 注重情境的创设和探究问题的设计.

素养导向的数学教学活动提倡创设真实的教学情境,体现数学是认识、理解、表达真实世界的工具、方法和语言. 函数是描述客观世界变化规律的工具和语言,因此在函数内容教学中教师必须注重情境的创设. 首先,教师必须在了解学生的基础上,选择贴近学生生活经验、符合学生年龄特点和认知风格的情境素材. 情境的创设要注重情境的多样化,比如函数有多种表示方法,同时自变量的取值范围也依赖于实际情况,因此,函数内容中情境的选择可以更加丰富,涉及生活情境、科学情境、数学情境等. 通过创设的情境,可以培养学生综合运用数学及其他学科的知识与方法发现和解决问题,感受函数在现实世界的广泛应用,体会函数的价值.

另外,教师在教学中要重视对探究问题的设计,提出能引发学生认知冲突、激发学习动机的数学问题,引发学生对函数本质特征的积极思考,让学生在问题解决中体会到函数知识的重要性,体会到函数研究方法的价值. 同时,在师生双方作为学习共同体进行的设疑、质疑、释疑的数学活动过程中,加强学生对特殊与一般、具体与抽象、数形结合等数学思想方法的理解和应用,加强对学生观察、表达、概括、归纳等学习方法的指导,促进抽象能力的提升.

第5章 抽象能力在"图形的性质"中的行为表现与案例解析

本章通过分析抽象在几何发展中的作用,分析图形的性质的课程内容与学业要求,根据第1章提出的抽象能力行为指标体系,给出图形的性质主题中抽象能力行为表现的指标框架,并通过典型案例进行解析,在此基础上用单元和课时设计案例说明如何发展抽象能力,提出图形性质主题内容中发展抽象能力的教学建议.

5.1 行为表现

欧氏几何是公理化思想的鼻祖,这种思想不仅对自然科学有深远的影响,而且在社会科学中也发挥着重要作用,已经渗透到现代社会的各个方面.几何是培养学生的空间观念、几何直觉、抽象能力和推理能力的重要载体,对发展学生的数学核心素养具有举足轻重的作用,因此,图形与几何是初中数学课程中的核心内容领域.

几何学的发展离不开对几何对象及其关系的抽象.人类对几何图形的研究,最早来自把三维空间的物体用线条描绘在二维平面上,进一步,对图形进行度量研究,如图形面积的研究,直角三角形三边长度关系的研究,等等.几何学中的抽象与推理,始于泰勒斯,通过毕达哥拉斯、柏拉图、亚里士多德等人的长期努力,并由欧几里得最终完成了推理几何的公理化逻辑体系.基于直观,通过图形的一般化,建立一般性的图形概念,形成23条定义,明确论证的对象;基于直观,抽象5条公理、5条公设,确立论证的逻辑起点;通过证明确立论证的逻辑;通过命题表达论证的结果;第一次建立了几何学的公理体系,形成了欧几里得几何的基本思想和基本框架.到19世纪,希尔伯特洞察了几何学的本质,完全摒弃了几何图形直观,抽象出五组公理建立抽象的点、直线、平面的关系,形成了符号化形式化的高度抽象的公理体系.19世纪,F.克莱因用变换群下的不变性的创新观点,对经典几何学进行抽象与分类,把变换引进几何学的研究,从此,从几何变换下的不变性角度研究几何学,成为几何学家的共识,促进了数学的发展.

几何中的抽象,也分为简约阶段、符号阶段和普适阶段.简约阶段,表现为在纷繁复杂的实物世界中聚焦物体的位置与空间结构;通过一般化,得到比眼前具体实物更一般的空间结构——几何图形,表现为在所有纷繁复杂的几何图形中分离出共同构成要素——点、线、面,表现为寻找从要素到一般图形的形成机制——尺规构图和运动构图,表现为获得可以用语言表达的要素关系(结合、顺序、合同、平行、连续),表现为一类图形(或图形关系)的构成要素(或决定要素)的分离和要素关系的分析,表现为通过分类简化几何对象及其关系,表现为用命题及其传递性建构图形结构和属性之间的逻辑关联,得到结构化知识的逻辑方法.几何抽象的符号阶段,体现为用语言(文字命题)和符号表示几何图形及其关系,并借助直观的图形和图形关系把命题直观化,进一步建立数学符号与具体情境的关联.几何抽象中的普适阶段,表现为通过抽象和推理建立具有内在逻辑一致性的普适的理论,形成几何命题体系,用来解决现实问题,解释现实情境.在教学过程中,可以通过设计"分析要素及关系——概括与一般化——定义与符号化——系统化"的活动,让学生经历图形性质中的抽象活动,发展抽象能力.

为了改进教学与评价,更好地融合图形的性质主题内容发展数学抽象能力,首先需要分析课程内容和学业要求,明确这一主题内容中抽象能力的行为指标,知道抽象能力在图形的性质的学习活动中表现为能做什么、能做到什么程度.

5.1.1　课程内容与学业要求

《课标(2022 年版)》中,初中阶段的"图形的性质"包括以下内容:(1)点、线、面、角;(2)相交线与平行线;(3)三角形;(4)四边形;(5)圆;(6)定义、命题、定理.初中的几何是在小学基于直观和操作的实验几何的基础上用推理的方法研究几何图形的性质,实现从实验几何到推理几何的过渡.推理是建立在定义和基本事实的基础上,这首先需要分离出点、线、面等构成几何图形的基本要素;其次,通过尺规作图和图形变化建立由这些基本要素组成的几何图形的空间结构关系,构建直线、射线、线段、角、三角形、四边形和圆等常见的几何图形,建立视觉空间直观;第三,抽象几何图形的概念,给出明确的定义,明确推理的对象;第四,基于直观抽象基本事实作为推理论证的逻辑起点;第五,通过证明过程确立推理的逻辑;第六,抽象命题表达推理论证的结果.在此基础上,促进学生从基于观察和操作的初步空间观念、几何直观和量感到基于概念和推理的几何直觉的发展,理解欧几里得几何的基本思想和基本框架,抽象几何图形研究的一般框架,进一步发展几何直观、空间观念、抽象能力和推理能力.

《课标(2022 年版)》对图形的性质提出了以下学业要求:

了解点、线、面、角的概念,掌握三角形、平行四边形、多边形、圆的概念. 知道图形的特征、共性和区别,理解线段长短的度量,探究并理解角度大小的度量,理解两条直线平行或垂直的关系,形成和发展抽象能力;在直观理解和掌握图形与几何基本事实的基础上,经历得到和验证数学结论的过程,感悟具有传递性的数学逻辑,形成几何直观和推理能力;经历尺规作图的过程,增强动手能力,能想象出通过尺规作图的操作所形成的图形,理解尺规作图的基本原理与方法,发展空间观念和空间想象力.

《课标(2022 年版)》在图形性质的教学提示中指出:

需要引导学生理解欧几里得平面几何的基本思想,感悟几何体系的基本框架:通过定义确立论证的对象,通过基本事实确立论证的起点,通过证明确立论证的逻辑,通过命题确立论证的结果. 要组织学生经历图形分析与比较的过程,引导学生学会关注事物的共性、分辨事物的差异、形成合适的类,会用准确的语言描述研究对象的概念,提升抽象能力,会用数学的眼光观察现实世界.

初中阶段的几何学习方法,要实现从小学的实验几何到中学的推理几何过渡,首先需要实现空间观念、几何直观和量感从基于操作经验的感悟逐步转变为基于概念和推理的直觉;其次,需要通过抽象建立推理几何的逻辑基础;第三,需要了解几何形式推理的意义及基本格式(综合法),课程标准中对图形的性质主题的教学要求与教学提示也是从这三方面提出的.

根据上述分析可以确定,抽象能力主要体现为:点、线、面、角等基本几何图形概念的抽象,两直线位置关系的抽象(重点是平行和垂直关系),常见几何图形(三角形、平行四边形、圆)的概念抽象,基本几何量——距离和角度的抽象,命题(包括基本事实)的抽象,几何图形研究基本思路与方法的抽象,几何知识系统结构的抽象以及在现实情境和跨学科问题中抽象几何图形结构解决问题等数学抽象活动.

5.1.2　分析框架

结合图形的性质主题内容,把表 1.2-1 中列举的抽象能力行为指标进一步具体化,形成本章内容中抽象能力的行为指标体系,是进一步划分表现水平并进行案例解析的基础,对促进抽象能力的教学与评价设计,具有重要的导向作用.

根据前面对图形的性质的内容、学业要求及教学提示分析,结合表 1.2-1,得到图形的性质主题内容中抽象能力的行为表现指标,如表5.1-1.

表5.1-1 图形的性质中的抽象能力的行为表现指标

行为表现指标	点、线、面、角（**B11**）	相交线与平行线（**B12**）	三角形（**B13**）	四边形（**B14**）	圆（**B15**）	定义、命题、定理（**B16**）
C1 抽象概念	C1B11-1 抽象点、线、面、角等概念.能从实物中抽象出几何体、平面、直线和点等几何图形,并能用几何图形和符号表示. C1B11-2 建立线段度量关系.会比较线段的长短,理解线段的和、差、倍、分以及线段的中点的含义. C1B11-3 抽象两点之间距离的概念.理解两点之间距离的意义,能度量和表达两点间的距离. C1B11-4 建立角的概念.能建立角的概念并用几何图形和符号表示. C1B11-5 理解角的大小及和、差、倍、分关系.能比	C1B12-1 分析平面内直线的位置关系.认识平面内直线的位置关系,理解对顶角的概念. C1B12-2 抽象垂线的有关概念.理解垂线和垂线段的概念;能用三角板或量角器过一点画出已知直线的垂线. C1B12-3 抽象点到直线的距离的概念.理解点到直线的距离的概念;会度量点到直线的距离. C1B12-4 抽象平行线的相关概念.能辨别"三线八角",理解平行线的概念;能用三角板（或圆规）和直尺过直线外一点画（作）已知直线的平行线.	C1B13-1 建立三角形的概念体系.能抽象并理解三角形及其边角的概念,了解三角形的中线、高线和角平分线的意义,了解重心的概念;能对三角形进行按角和按边分类,理解直角三角形和等腰（等边）三角形的概念;了解三角形的稳定性. C1B13-2 建立全等三角形的概念.抽象并理解全等三角形的概念,能识别全等三角形中的对应边、对应角. C1B13-3 理解角平分线的概念.理解角平分线的概念,能用尺规作角平分线. C1B13-4 理解线段的垂	C1B14-1 了解多边形的概念.能类比三角形了解多边形的概念,了解多边形的顶点、边、内角、外角及对角线的概念. C1B14-2 建立四边形的概念体系.能类比三角形抽象四边形、梯形、平行四边形、矩形、菱形、正方形等概念,理解它们之间的关系;了解四边形的不稳定性. C1B14-3 抽象平行线之间距离的概念.抽象并理解平行线之间距离的概念;理解两点之间距离、点到直线距离、平行线之间距离概念的共性.	C1B15-1 建立圆的概念体系.能类比直线抽象并理解圆的概念及弧、弦、圆心角、圆周角等概念. C1B15-2 抽象与圆有关的位置关系.能类比点与直线、直线与圆的位置关系;了解正多边形的概念及圆与正多边形的关系. C1B15-3 掌握切线的概念.能基于割线的运动直观,抽象并掌握切线的概念. C1B15-4 了解三角形的内心与外心.基于尺规作图直观,结合垂直平分线和角平分线性质定理及逆定理,知道三角形的	C1B16-1 了解命题的结构与意义.会区分命题的题设和结论,了解命题的互逆关系. C1B16-2 了解命题的类别.通过具体实例,了解命题的真假,理解定义、定理、推论的意义.

行为表现指标	点、线、面、角（B11）	相交线与平行线（B12）	三角形（B13）	四边形（B14）	圆（B15）	定义、命题、定理（B16）
	较角的大小，认识度、分、秒等角的度量单位，能进行简单的单位换算，会计算角的和、差、倍、分并用图形和符号表示，理解角平分线的概念。C1B11－6 抽象余角、补角的概念。抽象并理解余角、补角的概念。		直平分线的概念。理解线段的垂直平分线的概念，能用尺规作线段的垂直平分线及过一点作已知直线的垂线。		外心和内心的含义与特征。	
C2 抽象命题与规则	C2B11－1 建立直线、线段的基本事实。探索掌握直线、线段的基本事实。C2B11－2 探索余角和补角的性质。探索并掌握余角与补角的性质。	C2B12－1 探索并掌握相交线的性质。探索并掌握"对顶角相等"定理。C2B12－2 抽象垂线的基本事实。掌握垂线唯一性基本事实和垂线段最短基本事实。C2B12－3 抽象平行线基本事实。掌握平行线的两条基本事实。C2B12－4 探索并证明平行线的判定和	C2B13－1 探索并掌握三角形的性质。探索并证明三角形三边之间的关系，探索并证明三角形内角和定理、三角形外角的性质。C2B13－2 掌握全等三角形的性质。能根据全等三角形的定义得到全等三角形的性质：对应边相等、对应角相等，并用来证明线段和角的相等。	C2B14－1 探索并掌握多边形角的性质。探索并掌握多边形的内角和定理、外角和定理。C2B14－2 探索并证明平行四边形的判定定理与性质定理。能探索和证明平行四边形的性质定理和判定定理进行推理。	C2B15－1 探索并证明垂径定理。能探索并证明圆的轴对称性，抽象并证明垂径定理及其推论。C2B15－2 探索并证明同圆或等圆中圆心角、弧、弦之间的关系及圆周角定理。能探索圆的旋转对称性，抽象并理解圆心角、弦、弧之间的关系；抽象并掌握圆周角定理及其推论。	C2B16－1 直接从概念得到命题。能讨论概念之间的联系，得到简单的命题。C2B16－2 了解互逆命题。知道原命题成立，其逆命题不一定成立。C2B16－3 了解证明。知道证明的意义和证明的必要性，知道数学思维要合乎逻辑，证明过程要步

行为表现指标	点、线、面、角（B11）	相交线与平行线（B12）	三角形（B13）	四边形（B14）	圆（B15）	定义、命题、定理（B16）
		性质.探索并证明平行线的判定定理和性质定理,了解平行公理的推论:同平行于第三条直线的两直线平行.	C2B13－3 掌握全等三角形判定的基本事实.能基于直观建立全等三角形判定的基本事实（SAS,ASA,SSS,HL）,证明AAS判定,并能熟练地用来证明三角形全等. C2B13－4 探索并掌握等腰三角形的性质和判定.探索并掌握等腰三角形、等边三角形的性质定理和判定定理. C2B13－5 探索并掌握直角三角形的性质定理和判定定理.抽象并掌握直角三角形的性质定理和判定定理（包括勾股定理及逆定理）. C2B13－6 探索角平分线性质.能利用轴对称和全等三角形探索并证明角平分线性质定理及其逆定理. C2B13－7 探索垂直平分线的性质.能利用轴对称和全等三角形探索和证明线段垂直平分线的性质定理及其逆定理.	C2B14－3 探索与证明矩形、菱形的判定定理与性质定理.能类比平行四边形的学习研究矩形、菱形,探索并证明其性质定理和判定定理;能根据正方形是特殊的矩形和菱形抽象正方形的性质定理和判定定理,并用命题表达. C2B14－4 探索并证明三角形中位线定理.能利用平行四边形的判定定理和性质定理探索并证明三角形的中位线定理. C2B14－5 研究直角三角形斜边上中线的性质.能应用矩形的性质定理和判定定理探索并证明直角三角形斜边上的中线的性质.	C2B15－3 探索切线的判定定理与性质定理.抽象并掌握切线的判定定理与性质定理;能用尺规过圆上一点（*或圆外一点）作圆的切线. C2B15－4* 探索并证明切线长定理.能应用轴对称和全等三角形抽象并证明切线长定理. C2B15－5 会计算弧长和扇形面积.抽象并理解弧长与扇形面积公式,并能用于测量与计算.	步有据,了解证明有不同的形式,知道反例的作用.

行为表现指标	点、线、面、角（B11）	相交线与平行线（B12）	三角形（B13）	四边形（B14）	圆（B15）	定义、命题、定理（B16）
C3 抽象变量与模型	C3B11－1 抽象两点之间的距离模型. 能在具体情境中用两点之间的距离模型解决路径选择问题. C3B11－2 用角度和距离描述位置关系. 在现实情境中，能抽象两点之间的距离和角度两个基本几何量，描述平面上两点之间的位置关系.	C3B12－1 用垂线段模型解决问题. 在具体情境中能抽象垂线段基本图形，用垂线段的最短性解决路径选择问题. C3B12－2 建立平行模型解决问题. 能在具体情境中抽象平行线基本图形，建立角的数量关系和等距关系，解决简单的实际问题.	C3B13－1 用全等三角形解决问题. 在具体情境中能抽象全等三角形基本图形，解决测量等实际问题. C3B13－2 用等腰三角形和直角三角形解决问题. 在具体情境中能抽象等腰三角形和直角三角形基本图形，解决测量等实际问题.	C3B14－1 用平行四边形解决问题. 能在现实情境和跨学科情境中抽象各种平行四边形的基本图形，表达平面上平移的合成，解决路径选择和计算问题.	C3B15－1 用圆解决问题. 在现实情境中，能抽象圆的基本图形，解决运动规律和路径选择、路径长度等实际问题.	
C4 抽象方法与策略	C4B11－1 抽象研究框架. 能抽象直线、线段和角的研究框架. C4B11－2 体会推理的思想. 能理解基于概念和基本事实进行说理的方法，体会用推理方法研究几何图形的思想.	C4B12－1 形成推理的观念. 能在小学基于观察和测量的量感基础上通过推理获得结论，初步建立基于概念和推理的几何直觉. C4B12－2 总结研究框架. 在相交线与平行线学习中，能总结其研究的基本框架. C4B12－3 体会用角的数	C4B13－1 建立三角形的几何直觉. 能建立基于三角形与全等三角形的概念与推理，形成全等三角形证明线段相等和角相等的几何直觉，预见结论，启发证明思路. C4B13－2 总结研究框架. 能基于三角形的研究过程抽象出几何图形研究的基	C4B14－1 建立平行四边形几何直觉. 基于概念和推理，形成用平行四边形证明线段相等和角相等的几何直觉. C4B14－2 总结研究框架. 能提炼平行四边形、矩形、菱形、正方形的整体研究框架，明确研究内容、研究思路、研究方法.	C4B15－1 建立圆的几何直觉. 在理解圆的概念、基本性质的基础上，形成用圆描述旋转运动，解决问题的几何直觉. C4B15－2 提炼几何变换思想. 能抽象基于旋转变换及中心对称研究几何图形性质的方法. C4B15－3 抽象研究框架. 能类比直	C4B16－1 会用综合法证明格式. 会用综合法证明一个命题是真命题，体会证明的步骤和要求. C4B16－2 了解反证法. 通过实例了解反证法的含义. C4B16－3 体会欧几里得几何研究的基本思想和基本框架. 通过实例，体

行为表现指标	点、线、面、角（B11）	相交线与平行线（B12）	三角形（B13）	四边形（B14）	圆（B15）	定义、命题、定理（B16）
		量关系研究直线位置关系的方法. 体会用角度刻画方向差异, 用方向关系刻画直线是否相交的方法.	本框架. C4B13－3 能把几何图形的研究框架迁移到其他几何图形及其关系的研究中.	C4B14－3 形成几何图形研究的一般观念. 能用平行四边形的研究框架研究新的几何图形.	线的研究框架抽象圆的研究框架.	会欧几里得几何的基本框架: 通过定义明确研究论证的对象, 通过基本事实确立论证的起点, 通过证明确立论证的逻辑, 通过命题表达论证的结果.
C5 抽象系统与结构	C5B11－1 整理点、线、面、角的知识结构. 能基于直线、线段和角的研究框架整理知识, 完善认知结构.	C5B12－1 整理相交线与平行线的知识结构. 能基于研究平面上两直线位置关系的框架整理相交线和平行线的知识结构.	C5B13－1 整理三角形的知识结构. 能基于三角形的研究框架整理三角形、全等三角形、等腰三角形和直角三角形等内容的知识结构体系, 完善认知结构.	C5B14－1 整理四边形的知识结构. 能用四边形的研究框架整理知识, 形成四边形、平行四边形、矩形、菱形、正方形合理的认知结构.	C5B15－1 整理圆的知识结构. 能基于圆的研究框架和对称思想整理知识, 形成合理的认知结构.	

注: 带＊的内容为选学内容.

5.2 样例解析

在图形的性质各部分内容中,借助案例进一步解析抽象能力指标,分析达成这些指标的内涵,明确在知识发生发展的过程中能做什么、能做到什么程度才算达标和优秀,对于研究核心素养导向的学业评价和教学,具有基础性的作用.

明确学生能做什么,做到什么程度,这需要对抽象行为划分不同的水平,但这是非常困难的.在几何内容中,我们依据范希尔的几何思维水平划分理论,划分抽象行为水平.

根据范希尔的几何思维水平划分理论,几何能力划分为5个层次:层次1(视觉)、层次2(分析)、层次3(非形式化演绎)、层次4(形式演绎)、层次5(严密性系统,公理化系统).层次1的思维特点是依据视觉直观认识图形;层次2的思维特点是能分析图形的要素及特征;层次3的思维特点是依据图形的构成要素抽象概念、基本事实,能用演绎的方法证明命题;层次4的思维特点是理解定义、性质、判定等命题之间的联系,理解证明中的充分与必要条件,建立以核心概念、基本事实为基础的几何知识结构体系;层次5的思维特点是推理的严格化,理解公理化的逻辑结构体系,能在不同的公理体系下严格地建立定理,比较不同的公理系统.初中阶段主要体现为从层次2到层次3和层次4的发展.因此,图形的性质中抽象能力可以分为以下三个水平:

水平1:能在整体观察和识别图形的基础上分析图形的要素及特征,但还不能讨论概念、命题,这是从小学直观整体认识几何图形向初中基于概念和推理研究几何图形的过渡阶段,达成小学阶段的量感发展要求但还没有完全达到初中阶段的抽象要求.

水平2:能抽象几何概念和命题,理解概念,能讨论概念之间的关系,理解命题的结构与意义,并能用已有的真命题证明新的命题为真.

水平3:能抽象核心概念明确研究对象,抽象基本事实作为推理的起点,通过演绎推理有逻辑地抽象出命题系统,构建局部知识结构体系,体会平面几何的逻辑结构体系.

水平1是趋向合格水平,水平2是合格水平,水平3是优秀水平.

5.2.1 点、线、面、角

◆ **案例1 建立角的概念.**

经历用角表示现实情境中方向关系的活动,理解角的定义并能用符号表示,发展抽象能力.

抽象过程

在小学直观认识角的基础上,在现实中方向变化的情境中,用射线表示方向,分离组成角的基本元素:两条射线,分析两条射线的共端点关系;进一步,把这种两条射线的关系从静态和动态两个角度理解,推广到一般;最后,用语言表达角的静态和动态定义,并用符号表示.

水平划分

水平1:能在简单的图形中识别角,指出角的边与顶点,用符号表示角,能度量角的大小,进一步发展量感.

水平2:经历用射线表示方向,用角表示方向差的活动,得到角的静态和动态定义,并能用适当的符号进行表示.

水平3:经历平面上两点之间的位置关系的量化表达活动,引入基准方向(射线),用角的度数表示方向差的大小,理解角度是量化刻画方向关系的基本几何量,能在复杂的图形中识别角的基本结构,并能用适当的符号表示,能对小于平角的角进行分类.

样题

(1) 如图 5.2-1,用适当的符号表示图中的所有小于平角的角_____.

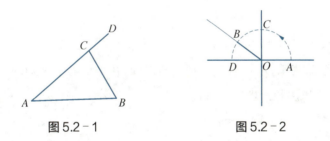

图5.2-1   图5.2-2

(2) 如图 5.2-2,能表示射线 OB 相对于射线 OA 的方向差异的是( ).

A. $\angle O$ B. $\angle COB$ C. $\angle DOB$ D. $\angle AOB$

(3) 时钟从 3:30 走到 3:40,分针转过的最小角度是_____,时针与分针的夹角_____(填"增大"或"减少")了_____.其中时针与分针构成锐角的时间范围是_____(精确到1分钟),时针与分针构成直角的时刻是_____(精确到1分钟),时针与分针构成钝角的时间范围是_____(精确到1分钟).

答案:

(1) $\angle A$,$\angle B$,$\angle ACB$,$\angle BCD$.

（2）D.

（3）$60°$，增大了 $55°$，3：30—3：33，3：33，3：33—3：40.

说明：第（1）题测评抽象水平 1；第（2）题测评抽象水平 2；第（3）题测评抽象水平 3.

◆ **案例 2　抽象角的大小关系及和、差、倍、分关系.**

经历类比线段的大小关系及和、差、倍、分关系与中点的概念的抽象过程，抽象并掌握角的大小关系及和、差、倍分关系，发展抽象能力.

抽象过程

类比线段的大小关系，经历用量角器或尺规画出一个角等于已知角、提出研究经过角的顶点的射线与角的位置关系的活动，形成角的大小关系及和、差、倍、分的定义，角平分线的定义，并用符号表达.

水平划分

水平 1：经历度量角的度数比较角的大小的过程，借助角的度数理解角的和、差、倍、分的意义，进一步发展量感.

水平 2：经历用量角器画一个角等于已知角，在共始边条件下依据终边与角的位置关系抽象角的大小关系及和、差、倍、分关系的过程，理解角的大小及和、差、倍、分的定义，角平分线的定义，并能用符号表示；能用量角器画出两个角的和与差、一个角的平分线，发展抽象能力.

水平 3：能用尺规作两个角的和、差、倍、分及角平分线，能结合图形，依据角的大小关系及和、差、倍、分关系的定义，进行简单的判断和说理，在小学基于感知的几何直观和量感的基础上初步建立基于概念和推理的几何直觉.

样题

（1）比较下列时刻时钟上时针与分针所夹的角（小于平角的角）的大小关系，并用"＜"连接：上午 8：30 所成的 $\angle 1$，上午 9：00 所成的 $\angle 2$，上午 10：15 所成的 $\angle 3$.

（2）如图 5.2 - 3，已知 $\angle A$，$\angle B$，用量角器画 $\angle C$，使得 $\angle C = \angle A + \angle B$.

（3）如图 5.2 - 3，已知 $\angle A$，$\angle B$，用尺规作 $\angle C$，使得 $\angle C = \angle A - \angle B$.

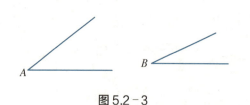

图 5.2 - 3　　　　　　　　　　图 5.2 - 4

(4) 如图5.2-4,分别测量出∠CBD，∠A，∠ACB 的度数,你发现这三个角有什么数量关系? 如果 BE 是∠CBD 的平分线,探索∠CBE，∠A，∠ACB 之间的数量关系.

答案:

(1) ∠1 < ∠2 < ∠3. (2) 图略. (3) 图略.

(4) $\angle CBD = \angle A + \angle ACB$，$\angle CBE = \dfrac{1}{2}(\angle A + \angle ACB)$.

说明: 第(1)题测评抽象水平1,第(2)题测评抽象水平2,第(3)题、第(4)题测评抽象水平3.

◆ **案例3　建立"两点确定一条直线"的基本事实.**

经历通过画曲线和直线的活动,抽象和理解"两点确定一条直线"的基本事实,并能依据基本事实进行简单的判断和推理,发展基于直观抽象基本事实的能力和依据基本事实进行判断与推理的能力.

抽象过程

经历用点沿着同一个方向运动路径描述"直"的线的过程,理解直线的"直"的本质是所有点同向排列;借助过一点和两点画直线的活动,分离决定直线的要素:一个点和方向,进一步得到决定直线位置的基本要素:直线上的两个点;通过归纳推广到一般;用语言表达"两点确定一条直线"的意义——过两点有且只有一条直线,并用符号表示直线;在此基础上,用这一基本事实进行简单的判断和推理.

水平划分

水平1:经历过两点画一条直线的过程,知道经过两点作直线有且只有一条,发展空间观念.

水平2:经历过一点作直线,发现直线位置不固定,过两点作直线,发现直线位置固定,并用语言符号表达作直线的过程,理解"两点确定一条直线"的含义,并能应用这一基本事实进行简单判断和推理,发展抽象基本事实的能力.

水平3:基于点动成线,经历画"直"的线的过程,理解"点沿着同一方向运动形成直的线",经历经过一点画直线发现方向可旋转,经过两点画直线得到唯一的一条直线的过程,抽象出"过两点的直线有且只有一条",理解"两点确定一条直线"从整体上刻画了直线的"直".

样题

(1) 在练习纸上任意画两点 A，B,过这两点的直线_____.

（2）如图 5.2-5，小华同学想用小磁钉把长方形纸条固定在
黑板上，用一枚磁钉时发现纸条会旋转，用两枚磁钉时纸条就固
定了，这里蕴含的数学道理是_____．

图 5.2-5

（3）如果点 P 是直线 AB 上任意一点，则射线 AP 和射线 BP 的方向关系是（　　）

A. 相同

B. 相反

C. 相同或相反

D. 无法判断

答案：（1）有且只有一条．　（2）两点确定一条直线．　（3）C．

说明：第（1）题测评抽象水平 1，第（2）题测评抽象水平 2，第（3）题测评抽象水平 3．

◆ **案例 4　用角度和距离描述位置关系．**

经历量化描述直线上两点之间位置关系和平面上两点之间位置关系的活动，抽象出距
离和角度两个基本几何量，并能应用它的量化描述两点之间的位置关系，发展从现实情境中
抽象变量和模型，解决实际问题的能力．

抽象过程

在量化描述直线上两点之间位置关系的活动中，抽象出方向和距离，经历量化描述平面
上两点之间位置关系的活动，用角度描述方向，分离出描述平面上两点位置关系的基本要
素：线段的长度和角度，综合两者描述位置关系的机制：用角度描述方位，用线段长度描述
距离；通过若干次的位置关系描述活动，把这种量化描述两点位置关系的方法推广到一般．
通过这些活动，归纳得出：所有的几何问题都可以用点的位置关系表达，所有的几何问题都
可以转化为线段及角的数量关系问题．

水平划分

水平 1：在简单的熟悉情境中，经历用东、南、西、北、正东南、正西北、正东北、正西南等术
语表示方位，用方向和距离量化表示两点位置关系的活动，体会参照点、方位和距离是刻画
平面上点的位置的三个基本要素，发展空间观念和量感．

水平 2：在熟悉的综合情境中，经历用角度表示方位，结合线段的长度量化描述平面上两
点之间位置关系的过程，体会基于参照点，用距离和角度刻画平面上点的位置关系的方法，
发展几何直觉和抽象能力．

水平 3：在陌生的综合情境或跨学科情境中，经历选择参照点，用角度和距离刻画位置及
其变化的活动，理解距离和角度是刻画位置的基本几何量，建立几何直观，发展抽象能力和
模型观念．

样题

（1）海面上，测量船 O 测得一艘轮船 A 位于它的正东北方向 10 海里处，请在图 5.2-6 中画出轮船 A 的位置（用 1 cm 线段长代表 2 海里）.

（2）如图 5.2-7 是小丽家、学校、公园、博物馆的地理位置示意图.请说出小丽家相对于学校的位置，公园相对于学校的位置，及博物馆相对于公园的位置.

（3）如图 5.2-8 中有三条线，用点动成线的观点看，分别说说图中的直线段、圆弧和螺旋线形成过程中，点运动的方向和距离各有什么特征.

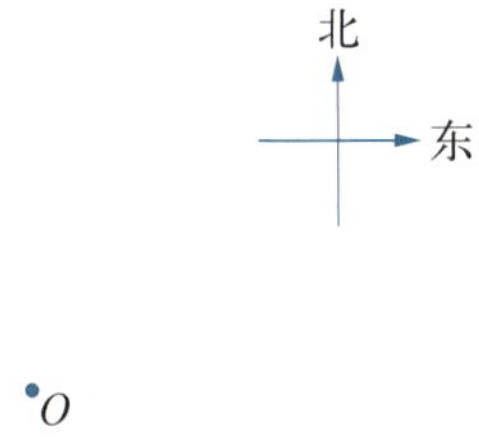

图 5.2-6

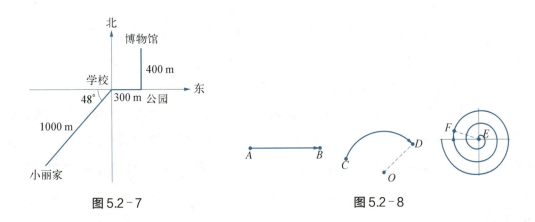

图 5.2-7　　　　　　　　　图 5.2-8

答案：（1）图略.

（2）小丽家在学校的西偏南 48°方向，且到学校的距离为 1 000 m；公园在学校的正东方向 300 m 处；博物馆在公园的正北方向 400 m 处.

（3）射线 AB——以点 A 为参照点，运动方向不变，只改变到点 A 的距离；弧线 CD——以点 O 为参照点，运动时保持到点 O 的距离不变，只改变方向；螺旋线——以点 E 为参照点，运动时，到点 E 的距离变化（进一步可得随着角度增加而匀速增加），相对于点 E 的方向改变.

说明：第（1）题测评抽象水平 1，第（2）题测评抽象水平 2，第（3）题测评抽象水平 3.

5.2.2　相交线与平行线

◆　**案例 1　分析平面内直线的位置关系.**

经历描述平面内直线的方向及其关系的活动，理解相交线、平行线和垂线的概念，提出研究问题,发展几何概念的抽象能力.

抽象过程

通过观察现实情境中的直线的形象,用方向对直线进行分类,分离出决定平面内直线位置关系的核心要素是直线的方向关系:同向或反向,必定平行,除此以外必相交.进一步,提出问题:在平面内,怎样描述一条直线的方向?怎样描述两条直线的方向关系?通过引入基准(参照)直线,用角表示方向,引入相交线和三线八角,用角量化描述一条直线相对于基准直线的方向,用角的关系量化描述两条直线相对于基准直线的方向关系.

水平划分

水平1:经历在平面内任意画两条直线的活动,对平面内的两条直线的位置关系进行分类,抽象相交线与平行线的概念,发展图形关系的抽象能力.

水平2:经历借助角度刻画两条相交直线位置关系的活动,能用角度刻画两直线的相对位置关系,抽象"对顶角相等"命题.能基于直线方向之间的关系,理解"三线八角"结构,并能用同位角、内错角和同旁内角关系描述相交线和平行线.

水平3:经历用一个点和方向表示平面内一条直线位置的表示活动,引出基准直线,提出用角刻画直线方向的问题,构建相交线的结构,抽象相交线及垂线的概念;经历基于基准直线的方向,用方向表示两直线的位置关系的活动,抽象三线八角的结构,得到平行线的概念.

样题

(1) 在练习纸上任意画两条不同的线段,想象它们向两方无限延伸,这两条直线的位置关系有哪几种可能?怎样定义?

(2) ① 如图5.2-9,过一点 A 画出的不同直线有什么不同特征?怎样表示这些直线的不同特征? ② 两直线相交时,你能发现它们交成的角有什么关系?

(3) 如图5.2-10,要表示公共点情况不明显的直线 a, b 的位置关系,怎么办?

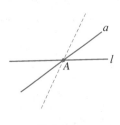

图 5.2-9

图 5.2-10

答案：

（1）定义：有一个公共点的两条直线叫做相交线；平面内没有公共点的两条直线相互平行，记作 $a/\!/b$；平面内两条不同的直线最多只有一个公共点.

（2）① 方向不同，可以用它们交成的角度来描述其方向差异；② 邻补角互补，对顶角相等.

（3）过直线 a 和直线 b 上任意点 C，D 作直线 CD，用直线 a、直线 b 与直线 CD 所成的角的数量关系来表示这两条直线的方向关系，判断这两条直线有没有公共点.

说明： 第（1）题测评抽象水平 1；第（2）题测评抽象水平 2；第（3）题测评抽象水平 3.

◆ **案例 2** **抽象平行线判定的基本事实：同位角相等，两直线平行.**

把基准直线绕着不同点同向旋转，发现当转过的角相同时，得到的两直线同向，通过这种直观观察发现规律，并用语言表达得到基本事实"同位角相等，两直线平行"；能运用这一基本事实进行判断和推理；发展抽象能力和推理能力.

抽象过程

首先，经历观察从基准直线 l 绕着其上的一点 E 旋转 $50°$ 得到直线 a 的过程，再观察这条基准直线绕着其上的另一点 F 旋转 $50°$ 得到直线 b 的过程（如图 5.2-11），发现直线 a，b 的方向相同，互相平行，分离出命题的基本要素：题设——同位角相等，结论——两直线平行；第二步，变化旋转的角度，把这种要素及关系推广到一般；第三步，用语言符号表达命题.

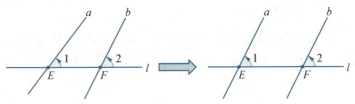

图 5.2-11

水平划分

水平 1：能根据直观经验，过直线外一点画已知直线的平行线，并能说出所画直线的唯一存在性.

水平 2：经历用旋转的眼光观察基准直线的旋转过程，通过想象，发现平行线判定的基本事实，并能用语言符号加以表达.

水平 3：能用平行线判定基本事实说明用平推法画平行线的依据.

样题

（1）请用你自己认为合理的方法，过直线外一点画已知直线的平行线.

（2）如图 5.2 - 11，把直线 EF 绕着点 E 向逆时针旋转 $\angle 1$，得到直线 a，把直线 EF 绕着点 F 向逆时针旋转 $\angle 2$，得到直线 b。如果 $\angle 1 = \angle 2$，那么直线 a，b 有怎样的位置关系？能用语言和符号表示你发现的规律吗？

（3）请用基本事实解释用平推法画平行线的依据（如图 5.2 - 12）。

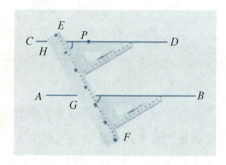

图 5.2 - 12

答案：

（1）可以用画两次垂线的方法，也可以用平推法。

（2）$a /\!/ b$，两条直线被第三条直线所截，如果同位角相等，那么这两条直线平行，用符号表示为：$\because \angle 1 = \angle 2, \therefore a /\!/ b$。

（3）在用平推法画平行线的过程中，直尺可以看作一条截线，把三角板的一边紧靠直尺，保证了移动过程中三角形的一个角的两个位置是同位角，而移动过程中三角形的这个角保持不变，保证了同位角相等，依据"同位角相等，两直线平行"就可以判断画出的直线与已知直线平行。移动后三角形另一边经过已知点 P，则保证了画出的与 AB 平行的直线经过点 P，这样就画出了经过点 P 且平行于 AB 的直线。

说明： 第（1）题测评抽象水平 1，第（2）题测评抽象水平 2，第（3）题测评抽象水平 3。

◆ **案例 3　用垂线段模型解决问题。**

经历用点到直线的距离和两点之间的距离表达和解决现实问题的过程，能在现实情境和跨学科问题解决中抽象距离模型，解决路径优化问题，发展抽象变量与模型的能力。

抽象过程

首先，明确问题的约束条件和目标，把实际问题转化为路径最短问题，进一步，通过适当的变换把问题转化为点到直线的距离或两点之间的距离问题，得到距离问题的解后，进一步解释实际意义，检验解的合理性，修改和优化距离模型，直到得到符合预期的结果。

水平划分

水平 1：在熟悉的简单情境中，经历把实际问题转化距离问题，规划最短路径，解决问题的活动，发展分析问题和解决问题的能力，形成距离模型的几何直觉，发展几何要素与模型抽象能力。

水平 2：在熟悉的综合情境中，寻找或构造两点之间的距离模型或点到直线的距离模型，把实际问题转化为距离问题，分析和解决问题，发展分析问题和解决问题的能力，发展几何要素与模型抽象能力.

水平 3：在陌生的综合情境或跨学科情境中，能基于距离模型发现、提出问题，或者把实际问题转换为距离问题，综合应用点到直线的距离和两点之间的距离模型解决问题，发展"四能"和抽象能力，发展基于概念和推理的几何直觉.

样题

（1）如图 5.2－13，村庄 A 的两侧各有一条公路，请设计村庄 A 到两条公路的连接道路，使得连接道路的总长最短，画出这两条道路的位置.

（2）如图 5.2－14，村庄 A 两侧各有公路 a，b，要在公路 b 上开一个出口 C，使得点 C 到村庄 A 和公路 a 的点的距离的和最小，请画出最短路径.

（3）一个垃圾填埋场，它在地面上的形状为长 80 m，宽 60 m 的矩形，有污水从该矩形的四周边界向外渗透了 3 m，求该垃圾填埋场外围受污染土地的面积.

图 5.2－13   图 5.2－14

答案：

（1）如图 5.2－15，过点 A 分别作公路边线的垂线段.

（2）如图 5.2－16，过点 A 作公路 b 边线的垂线段并延长一倍到点 B，过点 B 作公路 a 的边线的垂线段 BD，交公路 b 的边线于一点 C，点 C 即为所求点，最短路径为 $A \to C \to D$.

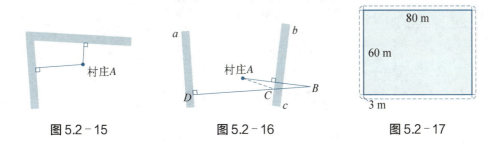

图 5.2－15   图 5.2－16   图 5.2－17

（3）如图 5.2－17，因为污水从四周边界都向外渗透 3 m，在矩形的边上的每一点，都沿着垂直的方向向外渗透 3 m，此时，指的是点到直线的距离，在矩形的顶点处，向外渗透 3 m 指的是两点之间的距离，因此，外围受污染的土地面积为圆角矩形的面积减去内部矩形的面积,答案为: $(840+9\pi)\,\mathrm{m}^2$.

说明: 第(1)题检测抽象水平1,第(2)题检测抽象水平2,第(3)题检测抽象水平3.

◆ **案例4 整理相交线与平行线的知识结构.**

经历用研究平面上两直线位置关系的基本框架整理相交线和平行线的知识的活动,形成合理的认知结构,发展系统结构的抽象能力.

抽象过程

首先,明确单元学习过程的研究对象和研究主题,即研究哪类对象或关系? 研究哪些问题? 比如,相交线和平行线中研究的是平面内两条直线的位置关系,研究的主题是: 什么条件下两直线相交,相交两直线的相互位置关系应该怎样进行量化描述? 什么情况下不相交(平行),互相平行的两直线的位置关系用什么来进行量化描述? 其次,明确研究的主线,即先研究什么,再研究什么的次序;第三,按照研究的主线回顾相关知识,厘清知识之间的联系;第四,概括研究的方法与策略(如相交线和平行线中的化线为角的思想,从定义和基本事实出发用推理的方法建立命题体系的推理思想).

相交线与平行线的知识结构

研究主题: 平面内直线之间的位置关系.

研究思路: 相交线研究思路: 定义——性质——特例(垂线: 定义——表示——性质).

平行线研究思路: 定义——表示——判定——性质.

研究方法: 推理的思想(从定义和基本事实出发,用推理的方法建立命题之间的因果关系),化线为角的思想.

知识结构图(如图5.2-18):

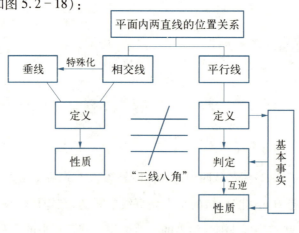

图5.2-18

5.2.3 三角形

◆ **案例1 建立三角形的概念体系.**

经历从现实情境和数学内在发展逻辑抽象三角形概念的活动,抽象三角形的构成要素——边,分析边的位置关系得到角,理解三角形的边和角基本元素、对边对角的关系,能对三角形按边和角分类,提出三角形需要研究的问题,发展抽象几何概念的能力.

抽象过程

首先,从现实情境中体会三角形存在的普遍性;其次,从两直线位置关系出发引出两两相交构成三角形的直观形象;通过画三角形分离出三角形的构成要素——线段,通过分析三条线段的位置关系得到具体三角形的特征——三条线段首尾相连,三条线段不在同一直线上;通过观察多个三角形把这种要素关系推广到一般,给出三角形的定义并用符号表示,引出三角形的角,给出三角形的边、角的定义,对三角形进行分类,理解等腰三角形、直角三角形、等边三角形等概念;最后,基于三角形的构成要素,提出三角形的研究问题——研究边的数量关系和位置关系.

水平划分

水平1:能识别三角形,知道三角形三边之间的关系、三角形的内角和为180°.

水平2:能作出三角形并用符号表示,能找到角的对边和边的对角,理解三角形的分类.

水平3:能通过作图和直观观察,分离三角形的构成要素——线段,分析线段关系,能独立地用语言表达三角形的定义,用符号表达;理解对边对角关系,能对三角形进行分类,知道三角形的性质指的是三角形的边的大小关系和位置关系的不变性.

样题

(1)下列图形中是三角形的是( ).

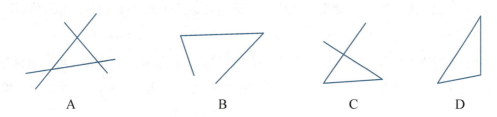

A   B   C   D

(2)下列长度的三条线段能构成三角形吗?请找出一组能构成三角形的线段长度,作三角形,用符号表示,并指出其每一个角的对边和每一条边的对角,你发现它是一个什么三角形?

① 1 cm, 3 cm, 5 cm;　　　　　　② 2 cm, 3 cm, 5 cm;

③ 3 cm, 4 cm, 5 cm;　　　　　　④ 3 cm, 3 cm, 5 cm.

（3）要研究三角形的性质,主要研究哪些问题? 可以得到哪些性质? 并说明得到这些性质的理由.

答案:

（1）D.

（2）③④能构成三角形,图略,③可构成一个直角三角形,④可构成一个等腰三角形,也是锐角三角形.

（3）研究边的数量(大小)关系和位置关系,三角形边的关系:任意两边之和大于第三边,两边之差小于第三边,理由:两点之间,线段最短;三角形角的关系:三角形的内角和等于180°,任意一个外角等于与它不相邻的两个内角的和,三角形的外角和为360°,理由略.

说明: 第(1)题测评抽象水平1,第(2)题测评抽象水平2,第(3)题测评抽象水平3.

◆ **案例2　抽象三角形全等判定的"边、角、边"基本事实.**

经历运动想象、作图叠合等活动,抽象全等三角形判定的边、角、边基本事实,能应用这一基本事实进行推理证明,发展命题抽象能力和推理能力.

抽象过程

经历提出研究两边和一角相等的两个三角形是否全等的问题;通过尺规作图作出与一个已知三角形的两边夹角分别相等的三角形,用叠合操作判断是否重合的活动,发现得到的三角形与原三角形全等,推广到一般得到判定的基本事实并用符号表示;通过尺规作图举反例理解"两边及一边的对角分别相等的两个三角形不一定全等".

水平划分

水平1:能利用三角板、量角器等工具画等角,再在角的两边上截取对应相等的线段,连接线段的顶点,通过叠合抽象出全等三角形判定的"边、角、边"基本事实.

水平2:能任意作出一个三角形,用尺规作出与已知三角形的两边及其夹角分别相等的三角形,通过叠合发现全等,抽象全等三角形判定的"边、角、边"基本事实,并能用来推理证明.

水平3:基于寻找判定两个三角形全等的最少条件,能提出研究两边及一角相等的三角形是否全等的问题,通过尺规作图作一个两边及其夹角分别与已知三角形的两边及其夹角分别相等的三角形,通过叠合发现全等,抽象基本事实,并能用来推理证明,总结根据已知两边及其夹角分别相等得到其余边角对应相等的方法,能讨论已知两边及一边的对角分别相等的两个三角形不一定全等.

样题

(1) 如图5.2-19,在两个三角尺的等角的两边上分别取 $BC = EF$,$BA = ED$,移动三角尺使得等角重合,你发现了什么结论,能提出一个猜想吗?

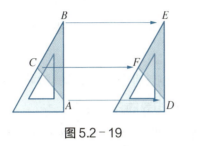 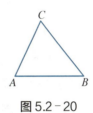

图5.2-19　　　　　　　　图5.2-20

(2) 如图5.2-20,已知△ABC,请用尺规作图,通过叠合实验探索全等三角形的"边、角、边"基本事实.

(3) 研究全等三角形的判定,目的是找到能判定两个三角形全等的最少充分条件,请设计探索三角形全等判定条件的方案,并针对有一个角相等的两个三角形,写出研究结论.

答案:

(1) $\triangle ABC \cong \triangle DEF$;两边及其夹角分别相等的两个三角形全等.

(2) 如图5.2-21,作 $\angle A' = \angle A$,在 $\angle A'$ 的两边上各取点 B',C',使得 $A'B' = AB$,$A'C' = AC$,连接 $B'C'$,得到 $\triangle A'B'C'$,再把 $\triangle A'B'C'$ 剪下,使得点 A' 与 A 重合,点 B' 与点 B 重合,则点 C' 与点 C 重合,$\triangle A'B'C' \cong \triangle ABC$.用命题表达探索的结论:两边及其夹角分别相等的两个三角形全等.

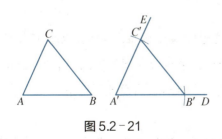 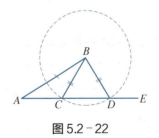

图5.2-21　　　　　　　　图5.2-22

(3) 在两个三角形中,如果只有一边或一角分别相等,则它们不一定全等;只有两个元素分别相等的两个三角形不一定全等;已知三个元素分别相等,可能分为"三边分别相等""两边一角分别相等""两角一边分别相等"及"三个角分别相等"四种情况."两边一角"分别相等又可以分为"两边及其夹角分别相等""两边及一边的对角分别相等"两种情况.在"两边及其夹角分别相等"的条件下,根据(2)的探索,两个三角形一定全等;两边及一边的对角分别相等的条件下,构造如图 5.2-22 的图形,可以发现:在 $\triangle ABC$ 和 $\triangle ABD$ 中,$AB = AB$,$BC = BD$,$\angle A = \angle A$,两边及一边的对角分别相等,但这两个三角形不全等.

综上所述,两边及其夹角分别相等的两个三角形全等,但两边及其中一边的对角分别相等的两个三角形不一定全等.

说明: 第(1)题测评抽象水平 1,第(2)题测评抽象水平 2,第(3)题测评抽象水平 3.

◆ **案例 3　建立用全等三角形证明线段和角相等的几何直觉.**

经历应用全等三角形的判定和性质进行推理论证的活动,形成通过证明全等三角形来证明线段和角相等的几何直觉.

抽象过程

首先,通过应用全等三角形判定和性质证明线段和角相等的活动,分离出推理过程的基本要素及其关系:在两个三角形的部分对应元素相等的条件下,应用判定的基本事实或推论,推出两个三角形全等的结论;然后,根据全等三角形的定义,推出其余对应元素相等的结论(如图 5.2-23).

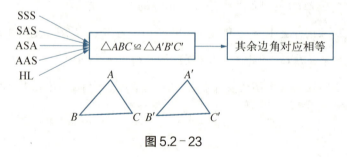

图 5.2-23

经历相当数量的推理论证活动后,形成通过定义明确推理对象,以基本事实为逻辑起点,通过由两个三角形的部分对应元素相等推出其余对应元素相等的"用全等三角形证明线段和角相等"的"基于概念和推理的"几何直觉,预见结论,启发证明思路.

水平划分

水平 1:能基于图形观察和运动想象直观判断在特定条件下两个三角形是否全等,进一步判断线段或角是否相等.

水平2：能基于全等三角形判定的基本事实和推论,添加适当的条件,得到三角形全等,并推出线段或角相等,理解确定三角形形状大小的条件.

水平3：能结合图形的结构和具体条件,选择(或构造)适当的全等三角形,证明线段或角相等.

样题

(1) 如图 5.2－24,已知 AB 平分 $\angle CAD$, $AC = AD$,你能得到哪些线段和角相等?

(2) 如图 5.2－25,请在网格中画一个顶点在格点上的三角形,使得它与 $\triangle ABC$ 全等,说明理由,并写出由三角形全等关系推出的相等的边和角.

(3) 如图 5.2－26,已知 AD 平分 $\angle BAC$, $BD = CD$,求证: $AB = AC$.

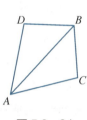
图 5.2－24

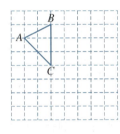
图 5.2－25

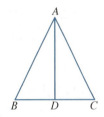
图 5.2－26

答案：

(1) 根据全等三角形判定的"边、角、边"基本事实,可以证明 $BD = BC$, $\angle ABD = \angle ABC$, $\angle D = \angle C$,或者可以通过对折,直观地发现 $BD = BC$, $\angle ABD = \angle ABC$, $\angle D = \angle C$.

(2) 三角形的位置不唯一,由条件推出结论的过程也不唯一,如图 5.2－27,由 $AE = BC$, $\angle E = \angle C = 45°$, $DE = AC$,可得 $\triangle ABC \cong \triangle DAE$,进一步可以得到 $AB = AD$, $\angle D = \angle BAC$, $\angle DAE = \angle B$.

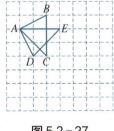
图 5.2－27

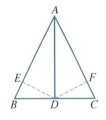
图 5.2－28

(3) 不能直接由条件得到 $\triangle ABD \cong \triangle ACD$,需要过点 D 分别作 AB, AC 的垂线段 DE,

DF，垂足分别为 E，F，如图 5.2 - 28，先证 $DE = DF$，再证三角形全等，最后证明结论.

说明：第（1）题测评抽象水平 1，第（2）题测评抽象水平 2，第（3）题测评抽象水平 3.

◆ **案例 4　用全等三角形解决实际问题.**

在现实情境中，经历把实际问题转化为几何测量问题，构造全等三角形，根据已知线段或角推出未知线段或角的大小的活动，发展抽象几何基本图形解决实际问题的能力.

抽象过程

在解决无法直接测量的距离问题的过程中，把实际问题转化为测距或测角问题，利用已知的线段和角，构造全等三角形联系已知与未知，并解决问题，通过反思和总结积累用全等三角形解决现实情境中测距和测角问题的经验.

水平划分

水平 1：在熟悉的简单情境中，能根据全等三角形的判定和性质，从已知线段和角的大小通过推理得到未知线段和角的大小.

水平 2：在熟悉的综合情境中，能选择或构造全等三角形，从已知线段和角出发经过推理得到未知线段和角的大小.

水平 3：在陌生的综合情境中，能把实际问题转化为测距或测角问题，构造全等三角形的结构联系已知与未知，设计测量方案，解决测量问题.

样题

（1）如图 5.2 - 29，工人师傅经常用角尺画一个角的平分线. 在 $\angle AOB$ 的边 OA，OB 上各取一点 M，N 使得 $OM = ON$，移动角尺，使角尺两边相同的刻度分别与点 M，N 重合. 过角尺顶点 C 的射线 OC 便是 $\angle AOB$ 的平分线，为什么？

（2）如图 5.2 - 30，把两根钢条的中点连在一起，可以做成一个测量工件内槽宽的工具（卡钳）. 在图中，要测量工件内槽宽 AB，只要测量哪些量？为什么？

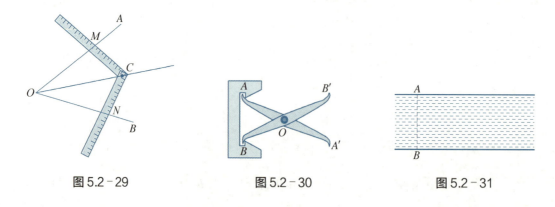

图 5.2 - 29　　　　图 5.2 - 30　　　　图 5.2 - 31

（3）如图 5.2–31 要测量河宽 AB，请你设计一种可行的测量方案，并说明理由.

答案：

（1）因为 $OM = ON$，$CM = CN$，$OC = OC$，所以 $\triangle OMC \cong \triangle ONC$，所以 $\angle AOC = \angle BOC$.

（2）只要测量点 A' 到点 B' 的距离即可，根据"边、角、边"的判定基本事实，$\triangle OAB \cong \triangle OA'B'$，所以 $AB = A'B'$.

（3）如图 5.2–32，在河岸上取两点 C，E 使得 $CB = CE$，过点 E 作 $ED \perp BE$，垂足为 E，使得 A，C，D 三点在同一直线上，测量出 DE 的长，就得到河宽 AB. 理由：根据题意，$\angle ABC = \angle DEC = 90°$，$BC = EC$，$\angle ACB = \angle DCE$，可得 $\triangle ACB \cong \triangle DCE$，进一步得到 $AB = DE$.

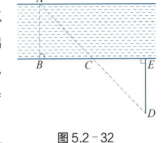

图 5.2–32

说明： 第（1）题测评抽象水平 1，第（2）题测评抽象水平 2，第（3）题测评抽象水平 3.

5.2.4 平行四边形

◆ **案例 1 建立四边形的概念体系.**

经历类比三角形、从具体情境中抽象各种四边形概念的活动，理解四边形、梯形、平行四边形、矩形、菱形、正方形之间的关系，发展几何概念的抽象能力.

抽象过程

首先，观察现实情境中各种四边形的形象，类比三角形，先分离出构成四边形的要素——边；其次，分析边的关系，通过画四边形的活动，把这种要素关系推广到一般，形成四边形的定义，并类比三角形给出顶点、边、角，对角线，对边，对角等概念. 在后继学习中，通过把四边形的边的位置关系特殊化进一步得到平行四边形和梯形，把平行四边形再进一步特殊化得到矩形、菱形、正方形，形成各种四边形的概念体系.

水平划分

水平 1：能基于直观判断一个图形是否是四边形、梯形、平行四边形、矩形、菱形、正方形，初步体会它们之间的关系.

水平 2：能类比三角形抽象各种四边形的概念，结合具体四边形指出其基本元素（边和角、对边、对角、邻边、邻角）及相关要素（对角线），说出平行四边形的定义，理解各种四边形的联系与区别，画出各种四边形联系的示意图.

水平3：经历观察特殊四边形的过程，能抽象新的一类特殊四边形的概念，并给出定义．

样题

（1）观察图5.2-33：

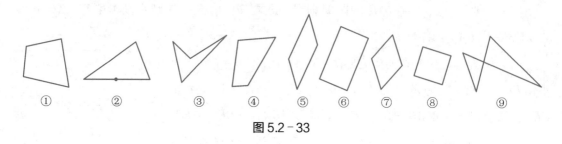

图5.2-33

其中，四边形有_____；梯形有_____；平行四边形有_____；矩形有_____；菱形有_____；正方形有_____．

（2）图5.2-34表示了部分四边形之间的联系，你能用类似的方法把各种四边形之间的联系补充完整吗？

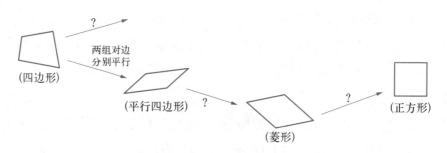

图5.2-34

（3）如图5.2-35是风筝的常见形状，都叫做筝形，是轴对称图形，请你类比平行四边形的定义，给等形下定义．

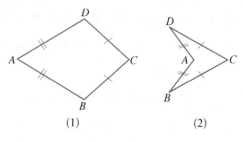

（1）　　　　　　（2）

图5.2-35

答案

（1）四边形有①③④⑤⑥⑦⑧；梯形有④；平行四边形有⑤⑥⑦⑧；矩形有⑥⑧；菱形有⑦⑧；正方形有⑧．

（2）如图5.2-36．

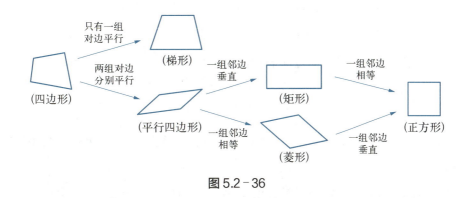

图 5.2－36

（3）答案不唯一，如：经过相对两个顶点的两组邻边分别相等的四边形叫做筝形.

说明：第（1）题测评抽象水平 1，第（2）题测评抽象水平 2，第（3）题测评抽象水平 3.

◆ **案例 2 探索并证明平行四边形的判定定理.**

经历从平行四边形的性质的逆命题中抽象出平行四边形的判定的过程，理解平行四边形的性质与判定的互逆命题关系，发展抽象命题的能力.

抽象过程

回顾平行四边形的研究思路，提出平行四边形判定的研究问题.明确研究方向：如何找到替代定义的边、角、对角线等方面的最少条件，使得四边形是平行四边形.规划两个方向：一是定义的两个条件全部替换，考察平行四边形的性质的逆命题，提出三个判定猜想"两组对边分别相等的四边形是平行四边形""两组对角分别相等的四边形是平行四边形""对角线互相平分的四边形是平行四边形"；二是部分替换，提出"一组对边平行，另一组对边相等的四边形是平行四边形""一组对边平行且相等的四边形是平行四边形"的猜想，通过画图验证"一组对边平行，另一组对边相等"的四边形不一定是平行四边形，证明"一组对边平行且相等的四边形是平行四边形".进一步，从平行四边形的性质中任意选两个进行组合提出判定猜想，也可以任意取性质结论中的一个结论与定义中"一组对边平行"组合，提出更多的判定猜想，通过证明得到与教科书不同的平行四边形判定的新定理.

水平划分

水平 1：能基于图形直观判定一个四边形是平行四边形.

水平 2：能从平行四边形"两组对边分别相等""两组对角分别相等""对角线互相平分"三个性质中抽象出"两组对边分别相等的四边形是平行四边形""两组对角分别相等的四边

形是平行四边形""对角互相平分的四边形是平行四边形""一组对边平行且相等的四边形是平行四边形"四个判定命题,并能加以证明.

水平3:能结合平行四边形的定义和性质,抽象出判定平行四边形的新的命题,并加以证明.

样题

(1) 如图5.2-37,已知$a/\!/b$,A,B和C,D分别是直线a和b上的两点,当AB和CD有什么关系时,四边形$ABCD$是平行四边形?

(2) 能结合定义和"平行四边形对边相等"这一性质提出平行四边形判定的猜想吗?请写出命题,并给出证明.

(3) 你能结合平行四边形的定义与性质,提出与教科书中不同的判定平行四边形的命题,并给出证明吗?

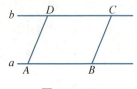

图5.2-37

答案:

(1) 当$AB = CD$时,四边形$ABCD$是平行四边形,证明略.

(2) 一组对边平行且相等的四边形是平行四边形,证明略.

(3) 答案不唯一,如:一组对边平行,一组对角相等的四边形是平行四边形,证明略.

说明:第(1)题测评抽象水平1,第(2)题测评抽象水平2,第(3)题测评抽象水平3.

◆ **案例3 探索并证明三角形中位线定理.**

经历研究对角线交点和一边中点的连线与平行四边形的边的关系的过程,发现和提出三角形中位线性质的猜想,通过证明得到三角形中位线定理,并能结合图形用符号表示命题,发展抽象命题的能力.

抽象过程

如图5.2-38,平行四边形的对角线互相平分,也就是说BD经过AC的中点E,则有$EB = ED$;接着把线段BD绕着对角线AC的中点E旋转,旋转到经过AB边的中点F时,可以得到$EF = EG$,G是CD的中点,四边形$BCGF$是平行四边形,可得FG与BC平行且相等,进一步可以得到EF平行于BC且等于BC的一半.把这一规律推广到一般,用命题表达,就是"三角形两边中点的连线平行于第三边且等于第三边的一半".通过证明后,可得三角形中位线定理.

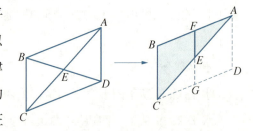

图5.2-38

水平划分

水平 1：基于给定的三角形中位线结构，经历测量发现、归纳猜想等活动，提出命题，能直接应用命题进行简单判断和计算，但不能证明命题.

水平 2：基于给定的三角形中位线结构，能证明三角形中位线定理，并能用来进行简单的计算和推理.

水平 3：经历平行四边形对角线性质的基于动态变化的拓展研究，独立发现和提出三角形中位线定理，并能证明；能应用三角形中位线定理进行推理，解决问题.

样题

（1）如图 5.2 – 39，已知 D，E，F 分别是 $\triangle ABC$ 三边 BC，AC，AB 的中点，且 $\triangle ABC$ 的周长为 12 cm，则 $\triangle DEF$ 的周长是＿＿＿＿＿.

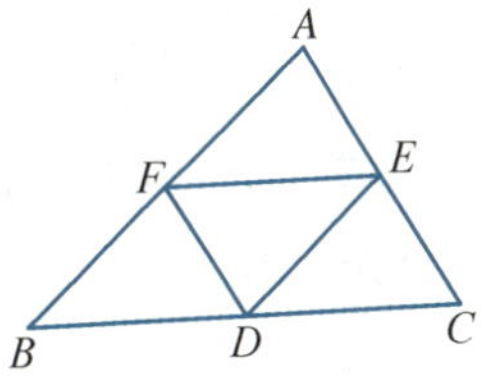

（2）证明三角形的中位线定理，要求画出图形，写出已知，求证，证明.

图 5.2 – 39

（3）如图 5.2 – 38，把平行四边形 $ABCD$ 的对角线 BD 绕着对角线 AC 的中点 E 旋转到经过边 AB 的中点 F 的位置，你能发现线段 EF 有什么性质吗？能在 $\triangle ABC$ 内提出关于线段 EF 的一个真命题，并加以证明吗？

答案：

（1）6 cm.　（2）略.

（3）EF 平行于 BC 且等于 BC 的一半；三角形两边中点的连线平行于第三边且等于第三边的一半，证明略.

说明： 第（1）题测评抽象水平 1，第（2）题测评抽象水平 2，第（3）题测评抽象水平 3.

◆ **案例 4　建立平行四边形的几何直觉.**

经历用平行四边形知识进行推理证明、解决问题及解决问题后反思总结的活动，归纳分析问题的思路和方法，形成平行四边形的几何直觉，发展方法和策略的抽象能力.

抽象过程

经历解决具体问题的过程，体会分析思路的方法；在此基础上，通过反思总结，概括分析思路的"顺推、倒推和两头凑"方法（如图 5.2 – 40），形成平行四边形能用来证明角和线段相等及线段平行关系的几何直觉，并用于新问题的分析与解决中.

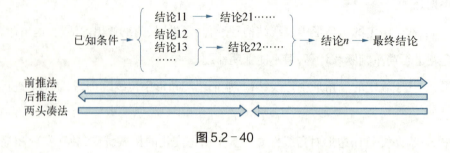

图 5.2－40

水平划分

水平 1：在熟悉的简单问题情境中，能模仿例题分析证明思路.

水平 2：能独立分析证明思路，通过反思总结概括证明题分析思路的"前推法""后推法"和"两头凑法".

水平 3：能综合运用"前推法""后推法"和"两头凑法"分析陌生、综合问题的证明思路.

样题

如图 5.2－41，在矩形 $ABCD$ 中，$AB = 8$，$BC = 4$，O 是对角线 BD 的中点. 过点 O 的直线与矩形的一组对边 AB，CD 分别相交于点 F，E. B' 与 B 关于直线 EF 对称，连接 DB'，EB'，OB'. 请分析解决下列问题的思路.

（1）判断 $\triangle ODB'$ 的形状，并说明理由.

（2）求证：$DB' \ /\!/ \ OE$.

（3）若四边形 $OEB'D$ 是平行四边形，求线段 EF 的长.

答案： 分析方法不唯一.

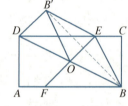

图 5.2－41

（1）分析：如图 5.2－41，基于几何直觉，预测 $\triangle ODB'$ 是等腰三角形. 证明思路分析过程如下：

$$\left.\begin{array}{r}\left.\begin{array}{r}\text{矩形 } ABCD \\ O \text{ 是对角线 } BD \text{ 中点}\end{array}\right\} \to OB = OD \\ B，B' \text{ 关于直线 } EF \text{ 对称} \to OB = OB'\end{array}\right\} \to OD = OB'.$$

这是基于"前推法"的证明思路分析过程.

（2）如图 5.2－41，

$$\left.\begin{array}{r}OB = OB' = OD \to \triangle BDB' \text{ 是直角三角形} \to BB' \perp DB' \\ B，B' \text{ 关于直线 } EF \text{ 对称} \to BB' \perp EF\end{array}\right\} \to DB' \ /\!/ \ OE.$$

这也是基于直角三角形斜边上中线的基本图形直觉进行的前推法分析证明思路的过程.

（3）如图 5.2－42,已知矩形 $ABCD$ 的边长,要求 EF 的长,应该建立以 EF 为一边,且与矩形 $ABCD$ 相关的直角三角形,用勾股定理解决.为此,过点 E 作 $EG \perp AB$,垂足为点 G,因为 $EG = 4$,所以问题转化为求 FG.基于全等三角形的直觉预判 $AF = CE$,因为 $AB = 8$,所以问题进一步转化为求 CE 的长.另一方面,根据四边形 $OBEB'$ 是平行四边

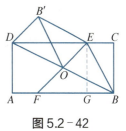

图 5.2－42

形,$OB = OB'$,可得四边形 $OBEB'$ 是菱形,所以 $OB = BE$.根据 $OB = \dfrac{1}{2}BD$,BD 可求,所以 BE 可求.在 $Rt\triangle BCE$ 中,CE 可求,这样,思路对接形成可达成的证明思路如图 5.2－43:

条件:$\square OBEB'$,$OB=OB' \to OB=BE \to$ 求$BE \to$ 求CE → 求AF → 求FG → 求EF(目标).

两头凑法　　　　　　前推法　　　　　　　　　后推法

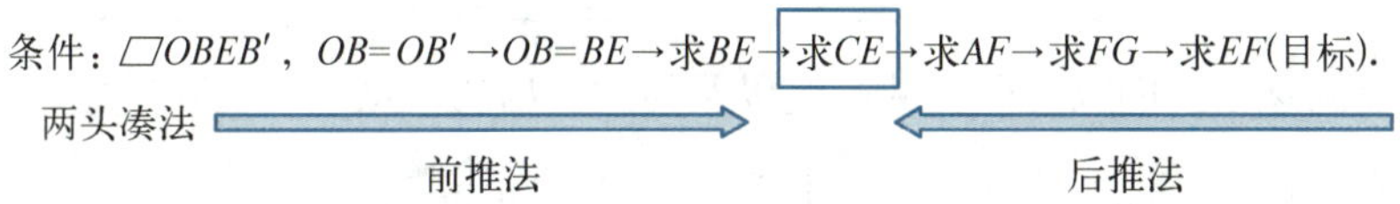

图 5.2－43

这是融合几何直觉用"两头凑法"分析证明思路的过程.

说明:第(1)题测评抽象水平 1,第(2)题测评抽象水平 2,第(3)题测评抽象水平 3.

◆ **案例5　总结平行四边形的研究框架.**

经历类比三角形到特殊三角形的特殊化提出四边形到特殊四边形——平行四边形的研究问题,类比特殊三角形的研究框架规划平行四边形的研究框架.

研究主题:从边、角等基本元素及对角线等方面研究平行四边形的性质和判定.

研究思路:定义、表示——性质——判定——应用.

研究方法:通过观察、测量、图形变换(中心对称)发现结论,通过归纳提出猜想,通过推理证明猜想,用命题表达结果.

这种研究框架能迁移到矩形、菱形、正方形等图形的研究中,形成研究一类几何图形的基本框架.通过撰写研究报告,发展图形研究策略的抽象能力.

抽象过程

首先,在学习平行四边形的内容时,类比特殊三角形(如等腰三角形)的研究框架,师生共同规划平行四边形的研究框架,这是模仿操作阶段;接着,在研究一般平行四边形后,进一步总结、完善这一研究框架;然后,在矩形、菱形、正方形的研究中,类比平行四边形的研究独立规划研究框架并开展研究,撰写研究报告.

水平划分

水平1：在平行四边形的学习中，能模仿等腰三角形的研究框架，在教师的指导下，规划平行四边形的研究框架，并进行平行四边形的系统研究.

水平2：能类比三角形的特殊化，把四边形特殊化，提出平行四边形的研究问题；类比等腰三角形、直角三角形的研究，规划平行四边形的研究框架，并能提出系列的研究子问题，对平行四边形进行系统研究.

水平3：能把平行四边形的研究框架迁移到矩形、菱形、正方形的研究中，独立提出问题，规划研究思路，系统研究，撰写研究报告.

研究报告样式：

1. 研究问题——明确要研究的问题以及问题提出的依据.

2. 研究思路——说明研究这类图形的基本思路和步骤.

3. 研究过程——提出假设（猜想）并证明猜想.

4. 研究结果——给出研究结果及其关系的知识结构图，说明研究方法.

5. 讨论展望——比较和讨论研究结果，提出需要进一步研究的问题.

_____研究报告

班级_____　　姓名_____　　教师评价等级_____

研究对象	
1. 研究问题	
2. 研究思路	
3. 研究过程	

4. 研究结果	
5. 讨论展望	

对这种研究框架的抽象能力和研究报告的撰写能力的评价,可采用过程评价和报告质量评级的方法.

5.2.5　圆

◆ **案例1　建立圆的概念体系.**

经历作圆的过程,体会半径和圆心是确定一个圆的要素,理解圆、圆心、半径、弦、直径、弧、圆心角等概念,在直观观察和想象的基础上发展几何概念抽象能力.

抽象过程

在用圆规作图的过程中,基于点动成线的观点,通过观察和想象形成圆的动态定义;经历把圆看成点集的活动,形成圆的点集定义,得出点和圆的位置关系;通过描述圆上两点之间位置关系的活动,形成圆心角、弦、弧等概念.

水平划分

水平1:能通过画图,基于点动成线观点,理解圆的定义——线段一端固定,另一端绕着固定的端点旋转一周得到的图形,能识别圆心角、弦、弧等概念.

水平2:能用点集的观点分析圆上每一点的位置特征,抽象出圆的第二定义:到定点的距离等于定长的点的集合,并能分析平面上点与圆的位置关系.

水平3:能理解圆的点集定义是对圆上的点的位置的共同特征的刻画,经历表示圆上两点之间位置关系的过程,引出圆心角、弧、弦等概念.

样题

(1) 如果把线段 AB 绕着它的中点旋转,要使得线段两端点 A,B 的运动路径成为一个圆,则线段 AB 至少旋转多少度?

(2) 如图 5.2 - 44,线段 AB 的长为 4 cm,问:

① 到点 A 的距离小于 3 cm 的点的集合是什么？

② 到点 A 和点 B 的距离都小于 3 cm 的点集是什么？请画出图形．

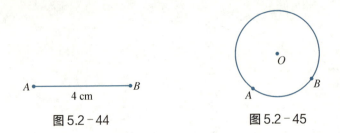

图 5.2－44   图 5.2－45

(3) 如图 5.2－45，要描述⊙O 上 A，B 两点的相互位置关系，可以用哪些几何元素进行刻画？

答案：

(1) 180°.

(2) ① 以 A 为圆心，3 cm 长为半径的圆的内部；② 如图 5.2－46 中的阴影部分．

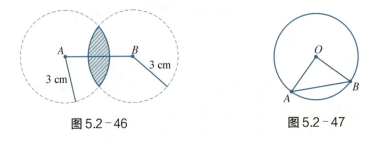

图 5.2－46   图 5.2－47

(3) 如图 5.2－47，可以用圆心角∠AOB、弦 AB、弧 AB 进行刻画．

说明： 第(1)题测评抽象水平 1，第(2)题测评抽象水平 2，第(3)题测评抽象水平 3.

◆ **案例 2　探索并证明圆周角定理．**

经历进一步探索描述圆上两点之间位置关系的过程，抽象圆周角这一新的几何图形；经历探索圆周角与圆心角度数关系的活动，抽象圆周角定理，能应用圆周角定理及其推论进行推理，发展空间观念、几何直观、抽象能力和推理能力．

抽象过程

首先，回顾描述圆上两点之间位置关系的三个几何量(圆心角度数、弦长、弧长)及其关系；然后，分离出作为刻画圆上两点位置关系的几何量的核心特征：在圆上两点之间的相对位置关系不变的前提下，这些几何量的大小唯一确定(由旋转不变性得到的圆心角、弦、弧的关系本质上说的是如果一类几何量确定,则其余两类几何量也唯一确定).在圆上两点位置关系不变的前提下,用其中任何几何量刻画其位置关系都是等价的,基于现实情境,寻找新的角刻画圆上两点位置关系,使得两点位置关系确定时,角的大小唯一确定,发现并形成圆周角的概念,在直观的基础上探索圆周角与圆心角的度数的关系,抽象圆周角定义,基于"一般化和特殊化"思想,得到证明圆周角定理及其推论的思路.

水平划分

水平 1:能理解圆周角的概念,通过测量观察发现圆周角和圆心角的度数之间的数量关系,能用命题表达这种关系,并能用来进行简单的推理和计算.

水平 2:在理解和直观发现圆周角与圆心角度数之间数量关系的基础上,能证明圆周角定理,并能用圆周角定理进行推理和计算.

水平 3:能基于刻画圆上两点相对位置关系的需要,基于现实情境,寻找新的能刻画圆上两点相对位置关系的角——圆周角,形成圆周角的定义,并能发现圆周角与圆心角度数之间的数量关系,能通过"特殊化与一般化"思想分析证明思路,证明圆周角定理.

样题

(1)如图 5.2-48,已知 A,B,C 是 $\odot O$ 上的三点,则 $\angle BAC$ 与 $\angle BOC$ 的度数之间的关系是_____,依据的定理是_____.

(2)证明圆周角定理:一条弧所对的圆周角等于它所对的圆心角的一半.

(3)① 如图 5.2-49,一座圆弧拱形拉索桥,用圆心角度数、弧长和弦长描述点 B 相对于点 A 的位置,方便测量吗?

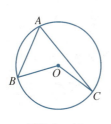

图 5.2-48

图 5.2-49

② 你找到了方便测量的哪种角来刻画这两点之间的位置关系?这种角有什么特征?请分析一下证明的思路.

③ 若该桥是拱高为 40 m,跨度 AC 为 160 m 的圆弧拱形拉索桥,站在桥面的一端 C 处,

测得 AB 所对的圆周角 $\angle ACB$ 为 $30°$,你能量化描述点 B 相对于点 A 的位置吗?

答案:(1)$\angle BAC = \dfrac{1}{2} \angle BOC$,圆周角定理:一条弧所对的圆周角等于它所对的圆心角的一半.

(2)证明过程略.

(3)① 不方便,不能直接测量圆心角的度数、弧长和弦长.

② 圆周角;特征是顶点在圆上,两边与圆相交,证明思路——先把圆周角的一边位置特殊化,使它经过圆心 O,发现用等腰三角形的顶角的外角与两底角的关系的证明思路,回到一般,分类讨论,分别应用特殊情况的证明结果,通过和或差,再结合等式的性质加以证明.

③ 如图 5.2-50,根据圆周角定理可得 $\angle AOB = 60°$,进一步得到等边 $\triangle AOB$,只要求出圆的半径,就解决问题了. 根据条件,依据垂径定理,可求得 $r = 100$. 因此,可以用以下两种方法确定点 B 的位置:一是点 B 到点 A 的距离为 100 m;二是弧 AB 的长为 $\dfrac{100}{3}\pi$ m.

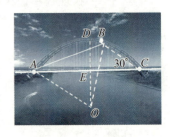

图 5.2-50

说明:第(1)题测评抽象水平 1,第(2)测评抽象水平 2,第(3)题测评抽象水平 3.

5.2.6 定义、命题、定理

◆ **案例** 了解命题的结构与含义.

通过实例,体会命题是陈述数学判断的基本语言,知道命题是由条件和结论两部分组成,会区分一个命题的题设与结论.

抽象过程

从语言结构角度分析具体几何图形属性的判断,得出这种陈述的共性:表达在什么条件下可以得到什么结论,从而分离出组成命题的"题设——结论"基本结构,并用于区分简单命题的题设、结论及其符号语言表达.

水平划分

水平 1:会用语言文字表达几何图形的特征.

水平 2:会区分简单命题的题设与结论.

水平 3:能画出几何图形,用符号表达文字命题的题设与结论.

样题

（1）如图 5.2-51，直线 AB，CD 相交于点 O，你能用文字表达角的关系吗？

（2）指出命题"对顶角相等"的题设与结论，并把这个命题改写成"如果……，那么……"的形式.

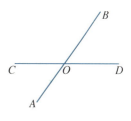

图 5.2-51

（3）画出图形，用符号表达命题"两条直线被第三条直线所截，如果这两条直线平行，那么它们被截成的内错角的平分线互相垂直".

答案：

（1）两直线相交，对顶角相等.

（2）题设：两个角是对顶角，结论：这两个角相等；如果两个角是对顶角，那么它们的大小相等.

（3）如图 5.2-52，AB 与 CD 分别交直线 EF 于点 M，N，PM 平分 $\angle BMN$，PN 平分 $\angle DNM$. 如果 $AB /\!/ CD$，则 $\angle P = 90°$.

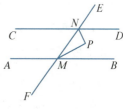

图 5.2-52

说明：第（1）题测评抽象水平 1，第（2）题测评抽象水平 2，第（3）题测评抽象水平 3.

5.3 教学设计案例

为了把发展数学核心素养的育人目标落实到数学教学实践中,《课标(2022年版)》提出了如下的教学建议:(1)制定指向核心素养的教学目标.要求教学目标要体现核心素养的主要表现,理好核心素养与"四基""四能"的关系;教学目标的设定要体现整体性和阶段性.(2)整体把握教学内容.要求注重教学内容的结构化,注重教学内容与核心素养的关联.(3)选择能引发学生思考的教学方式.要求丰富教学方式,重视单元整体教学,强化情境设计和问题的提出.(4)进一步加强综合与实践.(5)注重信息技术与数学教学的融合.因此,融合单元结构化知识的形成过程,让学生经历研究一类对象及关系的活动,在研究过程的不同阶段,设计适当的情境和活动,提出适当的问题,让学生经历用数学的眼光观察,用数学的思维方式思考,用数学的语言表达等活动,有针对性地引发学生相关的行为表现,这是把发展数学核心素养的育人目标落到实处的基本教学策略.

5.3.1 单元设计案例:直线与圆的位置关系
一、知识结构图

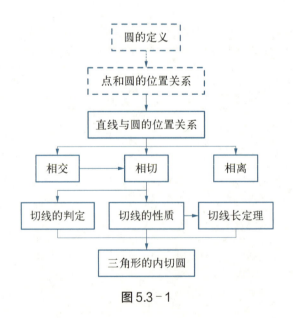

图 5.3‒1

二、内容与内容解析

1. 内容

直线与圆的位置关系,切线的性质、判定及切线长定理,三角形的内切圆,正多边形与圆,过圆上或圆外一点作已知圆的切线以及三角形内切圆的尺规作图.

2. 内容解析

直线、圆都是基本的几何图形.在学习与圆有关的概念,知道了确定圆的条件,得到了圆的一些性质的基础上,本单元进一步研究直线与圆的位置关系.经历从运动的观点直观感知,再利用逻辑推理证明结论的过程,类比点与圆的位置关系的研究方法,研究直线与圆的位置关系.运用几何图形研究的一般框架,研究直线与圆的特殊位置关系——直线与圆相切,探究切线的性质与判定、切线长定理;根据切线的判定,探究过圆上或圆外一点作已知圆切线的尺规作图;类比三角形外接圆的研究方法,探究三角形的内切圆的尺规作图.

直线与圆的位置关系的研究框架与平行线及全等三角形等图形研究基本框架类似.

研究的思路:背景——定义、表示——性质、判定——特例(切线的定义——判定——性质——应用)——三角形的内切圆.

研究的内容:直线与圆的位置关系,切线的性质、判定及切线长定理,三角形的内切圆.

研究的方法是:观察发现——归纳猜想——演绎证明,借助点与圆的位置关系的研究思路与方法研究直线与圆的位置关系.

圆是最美的对称图形,与直线有着丰富的联系,在直线与圆的位置关系的研究中,蕴含着图形运动变换的思想,抽象的思想和推理的思想,具有发展学生空间观念、几何直观、抽象能力和推理能力以及数学审美能力等育人价值.

基于以上分析,确定本单元的教学重点:抽象直线与圆的位置关系的概念,在直观的基础上用推理的方法研究切线的判定与性质.

三、目标与目标解析

1. 目标

(1)经历直观观察、操作与想象活动,从现实情境中抽象出直线与圆的三种位置关系,了解直线与圆位置关系的判定与性质,发展空间观念、几何直观及抽象能力.

(2)经历观察从割线到切线的运动变化的活动,探索并证明切线的判定定理与性质定理,能用尺规作图方法过圆上一点作已知圆的切线,了解过圆外一点作已知圆的切线的尺规作图,了解切线长定理,进一步发展空间观念、几何直观、抽象能力和推理能力.

（3）了解三角形的内心，能用尺规作三角形的内切圆，建立几何直观；了解正多边形的概念及正多边形与圆的关系.

2. 目标解析

达成目标（1）的标志：通过经历观察、实验、归纳的过程，能抽象出直线与圆的位置关系，理解割线、切线、切点等概念. 用点集的观念，把直线与圆的位置关系转化为点与圆的位置关系，并会用"圆心到直线的距离"与半径的大小关系进行量化表达，从数与形两个方面理解直线与圆的位置关系.

达成目标（2）的标志：能观察从割线到切线的运动过程，抽象出切线的判定定理和性质定理，能证明切线的判定定理，了解用反证法证明切线的性质定理，能应用判定定理和性质定理进行推理；会用尺规过圆上一点作已知圆的切线、过圆外一点作已知圆的两条切线；能从图形的轴对称性角度探索并证明切线长定理.

达成目标（3）的标志：能用尺规作图方法作已知三角形的内切圆，了解内心的概念；了解正多边形的中心、半径、中心角、边心距等概念，能进行正多边形的简单计算，会通过等分圆周作正多边形，设计图案.

四、目标谱系

核心素养 内容	数学眼光	数学思维	数学语言	学会学习
直线与圆的位置关系	1. 能类比点和圆的位置关系抽象直线与圆的三种位置关系，得到相关概念（割线、切线、切点等）. 2. 通过要素关系分析，能抽象出直线与圆的不同位置关系下圆心到直线的距离与半径之间的大小关系. 3. 能通过观察和想象割线的特殊化到切线的变化过程，深化理解切线	1. 在直观的基础上，能通过推理判断直线与圆的位置关系. 2. 在直观操作想象的基础上，能通过推理证明切线的判定定理与性质定理，能用切线的性质定理和判定定理进行推理，解决问题. 3. *能探索和证明切线长定理.	1. 能用图形及数量关系表达直线与圆的位置关系. 2. 会结合图形用文字语言和符号语言表达切线的性质定理、判定定理与切线长定理. 3. 能用尺规过圆上一点作已知圆的切线、过圆外一点作已知圆的切线. 4. 能理解过圆上一点作已知圆的切线以及过圆外一点作已知圆的切	1. 会根据圆的研究思路提出直线与圆的位置关系研究问题，类比直线与直线的位置关系研究思路规划直线与圆的位置关系的研究思路，进一步体会研究几何图形关系的一般观念. 研究思路：引入、定义、表示——借助几何量进行量化表达——特例（直线与圆相

核心素养 内容	数学眼光	数学思维	数学语言	学会学习
	的概念,抽象切点、切线、过切点半径之间的位置关系,用命题表达,抽象切线的判定定理和性质定理. 4. 通过直观观察、对折理解过圆上或圆外一点的切线与圆组成的对称结构,建立对称直觉.		线的尺规作图方法的原理. 5. 会用圆的切线描述圆周运动脱离约束后转变为直线运动的状态,会进行圆弧与直线的平滑连接,解决简单的问题.	切). 2. 能类比点与圆的位置关系研究直线与圆的位置关系. 3. 能类比平行线的研究路径规划圆的切线的研究思路:定义——判定、性质.
三角形的内切圆	能通过直观观察提出圆的三条切线所交成的三角形的研究问题,抽象三角形的内切圆及相关概念.	能应用三角形与内切圆的关系进行推理和计算,解决问题.	1. 会用尺规方法作三角形的内切圆. 2. 知道用尺规方法作三角形的内切圆的原理.	会类比三角形外接圆的研究方法,研究三角形内切圆及尺规作三角形内切圆的方法,学会学习.
正多边形与圆	能通过把三角形与圆的位置关系一般化及多边形特殊化的方法抽象出正多边形与圆的位置关系;了解正多边形的概念.	会运用正多边形中心角、半径、边心距与边长之间的关系进行推理计算,解决简单的实际问题.	能通过等分圆周画正多边形;能用尺规作正方形和正六边形.	能借助圆研究正多边形.

五、教学问题诊断分析

1. 学习需要

在直线与圆的位置关系的探索与证明过程中,需要转化为点与直线的位置关系,需要用点集观点看直线与圆的位置关系,利用垂线段的最短性对三种位置关系进行量化表达;需要用运动变换的观点理解直线与圆的特殊位置关系——相切,理解从割线到切线的变化过程,发现和证明切线的判定定理和性质定理. 在三角形内切圆的探索过程中,需要类比三角形与其外接圆关系的研究方法. 因此,点与圆的位置关系及垂线段的最短性是学习直线与圆的位置关系的知识基础;用点集观点看直线,用运动变化观点观察从割线到切线的观念和类比的方法是学习直线与圆位置关系的经验基础.

2. 已有基础

学生已经学习过点与圆的位置关系和垂线段知识,学习过用点集的观点理解直线和圆;已经形成直线型(如三角形、四边形等)图形的研究思路与方法,初步形成了圆的研究思路与方法.

3. 难点及应对策略

本单元的教学难点:由于垂线段和点到直线的距离知识的学习离当前学习比较久远,可能会遗忘;用点集的观点理解直线比较难,但又是发现和抽象切线的判定定理和性质定理的关键.这些就构成了本单元学习的难点.

为了帮助学生突破难点,首先,需要加强直观,特别是融合信息技术呈现直线与圆位置关系的变化过程,从割线到切线的变化过程;其次,要引导学生用点集的观点看直线,把直线与圆的位置关系转化为点与圆的位置关系研究;第三,及时复习点到直线的距离的概念和垂线段最短的基本事实.

六、教学建议

1. 加强类比和一般观念的引领.

直线与圆的位置关系是建立在点与圆的位置关系的基础上的,注意加强两者之间的联系.类比"点与圆的位置关系"的研究思路与方法,研究"直线与圆的位置关系",可以从以下两个方面研究:(1)研究它们的几何特征,即从直线与圆的相对运动得到交点的个数;(2)研究它们的代数特征,即圆的半径与圆心到直线的距离的数量关系.运用运动变换和极限的观点,探究直线与圆相交的位置关系如何变化到直线与圆相切的位置关系.

可类比已有研究经验,采用单元整体教学策略,形成并提出直线与圆的位置关系的研究框架.

2. 重视知识的内在联系.

注意从学生学习规律出发,加强新旧知识之间的联系,发挥知识的迁移作用.从点与圆的位置关系,发展到直线与圆的位置关系的研究方法是一脉相承的;从直线与圆相切(一条直线与圆相切)——切线长定理(两条直线与圆相切)——三角形与内切圆(三条直线与圆相切),是知识发展的自然路径.

直线与圆的相关知识比较多,在研究几何图形的一般观念统领下,进行前后连贯、逻辑一致的教学,帮助学生构建有序、系统的知识结构,减轻记忆负担.

3. 重视融合知识的发生、发展和应用过程,发展学生空间观念、几何直观、抽象能力和推理能力.

例如,在引入直线与圆位置关系时设计适当的情境,提出适当的问题,引导学生抽象图形关系;用割线到切线的运动变化情境,提出适当的问题,引导学生从新的视角理解切线的形成过程,抽象切线的判定定理与性质定理,发展空间观念、几何直观和抽象能力;在证明切线的判定定理与性质定理及用定理进行推理的过程中发展推理能力;创设现实情境和跨学科情境,在应用切线基本图形解决问题的过程中发展抽象变量与模型的能力,分析问题和解决问题的能力;等等.

4. 课时安排.

直线与圆的位置关系 1 课时,切线的判定与性质 2 课时,切线长定理 1 课时,三角形的内切圆 1 课时,正多边形与圆 2 课时,共 7 课时.

5.3.2　课时设计案例:切线的判定与性质(第 1 课时)

教学目标

1. 经历观察从割线到切线的运动变化过程活动,多角度地理解切线的概念,抽象切线的判定定理和性质定理,发展几何直观和抽象能力.

2. 经历证明切线的判定定理的过程,发展空间观念和推理能力,经历用尺规过圆上一点作圆的切线的活动,进一步掌握切线的判定,建立几何直观.

3. 能根据性质与判定的互逆关系,结合动态变化过程抽象切线的性质定理;了解反证法证明性质定理的方法,发展抽象能力和推理能力.

4. 能规划切线的研究思路:定义——判定——性质——应用.

重点难点

1. 重点:探究切线的判定定理与性质定理.

2. 难点:提出并证明切线的性质定理.

教学过程设计

一、创设情境,提出问题

▶ **问题 1**　直线与圆有哪几种位置关系? 有哪些判断方法?

师生活动:教师引导学生回顾直线与圆的位置关系及其判别准则.

追问：在直线与圆的这三种位置关系中,哪一种较特殊?

▶ **问题2** 类比平行线的研究,你认为应该按照怎样的路径研究直线与圆相切这种特殊情况?

师生活动：教师引导学生举出生活中直线与圆相切的例子(如图5.3-2),提出研究相切关系的主要问题——切线的判定与性质,并规划研究思路.

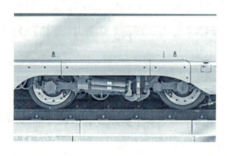

图5.3-2

设计意图：提出研究问题,规划研究思路.

二、探究思考,形成新知

▶ **问题3** 直线与圆相交和相切有什么异同点?

师生活动：学生回顾直线与圆的3种位置关系及2种判断方法.直线与圆相离时没有公共点,此时直线与圆没有关系,没有研究的必要性,故只研究直线与圆相交与相切两种位置关系.进一步,学生概括其异同点(如图5.3-3).相同点:与圆都有公共点;不同点:公共点的个数不同,且圆心到直线的距离 d 与圆的半径 r 的关系不同.直线与圆相交时,直线上的点除了与圆有两个公共点外,一部分点在圆内,一部分点在圆外;直线与圆相切时,除了唯一的公共点外,其余的点都在圆外.

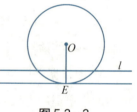

图5.3-3

设计意图：通过比较直线与圆相交与相切的异同点,为建立割线与切线的联系奠基.

▶ **问题4** 直线与圆相交和相切时,直线与圆都有公共点,它们之间能否互相转化? 可以进行怎样的转化?

如图5.3-4,直线 l 与⊙O 相交于点 P, Q,连接 OP, OQ,得到等腰△OPQ.若将直线 l 绕点 P 顺时针旋转,如图5.3-5,在旋转过程中,∠OPQ, ∠OQP 的大小会发生怎样的变化? 直线 l 与⊙O 的位置关系又会发生怎样的变化?

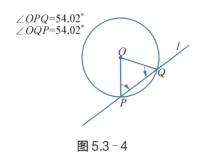

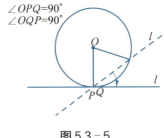

图 5.3 - 4　　　　　　　　　　　　图 5.3 - 5

师生活动：学生先独立思考，可以用不同的运动方式探究相交与相切的相互转化关系：① 圆的位置不动，平移直线 l 至与圆只有一个公共点；② 直线 l 的位置不动，平移圆至与直线 l 只有一个公共点；③ 将直线 l 绕点 P 顺时针旋转至点 P 与点 Q 重合（如图 5.3 - 5）. 重点用③的运动方式研究，教师借助几何画板进行直观操作，引导学生动手用直尺绕着圆上点 P 旋转. 通过直观操作，着重引导学生从旋转的角度探究.

学生观察图中直线 PQ 绕点 P 顺时针旋转的运动变化过程，直观发现当旋转角为直角，即 $\angle OPQ = \angle OQP = 90°$ 时，直线与圆的位置关系变成相切. 这样，可以用新的视角理解切线的含义：把与圆相交的直线绕着一个交点旋转，使另一个交点与之重合，得到的直线叫做这个圆的切线. 在此基础上，抽象出命题：经过半径的外端并且垂直于这条半径的直线是圆的切线. 用上节课学习的 $d = r$ 来证明这个命题是真命题，并用符号语言表达切线的判定定理.

设计意图：借助从割线到切线的运动变化情境，直观理解割线与切线的联系，帮助学生通过想象提出切线的判定的猜想，启发证明思路，发展几何命题的抽象能力；通过推理方法证明猜想，发展推理能力.

▶ **问题5**　你能用直尺和圆规过圆上点 P 画已知圆⊙O 的切线吗？

师生活动：师生共同分析作图思路——依据切线的判定定理，把过圆上一点作切线问题转化为过该点作它与圆心连线的垂线问题. 学生动手作图，展示学生的作图成果，引导学生说出作图的原理.

设计意图：通过尺规作图，加深学生对切线判定定理的理解，建立几何直观.

▶ **问题6**　判定直线与圆相切共有哪几种方法？

师生活动：教师引导学生总结判断切线的3种方法：（1）切线的定义：直线与圆只有一个交点；（2）数量关系：$d = r$；（3）切线的判定定理. 总结证明切线的方法"切点未知：作垂

线,证距离;切点已知:连半径,证垂直".

设计意图:把切线的判定方法系统化,发展方法与策略抽象能力.

三、迁移思考,得到性质

▶ **问题7** 研究了切线的定义和判定后,接下来应该研究什么?

师生活动:学生根据研究思路提出研究切线的性质问题.

设计意图:用一般观念引领学生发现和提出问题,发展抽象命题的能力.

▶ **问题8** 将切线的判定定理的条件和结论反过来:如图 5.3-6,在 $\odot O$ 中,如果直线 l 是 $\odot O$ 的切线,切点为 A,那么半径 OA 与直线 l 是不是一定垂直呢?

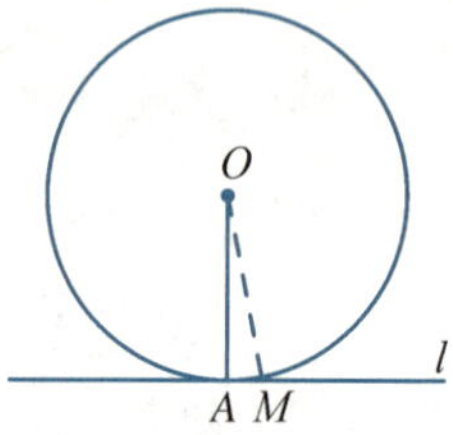

追问1:如何证明半径 OA 与直线 l 垂直?你能根据条件直接证明吗?

追问2:如何用反证法证明这个命题?

图 5.3-6

师生活动:学生尝试后,教师引导学生用反证法证明:如图 5.3-6,假设 OA 与 l 不垂直,过圆心 O 作 $OM \perp l$,垂足为 M,根据"垂线段最短"的性质,有 $OM < OA$,所以圆心 O 到直线 l 的距离小于半径 OA,于是直线 l 与圆相交,这与"直线 l 与 $\odot O$ 相切"矛盾.因此半径 OA 与直线 l 垂直.归纳切线的性质定理:圆的切线垂直于过切点的半径,总结性质定理的形成过程.

设计意图:结合命题的互逆关系和图形的动态变化,通过观察想象,提出性质猜想,并用反证法证明,发展命题抽象能力和推理能力.

四、课堂小结,概括提升

回顾本课的学习过程,回答下列问题:

(1)本节课主要研究了哪些问题?我们是按照怎样的思路研究的?

(2)你获得了哪些新的知识?

(3)你能结合研究过程,归纳一下研究两个图形特殊位置关系的思想方法吗?

(4)你认为接下来可以研究什么问题?

师生活动:教师引导学生通过小结抽象出如图 5.3-7 的知识结构图.

设计意图:通过整理本节课研究的内容、思路与方法,构建切线的知识结构体系,进一步理解性质定理与判定定理的关系,发展系统结构的抽象能力.

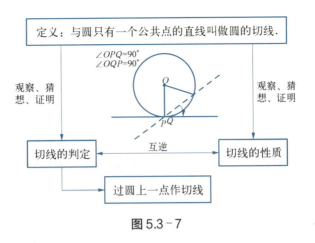

定义：与圆只有一个公共点的直线叫做圆的切线.

$\angle OPQ=90°$
$\angle OQP=90°$

观察、猜想、证明

观察、猜想、证明

切线的判定 ←— 互逆 —→ 切线的性质

过圆上一点作切线

图 5.3 - 7

五、目标检测

1. 下列结论中正确的是( ).

A. 圆的切线垂直于半径   B. 垂直于切线的直线必经过圆心

C. 垂直于切线的直线必经过切点   D. 经过圆心和切点的直线垂直于切线

2. 如图 5.3 - 8,已知 $\triangle ABC$ 内接于 $\odot O$, BC 是 $\odot O$ 的直径, MN 与 $\odot O$ 相切,切点为 A, 若 $\angle MAB = 30°$. 则 $\angle B = $ _____.

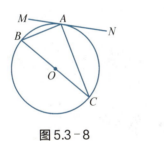

图 5.3 - 8   图 5.3 - 9

3. 如图 5.3 - 9,在 $\triangle ABC$ 中, $AB = AC$,以 AB 为直径的 $\odot O$ 交边 BC 于点 P, $PE \perp AC$ 于点 E. 求证: PE 是 $\odot O$ 的切线.

答案: 1. D.   2. 60°.

3. 证明: 连接 OP,如图 5.3 - 10.

$\because AB = AC, \therefore \angle B = \angle C.$

$\because OB = OP, \therefore \angle B = \angle OPB,$

$\therefore \angle OPB = \angle C.$

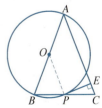

图 5.3 - 10

$$\therefore \ OP /\!/ AC.$$

$$\because \ PE \perp AC,$$

$$\therefore \ PE \perp OP.$$

$$\therefore \ PE \ 为 \odot O \ 的切线.$$

设计意图：第 1 题检测目标 2 和目标 4；第 2 题检测目标 4，第 3 题检测目标 2.

5.3.3 课时设计案例：切线的判定与性质（第 2 课时）

教学目标

1. 经历辨别切线的判定定理与性质定理的题设与结论活动，进一步理解两个命题的互逆关系，发展抽象能力.

2. 经历应用切线的判定与性质进行推理的活动和解决问题的活动，掌握切线的判定与性质，发展空间观念、几何直觉和推理能力.

3. 经历总结用切线的判定与性质解决问题的过程，发展方法与策略的抽象能力.

重点难点

1. 重点：运用切线的判定与性质分析问题和解决问题.

2. 难点：区分切线的判定与性质的题设与结论，选择判定或性质作为依据进行推理，解决问题.

教学过程设计

一、复习回顾

▶ **问题** 我们研究了切线的哪些内容？是怎么研究的？

追问 1：切线有哪些判定方法？

追问 2：切线具有哪些性质？是怎么得到的？

追问 3：切线的判定定理与性质定理的题设和结论分别是什么？这两个命题有什么关系？

师生活动：学生相互补充回答，回顾切线的研究思路：定义——判定——性质——应用.切线判定的 3 种方法：（1）按定义：直线与圆只有一个公共点；（2）按圆心到直线的距离与半径的关系：$d = r$；（3）切线的判定定理.根据切线性质与判定的条件和结论的互逆关系，得到切线的性质.切线的判定定理：大前提——一条直线经过圆上一点，题设——垂直于过这点的半径；结论——这条直线是圆的切线.切线的性质定理：大前提——一条直线经过圆上一点,题设——这条直线是圆的切线,结论——这条切线垂直于过这点的半径(如图5.3－11).

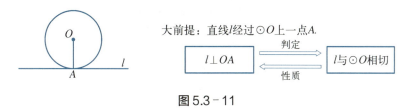

图5.3－11

设计意图:回顾切线的相关知识与研究思路,构建切线的知识结构体系,为本节课用切线的相关知识解决问题作好铺垫,发展系统结构的抽象能力.

二、知识应用

例1 如图5.3－12,已知 O 为 $\angle BAC$ 平分线上一点,$OD \perp AB$ 于点 D,以 O 为圆心,OD 为半径作圆 O,求证:$\odot O$ 与 AC 相切.

分析:要证明直线 AC 与 $\odot O$ 相切,因为直线与圆的公共点情况未知,不能用切线的判定定理,只能通过证明"圆心 O 到直线 AC 的距离等于半径"来证明 AC 与 $\odot O$ 相切.而根据角平分线和 $OD \perp AB$,垂足为 D 的条件,可以想到用角平分线的性质定理得到"圆心 O 到直线 AC 的距离等于半径"的结论,这样,用"两头凑"的方法接通证明思路.

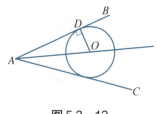

图5.3－12

证明:如图5.3－13,过点 O 作 $OE \perp AC$,垂足为点 E.

∵ O 为 $\angle BAC$ 平分线上一点,$OD \perp AB$,

∴ $OE = OD$.

∵ $OE \perp AC$,

∴ $\odot O$ 与 AC 相切.

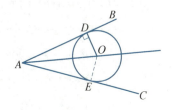

图5.3－13

追问:你能总结一下解决问题的思路吗?

师生活动:教师引导学生总结寻找证明思路的"两头凑"方法,如图5.3－14.

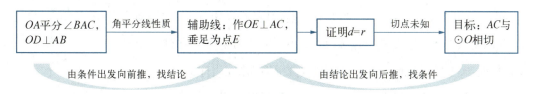

图5.3－14

设计意图：巩固用直线与圆的位置关系判定证明切线的方法，进一步学习分析证明思路的方法，发展几何直觉以及方法与策略的抽象能力.

例2 如图5.3－15，已知 AB 是 $\odot O$ 的直径，$BC \perp AB$ 于点 B，AD 是 $\odot O$ 的弦，且 $AD /\!/ OC$，求证：DC 是 $\odot O$ 的切线.

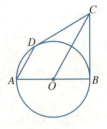

图5.3－15

分析：用"两头凑"的方法分析证明思路，如图5.3－16.

图5.3－16

证明： 连接 OD，如图5.3－17.

$\because BC \perp AB$，

$\therefore \angle B = 90°$.

$\because AD /\!/ OC$，

$\therefore \angle A = \angle BOC$，$\angle ADO = \angle DOC$.

$\because OA = OD$，

$\therefore \angle A = \angle BOC = \angle ADO = \angle DOC$.

$\because OB = OD$，$OC = OC$，

$\therefore \triangle OCD \cong \triangle OCB(\text{SAS})$.

$\therefore \angle ODC = \angle B = 90°$.

$\because CD$ 过半径 OD 的外端点 D，

$\therefore DC$ 是 $\odot O$ 的切线.

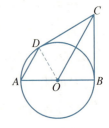

图5.3－17

设计意图：用切线的判定定理，全等三角形等知识进行推理证明，发展空间观念、几何直觉、推理能力及方法与策略的抽象能力.

例3 如图5.3－18，点 C 是以 AB 为直径的 $\odot O$ 上一点，过点 A 作 $\odot O$ 的切线交 BC 延长线于点 D，取 AD 中点 E，连接 EC 并延长交 AB 延长线于点 F.试判断 EF 与 $\odot O$ 的位置关系，并说明理由.

分析：因为直线 EF 与 $\odot O$ 有公共点 C，可以选择用切线的判定

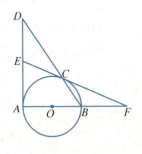

图5.3－18

定理来证明它是 ⊙O 的切线. 于是,问题转化为证明 EF 与半径 OC 垂直.

解： EF 是 ⊙O 的切线. 理由如下：

连接 OC, AC, 如图 5.3－19.

∵ AB 是 ⊙O 的直径,

∴ ∠ACB = ∠ACD = 90°.

∵ E 是 AD 的中点,

∴ CE = ED = EA.

∴ ∠EAC = ∠ACE.

∵ OA = OC,

∴ ∠OAC = ∠OCA.

∵ AD 是 ⊙O 的切线, AB 是直径,

∴ ∠EAB = ∠EAC + ∠OAC = 90°.

∴ ∠ACE + ∠OCA = 90°, 即 OC ⊥ EF.

∴ EF 是 ⊙O 的切线.

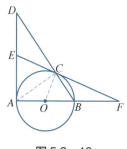

图 5.3－19

设计意图：经历综合应用切线的判定定理和性质定理进行推理证明的过程,明确性质定理与判定定理的题设与结论,学会选择适当的定理进行推理,发展推理能力. 同时,通过缩短分析思路中的思维过程,学会借助几何直觉快速进行双向思考获得思路,发展几何直觉.

三、练习巩固

1. 如图 5.3－20,已知 ⊙O 的直径 AB 与弦 AC 的夹角为 35°,过点 C 的切线 DC 与 AB 的延长线相交于点 D,则 ∠D = _____.

2. 如图 5.3－21,已知 AB 是 ⊙O 的直径,PB 是 ⊙O 的切线,PA 交 ⊙O 于点 C,若 AB = 3 cm, PB = 4 cm,则 BC = _____.

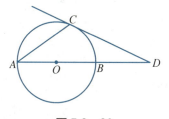

图 5.3－20

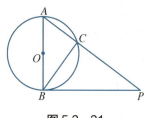

图 5.3－21

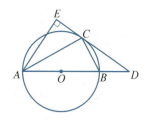

图 5.3－22

3. 如图 5.3－22, AB 是 ⊙O 的直径, C 为 ⊙O 上一点, AC 平分 ∠BAE, 直线 EC 交 AB 的

延长线于点 D，$AE \perp DE$．求证：DE 是 $\odot O$ 的切线．

四、小结提升

回顾本课的学习内容，回答下列问题：

（1）切线的判定方法有哪几种？

（2）切线有哪些性质？

（3）运用切线的判定定理与性质定理时，怎样分析证明思路？怎样合理添加辅助线？

设计意图：通过归纳解决切线问题的解题思路和辅助线方法，发展几何推理能力，提升解题能力．

五、目标检测

1. 如图 5.3－23，已知 $\odot O$ 的半径为 3，点 O 到直线 l 的距离 $OA = 5$，将直线 l 向上沿 AO 方向平移 m 个单位时 $\odot O$ 与直线 l 相切，则 m 等于（　　）．

A. 2　　　　　　　　B. 4　　　　　　　　C. 8　　　　　　　　D. 2 或 8

2. 如图 5.3－24，AB 与 $\odot O$ 相切于点 B，AO 的延长线交 $\odot O$ 于点 C，连接 BC，若 $\angle A = 36°$，则 $\angle C = $ _____．

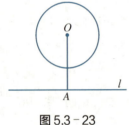　　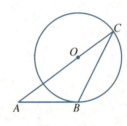　　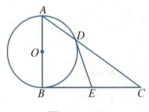

图 5.3－23　　　　　　　图 5.3－24　　　　　　　图 5.3－25

3. 如图 5.3－25，AB 是 $\odot O$ 的直径，过点 B 作 AB 的垂线 BC，连接 AC，交 $\odot O$ 于点 D，$\odot O$ 的切线 DE 交 BC 于点 E．求证：点 E 为 BC 的中点．

答案： 1. D.　　2. 27°.

3. 证明：连接 OD，BD，如图 5.3－26.

由题意可得，$\angle ABC = \angle ODE = \angle ADB = 90°$，

$\therefore$　$\angle A + \angle ABD = \angle ABD + \angle DBE = 90°$，$\angle ADO + \angle ODB = \angle ODB + \angle BDE = 90°$，

$\therefore$　$\angle A = \angle DBE$，$\angle ADO = \angle BDE$．

$\because$　$OA = OD = OB$，

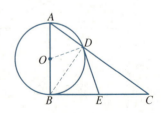

图 5.3－26

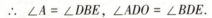

$\therefore$ $\angle A = \angle ODA$，$\angle ODB = \angle OBD$，

$\therefore$ $\angle DBE = \angle A = \angle ODA = \angle BDE$，

$\therefore$ $BE = DE$.

$\because$ $\angle C + \angle DBC = \angle ABD + \angle DBC = 90°$，

$\therefore$ $\angle C = \angle ABD = \angle ODB$.

$\because$ $\angle ADO + \angle ODB = \angle ADO + \angle CDE = 90°$，

$\therefore$ $\angle ODB = \angle CDE$，

$\therefore$ $\angle C = \angle OBD = \angle ODB = \angle EDC$，

$\therefore$ $DE = EC = EB$，

$\therefore$ 点 E 为 BC 的中点.

设计意图：第 1 题、第 2 题、第 3 题检测目标 1 和目标 2.

5.4 教学建议

杜瓦尔(Duval)提出几何学的三大认知发展功能：视觉、建构和推理，《课标(2022年版)》在"图形与几何"内容的教学提示中指出：在小学阶段，主要侧重学生对图形认识、图形性质，以及图形变化与度量的感知.到了初中阶段，主要侧重学生对图形概念的理解，以及对基于概念的图形性质、关系、变化规律的理解，要培养学生初步的抽象能力、更加理性的几何直观和空间想象力；学生还将第一次经历几何证明的过程，需要理解几何基本事实的意义，感悟数学论证的逻辑，体会数学的严谨性，形成初步的推理能力和重事实、讲道理的科学精神.这个"教学提示"实际上指出了发展图形与图形关系的抽象能力，基于概念和推理的几何直觉和发展推理能力的数学核心素养的发展目标.杜瓦尔提出的"视觉"，指的是基于现实三维空间事物形状、位置和大小的空间视觉感知；"建构"指的是基于一定的规则用点、线、面等几何基本要素构建几何图形，在欧几里得几何中指的是尺规作图；"推理"则是在几何概念的基础上，抽象基本事实构建推理的起点，用演绎推理建立命题之间的逻辑关系，构建反映现实空间(欧几里得空间)中物体的形状、大小、位置及其联系和变化规律的符号形式空间(通过推理构建表示概念、命题的符号之间的逻辑形式结构).高级数学认知活动往往是构建数学符号形式空间，在形式空间中进行推理，虽然仍然需要数学直觉的支撑，但这种数学高级认知活动本质上是抽象的符号通过推理组成的形式空间结构.这种在空间视觉直观的基础上构建符号形式空间结构，既需要借助于现实时空空间的直观，又要超越时空空间，学生学习时会遇到很大的困难.另外，现实日常生活中最常用的是类比和归纳的快速认知加工，较少使用需要基于传递性的演绎推理的慢速认知加工(因为此时大脑需要消耗更多的资源，消耗更多的血氧)，演绎推理本质上是人为规定的因果关系形式，要接受这种外来的思考方式，压制大脑中最常见的快速直觉推断，比较难，所以，很多学生感觉学习几何比学习代数要难很多.

因此，在图形的性质教学中，要实现从小学基于观察、想象和测量的实验几何向初中的基于概念、基本事实和推理的推理几何的过渡，需要重视基于尺规作图的几何图形的建构，基于图形和图形关系的几何概念的抽象，基于概念和推理的建立命题之间关系，构建知识体系的教学.

1. 让学生经历几何概念的抽象过程，多角度地理解概念.

几何概念抽象，既需要基于时空空间的空间视觉直观的支撑，又要超越这种空间视觉直观,在大脑中既要激活空间视觉加工的相关神经网络,在一定的时间间隔后又要抑制其活动,而且要在短时间内完成这种转换,是非常困难的,需要长期的训练.几何概念抽象活动中的认知加工的核心是把注意聚焦到其组成或决定要素及其关系上,建立要素关系的图形结构的空间视觉加工与语言加工的联系,并逐步把图形变成"符号+语言"的心理图式.只有让学生充分经历引入图形,分离图形的组成(决定)要素,分析要素的关系,把要素关系推广到一般,用符号表示,建立概念联系等活动,学生才能真正理解概念的内涵与外延,才能形成基于图形直观又超越图形形成一般性概念符号的几何概念理解,既能在一般意义上讨论概念的联系,又能建立概念与具体图形的联系,用概念进行图形的判断和推理.例如,在角平分线的性质教学中,学生已经能通过角的度量关系理解角平分线的概念,通过分离角平分线的组成要素——点,角的组成要素——两条共端点的射线,分析要素关系——点和直线的位置关系,并借助点到直线的距离概念描述角平分线上点与角的两边的距离关系,抽象角平分线的性质命题,通过演绎推理证明命题,进一步交换命题的题设和结论的位置,提出其逆命题并用演绎推理证明,这样得到了用点和角的两边的距离刻画角平分线的充分必要条件,进一步得到角平分线的点集定义:在角的内部且到角的两边距离相等的点的集合叫做这个角的平分线.让学生经历用创新的观点观察角平分线与角的关系,从另一个角度研究其充分必要条件,得到第二定义,这就是经历概念的抽象过程,多角度地理解概念,发展抽象能力的学习过程.

2. 重视从基于空间视觉直观想象向基于概念和推理的几何直觉的发展.

通过尺规作图和图形的运动变化,用图形变换下的不变性理解概念和命题,通过借助基本图形进行推理运算解决问题的活动,促进学生逐步从小学的基于空间视觉的直观想象向初中基于概念和推理的几何直觉的发展.

在教学过程中,首先要逐步引导学生从手绘作图向尺规作图转变.在欧几里得几何中,主要研究的是用尺规作出的图形,尺规作图是用公理"过两点能作一条直线且只能组一条直线""已知圆心和半径能作一个圆而且只能作一个圆"保证的,在逻辑上是"合法"的,用尺规作出的图形,反映了用直线和圆构造线段、多边形等几何图形,也是进一步用基于公理的演绎推理的基础.图形的性质,本质上是几何图形的组成要素在图形运动变换下的不变关系.初中平面几何图形的研究的主要方法是:借助尺规作图、通过图形的运动变换,有逻辑地构建图形的空间视觉直观,借助逻辑推理,用命题表达图形的本质属性和关系,借助距离角度及坐标,对图形的本质属性及其关系进行量化表达.因为初中几何学习强调逻辑推理及在此基础上的量化表达,因此,基于概念和推理形成推理的定式,通过一定量的训练内化为在概念推理基础上的新的图形与关系的感觉,预见结论,启发证明思路,就显得非常重要.事实上,数学家所具有的直观优势本质上反映为能预见结果,启发思路的数学直觉,是基于符号形式空间的,而不只是限制在时空空间中的视觉直观想象.例如,在线段和角的概念抽象中,要创设量化表达直线上的点和平面上点的位置关系的情境,提出量化表达的任务,在任务驱动下抽象线段和角的度量、大小比较、和差倍分等概念,最终用来量化描述直线上和平面上点的位置,初步形成"线段的长度和角度是几何研究的两个基本几何量,所有的几何问题最终转化为线段长度问题和角度问题"的几何直觉;在全等三角形中,通过用基本事实推理活动,建立"用全等三角形证明线段相等和角相等"的几何直觉;"利用图形的运动(如轴对称)"解决问题的几何直觉;等等.

3. 加强知识之间的联系.

初中平面几何来自具有典型的公理化结构的欧几里得几何原本的内容,具有良好的逻辑体系,十分方便在教学中把概念、命题组成连贯的体系.当然,这种连贯的逻辑体系需要教师在教学中组织成一般观念引领下的研究主线,构建研究框架.例如,点、线、面是构成所有几何图形的基本元素(最基本的图形),初中平面几何中,研究直线和研究圆具有一致性.这种一致性如下:

直线:用"用点动成线"发现直线上点的共性,抽象"两点确定一条直线"的基本事实——研究平面上的点与直线的位置关系——基于描述直线上点的位置关系引入方向和距离(线段的长度)——基于直线的对称性得到过直线上一点作已知线段有对称的两条——基于描述平面上点的位置关系引入角——用距离和角度量化刻画平面上两点之间的位置关系——研究平面上两直线的位置关系.

圆:用"点动成线"发现圆上点的共性,抽象圆的概念及决定条件"圆心和半径"——研究平面上的点与圆的位置关系——基于描述圆上两点的位置关系引入圆心角、弦、弧——基于圆的轴对称性得到过圆上一点作已知弧长有对称的两条(垂径定理及其推论)、基于圆的旋转对称性得到刻画圆上两点位置关系的几何量(圆心角、弦、弧)在刻画圆上两点位置关系上的等价关系——寻找新的角刻画圆上两点的位置关系(圆周角定理)——研究平面上直线与圆的位置关系.

直线与圆都是线,只是曲直有别.利用这种共性与区别,就可以引导学生类比直线的研究框架研究圆,构建圆的知识结构,在学习过程中发展抽象能力,学会用"相似的方法研究不同的对象",减轻记忆负担,学会学习.

4. 开展融合直观与逻辑的推理论证活动,发展学生的推理能力.

初中阶段,学生第一次接触用演绎推理的方法思考和论证,需要借助具体图形,把抽象的概念、命题具体化,区分命题的题设与结论,结合具体图形写出已知、求证,并依托既具有直观性,又不失一般性的图形,回顾相关概念、基本事实、定理、推论,具体化到图形的要素,进行形式化的传递性推理.

演绎推理的"多模态"理论认为,演绎推理既需要空间视觉的支撑,也需要语义理解和表达的支撑,在记忆和理解命题时,需要语义理解和表达,在把命题具体化到图形时,同时需要空间视觉加工和语义加工,在构建证明思路时,则更多地依赖于视觉空间加工. 这一理论得到许多认知神经学实验的支持.

为了加强几何推理的教学,发展空间观念、几何直觉和推理能力,首先,需要在概念和命题教学中让学生有充分用几何语言、图形和符号表达的机会. 比如,让学生自己尝试用语言表达几何定义,画出图形举例说明概念(包括正例和反例);让学生自己用语言表达自己发现的图形属性和关系,逐步完善并得到命题,能画出图形,把命题的题设和结论反映到图形及其关系上,并用符号表达;在基本事实、定理、推论的学习中把他们转化为推理符号表达($\because$ ……,$\therefore$ ……,或者"……$\Rightarrow$……");等等.

其次,要加强推理的逻辑性的感悟活动,引导学生优化自身论证的逻辑. 用证明过程表达论证的逻辑,需要保证推理的传递性,保证推理对象从"属"到"种"的"属加种差"的一般到特殊的关系,需要保证条件"最少充分"特征. 例如,求证:如果一个三角形的一个内角的平分线与其对边上的中线重合,那么这个三角形是等腰三角形. 有很多学生这样证明:

$\because$ $\angle BAD = \angle CAD$,$BD = CD$,$AD = AD$,

$\therefore$ $\triangle BAD \cong \triangle CAD$.

$\therefore$ $AB = AC$.

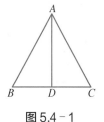

图 5.4 - 1

显然,上述推理过程中根据两边及一边的对角相等来证明三角形全等是缺乏依据的,这样的推理没有逻辑.

第三,在几何教学中,要重视利用演绎推理,从基本事实出发,构建知识体系的活动,让学生感悟欧几里得几何的基本思想和基本框架. 例如,在平行线的教学中,先引导学生用定义明确研究对象,抽象基本事实确立逻辑起点,再通过推理建立起以平行线的基本事实为逻辑起点的平行线判定和性质.

本章分析了抽象能力在图形的性质内容学习中的行为表现,结合案例进行解析,给出了水平划分,提供了评价样题,提供了圆的切线的单元教学设计和具体教学课例.图形的性质是初中几何中内容较多的主题,其中又有不同的单元.如点、线、面、角的重点是在小学直观认识图形的基础上抽象出初中几何的最基本的概念,研究点与点、点与直线的位置关系,得到两个描述平面上点的位置的两个基本几何量——线段的长度和角度.相交线和平行线则研究的是两直线的位置关系,三角形、四边形和圆则是研究一类几何图形及其与点、直线和多边形之间的关系.不同的单元各有不同的侧重,每个单元都承担着发展抽象能力、空间观念、几何直觉、推理能力的发展目标.如何结合具体单元内容,整体构建教学策略和方法,全面、协调而各有侧重地把发展核心素养的育人目标落实到每一节课的教学中,开发可重复和迁移的课例,检验教学效果,基于抽象能力发展目标,设计合理的学业质量检测方案,命制相应试题,这是接下来需要重点研究的内容.

第6章　抽象能力在"图形的变化"中的行为表现与案例解析

　　初中阶段图形的变化包括图形的运动、图形的相似及图形的投影,重点学习三种基本的图形运动:轴对称、平移和旋转,在此基础上,学习图形的相似、锐角三角函数及立体图形的视图与展开图.本章将分析抽象能力在图形的变化主题内容中的行为表现,构建行为表现分析框架,并通过案例解析具体的抽象过程,划分抽象水平,提供测评样题,最后,以轴对称为例,提供"单元—课时"整体教学设计的案例解析,说明怎样在图形的变化内容中发展学生的抽象能力,提出图形的变化内容中发展数学核心素养的教学建议.

　　19世纪,F.克莱因用变换群下的不变性的创新观点,对经典几何学进行分类,把变换引进几何学的研究,促进了几何学的发展.根据F.克莱因的观点,欧几里得几何学是研究欧氏变换(刚体运动和放缩变换)下图形不变性质的学科,如研究距离、周长、面积、角度的不变性和变化规律.在研究图形变换下的不变性中,需要研究特定的变换群,这种变换群的运算主要是映射的复合 $f \cdot g = f(g(\vec{x}))$,分析一个变换群的生成元,对研究变换群是至关重要的.如平面图形的刚体运动组成的变换群,其生成元是轴对称,由轴对称复合形成平移和旋转,进而由轴对称、平移和旋转复合构成所有的刚体运动;图形的相似变换是图形的放缩变换与刚体运动的复合.

　　图形变化的研究,从深刻程度看,可以分为直观认识、命题推理和量化表达三个阶段,初中阶段主要进行命题推理和借助坐标的初步量化表达研究.在初中数学课程中,重点要学习图形的轴对称、平移和旋转三种基本运动;用"平行线分线段成比例"关联两组线段的放缩,使其具有放缩比的一致性,进一步用平行线截三角形的两边或其延长线,形成一个顶点重合的三角形的放缩,再结合图形的轴对称、平移和旋转研究三角形的相似问题;最后,在小学的基础上,进一步认识立体图形的视图和展开图,初步建立立体图形与平面图形之间的联系.

　　图形的变化,普遍存在于现实的时空空间中,反映了时空空间的本质特征,图形的变化是时间和空间融合的产物.人类在这个空间中经过长期的进化,大脑形成与时空空间相适应的与大自然协调融合的审美观念(如和谐美与对称美),形成了追踪物体位置及其变化、知觉物体的形状、大小的大脑神经网络架构,这为形成空间观念、学习图形的变化提供了神经生物学基础.小学阶段通过观察、测量等方法直观认识图形的运动,初中阶段通过命题和推理进一步研究图形变化的性质,借助坐标对图形的轴对称、平移、中心对称和位似进行量化表达,高中及大学阶段还要学习用向量和矩阵及其运算量化表达图形的变化.在图形的变化中,首先要基于时空空间中运动变化过程进行抽象,明确其定义,然后研究运动变化过程中对应点的位置的变化规律,得到图形运动变化过程中的不变性——距离和角度的不变性,最后要借助坐标,量化表达对应点位置的变化规律.在这些内容的学习中,都离不开数学抽象活动.

6.1　行为表现

图形的变化中蕴含着大量的数学抽象活动,为了在教学实践中能融合内容发展抽象能力,便于对图形变化中的抽象能力表现进行合理评价,需要分析抽象能力在图形变化中的行为表现,构建抽象能力行为指标体系.

6.1.1　课程内容与学业要求

图形变化中的抽象能力行为表现是抽象能力与内容融合后的具体化,是建立在分析课程内容和学业要求的基础上的.

在《课标(2022 年版)》的"课程性质"中提出"数学是研究数量关系和空间形式的科学.数学源于对现实世界的抽象,通过对数量和数量关系、图形和图形关系的抽象,得到数学的研究对象及其关系……"图形的变化研究的是图形关系,需要从现实中物体的运动变化现象中抽象图形的全等与相似等图形关系,进一步,用刚体运动过程中不变性的观点理解图形的全等关系,研究轴对称、平移和旋转等图形刚体运动.

与《课标(2011 年版)》相比,《课标(2022 年版)》提高了轴对称、轴对称图形概念的要求,从原来的"了解"提高到"理解".

《课标(2022 年版)》对图形的变化的学业要求是:理解轴对称、旋转、平移这三类基本的图形运动,知道三类运动的基本特征,会用图形的运动认识、理解和表达现实世界中相应的现象;理解几何图形的对称性,感悟现实世界中的对称美,知道可以用数学的语言表达对称;

知道直角三角形的边角关系,理解锐角三角函数,能用锐角三角函数解决简单的实际问题;了解图形相似的意义,会判断简单的相似三角形;经历从不同角度观察立体图形的过程,知道简单立体图形的侧面展开图. 在这样的过程中,发展几何直观和空间观念.

《课标(2022 年版)》对于图形的变化,给出了如下的教学提示:应当通过信息技术的演示或者实物的操作,让学生感悟图形轴对称、旋转、平移变化的基本特征,知道变化的感知是需要参照物的,可以借助参照物述说变化的基本特征;知道这三类变化有一个基本性质,即图形中任意两点间的距离保持不变,夹角也保持不变. 这样的教学活动不仅有助于学生理解几何学的本质,还能引导学生发现自然界中的对称之美,感悟图形有规律变化产生的美,会用几何知识表达物体简单的运动规律,增强对数学学习的兴趣.

结合《课标(2022 年版)》对图形的变化的内容目标、学业要求和教学提示,比较小学阶段的课标要求可知:初中阶段是在小学阶段"图形与位置"内容中通过观察、想象和画图等直观认识的基础上,进一步用推理的方法研究图形的变化,用命题表达图形变化的特征,借助平面直角坐标系进行初步的量化表达. 初中图形变化内容的这些学习活动,对学生的空间观念、几何直观、抽象能力的发展,具有重要的作用.

6.1.2 分析框架

以具体的运动变化类型为研究对象,分析研究过程,可以发现图形变化的研究路径为:定义——性质——作图——坐标表示——应用. 图形的变化主题中主要包括轴对称、平移、旋转、相似、解直角三角形及投影等内容,根据课标的内容设置,把用坐标表示图形变化归到图形与坐标主题中,这样,抽象能力的 5 个一级行为指标在这些内容中的体现可以用表 6.1-1 表示.

表 6.1-1 图形的变化中的抽象能力的行为表现指标

行为表现指标	图形的轴对称(B21)	图形的旋转(B22)	图形的平移(B23)	图形的相似(B24)	图形的投影(B25)
C1 抽象概念	C1B21-1 抽象并理解轴对称的概念. 能从具体实例中抽象并理解轴对称的概念,理解对称轴	C1B22-1 抽象并了解旋转的概念. 能从具体实例中认识旋转,了解旋转中心、旋转方向和	C1B23-1 抽象并了解平移的概念. 能从具体实例中认识平移,知道平移的方向和距离是平	C1B24-1 抽象并了解相似的概念. 通过具体实例抽象了解相似图形、相似多边形和相似三角形的概念;了解比例	C1B25-1 了解投影的概念. 通过具体实例了解中心投影和平行投影的概念.

行为表现指标	图形的轴对称（B21）	图形的旋转（B22）	图形的平移（B23）	图形的相似（B24）	图形的投影（B25）
	是轴对称的决定要素，能画出简单图形（点、线段、直线、三角形等）关于给定对称轴的对称图形。 C1B21-2 抽象并理解轴对称图形的概念。能从现实情境中抽象轴对称图形的概念，能判断轴对称图形，欣赏现实世界中的对称美。	旋转角度是旋转运动的决定要素。 C1B22-2 抽象并了解中心对称和中心对称图形的概念。能通过旋转的特殊化抽象中心对称的概念，知道对称中心是中心对称的决定要素。	移运动的决定要素。	的性质、成比例线段，通过建筑、艺术上的实例了解黄金分割。 C1B24-2 抽象锐角三角函数的概念。通过相似的直角三角形，探索并认识锐角三角函数；会根据锐角三角函数值，根据三角函数值求对应的锐角。 C1B24-3 了解图形的位似。通过实例认识图形位似，知道利用位似可以进行图形的放缩。	C1B25-2 了解立体图形的展开图。了解直棱柱、圆锥的展开图。
C2 抽象命题与规则	C2B21-1 探索轴对称的性质。能通过分析轴对称前后图形形状大小的不变性和位置变化规律抽象轴对称的性质（距离、角度的不变性和位置的变化规律），并能用命题表达。 C2B21-2 探索简单平面图形的轴对称性。探索等腰三角形、矩形、菱形、正多边形、圆的轴对称性。	C2B22-1 探索旋转的性质。能通过分析旋转前后图形形状大小的不变性和位置变化规律抽象旋转的性质，并能用命题表达；能证明旋转前后距离和角度的不变性。 C1B22-2 探索中心对称的性质。能通过旋转的特殊化抽象中心对称的性质，并能用命题表达。 C1B22-3 探索简单图形的中心对称性。能探索线段、平行四边形、正多边形和圆的中心对称性，获得这些图形的性质。	C2B23-1 探索平移的性质。能通过分析平移前后图形的形状大小的不变性和位置的变化规律抽象平移的性质，并能用命题表达；理解图形的轴对称、旋转、平移的共同性质：保持图形上任意两点的距离不变，任意一个角的大小不变。	C2B24-1 抽象并掌握平行线分线段基本事实。能通过观察、测量抽象平行线分线段成比例基本事实，利用基本事实探索相似三角形的判定。 C2B24-2 了解相似三角形判定。能类比全等三角形的判定，利用平行线分线段成比例基本事实探索并了解相似三角形的判定定理。 C2B24-3 了解相似三角形的性质。能探索并证明相似三角形的性质（对应的边、角、高线、中线、角平分线、周长、面积之间的比例关系）。	

行为表现指标	图形的轴对称（B21）	图形的旋转（B22）	图形的平移（B23）	图形的相似（B24）	图形的投影（B25）
C3 抽象变量与模型	C3B21－1 应用轴对称解决问题．能在现实情境中抽象出轴对称图形和图形关系，通过轴对称沟通已知和目标，解决问题．	C3B22－1 应用旋转解决简单的问题．在现实情境中能应用旋转集中条件，研究现实中旋转运动的规律．	C3B23－1 应用平移解决问题．能在现实情境中抽象出平移结构，联系已知和目标，解决简单的实际问题． C3B23－2 设计图案．会用轴对称、旋转、平移设计图案．	C3B24－1 应用相似三角形解决问题．在现实情境中，根据问题的条件和目标，能抽象相似三角形的基本结构，联系已知量和未知量，通过运算和推理，解决测量和设计问题． C3B24－2 应用锐角三角函数解决问题．能在现实情境中抽象直角三角形，用锐角三角函数、锐角互余关系及勾股定理解决简单的实际问题．	C3B25－1 了解视图与展开图的应用．了解视图与展开图在现实生活中的应用．
C4 抽象方法与策略	C4B21－1 抽象对称思想．抽象用轴对称变换联系已知与未知，解决问题的方法，形成基于轴对称变换解决问题的几何直觉． C4B21－2 总结轴对称研究框架．能通过反思总结，概括轴对称的研究框架．	C4B22－1 建立旋转和中心对称的几何直觉．会利用旋转发现几何图形的性质与关系，建立几何直觉，启发解决问题的思路． C4B22－2 总结旋转的研究框架．能通过反思总结，概括旋转的研究框架．	C4B23－1 提炼平移变换的思想．能通过反思总结，概括通过平移变换解决问题的方法，形成基于平移变换解决问题的几何直觉． C4B23－2 总结平移研究框架．能通过反思总结，概括平移的研究框架．	C4B24－1 建立相似三角形和锐角三角函数的几何直觉．能通过反思和总结，概括用相似三角形和锐角三角函数联系已知线段、角和未知线段、角解决问题的方法，形成用相似三角形和锐角三角函数解决问题的几何直觉． C4B24－2 总结研究框架．能类比全等三角形抽象相似三角形的研究框架．	C4B25－1 会画视图与展开图．会画直棱柱、圆柱、圆锥和球的主视图、左视图、俯视图，会画直棱柱、圆柱、圆锥的平面展开图． C4B25－2 想象制作模型．能根据展开图想象和制作模型．

行为表现指标	图形的轴对称（B21）	图形的旋转（B22）	图形的平移（B23）	图形的相似（B24）	图形的投影（B25）
C5 抽象系统与结构	C5B21－1 整理轴对称知识结构.能用轴对称的研究框架整理知识,形成合理的认知结构.	C5B22－1 整理旋转的知识结构.能用旋转的研究框架整理知识,形成合理的认知结构.	C5B23－1 整理平移的知识结构.能用平移的研究框架整理知识,形成合理的认知结构.	C5B24－1 整理图形的相似的知识结构.能用相似三角形的研究框架整理知识,形成合理的认知结构;能用量化研究三角形元素关系的思想整理解直角三角形的知识结构体系.	

6.2 样例解析

6.2.1 轴对称

◆ **案例1 抽象并理解轴对称概念.**

经历观察图形的轴对称,并用语言表示这种运动过程的活动,理解轴对称的概念,发展空间观念、几何直观和抽象能力.

抽象过程

通过把一个图形沿着一条直线进行对折得到另一个图形、并用语言表达这种图形的运动的活动,得到轴对称的概念,理解对称轴和对称点的意义.

水平划分

水平1:能直观判断轴对称,画出对称轴.

水平2:能抽象轴对称中的参照系——对称轴,理解对称轴是轴对称运动的决定要素,是轴对称的不动点的集合,能举出轴对称的例子.

水平3:能建立轴对称、平移和旋转之间的联系,知道平移和旋转是两次轴对称的合成.

样题

(1)判断下列图形的运动中,哪一类运动是轴对称?

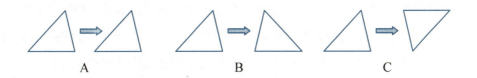

A   B   C

(2)菱形可以看作等腰三角形经过以哪条直线为对称轴的轴对称运动得到的? 还可以看作直角三角形经过沿着哪些直线为对称轴的几次轴对称运动得到的?

(3)如图6.2-1,至少通过几次轴对称,才能把△ABC运动到与△A'B'C'重合的位置? 请把图形运动过程中不同位置的三角形补画完整.

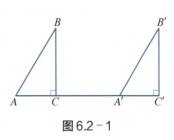

图6.2-1

（1）B.

（2）菱形可以看作以等腰三角形的底边所在的直线为对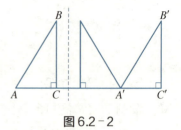
称轴的轴对称运动得到的，还可以看作分别以两直角边所在的
直线为对称轴依次进行三次轴对称运动得到的.

图 6.2-2

（3）如图 6.2-2.

说明：第（1）题测评抽象水平 1，第（2）题测评抽象水平 2，第（3）题测评抽象水平 3.

◆ **案例2　探索轴对称的性质.**

经历探索轴对称性质的过程，能抽象出轴对称的性质，能用轴对称的性质根据对称点画出对称轴，发展空间观念、几何直观和抽象能力.

抽象过程

首先把运动物体（或图形）的位置抽象成点，分离出决定轴对称的要素——对称轴（参照系），分析对应点与对称轴之间的位置关系；接着把这种位置关系推广到一般；然后用命题加以表达，得到"对应点连线被对称轴垂直平分"的性质，给出线段的垂直平分线的定义，得出对称轴上的点是不动点.

水平划分

水平 1：经历观察轴对称变换，能发现成轴对称的两个图形全等，并能用命题表达.

水平 2：能分离出决定轴对称的要素——对称轴，已知对称轴，通过折纸实验的方法，得到已知点的对应点，分析对应点与对称轴的位置关系，并能用命题表达这种位置关系.

水平 3：能应用得到的对应点与对称轴的位置关系，证明一个图形经过轴对称后得到的图形与原图形全等，任意两点之间的距离保持不变，任意两条线段的夹角保持不变.

样题

（1）如图 6.2-3，把一张三角形纸片 ABC 沿着一条直线折叠，使得边 AC 落在边 AB 上，则图中相等的线段和角有哪些？

（2）如图 6.2-4，在练习纸上任意画 A，B，C 三点，过点 C 画一条直线 l，把这张纸沿着直线 l 对折，对折后这三点的对应点 A'，B'，C'，则点 C，C' 与直线 l 有怎样的位置关系？线段 AA'，BB' 与对称轴 l 有什么位置关系？请用命题表达这些对应点与对称轴 l 位置关系的共性.

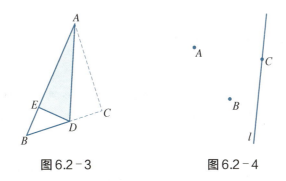

图 6.2-3　　　　　　　　图 6.2-4

(3) 我们知道,如果两个点关于一条直线成轴对称,则对称轴是这两个点所连线段的垂直平分线. 能应用这一性质证明成轴对称的两个三角形全等吗?

答案:

(1) 相等的线段:$AE = AC$, $DE = DC$;相等的角:$\angle BAD = \angle CAD$, $\angle AED = \angle C$, $\angle ADE = \angle ADC$.

(2) 点 C, C' 重合,且在对称轴 l 上;线段 AA', BB' 分别被对称轴 l 垂直平分;轴对称的对应点连线被对称轴垂直平分.

(3) 如图 6.2-5,设 $\triangle ABC$ 的顶点 A, B, C 关于直线 l 的对称点分别为 A', B', C',连接 CC', BB',分别交直线 l 于点 M, N,连接 MB, MB'. 因为 B, B' 关于直线 l 成轴对称,可得 $BN = B'N$, $\angle BNM = \angle B'NM = 90°$. 又因为 $MN = MN$,所以 $\triangle BMN \cong \triangle B'MN$,可得 $BM = B'M$, $\angle BMN = \angle B'MN$. 又因

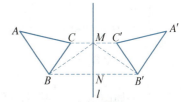

图 6.2-5

为 C, C' 关于 l 成轴对称,所以 $CM = C'M$, $\angle CMN = \angle C'MN = 90°$,可得 $\angle BMC = \angle B'MC'$,所以 $\triangle BMC \cong \triangle B'MC'$(SAS),证得 $BC = B'C'$. 同理,可证 $AB = A'B'$, $AC = A'C'$,于是证得 $\triangle ABC \cong \triangle A'B'C'$(SSS).

说明: 第(1)题测评抽象水平 1,第(2)题测评抽象水平 2,第(3)题测评抽象水平 3.

◆ **案例 3　抽象轴对称模型解决实际问题.**

在解决现实情境或跨学科问题中,经历用轴对称变换改变图形的位置、建立已知与未知的联系而解决问题的过程,发展抽象轴对称模型解决问题的能力.

抽象过程

在具体问题解决过程中,发现轴对称变换,确定对称轴,通过轴对称建立已知与未知的联系,预见结论,分析解决问题的思路,形成基于轴对称变换解决问题的几何直觉.

水平划分

水平1：在熟悉的简单情境中，能发现成轴对称的图形关系，预见结论，启发思考，解决问题．

水平2：在熟悉的综合情境中，能选择或构造轴对称图形，联系已知与未知，解决问题．

水平3：在陌生的综合情境中，能应用轴对称变换，转化问题，解决问题．

样题

（1）如图6.2-6，打台球时，用白球 A 撞击目标球 B，为了使得目标球通过台球桌四周的两次反射后落入球袋 E，则入射路径 AC 与最后一次反射路径 DE 之间有什么位置关系？请说明理由．

（2）如图6.2-7，要从河岸 l 上建一个取水口，从取水口出发用水管向 A，B 两村供水，请设计取水口的位置，使得所用的水管最省．

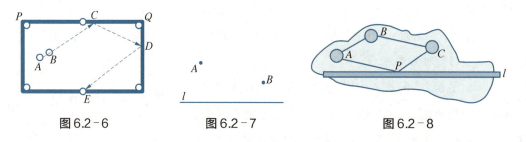

图6.2-6   图6.2-7   图6.2-8

（3）如图6.2-8，某景区有 A，B，C 三个景点，游客的旅游线路是 $A \rightarrow B \rightarrow C$，要在紧靠公路的一侧设计一个停车场，使得停车场下车后，游客步行游览完景点再回来上车的总路程最短，请设计停车场的位置．

答案：（1）$AC \parallel ED$，理由如下：设 $\angle ACP = \alpha$，根据轴对称的性质可得 $\angle DCQ = \alpha$，$\angle ACD = 180° - 2\alpha$，进一步可得 $\angle CDQ = 90° - \alpha$，$\angle CDE = 2\alpha$，所以 $\angle ACD + \angle CDE = 180°$，所以 $AC \parallel ED$．

（2）如图6.2-9，作点 A 关于直线 l 的对称点 A'，连接 $A'B$ 交 l 于点 C，则点 C 就是取水口的位置．

（3）把公路抽象成直线，把景点和停车场抽象成点，得到如图6.2-10的图形，因为 $AB + BC$ 的长度固定，所以问题转化为在直线 l 上确定点 P，使得点 P 到直线同侧的点 A，点 C 的距离的和最小．作出点 A 关于 l 的对称点 A'，连接 $A'C$ 交直线 l 于点 P，则点 P 就是所求的点．

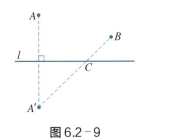

图 6.2－9

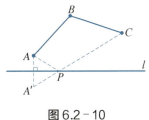

图 6.2－10

说明： 第（1）题测评抽象水平 1，第（2）题测评抽象水平 2，第（3）题测评抽象水平 3.

◆ **案例 4 抽象轴对称思想，形成对称直觉.**

经历解决具体问题和反思总结的过程，归纳用轴对称思想解决问题的方法，发展抽象能力.

抽象过程

通过解决具体问题后的反思和总结，形成用轴对称思想解决问题的方法和策略：轴对称变换不改变图形的形状大小，只改变图形的位置，发现基本图形解决问题，或者把直线同侧的点转化为直线异侧的点，利用"两点之间的所有连线中线段最短"和"垂线段最短"解决最短路径问题.

水平划分

水平 1：能模仿已有的例题，用轴对称变换解决简单的问题.

水平 2：能用自己的语言总结用轴对称变换解决问题的方法.

水平 3：能用自己的语言总结用轴对称变换解决问题的方法，并应用到解决陌生的综合问题中.

样题

（1）如图 6.2－11，平面镜反射光线原理为：入射光线 AO，反射光线 OB 与镜面 l 的法线 n（垂直于镜面 l 的直线）所成的角相等.

请你用数学推理的方法证明从点 A 发出的光线反射后到达点 B，则光的反射路径是从点 A 到镜面 O 上一点再到点 B 的最短路径.

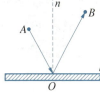

图 6.2－11

（2）说说你是用什么方法解决第（1）题的？操作步骤有哪些？这种方法有什么好处？要注意什么问题？

（3）如图 6.2－12，有一条圆弧形弯道，圆心为点 O，小王要从公路内沿一点 C 走到公路外延上一点再回到公路内沿上一点 D，请画出小王的

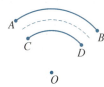

图 6.2－12

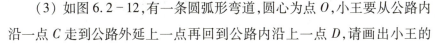

最短步行路径,并说明解决这个问题与解决问题(1)的方法有什么异同点.

答案:

(1) 如图 6.2 – 13,过点 A 作 $AC \perp l$,与 BO 的延长线交于一点 C.

$\because n \perp l,AC \perp l$,

$\therefore AC \parallel OF$.

$\therefore \angle AOF = \angle OAC,\angle BOF = \angle OCA$.

$\because \angle AOF = \angle BOF$,

$\therefore \angle OAC = \angle OCA$,

$\therefore OA = OC$.

$\therefore AO + OB = OC + OB = CB$,$l$ 是线段 AC 的垂直平分线.

设 E 是直线 l 上与 O 不同的点,连接 AE,CE,则 $AE = CE$.

$\because AE + BE = CE + BE > CB$,

$\therefore AE + BE > AO + OB$.

即光线反射的路径 $A \rightarrow O \rightarrow B$ 最短.

(2) 在第(1)题解决过程中,通过轴对称,把点 A 的位置运动到与点 B 的位置在直线 l 的异侧,利用"两点之间,线段最短"的基本事实解决问题.运用这种方法时要注意可以用不同的作辅助线方法构造轴对称变换,便于简化推理,如通过作垂线与延长线相交间接得到对称点,避免证明三点共线.

(3) 如图 6.2 – 14,连接 OC,OD,作 $\angle COD$ 的平分线交弧 AB 于点 E,则 $C \rightarrow E \rightarrow D$ 就是小王的最短步行路径.

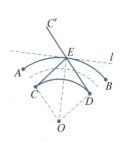

图 6.2 – 14

解决问题(3)与问题(1)方法的相同点是:通过轴对称变换,把一条线的同侧的两点转化为异侧的两点,利用"两点之间,线段最短"的基本事实解决路径最短问题;不同点是:问题(1)中的对称轴是已知的,问题(3)中的对称轴需要自己作出,对称轴是圆的切线,根据轴对称性,构成以 $\angle COD$ 的平分线为对称轴的轴对称图形,从而得到确定点 E 的方法.

说明:第(1)题测评抽象水平 1,第(2)题测评抽象水平 2,第(3)题测评抽象水平 3.

◆ **案例 5　整理轴对称的知识结构.**

经历从整体到细节的知识整理过程,形成轴对称的知识结构体系,总结其研究的基本框架,发展系统结构的抽象能力.

抽象过程

在新知的学习中,经历"观察、引入、定义——研究性质——尺规作图——坐标表示——应用"等学习阶段;从研究内容、研究思路、研究方法等方面整理知识,形成以研究框架为主的知识结构,并优化认知结构(如图6.2-15).

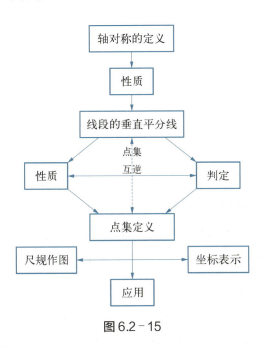

图 6.2‑15

水平划分

水平 1:能大致说出整体学习阶段,理解轴对称的概念和性质、线段的垂直平分线的性质、轴对称的坐标表示,并能进行简单判断.

水平 2:能根据研究的思路分析知识之间的联系,整理知识结构.

水平 3:能系统总结轴对称的研究对象、研究内容、研究思路和研究方法,形成完整的研究框架.

说明:整理知识、形成适当的认知结构的能力,可以采用表现性评价的方法.

6.2.2　旋转

◆　**案例1　抽象并认识旋转的概念.**

经历从现实情境中抽象旋转的概念的过程,了解旋转、旋转中心、旋转角等概念,发展空间观念和抽象能力.

抽象过程

从观察现实生活中的旋转现象中分离出运动的参照点、旋转的方向和旋转的角度等旋转的决定要素,明确旋转中心是运动的参照点,旋转方向决定了运动的方向,旋转角决定了旋转的程度,把这三要素决定的旋转运动特征推广到一般,用语言表达旋转的定义.

水平划分

水平 1:能辨别现实世界中物体和图形运动方式是否为旋转,能指出旋转中心、旋转方向和旋转角.

水平 2:通过分析现实世界中旋转运动的特征,能类比轴对称,分离出旋转的决定要素:旋转中心、旋转方向和旋转角度,把这种运动方式的特征推广到一般,并能用语言表达旋转的定义.

水平 3:能通过观察,抽象出图形旋转的本质属性:图形中的所有点绕着同一点向逆时针(或顺时针)转过相同的角度,把这种本质属性推广到一般,得到旋转的概念,能从点、线段和多边形等几何图形的旋转的例子中用语言完整地表达旋转的定义,理解旋转的"三要素"是如何确定一个图形经过旋转运动后的位置的.

样题

(1)如图 6.2 - 16,从 3:00—3:25,时钟的分针转过_____°,时针转过_____°,最终时针和分针形成的角为_____°.

图 6.2 - 16

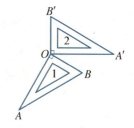

图 6.2 - 17

(2)如图 6.2 - 17,把一块三角板进行旋转,先画出三角板旋转前的位置,再旋转这块三角板.如果绕着不同的顶点旋转,旋转后的三角板位置相同吗?如果绕着同一点沿着同一个方向旋转不同的角度,旋转后的三角板位置相同吗?如果沿着不同的方向旋转相同的角度,旋转后的三角板位置相同吗?轴对称是由对称轴的位置唯一确定的,平移是由平移的方向和距离决定的,你认为旋转是由什么要素决定的? 你能给出旋转的定义吗?

(3)如图6.2－17,如果∠AOA' = 130°,此时,点 A,B 分别经过了怎样的运动? 线段 AB 呢?

答案:(1)150,12.5,47.5.

(2)不同;不同;不同;旋转是由旋转中心、旋转的方向和转过的角度决定的;一个图形绕着一点向顺时针或逆时针方向转过一定的角度,这种图形的运动叫做旋转.

(3)点 A,B 都经过了绕着点 O 沿着逆时针方向旋转130°,分别得到点 A',B';线段 AB 绕着点 O 沿逆时针方向旋转130°得到线段 $A'B'$.

说明:第(1)题测评抽象水平1,第(2)题测评抽象水平2,第(3)题测评抽象水平3.

◆ **案例2 探索旋转的性质.**

经历观察图形的旋转运动、抽象旋转的性质的活动,理解旋转的性质,发展空间观念、几何直观和图形关系的抽象能力.

抽象过程

首先,观察图形运动过程,发现旋转是一种常见的图形运动,类比轴对称和平移的研究,提出研究问题——研究图形旋转前后的形状、大小和位置的不变性和变化规律;其次,通过观察运动过程,发现形状大小的不变性;然后,通过观察对应点的位置的变化,借助参照点,用距离和角度两个基本几何量描述对应点的位置变化规律,用语言表达;进一步,通过归纳并推广到一般,从整体到局部,用命题表达旋转的性质;最后,以对应点的位置关系命题作为基本事实,用推理的方法证明旋转前后对应线段和对应角相等,抽象出旋转变换的保距性、保角性.

水平划分

水平1:通过观察图形旋转的活动,能直观发现并提出旋转的性质:旋转前后的图形全等.

水平2:通过观察图形的旋转运动,能发现决定旋转的要素——旋转中心、旋转方向和旋转角度,不仅能发现旋转前后的图形全等,而且能用命题表达旋转前后对应点的位置关系:对应点到旋转中心的距离相等,对应点与旋转中心连线所成的角相等.

水平3:能把图形的位置抽象成点,首先观察旋转运动中点的运动规律,发现对应点到旋转中心的距离相等,对应点与旋转中心连线所成的角就是旋转角;在此基础上,基于两个点的相同旋转运动研究线段的旋转,得到旋转运动中线段长度的不变性,基于三个点的相同旋转运动,研究三角形旋转前后形状大小的不变性,得到对应角相等,并能进一步通过想象和类比把研究结果推广到一般:旋转前后的两个图形全等.

样题

(1)如图 6.2－18,把△ABC 旋转后得到△$AB'C'$,且 C,B,C' 在同一直线上.找出图中所有相等的角,并说明理由.

(2)如图 6.2－19,将△ABC 上的每个点都绕点 O 旋转,得到△$A'B'C'$.顶点 A 与 A',B 与 B',C 与 C' 各有什么关系? △ABC 与△$A'B'C'$有什么关系?

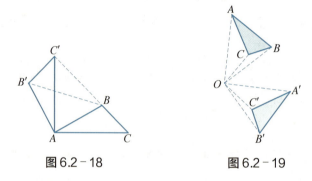

图6.2－18   图6.2－19

(3)能证明第(2)题中发现的结论吗?

答案:

(1)$\angle B'AC' = \angle BAC$;$\angle AB'C' = \angle ABC$;$\angle AC'B' = \angle C$;$\angle B'AB = \angle C'AC$;$\angle ABB' = \angle AB'B = \angle ACC' = \angle AC'C$;理由略.

(2)$OA = OA'$,$OB = OB'$,$OC = OC'$;$\angle AOA' = \angle BOB' = \angle COC'$;对应点到旋转中心的距离分别相等,对应点与旋转中心连线所成的角都相等,△$ABC \cong$△$A'B'C'$.

(3)证明思路:根据旋转的定义可得,顶点 A 与 A',B 与 B',C 与 C' 绕着对称中心 O 转过相同的角度,即 $\angle AOA' = \angle BOB' = \angle COC'$,所以 $\angle AOA' - \angle BOA' = \angle BOB' - \angle BOA'$,即 $\angle AOB = \angle A'OB'$.又因为顶点 A 与 A',B 与 B',C 与 C' 绕着对称中心 O 旋转时有 $OA = OA'$,$OB = OB'$,所以△$AOB \cong$△$A'OB'$,所以 $AB = A'B'$.同理可得 $AC = A'C'$,$BC = B'C'$.根据全等三角形的"边、边、边"判定基本事实,可得△$ABC \cong$△$A'B'C'$.进一步可得 $\angle B'A'C' = \angle BAC$,$\angle A'B'C' = \angle ABC$,$\angle B'C'A' = \angle BCA$.于是就证明了下列两个命题:旋转前后的两个三角形全等;旋转前后的对应线段相等,对应线段的夹角相等.进一步,可以把结论推广到一般:旋转前后的图形全等.

◆ **案例 3　形成旋转的几何直觉.**

经历用旋转解决具体问题的过程，并进行反思、归纳，通过图形的旋转，利用旋转的不变性、不变量预见结论，启发解决问题的思路，形成初步的几何直觉.

抽象过程

在具体问题解决中，通过反思总结、想象图形的运动，发现旋转中的不变性、不变量，利用旋转的不变性、不变量预见结论，启发思考，初步形成通过旋转变换联系已知与未知、解决问题的几何直觉.

水平划分

水平 1：已知旋转中心、旋转方向和旋转角能作出一个多边形旋转后的图形.

水平 2：已知旋转的两对对应点能确定旋转中心，想象图形的旋转，预见结论，启发思考.

水平 3：能从某些图形的运动中推断另一图形运动，发现旋转结构，确定旋转中心，预见结论，解决问题.

样题

（1）如图 6.2 - 20，E 是正方形 $ABCD$ 中 CD 边上任意一点，以点 A 为中心，把 △ADE 顺时针旋转 $90°$，画出旋转后的图形.

（2）如图 6.2 - 21，在 Rt△ABC 中，$\angle ACB = 90°$，过顶点 B 作 AB 的垂线段 BD，$BD = AB$，过点 D 作 BC 延长线的垂线，垂足为 E. 尺规作图：作出 △ABC 旋转到 △BDE 的旋转中心 O；如果 $AB = 10$，$BC = 6$，求旋转中心 O 到点 E 的距离 OE.

（3）如图 6.2 - 22，E 是正方形 $ABCD$ 的边 BC 上的一个动点，连接 AE，过点 D 作 AE 的垂线，垂足为 F，连接 BF. 确定点 E 的位置，使得 BF 最短.

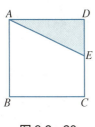 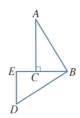 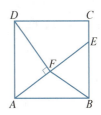

图 6.2 - 20　　　　　图 6.2 - 21　　　　　图 6.2 - 22

答案:

（1）可以根据旋转的定义作图（作垂线），也可以根据旋转的性质作图（作全等三角形），图略.

（2）如图 6.2-23，根据旋转的性质，旋转中心在 AB 的垂直平分线上又在 BD 的垂直平分线上，所以作出这两条线段的垂直平分线，其交点就是旋转中心 O. 进一步，根据旋转的性质可得 $\angle EOC = \angle BOA = 90°$，所以 $\triangle EOC$ 是等腰直角三角形，所以 $OE = \dfrac{\sqrt{2}}{2}EC$. 另一方面，根据 $\triangle ABC \cong \triangle BDE$，可得 $BE = AC = \sqrt{AB^2 - BC^2} = 8$，所以 $CE = 8 - 6 = 2$，所以 $OE = \sqrt{2}$.

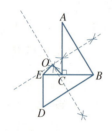
图 6.2-23

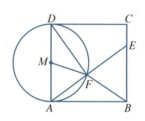
图 6.2-24

（3）由 $DF \perp AE$ 可得，点 F 在以 AD 为直径的圆上，圆心为 AD 的中点 M. 要使 BF 最短，就是点 B 到圆上点的距离最短，只要点 M，F，B 三点在同一直线上即可. 于是得到如下的作图方法：作 AD 的中点 M，以 AD 为直径作 $\odot M$，连接 BM 交圆于点 F，作直线 AF 交 BC 于点 E，则点 E 就是所求的点（如图 6.2-24）.

说明：第（1）题测评抽象水平 1，第（2）题测评抽象水平 2，第（3）题测评抽象水平 3.

6.2.3 平移

◆ **案例 1　探索平移的性质.**

经历抽象平移性质的活动，理解确定平移的要素——方向和距离，能用命题表达平移的性质，发展空间观念、几何直观、抽象能力和推理能力.

抽象过程

通过平移操作，分离出确定平移的要素——方向和距离，观察不同点的平移，用平移的方向和距离描述对应点的关系，通过归纳推广到一般，提出平移的性质，用命题表达，并进行直观验证.

水平划分

水平1：在正方形网格中，能通过作图画出平移后的图形，发现平移前后的两个图形全等，每一个点都沿着同一方向平移相同的距离，能说出平移的方式.

水平2：经历观察物体的平移并把物体的位置抽象成点的活动，通过观察点的平移，能分离出决定平移的要素——方向和距离，发现所有点的平移方向和距离都相同；通过归纳，用命题表达平移的性质，并能通过实验和测量加以验证.

水平3：能用研究平移和轴对称的方法研究新的复合运动，提出猜想并能证明猜想.

样题

（1）如图 6.2－25，△DEF 是 △ABC 经过怎样运动得到的？这两个三角形的形状大小有什么关系？对应点连线有什么关系？

（2）如图 6.2－26，请把三角形纸板的一边紧靠在直尺边沿，把 △ABC 移动到 △A′B′C′ 的位置，你能发现这两个三角形的形状大小有什么关系吗？对应顶点的位置有什么关系？请用命题表达对应点的位置关系. 连接 CC′，图中有哪几个平行四边形？

（3）如图 6.2－27，生活中常见先轴对称，再沿着对称轴平移的"滑动"对称关系，把图 6.2－27 中的树叶抽象成三角形，得到如图 6.2－28 的图形，观察 △ABC 与 △A″B″C″ 的形状大小与位置关系，你能得到什么结论？请写出两个真命题，并证明你的结论.

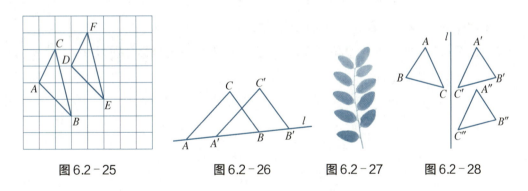

图 6.2－25　　　　图 6.2－26　　　　图 6.2－27　　　　图 6.2－28

答案：

（1）△ABC 先向右平移 2 个单位长度，再向上平移 1 个单位长度得到 △DEF；这两个三角形的形状大小相同；对应点的连线互相平行且相等.

（2）对应三角形的形状大小相同；对应顶点的连线互相平行（或在同一直线上）且相等；有两个平行四边形，分别是 ▱AA′C′C 和 ▱BB′C′C.

（3）成滑动对称的两个图形全等,对应点的连线被对称轴平分,证明略.

说明: 第(1)题测评抽象水平1,第(2)题测试抽象水平2,第(3)题测评抽象水平3.

◆ **案例2 形成平移的几何直觉.**

经历用平移方法改变线段的位置,不改变线段的方向和大小,联系已知与未知,推理证明的活动,建立用平移思想推理论证,解决问题的几何直觉,发展抽象能力.

抽象过程

通过具体问题的解决,体会并总结利用平移进行直观想象、预见结论,启发证明思路,逐步形成几何直觉,发展抽象能力.

水平划分

水平1:在熟悉的简单情境中,能发现平行结构,通过观察和操作直接发现结论,并能证明结论.

水平2:在熟悉的综合情境中,能发现平行结构,通过想象图形的平移预见结论,启发证明思路.

水平3:在陌生的综合情境中,能基于平移运动想象,构造平行线,预见结论,启发证明思路.

样题

（1）如图6.2-29,点 A, B, C 在同一直线上,$AD /\!/ BE$, $DB /\!/ EC$, $AD = BE$. 求证:$AB = BC$.

（2）如图6.2-30,四边形 $ABHF$ 和四边形 $GCDE$ 都是平行四边形,$GE /\!/ AF$, $GE = AF$. 判断线段 BC 和 FE 的关系,并证明你的结论.

（3）如图6.2-31,在平面直角坐标系中,已知 A, B 两点的坐标分别为 (a, b), (c, d), 求线段 AB 的中点 M 的坐标.

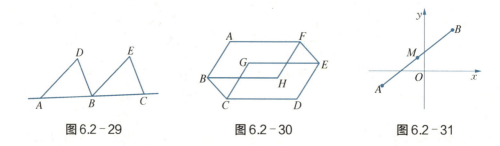

图6.2-29 　　　　　　　图6.2-30 　　　　　　　图6.2-31

答案:

（1）证明思路如下:由 $AD /\!/ BE$, $AD = BE$,得线段 BE 是由线段 AD 沿着 AC 方向平移 AB 长得到的,所以点 E 是点 D 沿着直线 AC 方向平移 AB 长得到的. 又 $BD /\!/ CE$,所以点 C 是点 B

沿着直线 AC 方向平移 AB 长得到的,所以 $AB = BC$.也可以用全等三角形证明.

（2）BC 和 FE 平行且相等,证明略.

（3）因为 M 是 AB 的中点,所以从点 A 到点 M 与从点 M 到点 B 运动是相同的方向和距离,平移方式相同,因此坐标的变化规律也相同.假设点 M 的坐标为 (x, y),则从 a 到 x 的增加值与从 x 到 c 的增加值相等,从 b 到 y 的增加值和从 y 到 d 的增加值相同,即有 $x - a = c - x$, $y - b = d - y$,分别解这两个方程,得 $x = \dfrac{a + c}{2}$, $y = \dfrac{b + d}{2}$.所以线段 AB 的中点 M 的坐标为 $\left(\dfrac{a + c}{2}, \dfrac{b + d}{2} \right)$.

说明:第（1）题测评抽象水平 1,第（2）题测评抽象水平 2,第（3）题测评抽象水平 3.

◆ **案例 3　用平移解决实际问题.**

在现实情境中,能通过平移建立已知与未知的联系,规划并实施解决问题的方案,发展抽象能力和模型观念.

水平划分

水平 1:在熟悉的简单情境中,能利用平移中线段大小和方向的不变性解决问题.

水平 2:在熟悉的综合情境中,能发现和构造平移运动,利用平移中线段大小和方向的不变性解决问题.

水平 3:在陌生的综合情境中,能根据问题的要求和特征,构造适当的平移运动,综合利用平移的性质解决问题.

样题

（1）请用菱形通过平移设计一个具有美感的图案.

（2）如图 6.2－32,有一块长 200 m,宽 100 m 的绿化公园,现要设计一条 2 m 宽的小路,请计算这条道路的占地面积.

（3）如图 6.2－33,要在河上造一座桥 MN,使得从河一岸 A 地到另一岸 B 地之间总路程 $AMNB$ 最短,请设计桥 MN 的位置(桥的两岸边互相平行,桥垂直于两岸).

图 6.2－32

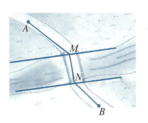

图 6.2－33

答案:

(1) 答案不唯一,略.

(2) 面积为 200 m², 计算过程略.

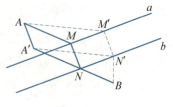

图 6.2 − 34

(3) 如图 6.2 − 34, 把点 A 沿着垂直于 a 的方向平移河宽的长度至点 A', 连接 $A'B$ 交 b 于点 N, 过点 N 作 $MN \perp b$ 交 a 于点 M, 则 MN 就是符合要求的桥的位置.

说明: 第(1)题测评抽象水平 1, 第(2)题测评抽象水平 2, 第(3)题测评抽象水平 3.

6.2.4 相似

◆ **案例 1** 抽象平行线分线段成比例基本事实.

经历探索平行线分线段成比例基本事实的活动, 能提出猜想并用命题表达, 发展抽象几何命题的能力.

抽象过程

从成比例放缩两条线段的活动中发现三条平行线截两条直线的结构, 通过测量和计算发现结论, 融合信息技术, 把结论推广到一般, 用命题表达, 得到平行线分线段成比例基本事实的猜想; 并用信息技术或推理的方法加以验证.

水平划分

水平 1: 能在给定的三条平行线截两条直线的图形结构中通过测量和计算得到平行线成比例的猜想.

水平 2: 能基于研究相似三角形判定的需要, 提出研究平行线分线段是否成比例的问题, 构造三条平行线截两条直线的基本图形, 发现平行线分线段成比例的结论, 推广到一般, 提出猜想并用命题表达.

水平 3: 能运用推理的方法证明猜想.

样题

(1) 如图 6.2 − 35, $l_3 /\!/ l_4 /\!/ l_5$, 直线 l_1 与三条平行线分别相交于点 A, B, C, 直线 l_2 与三条平行线分别相交于点 D, E, F, 测量 AB, BC, AC 及 DE, EF, DF 的长度, 计算对应线段的比: $\dfrac{AB}{BC}$ 和 $\dfrac{DE}{EF}$, $\dfrac{AB}{AC}$ 和 $\dfrac{DE}{DF}$, $\dfrac{BC}{AC}$ 和 $\dfrac{EF}{DF}$, 你发现了什么结论? 再上下平移平行线 l_3, l_4, l_5 或者

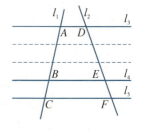

图 6.2 − 35

任意改变图中直线 l_1，l_2 的位置，上面发现的结论还成立吗？请用一个命题表达所发现的规律.

（2）根据相似三角形的定义，三个角分别相等，三边成比例的三角形相似，类似于全等三角形，若要减少判定相似三角形的条件，首先需要研究什么问题？请你针对提出的问题画出图形，通过测量计算提出猜想，并用命题表达提出的猜想.

（3）能证明第（1）题、第（2）题中提出的猜想吗？试一试！

答案：

（1）发现的结论是：$\dfrac{AB}{BC}=\dfrac{DE}{EF}$，$\dfrac{AB}{AC}=\dfrac{DE}{DF}$，$\dfrac{BC}{AC}=\dfrac{EF}{DF}$；结论仍然成立；三条平行线截两条直线，截得的对应线段成比例.

（2）如图 6.2-36，在 $\triangle ABC$ 和 $\triangle A'B'C'$ 中，$\angle A=\angle A'$，$\angle B=\angle B'$，$\angle C=\angle C'$. 由于 $\angle A=\angle A'$，因此可以移动 $\triangle ABC$，使顶点 A 与 $\triangle A'B'C'$ 的顶点 A' 重合，点 B，C 分别落在 $\triangle A'B'C'$ 的边 $A'B'$，$A'C'$ 上的点 D，E 处，此时 $\triangle ABC\cong\triangle A'DE$. 这样，如果能判定 $\triangle A'DE\backsim$ $\triangle A'B'C'$，那么就能判定 $\triangle ABC\backsim\triangle A'B'C'$. 显然，由 $\angle A'DE=\angle B=\angle B'$，可得 $DE\parallel B'C'$，$\triangle A'DE$ 可以看成是由与 $B'C'$ 平行的直线与其他两边相交构成的，$\triangle A'DE$ 与 $\triangle A'B'C'$ 的各个角分别相等. 如果还能推出各边成比例，那么就可以由定义得到 $\triangle A'DE\backsim\triangle A'B'C'$. 这就需要研究平行线与所分线段成比例的关系.

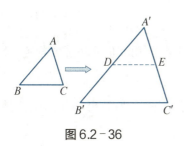

图 6.2-36

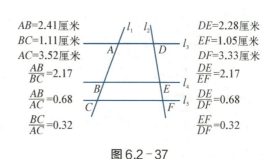

$AB=2.41$厘米
$BC=1.11$厘米
$AC=3.52$厘米
$\dfrac{AB}{BC}=2.17$
$\dfrac{AB}{AC}=0.68$
$\dfrac{BC}{AC}=0.32$

$DE=2.28$厘米
$EF=1.05$厘米
$DF=3.33$厘米
$\dfrac{DE}{EF}=2.17$
$\dfrac{DE}{DF}=0.68$
$\dfrac{EF}{DF}=0.32$

图 6.2-37

如图 6.2-37，讨论更一般的问题：任意画两条直线 l_1，l_2，再画三条与 l_1，l_2 都相交的平行线 l_3，l_4，l_5，三条平行线在 l_1 上截得的线段分别为 AB，BC，AC，在 l_2 上截得的对应线段分别为 DE，EF，DF. 度量上述线段的长度，是否可以得到成比例的线段？

通过测量和计算，发现结论：$\dfrac{AB}{BC}=\dfrac{DE}{EF}$，$\dfrac{AB}{AC}=\dfrac{DE}{DF}$，$\dfrac{BC}{AC}=\dfrac{EF}{DF}$，即：三条平行线截两条直线，截得的对应线段成比例.

（3）证明：如图 6.2－38，过点 C 作 l_2 的平行线分别交 l_3，l_4 于点 N，M，过点 F 作 l_1 的平行线分别交 l_3，l_4 于点 Q，P。则四边形 $DEMN$ 和四边形 $EFCM$ 都是平行四边形，它们的面积的比等于 $\dfrac{DE}{EF}$。同理，四边形 $ABPQ$ 和四边形 $BCFP$ 都是平行四边形，且面积比等于 $\dfrac{AB}{BC}$。又因为这四个四边形都有相等的一边：$ME = CF = BP$，所以 $\dfrac{S_{\square ABPQ}}{S_{\square BCFP}} = \dfrac{S_{\square DEMN}}{S_{\square EFCM}}$，$\dfrac{AB}{BC} = \dfrac{DE}{EF}$。

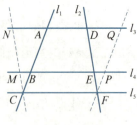

图 6.2－38

其余两个结论同理可证.

说明： 第（1）题测评抽象水平 1，第（2）题测评抽象水平 2，第（3）题测评抽象水平 3.

◆ **案例 2　应用相似三角形解决问题.**

经历应用相似三角形的判定和性质解决现实中的测量和设计问题的过程，会根据问题情境抽象出相似三角形的图形关系结构，建立已知与未知的联系，解决问题，建立几何直觉，发展抽象基本图形的能力和模型观念.

抽象过程

在具体情境中，明确目标和约束条件，分析它们之间的关系，选择或构造相似三角形图形关系联系已知与未知，预见结论，启发思考，设计并实施解决问题的方案，获得实际问题的解，建立应用相似三角形解决测量和设计等问题的几何直觉.

水平划分

水平 1：在熟悉的简单情境中，能凭直觉判断三角形相似，利用相似三角形的判定和性质解决测量和设计问题.

水平 2：在熟悉的综合情境中，能选择相似三角形的基本图形，联系已知与未知，利用相似三角形的判定和性质解决问题.

水平 3：在陌生的综合情境中，能构造相似三角形的基本图形，创新测量或设计等问题的解决方案，实施方案并能通过推理说明方案的合理性和可行性.

样题

（1）如图 6.2－39，$\triangle A'B'C'$ 纸片是复印机把原稿中的 $\triangle ABC$ 放大一定的比例得到的，你能通过测量和计算估计各边放大的倍数吗？

（2）如图 6.2－40，给你一双长度合适的筷子和直尺，能设计出测量瓶子内径的方案吗？

请设计出测量方案,并说明理由.

(3)如图 6.2-41,在东西大道旁边有一块直角边长分别为 90 m, 120 m 的直角三角形空地 ABC,现要沿着道路建设一座平面图为长方形的商场,使其四个顶点都在 Rt△ABC 的边上,长边在斜边 BC 上,长宽比为 5∶4.

① 求这个长方形的长和宽;

② 在图上画出它的平面图.

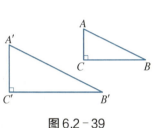

图 6.2-39

图 6.2-40

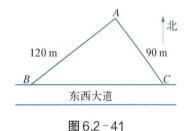

图 6.2-41

答案:

(1)各边都放大了 1.5 倍.

(2)如图 6.2-42,把两根等长的筷子在一定比例 $a\colon b$ 的分割点 O 处系在一起($OB\colon OD = a\colon b$),把系好后的两根筷子一端 A,B 插到瓶子底部,使得端点 C,D 之间的距离尽可能大,测量出 $CD = m$,这样就可以算出瓶子的内径 AB 的长.

理由如下:∵ $\dfrac{OA}{OC} = \dfrac{OB}{OD} = \dfrac{a}{b}$,∠$AOB = $∠$COD$,

∴ △$AOB \backsim$ △COD.

∴ $\dfrac{AB}{CD} = \dfrac{OB}{OD} = \dfrac{a}{b}$.

即 $\dfrac{AB}{m} = \dfrac{OB}{OD} = \dfrac{a}{b}$,

∴ $AB = \dfrac{am}{b}$.

图 6.2-42

(3)① 如图 6.2-43,作 Rt△ABC 的高线 AH 交 GF 于点 N,设 GF,DG 的长分别为 x,y.

在 Rt△ABC 中,∵ ∠$BAC = 90°$,$AB = 120$,$AC = 90$,

∴ $BC = \sqrt{AB^2 + AC^2} = 150$.

根据三角形的面积公式,得 $\frac{1}{2}BC \cdot AH = \frac{1}{2}AB \cdot AC$,

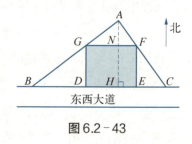

图 6.2 - 43

$\therefore 150 \cdot AH = 120 \times 90$,解得 $AH = 72$.

$\because GF /\!/ BC$,

$\therefore \triangle AGF \backsim \triangle ABC$.

$\therefore \dfrac{AN}{AH} = \dfrac{GF}{BC}$,即 $\dfrac{72-y}{72} = \dfrac{x}{150}$.

又 $\because GF : DG = 5 : 4$,

$\therefore x = \dfrac{5}{4}y$.

解方程组 $\begin{cases} x = \dfrac{5}{4}y, \\ \dfrac{72-y}{72} = \dfrac{x}{150}, \end{cases}$ 得 $\begin{cases} x = 56.25, \\ y = 45. \end{cases}$

$\therefore$ 这个长方形的长、宽分别为 56.25 m,45 m.

② $\because \angle BDG = \angle BAC = 90°$,$\angle B = \angle B$,

$\therefore \triangle BDG \backsim \triangle BAC$.

$\therefore \dfrac{BD}{AB} = \dfrac{DG}{AC}$,即 $\dfrac{BD}{120} = \dfrac{45}{90}$,解得 $BD = 60$.

$\therefore \dfrac{BD}{BC} = \dfrac{60}{150} = \dfrac{2}{5}$.

只要按比例在 BC 上画出点 D,使得 $\dfrac{BD}{BC} = \dfrac{2}{5}$,过点 D 作 BC 的垂线交 AB 于点 G,过点 G 作 BC 的平行线,交 AC 于点 F,过点 F 作 BC 的垂线,得到点 E,就可以画出符合要求的长方形 $DEFG$. 商场的平面图如图 6.2 - 44 所示.

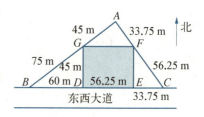

图 6.2 - 44

说明: 第(1)题测评抽象水平 1,第(2)题测评抽象水平 2,第(3)题测评抽象水平 3.

◆ **案例 3 抽象锐角三角函数的概念.**

经历分析直角三角形边的比值与角的对应关系的过程,了解锐角三角函数的概念,发展抽象能力.

抽象过程

经历研究直角三角形边与角的数量关系的活动,分析直角三角形的锐角与边的比值的对应关系,发现并证明:当锐角取定一个值时,边的比值唯一确定.在此基础上,把这种对应关系推广到一般,给出锐角三角函数的定义并用符号表示.

水平划分

水平 1:根据全等三角形的判定(基本事实),知道在直角三角形中,只要一个锐角的大小和一边的大小确定时,这个直角三角形的另一个锐角和其余两边的大小唯一确定.

水平 2:会分析直角三角形的锐角大小与边的比值之间的对应关系,知道锐角三角函数的意义;在直角三角形中,已知两边能求出锐角的三角函数值,已知锐角的三角函数值和一边能求出另外两边及另一个锐角的三角函数值.

水平 3:在直角三角形中,能从特殊到一般地发现锐角大小与边的比值的对应关系,并能推广到一般,用相似三角形知识证明结论,理解锐角三角函数的意义;已知一个锐角,能确定其三角函数值;已知一个锐角的一种三角函数值,能确定这个锐角的大小.

样题

(1) 如图 6.2-45,在 Rt△ABC 中,$\angle C = 90°$,$\angle A$,$\angle B$,$\angle C$ 的对边分别为 a,b,c,如果 $\angle A$ 和 a 的大小确定,那么可以确定 Rt△ABC 的_____,进一步得到_____的大小唯一确定.

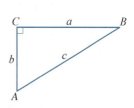

图 6.2-45

(2) 在 Rt△ABC 中,$\angle C = 90°$,$\angle A$,$\angle B$,$\angle C$ 的对边分别为 a,b,c,如果 $a = 12$,$c = 13$,求 $\sin A$,$\cos A$,$\tan A$ 的值.

(3) 求证:在直角三角形中,只要一个锐角的大小确定,则其任意两边的比值也唯一确定.

答案:

(1) 形状和大小,$\angle B$,b,c.

(2) $\sin A = \dfrac{12}{13}$,$\cos A = \dfrac{5}{13}$,$\tan A = \dfrac{12}{5}$.

(3) 如图 6.2-46,在 Rt△ABC 中,$\angle C = 90°$,过 $\angle A$ 的一边 AB 上任意一点 D 作 $DE \perp AC$,垂足为 E,Rt△ABC 与 Rt△ADE 是有一个锐角相等且大小不同的三角形.

$\because DE \perp AC$,$\angle C = 90°$,

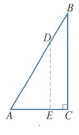

图 6.2-46

$$\therefore \triangle ABC \backsim \triangle ADE.$$

$$\therefore \frac{DE}{BC} = \frac{AD}{AB} = \frac{AE}{AC}.$$

$$\therefore \frac{DE}{AD} = \frac{BC}{AB}, \frac{AE}{AD} = \frac{AC}{AB}, \frac{DE}{AE} = \frac{BC}{AC}.$$

说明： 第(1)题测评抽象水平1,第(2)题测评抽象水平2,第(3)题测评抽象水平3.

◆ **案例4　应用锐角三角函数和勾股定理解决问题.**

经历用锐角三角函数与勾股定理解决具体问题的过程,能在具体问题中选择或构造直角三角形,利用锐角三角函数和勾股定理解决问题,发展抽象基本图形的能力,形成解直角三角形的几何直觉.

抽象过程

在解决测量、设计,求距离和角度等具体问题中,能根据解决问题的目标选择或构造直角三角形,利用锐角三角函数和勾股定理设计测量和计算方案,解决问题,形成通过解直角三角形解决问题的几何直觉.

水平划分

水平1：在熟悉的简单情境中,能根据问题的目标发现直角三角形结构,应用锐角三角函数解决问题.

水平2：在熟悉的综合情境中,能选择或构造直角三角形,应用锐角三角函数建立方程模型解问题.

水平3：在陌生的综合情境中,能应用解直角三角形的方法分析解决问题的思路,构造直角三角形,给出实施方案,得出求线段长度或角的三角函数值的公式.

样题

(1) 希希叫同学量出自己在阳光下的影子的长为0.8 m,而希希的身高为1.62 m,此时,太阳光与水平线的夹角 α 的正切值 tan α = ＿＿＿＿＿＿,如果此时某一棵树在水平地面上的影子长为3.4 m,则这棵树的高度约为＿＿＿＿＿＿m(精确到0.1 m).

(2) 如图6.2-47,阳光透过窗户,窗户在地板上留下的影子长为3 m,窗户的上、下沿高度分别为0.8 m和3.2 m,问：此时阳光的光线与水平地板所成的角度是多少？(结果保留到整数)

(3) 如图6.2-48,请设计测量小山 A 的高度的方法,设出需要测量的数据,写出根据测量数据求小山高度的公式.

图6.2‑47

图6.2‑48

答案:

(1) 2.025, 6.9.

(2) 如图6.2‑49,把水平地板抽象成线段 OC,把窗户的上、下沿高度抽象为线段 OA, OB,则可得如图的数据,设光线与水平地板所成的角为 θ,根据锐角三角函数可得 $\dfrac{3.2}{\tan\theta} - \dfrac{0.8}{\tan\theta} = 3$,解得 $\tan\theta = 0.8$,所以 $\theta \approx 39°$.

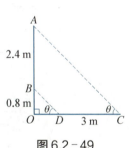

图6.2‑49

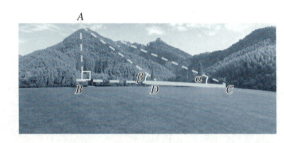

图6.2‑50

(3) 如图6.2‑50,在水平草地上选择适当的点 C, D,使得从点 C, D 可以直接看到山顶 A,测出 $\angle C$ 的度数 α、$\angle ADB$ 的度数 β 以及 CD 的长 l(单位: m).根据正切的定义,$BC = \dfrac{AB}{\tan\alpha}$,$BD = \dfrac{AB}{\tan\beta}$,$BC - BD = CD$,即 $\dfrac{AB}{\tan\alpha} - \dfrac{AB}{\tan\beta} = l$,解得 $AB = \dfrac{\tan\alpha \cdot \tan\beta}{\tan\beta - \tan\alpha}l$.

说明: 第(1)题测评抽象水平1,第(2)题测评抽象水平2,第(3)题测评抽象水平3.

6.3 教学设计案例

为了落实"图形的变化"中数学核心素养的发展要求,需要对图形的变化各个单元内容进行整体设计并通过课时教学加以落实,用图形变换下的不变性观点理解图形的性质,预见结论,启发思考,建立以图形变换几何直观为基础的基于概念和推理的几何直觉,发展空间观念、抽象能力和推理能力.在知识应用过程中,建构研究的一般框架,形成通过图形变换构建基本图形,解决问题,感悟几何变换的思想,形成研究图形变换的方法与策略.这些核心素养行为表现的形成和发展,既需要在单元设计中整体布局,形成系统,又需要在不同的课时中对不同的行为表现进行有针对性的培养,因此,在核心素养的行为表现目标引领下,进行"单元—课时"教学是落实数学课程育人目标的基本教学策略.

6.3.1 单元设计案例:轴对称
一、知识结构图

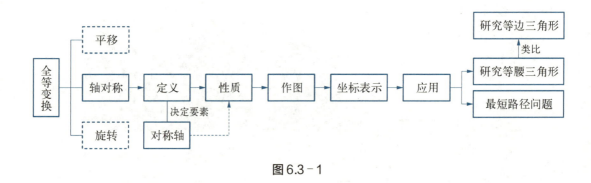

图6.3-1

二、内容与内容解析

1. 内容

轴对称和轴对称图形、轴对称的性质、线段垂直平分线的性质、作对称轴和成轴对称的图形、用坐标表示轴对称、轴对称的应用(等腰三角形的研究与最短路径问题).

2. 内容解析

轴对称是空间反射对称性的反映,在图形变换中具有基础性的地位.轴对称内容的呈现思路是:首先,从现实中的对称现象和图形运动中抽象轴对称和轴对称图形的概念,明确研究对象;接着,基于直观,探索轴对称的性质;然后,研究线段垂直平分线的性质定理及其逆定理,用点集的观点理解线段垂直平分线,并在此基础上,利用轴对称的性质研究尺规作图——已知对称点作对称轴、已知对称轴作一个与已知图形成轴对称的图形;进一步,用坐标法对轴对称进行初步的量化刻画;最后,应用轴对称的性质解决实际问题,研究等腰三角形的轴对称性,形成对称审美意识.

通过本单元内容的学习,可以帮助学生形成对称审美的观念,深化对图形性质本质的理解,形成通过轴对称变换联系已知与未知,预见和发现结论,启发证明思路的几何直觉和推理能力,对发展学生的抽象能力和空间观念有着重要的作用.

基于以上分析,确定本单元的教学重点是:轴对称的图形建构、命题推理和量化表达.

三、目标与目标解析

1. 目标

(1)经历从具体情境中抽象出轴对称和轴对称图形的活动,理解轴对称的概念,欣赏对称美并能用数学命题表达对称美,发展抽象能力和对称审美观念.

(2)经历探索轴对称性质的过程,能用命题表达轴对称的性质:“成轴对称的两个图形全等,任意两点之间距离和任意一个角的大小在轴对称运动中保持不变;对应点的连线被对称轴垂直平分”,发展空间观念、几何直观和命题抽象能力.

(3)经历类比角平分线研究探索并证明线段垂直平分线的性质定理及其逆定理的活动,理解线段垂直平分线的点集定义:到线段的两端点距离相等的点的集合叫做这条线段的垂直平分线.能用尺规作线段的垂直平分线和过一点作已知直线的垂线,发展命题和概念的抽象能力,推理能力,建立几何直观.

(4)经历用坐标表示轴对称的活动,感悟数形结合思想,发展几何直观.

(5)经历研究等腰三角形、等边三角形的轴对称性活动,掌握其性质并能应用于研究含30°角的直角三角形,能通过轴对称变换构建基本图形,解决最短路径问题.

2. 目标解析

达成目标(1)的标志是:通过观察和想象轴对称运动过程,能用语言表达轴对称和轴对称图形的定义,能举出轴对称图形和轴对称运动的实例,并能指出其对称轴.

达成目标(2)的标志是:能观察点、线段、多边形的轴对称运动,明确对称轴是轴对称的参照系,通过观察和想象运动过程,能用命题表达轴对称的性质:对应点的连线被对称轴垂直平分,任意两点之间的距离和任意一个角的大小在轴对称运动中具有不变性,成轴对称的两个图形全等.

达成目标(3)的标志是:能类比角平分线的研究规划线段垂直平分线的研究框架,提出研究问题,规划研究思路;提出线段垂直平分线的性质及判定的猜想,能加以证明,并能用点集的观点定义线段的垂直平分线;能用尺规作线段的垂直平分线和过一点作已知直线的垂线.

达成目标(4)的标志是:能建立适当的坐标系,应用轴对称对应点的性质,用对应点坐标之间的数量关系表示对称点之间的位置关系,感悟数形结合思想.

达成目标(5)的标志是:能规划等腰三角形的研究路径,研究等腰三角形、等边三角形的轴对称性,提出性质和判定的猜想并加以证明,形成研究特殊三角形的基本框架;能用轴对称变换改变图形的位置,研究图形关系,解决最短路径问题.

四、目标谱系

内容 \ 核心素养	数学眼光	数学思维	数学语言	学会学习
轴对称	1. 通过具体的实例抽象轴对称、轴对称图形的概念,并能举出实例,发展几何概念的抽象能力,建立几何直观,形成对称审美观念. 2. 探索轴对称的基本性质,抽象轴对称的性质并能用命题表达,理解线段垂直平分线的概念,抽象垂直平分线的特征,并用命题表达,发展几何命题的抽象能力,体会可以用数学命题表达对称美.	1. 能从对应点关系、对应线段关系、对应角关系、对应多边形关系等方面逐步归纳轴对称的性质,发展归纳推理能力. 2. 能通过演绎推理证明轴对称运动中线段长度、角的大小及多边形形状大小的不变性,发展演绎推理能力. 3. 能通过演绎推理证明线段垂直平分线的性质定理及逆定理,发展演绎推理能力.	1. 会用自己的语言概括轴对称图形和图形成轴对称的区别与联系. 2. 会用图形语言、文字语言和符号语言表达线段垂直平分线的性质和判定. 3. 能通过尺规作图画出线段的垂直平分线.	1. 能类比平移的学习规划轴对称的研究框架. 2. 能类比角平分线的研究规划线段垂直平分线的研究框架.

核心素养 内容	数学眼光	数学思维	数学语言	学会学习
画轴对称图形	1. 能用尺规作轴对称图形的对称轴;已知对称轴,能用尺规作与已知多边形成轴对称的图形,建立几何直观. 2. 能建立适当的坐标系,把用坐标表示轴对称问题转化为关于坐标轴对称的坐标表示问题,进一步抽象出对应点的坐标之间的数量关系,感悟数形结合,建立几何直观.	1. 能说明用尺规作对称轴和作轴对称图形的原理,并阐述作图步骤. 2. 经历探索点或图形的轴对称变换引起的点的坐标变化规律活动,发展空间观念、几何直观和归纳推理能力.	1. 能通过尺规作图得到成轴对称的图形,借助图形表达轴对称的性质,形成通过轴对称改变图形位置,不改变图形大小的几何直觉. 2. 能利用轴对称对应点的坐标关系画一个与已知多边形成轴对称的图形.	1. 能借助图形直观表达对称美,体会可以用数学的命题、图形表达对称美,建立对称审美观念. 2. 理解轴对称运动是基于对称轴作为参照系的图形运动. 3. 能总结作对称轴和轴对称图形的方法.
等腰三角形	1. 理解等腰三角形的概念,通过观察发现等腰三角形的对称性,并进一步理解等边三角形的对称性. 2. 能把等腰三角形和等边三角形的对称性具体化到边、角、“三线”等要素关系上,得到它们的性质和判定. 3. 能基于等边三角形的轴对称性提出含 30° 角的直角三角形性质的猜想.	1. 能通过演绎推理证明等腰三角形、等边三角形的性质和判定,发展演绎推理能力. 2. 能用等腰三角形、等边三角形的性质和判定进行推理计算,解决问题,发展演绎推理能力.	1. 能用图形语言、文字语言和符号语言表达等腰三角形、等边三角形的性质和判定. 2. 能用三种语言表示含 30° 角的直角三角形的边角性质. 3. 能应用等腰三角形性质和判定解决简单的实际问题,发展模型观念.	1. 能概括等腰三角形研究的基本框架,并与三角形研究的基本框架相联系,形成一类几何图形研究的基本框架. 2. 能类比等腰三角形研究等边三角形,规划研究框架,探索其对称性,研究其性质和判定,撰写研究报告.

内容　＼　核心素养	数学眼光	数学思维	数学语言	学会学习
最短路径问题	能在现实背景中发现和提出最短路径问题,发展几何直观、空间观念、抽象能力,以及发现和提出问题的能力.	能利用轴对称性质,进行推理计算,解决最短路径问题,发展推理能力、运算能力,分析和解决问题的能力.	能根据实际问题情境和目标构造图形的轴对称运动,建立轴对称基本图形,把最短路径问题转化为"线段最短""垂线段最短"结构,发展模型观念和分析问题的能力.	能总结利用轴对称等几何变换解决最短路径问题的思路和方法.

五、教学问题诊断分析

1. 已有基础

在小学阶段学生已经直观地学习过轴对称,能识别简单的轴对称图形及其对称轴,这为进一步学习用推理的方法研究轴对称,用命题表达轴对称的性质,研究轴对称的作图和用坐标表示轴对称储备了知识和经验基础.同时,学生学习角平分线的经验为研究线段垂直平分线提供了研究框架的参照,学生研究一般三角形和直角三角形中积累的经验也为学习等腰三角形提供了经验支撑.

2. 学习需要

学习本单元内容,除了需要上面所述的知识经验基础外,还需要在小学直观的基础上形成轴对称的概念,用命题表达轴对称的性质,需要理解对称轴的参照系作用,需要通过线段的垂直平分线的点集定义支撑尺规作图,需要以对称轴为参照,建立适当的坐标系,用坐标表示轴对称.本单元学习过程中,还需要应用轴对称的性质进行推理计算,通过轴对称变换,沟通已知与未知,解决最短路径问题.

3. 难点及应对策略

把位置抽象成点,分离确定一个轴对称的要素,这是学习的难点;建立对称审美观念,基于对称审美,作辅助线,证明等腰三角形、等边三角形的轴对称性,并把这种轴对称性具体化到等腰三角形的边、角和"三线"上,研究其性质和判定,或者解决现实中的最短路径问题,这也是学习难点.

为了突破第一个难点,需要让学生经历轴对称概念的形成过程,认识现实中的轴对称图形和轴对称运动,分离出决定轴对称的要素——对称轴,明确对称轴是轴对称运动的参照系,决定着一点运动到哪里,直观感悟轴对称前后的图形的全等关系,让学生经历用自己的语言给出轴对称和轴对称图形的定义的活动,逐步优化,形成轴对称和轴对称图形的严谨定义.认识轴对称图形指的是图形的特征,轴对称指的是图形的一种刚体运动,轴对称图形的特征是借助轴对称运动来定义的.

为了突破第二个难点,需要让学生充分欣赏对称美,经历用数学语言(命题、图形)表达对称美的活动,在轴对称性质探究和应用中重视对称美的结构"对称轴垂直平分对应点连线"的感悟,通过具体图形的研究和具体问题的解决活动,感悟和概括构造轴对称基本结构研究和解决问题的几何直觉,预见结论,启发思路.这需要在一段时期进行一以贯之的训练.

六、教学建议

轴对称反映了空间反射对称性,是最基本的平面刚体运动,平面上的图形平移和旋转都可以看作轴对称的复合运动.图形在形状和大小方面表现出的性质,本质上反映了图形运动变换中的不变性.因此,作为最基本的平面图形刚体运动,轴对称研究的核心问题是:图形在轴对称前后的位置变化规律,图形在轴对称前后的形状大小的不变性,体现为图形的全等,并进一步用距离不变性和角度不变性刻画.初中阶段的轴对称学习,是在小学直观观察、操作和想象认识轴对称的基础上,进一步通过推理方法研究,明确轴对称的定义,用命题表达轴对称的基本性质,并用坐标表示轴对称运动中对应点的位置关系.基于上述分析,提出以下教学建议:

1. 整体规划教学框架.

基于单元的知识发生、发展逻辑,在图形研究的一般观念引领下,设计整体教学主线,体现初中阶段学习在小学基础上的发展性(从直观到逻辑和初步的量化)和对接高中学习(用向量和矩阵系统量化刻画)的奠基性,突出用推理方法研究轴对称及用坐标法进行初步量化刻画.立足学生的生活经验和数学活动经历,从观察现实生活中的对称现象中引出轴对称,类比图形平移的学习经验整体构建轴对称研究思路:定义——性质——尺规作图——坐标表示——应用.

2. 基于教学的整体框架设计课时教学,协同而有侧重地发展数学核心素养的行为表现.

系统规划课时教学主线,精心设计教学活动,创设适当的情境,设计适当的问题引导学生经历观察运动过程,抽象运动方式、形成概念,探索轴对称的性质及用轴对称解决问题的活动,有侧重地发展学生的核心素养行为表现.例如,在轴对称概念的教学中,设计分离决定要素和参照系(对称轴),基于图形的运动特征的共性——沿着一条直线对折,用语言和图形表示,抽象轴对称和轴对称图形的概念,着重发展学生的空间观念、几何直观和抽象能力;在探索轴对称性质的教学中,设计分离参照系(对称轴),分析对称轴与对应点关系并推广到一般的活动,抽象表达轴对称性质的命题(对应点连线被对称轴垂直平分),进一步研究垂直平分线的点集定义,获得作对称轴和轴对称图形的方法,并在此基础上证明轴对称前后距离和角度的不变性、多边形全等,在这个学习过程中发展学生的抽象能力、创新意识和推理能力;在用坐标表示轴对称的教学中,应重视基于量化刻画轴对称运动点的位置的变化规律,引入坐标法,建立适当的坐标系(以对称轴为坐标轴),建立几何直观,发展抽象能力和推理能力;在轴对称的应用中,既要注重现实中最短路径问题的解决,从现实中抽象轴对称结构,联系已知与目标,通过轴对称转化问题和解决问题,同时也要注重研究等腰三角形和等边三角形的轴对称性,用三角形和直角三角形研究的一般框架引领等腰三角形的研究,把研究轴对称性并具体化为图形性质的活动嵌入到等腰三角形的研究主线中,发展学生的系统结构抽象能力、空间观念,形成基于对称审美的几何直觉,预见结论,启发思路,发展推理能力.在本单元中,轴对称及其性质的研究作为第一小单元,等腰三角形作为第二小单元,用轴对称解决路径选择问题作为第三小单元,可对应设计相对独立的教学活动.

3. 课时安排.

第一小单元:轴对称 1 课时,线段的垂直平分线的性质 2 课时,画轴对称图形 1 课时,用坐标表示 1 课时,共 5 课时;第二小单元,等腰三角形 2 课时,等边三角形 1 课时,含 30° 角的直角三角形的性质 1 课时,共 4 课时;第三小单元,数学活动 1 课时;第四小单元,小结与复习 2 课时,本单元共需要 12 课时.

6.3.2 课时设计案例:轴对称

教学目标

1. 经历从具体情境中抽象出轴对称概念的活动,理解轴对称的概念,发展抽象能力.

2. 经历探索轴对称性质的活动,掌握轴对称的基本性质,理解轴对称下图形形状大小的不变性,发展空间观念、几何直观、抽象能力和推理能力.

3. 经历观察和欣赏现实中的轴对称现象活动,用图形表示轴对称性质,建立初步的对称审美观念.

1. 重点:轴对称的概念和性质.

2. 难点:以对称轴为参照,把图形位置抽象成点,用命题描述轴对称中图形位置变化的规律.

一、创设情境,提出问题

引言: 对称现象无处不在,从自然景观到艺术作品,从建筑物到交通标志,甚至日常生活用品,都可以找到对称的例子(如图6.3－2),对称给我们带来美的感受!

图6.3－2

设计意图:通过展示图片,欣赏生活中的对称美,让学生初步直观感知轴对称图形,体会轴对称图形与现实生活的紧密联系,激发学习兴趣.

▶ **问题1** 在小学,我们学习过轴对称图形,你知道轴对称的哪些知识?是怎样学习的?

师生活动:教师引导学生回顾小学学习,通过观察、测量、画图初步认识了轴对称,知道轴对称图形指的是沿着一条直线对折后,直线两侧部分能完全重合的图形.教师进一步指出,初中阶段,我们需要用推理的方法进一步研究轴对称,先要给出轴对称的定义,再研究其性质.

设计意图:欣赏对称美,回顾已有知识经验,提出新的研究问题,初步规划研究思路.

▶ **问题2** 如图6.3－3,把一张纸对折,剪出一个图案(折痕处不要完全剪断),再打开这张对折的纸,就得到了美丽的窗花.观察得到的窗花,你能发现它们有什么共同的特点吗?能给轴对称图形下定义吗?

师生活动:师生共同概括这些图形的共性,并给出轴对称图形的定义:如果一个平面图

图 6.3－3

形沿一条直线折叠,直线两旁的部分能够互相重合,这个图形就叫做轴对称图形.

设计意图：让学生通过观察图片,感知具体轴对称图形的特征,归纳其共同特征,抽象轴对称图形的概念,发展抽象能力.

▶ **问题 3** 如果用运动的观点看图 6.3－4,图形 A 可以看作图形 B 经过怎样的运动得到的? 图形 B 是图形 A 经过怎样的运动得到的?

师生活动:教师引导学生用创新的观点——运动的观点看轴对称图形,把轴对称图形看作一个图形沿着一条直线对折运动后得到的,直观看,这两个图形全等,在此基础上,抽象轴对称的概念:

如果一个图形沿着一条直线对折后与另一个图形重合,那么这两个图形叫做成轴对称,折痕叫做对称轴,对折时重合的点叫做对称点(对应点).

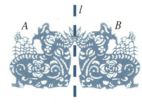

图 6.3－4

设计意图：从刚体运动的视角抽象两个图形成轴对称的概念,发展几何变换概念抽象能力.

▶ **问题 4** 你能结合具体的图形说明轴对称图形和两个图形成轴对称有什么区别与联系吗?

师生活动:教师引导学生辨别:把成轴对称的两个图形看成一个整体,它就是一个轴对称图形;把一个轴对称图形沿对称轴分成两个图形,这两个图形关于这条轴对称;轴对称指的是一个图形的特征,成轴对称指的是两个图形的关系.

设计意图：辨别轴对称和轴对称图形概念的区别和联系,发展抽象能力.

二、探究思考,得到性质

图形的轴对称的性质,既包括运动过程中位置的变化规律,也包括形状、大小的变化规律.

▶ **问题 5** 如何研究轴对称运动中,图形的位置变化规律?

追问 1:要研究图形位置的变化规律,首先把图形的位置抽象成点,先画一点 A,再画任

意一条直线 l，最后用对折的方法画出点 A 关于直线 l 的对称点 B，变化直线 l 的位置，观察点 B 的位置变化，点 B 的位置由什么决定？

追问 2： 对称点 A，B 与对称轴 l 之间有怎样的位置关系？

师生活动： 教师引导学生通过对折画图，得到一点关于一条直线的对称运动，分离出决定轴对称的要素——对称轴（也是参照系），分析位置要素（点）与运动要素（对称轴）之间的位置关系，进一步，用几何软件直观展示，通过归纳把这种关系推广到一般，抽象出轴对称的基本性质：轴对称的对称轴经过对称点的连线的中点且垂直于这条连线，进一步给出线段垂直平分线的概念，用命题表达轴对称的性质：对应点连线被对称轴垂直平分.

设计意图：抽象轴对称的基本性质，建立进一步研究轴对称下图形不变性的推理起点.

下面，我们研究图形在轴对称运动下的形状、大小是否变化，有什么变化规律.

▶ **问题 6** 从对折活动中我们可以直观地发现，一个图形经过轴对称后得到的图形与原图形全等，也就是说，图形的形状、大小不变. 你能以三角形为例，证明这个结论吗？

追问 1： 一条线段经过轴对称运动后，其长度会变化吗？请说明理由.

追问 2： 如果将其中的"三角形"改为"四边形""五边形"……其他条件不变，上述结论还成立吗？

追问 3： 类似地，轴对称图形有什么性质？

师生活动： 教师引导学生思考，如图 6.3-5，线段 AB 关于直线 l 的轴对称运动的对应线段为 $A'B'$，连接 AA'，BB' 分别交对称轴 l 于点 M，N，连接 AN，$A'N$. 由轴对称的基本性质可知 $AM = A'M$，$\angle AMN = \angle A'MN = 90°$，$MN = MN$，可得 $\triangle AMN \cong \triangle A'MN$，所以有 $AN = A'N$，$\angle ANM = \angle A'NM$. 再根据 $\angle BNM = \angle B'NM = 90°$，可得 $\angle ANB = \angle A'NB'$. 又由 $BN = B'N$，进一步得到 $\triangle ANB \cong \triangle A'NB'$，最后得到 $AB = A'B'$.

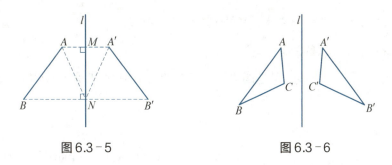

图 6.3-5　　　　　　　　图 6.3-6

如图 6.3-6，由上面的证明，同理可得 $AB = A'B'$，$BC = B'C'$，$AC = A'C'$，所以 $\triangle ABC \cong$

$\triangle A'B'C'$. 进一步可得 $\angle A = \angle A'$，$\angle B = \angle B'$，$\angle C = \angle C'$. 这样就证明了结论. 且证明了在轴对称运动中, 对应线段和对应角相等, 即任意两点之间的距离保持不变, 任意一个角的大小保持不变.

设计意图: 以轴对称的基本性质为逻辑起点, 用推理的方法证明直观猜想, 理解轴对称运动中图形的形状、大小的不变性及其度量体现——保距和保角, 抽象局部知识结构体系.

三、辨别应用，巩固新知

例1 如图 6.3-7 所示的每个图形是轴对称图形吗? 如果是, 指出它的对称轴.

图 6.3-7

设计意图: 辨别轴对称图形的概念, 想象轴对称图形的对称轴.

例2 如图 6.3-8 所示的每幅图形中的两个图案是成轴对称的吗? 如果是, 试着找出它们的对称轴, 并找出一对对称点.

图 6.3-8

设计意图: 辨别轴对称的概念, 确定对应点, 想象对称轴.

四、迁移综合，发展能力

例3 如图 6.3-9, 直线 MN 是四边形 $AMBN$ 的对称轴, 点 P 是直线 MN 上的点, 下列判断错误的是(　　).

A. $AM = BM$ 　　　　　　　　　　B. $AP = BN$

C. $\angle MAP = \angle MBP$ 　　　　　　D. $\angle ANM = \angle BNM$

例4 如图 6.3-10, 已知正方形 $ABCD$ 的边长为 5, 则图中阴影部分的面积为_____.

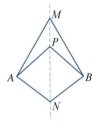

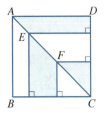

图6.3-9   图6.3-10

设计意图：利用轴对称的性质进行推理计算,解决问题.

五、回顾小结，概括提升

回顾本节课所学的内容,回答下列问题：

(1) 什么叫轴对称图形? 什么叫轴对称? 两者之间有什么联系和区别?

(2) 轴对称有哪些性质?

(3) 我们是怎样研究轴对称的性质的?

六、目标检测

1. 如图 6.3 - 11, $\triangle ABC$ 与 $\triangle DEF$ 关于直线 MN 成轴对称,则以下结论中错误的是

(   ).

A. $AB // DF$ B. $\angle B = \angle E$

C. $AB = DE$ D. AD 的连线被 MN 垂直平分

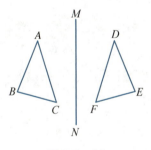

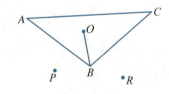

图6.3 - 11   图6.3 - 12

2. 如图 6.3 - 12, O 为 $\triangle ABC$ 内部一点,$OB = 3$,P,R 为点 O 分别以直线 AB, BC 为对称轴的对称点. 请指出当 $\angle ABC$ 等于多少时,会使得 PR 的长度等于 6? 并完整说明 PR 的长度为何在此时等于 6 的理由.

答案：

1. A.

2. 当∠ABC = 90°时,PR = 6.

理由如下:如图 6.3 - 13,连接 PB,RB.

∵ P,R 是点 O 分别以直线 AB、直线 BC 为对称轴的对称点,

∴ PB = OB = 3, RB = OB = 3.

当∠ABC = 90° 时, ∠ABP + ∠CBR = ∠ABO + ∠CBO = ∠ABC = 90°,

∴ 点 P,B,R 三点共线,

∴ PR = PB + BR = 6.

设计意图:第 1 题检测目标 1,第 2 题检测目标 2.

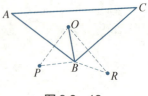

图 6.3 - 13

6.3.3　课时设计案例:线段的垂直平分线的性质(第 1 课时)

教学目标

1. 经历探究线段的垂直平分线的性质定理及逆定理的活动,能用集合的观点认识线段的垂直平分线,发展几何直观、抽象能力和推理能力.

2. 能用线段的垂直平分线的性质定理及其逆定理进行简单的推理和作图,建立轴对称的审美直觉,发展推理能力.

3. 经历类比角平分线规划线段的垂直平分线的研究框架的活动,发展系统与结构抽象能力.

重点难点

1. 重点:研究线段的垂直平分线的性质定理及逆定理,用尺规作线段的垂直平分线.

2. 难点:线段的垂直平分线的性质和判定的应用.

教学过程设计

一、创设情境,提出问题

对称轴是轴对称的决定要素,是对应点连线的垂直平分线.

▶ **问题 1**　在练习纸上任意画两点,这两点成轴对称吗?你有什么方法来画出它们的对称轴?

追问:用推理的方法研究轴对称,作图要讲逻辑,如何用圆规和没有刻度的直尺作对称点的对称轴呢?

师生活动：教师引导学生先用折纸的方法或用量角器、三角板画出其对称轴,在此基础上从逻辑性角度思考,提出要研究的问题:怎样根据已知的对应点,用尺规作其对称轴,本质上就是用尺规作已知线段的垂直平分线,因此,首先要研究线段的垂直平分线的尺规作图问题.

设计意图:继续研究轴对称的对称轴,提出如何进行尺规作图的问题.

二、探究思考,形成新知

根据"两点确定一条直线"的基本事实,只要确定线段的垂直平分线上两点的位置,就可以确定这条垂直平分线. 也就是说,首先要把线段的垂直平分线看作点的集合.

▶ **问题2** 类似于角平分线的研究,我们应该怎样研究线段的垂直平分线呢?

追问：线段的垂直平分线是由什么构成的? 线段的决定要素是什么?

师生活动：教师引导学生类比角平分线的性质,明确研究对象,构成线段垂直平分线的点与决定线段的要素"端点"之间的位置关系,规划研究思路:定义——性质——判定,从点的集合角度理解线段的垂直平分线的意义.

设计意图:抽象图形的基本要素,分析要素之间的关系,启发研究思路.

▶ **问题3** 如图 $6.3-14$,直线 l 垂直平分线段 AB,P_1,P_2,P_3,$\cdots$ 是 l 上的点,请猜想点 P_1,P_2,P_3,$\cdots$ 与点 A,B 的位置关系.

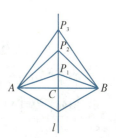

图 $6.3-14$

追问1：用什么刻画两点之间的位置关系? 点 P_1,P_2,P_3,$\cdots$ 与点 A,B 的距离有什么共同关系?

追问2：你能用不同的方法验证所得到的结论吗?

追问3：能把得到的结论推广到一般吗?

师生活动：学生通过测量验证,教师用几何画板展示点动成线过程,引导学生发现:点 P 在直线 l 上,l 与线段交于点 C. 如果 $l \perp AB$,$AC = BC$,那么 $PA = PB$.

设计意图:引导学生发现线段垂直平分线上点与线段两端点的位置关系规律.

▶ **问题4** 你能证明上述猜想吗?

追问：应该用什么方法证明两条线段相等?

师生活动：学生谈论归纳线段垂直平分线的性质,通过构造三角形全等证明,并用文字语言、图形语言与符号语言表达线段垂直平分线的性质.

设计意图:构造全等三角形证明猜想,并用命题表达线段的垂直平分线的性质定理,发展推理能力和对称审美观念.

▶ **问题 5** 如图 6.3 - 15,如果 $PA = PB$,那么点 P 是否在线段 AB 的垂直平分线上呢? 即:点 P 在直线 l 上,l 与线段交于点 C,如果 $l \perp AB$,$PA = PB$,那么有 $AC = BC$ 吗? 能证明你的猜想吗?

师生活动: 教师引导学生类比角平分线,交换线段垂直平分线性质定理的题设结论,提出猜想,并进行演绎证明.

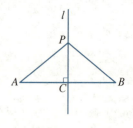

图 6.3 - 15

设计意图:抽象并证明线段垂直平分线性质定理的逆定理,并用三种语言表达,发展抽象能力和推理能力.

▶ **问题 6** 结合前面研究得到的两个定理,类比角平分线,你能用点的集合的观点说说你对线段的垂直平分线的理解吗?

师生活动: 教师引导学生类比角平分线的集合意义说出线段垂直平分线的集合意义:线段 AB 的垂直平分线 l 上的点到其两端点 A,B 的距离都相等;反过来,到线段两端点 A,B 的距离相等的点都在这条线段的垂直平分线 l 上,所以垂直平分线 l 可以看成到线段两端点 A,B 的距离相等的所有点的集合.

设计意图:结合线段的垂直平分线定理及逆定理,用集合的观念理解线段的垂直平分线的意义.

三、应用新知,解决问题

例 1 用尺规作线段 AB 的垂直平分线.

追问: 如果已知轴对称的一对对应点 A,B,你能用尺规作出这个轴对称运动的对称轴吗?

师生活动: 教师引导学生规划用尺规作线段 AB 的垂直平分线的方案:先作出到线段两端点的距离相等的两个点,再过这两个点作直线即可.形成作图步骤并作出垂直平分线.

设计意图:应用新知,解决提出的问题,前后呼应,建立对称审美直觉.

例 2 (1) 如图 6.3 - 16,在 $\triangle ABC$ 中,$BC = 8$,AB 的垂直平分线交 BC 于点 D,AC 的垂直平分线交 BC 于点 E,则 $\triangle ADE$ 的周长等于_____.

(2) 如图 6.3 - 17,$AD \perp BC$,$BD = DC$,点 C 在 AE 的垂直平分线上,AB,AC,CE 的长度有什么关系? $AB + BD$ 与 DE 有什么关系?

(3) 如图 6.3 - 18,$AB = AC$,$MB = MC$.直线 AM 是线段 BC 的垂直平分线吗? 请说明理由.

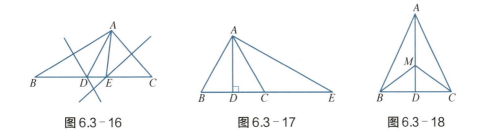

| 图6.3‑16 | 图6.3‑17 | 图6.3‑18 |

设计意图：应用线段的垂直平分线的性质定理及逆定理进行简单的判断和推理.

四、回顾小结，概括提升

回顾本节课所学内容，回答下列问题：

（1）线段垂直平分线的性质定理及其逆定理是如何得到的？两者之间有什么关系？

（2）如何判断一条直线是否是线段的垂直平分线？

（3）怎样用尺规作线段的垂直平分线？作图的依据是什么？

师生活动：根据问题回顾和整理知识，得到如图6.3‑19的知识结构图.

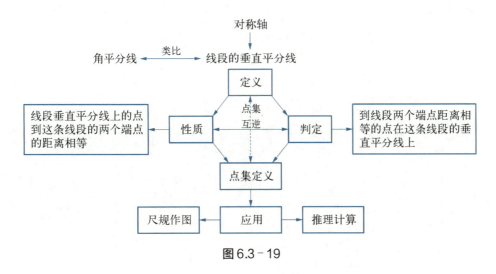

图6.3‑19

五、目标检测

1. 下列说法中正确的是_____（填序号）.

① 若点 P，E 是线段 AB 垂直平分线上的两点，则 $EA = EB$，$PA = PB$；

② 若 $PA = PB$，$EA = EB$，则直线 PE 垂直平分线段 AB；

③ 若 $PA = PB$，则点 P 必是线段 AB 垂直平分线上的点；

④ 若 $EA = EB$,则经过点 E 的直线垂直平分线段 AB.

2. 已知线段 AB,在平面上找到三个点 D, E, F,使 $DA = DB$, $EA = EB$, $FA = FB$,这样的点能构成三角形吗? 请说明理由.

3. 如图 $6.3-20$,在四边形 $ADBC$ 中,AB 与 CD 互相垂直平分,垂足为点 O.

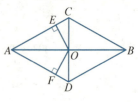

图 $6.3-20$

(1) 找出图中相等的线段;

(2) OE, OF 分别是点 O 到 $\angle CAD$ 两边的垂线段,试说明它们的大小关系.

答案:

1. ①②③.

2. 不能,因为这三点都在线段 AB 的垂直平分线上.

3. (1) 因为对角线 AB, CD 互相垂直平分,所以相等的线段有:$AC = BC = BD = DA$, $OA = OB$, $OC = OD$.

(2) $OF = OE$.

设计意图:第 1 题、第 2 题和第 3 题都检测目标 2.

6.4 教学建议

欧氏几何中图形的变化反映了现实世界中物体的刚体运动和图形的放缩,体现了欧氏几何学的本质——研究欧氏变换下不变性的学科,也是几何学研究的重要思想方法.初中阶段图形变换内容的承上启下地位,体现了从直观到命题推理再到量化研究的图形变换研究的基本脉络,承载着发展空间观念、几何直观、抽象能力、推理能力等核心素养行为能力发展的育人价值.挖掘图形变换内容的素养发展价值,设计好图形变化内容的教学,具有重要的实践意义.

1. 经历从现实情境中抽象出图形变换的概念,引导学生理性地认识图形变换.

一方面,现实中图形的对称美、物体的运动、图形的放缩为抽象地研究图形的变换提供了坚实经验基础;另一方面,从小学阶段通过观察、测量、画图等直观方法认识图形变换逐步发展到基于概念和推理,用命题表达图形变换的性质,是建立基于概念和推理的几何直觉,理解几何图形性质本质的需要,而借助坐标量化刻画图形变换的本质属性,是用推理方法研究图形变换的自然发展,也是进一步学习用坐标、向量和矩阵表达图形变换的本质属性的基础.通过建立平移、轴对称、旋转等概念,便于在一般意义上研究图形运动变换的本质属性、普遍联系和一般规律,初中阶段图形的平移、轴对称和旋转,建议采用描述性定义,便于学生结合具体情境理解概念,同时又满足用推理的方法研究图形变换性质的认知要求.例如,平移可以描述性定义为"把一个图形上的每一点都沿着同一个方向移动相同的距离".

2. 适当提升轴对称、旋转、平移这三种图形基本运动研究的理性水平.

小学阶段,通过观察、测量、实验、画图等直观认识了轴对称、平移和旋转等图形变换,到了初中阶段,应该结合学生的认知发展水平,适当地体现用推理的方法研究图形变换的性质,借助坐标刻画简单的图形变换.

(1)平移与平行线的内容联系紧密,图形上的点沿着同一个方向移动的轨迹可以抽象成同方向的射线,而移动的距离相等可以用在这些射线上从端点开始截取等长的线段表示,这样,就可以直观地发现平移的性质:对应点的连线互相平行(或在同一直线上)且相等,平移前后图形的形状、大小不变.虽然性质形成过程仍然是直观的,没有证明,但是学生可以建立起平移的一般概念,用点集的观点理解平移的本质特征,并用命题表达,理性地认识平移的一般规律.等到学习了平行四边形的内容后,可以补充证明"平移中距离和角度不变性以及多边形的形状、大小不变性"（如图 6.4－1）.

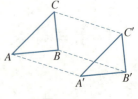

图 6.4－1

（2）基于欧几里得几何的基本思想对轴对称和旋转进行推理研究，提升理性水平. 把轴对称和旋转放到全等三角形后学习，就可以采用"通过定义明确论证对象，通过基本事实确立论证的起点，通过证明确立论证的逻辑，通过命题表达论证的结果". 比如，在轴对称和旋转的教学中，首先引导学生把物体和图形的位置抽象为点，通过观察、测量和归纳抽象出对应点的性质，以此为逻辑起点，探索并证明轴对称和旋转运动中的距离、角度不变性，多边形（以三角形为例）的形状、大小的不变性.

3. 依托图形变化加强图形想象活动，建立基于概念和推理的几何直觉.

《课标（2022 年版）》指出，初中几何的主要研究方法是"命题推理、图形变换、量化研究"，通过图形变换，进一步建立几何直觉，通过命题推理，建立表达图形性质的命题之间的逻辑关系，发展推理能力，通过量化研究，进一步对几何图形的本质属性、普遍联系和一般规律进行量化表达. 在几何图形的性质研究和解决具体问题中，建议引导学生基于图形变换进行动态想象，想象图形的运动过程和结果，抽象运动变化过程中的不变性，预见结论，启发解决问题的思路. 例如，在轴对称的教学中，要重视通过欣赏对称美，理解轴对称的基本结构"垂直平分线"，理解表达对称美的数学直观表达结构，建立对称审美几何直觉；在学习等腰三角形时，建议在三角形研究的一般观念引领下，通过等腰三角形的轴对称性的发现与论证建立等腰三角形的轴对称直觉，并进一步具体化到边、角、对称轴等基本要素和相关要素的关系中，提出性质和判定的猜想并加以证明. 再如，在垂径定理的教学中，建议先证明圆的轴对称性，基于对称轴与对应点及圆心的关系具体化得到垂径定理及其推论.

4. 加强一般观念的引领.

图形的变换研究的是物体的运动，研究物体的运动，一定是在特定的参照系中研究的，图形的平移、轴对称和旋转等变换的研究，首先要分析运动变换过程抽象概念，通过定义明确运动方式；接着，确定参照系，相对于参照系确定图形运动变换的决定要素；第三，研究图形运动变换前后的位置变换规律、形状大小的不变性和变化规律，并用命题表示；第四，应用图形变换的性质进行尺规作图；第五，用坐标表示图形的变换（考虑学生的知识经验水平，只研究平移、轴对称、中心对称、位似的简单坐标表示）. 图形变换研究的核心问题是"图形变换中形状、大小的不变性"和"位置"的变化规律.

这种明确参照系和决定要素的研究前提,"引入、定义——性质——作图——坐标表示"的研究思路和"图形变换中形状、大小和位置的不变性和变化规律"的研究内容,以及直观基础上的推理以及量化表达的研究方法,应该贯穿平移、轴对称和旋转等图形运动的学习过程,引领学习与思考,发展空间观念、几何直观、抽象能力和推理能力.

第 7 章 抽象能力在"图形与坐标"中的行为表现与案例解析

本章通过分析图形与坐标的课程内容与学业要求,根据第 1 章提出的抽象能力行为指标体系,建立图形与坐标主题中抽象能力行为表现的指标框架,并用典型案例解析指标的要求与表现水平;用单元设计案例和课时设计案例说明如何发展抽象能力;提出图形与坐标主题中发展学生核心素养的若干教学建议.

7.1 行为表现

为了改进教学与评价,更好地融合图形与坐标主题内容发展抽象能力,首先需要分析课程标准中本主题的内容和学业要求,然后构建图形与坐标主题内容中抽象能力的行为表现指标,知道抽象能力在图形与坐标的学习活动中的具体表现.

7.1.1 课程内容与学业要求

《课标(2022 年版)》中,初中图形与坐标的内容包括:(1)图形的位置与坐标;(2)图形的运动与坐标.小学已经学习了图形的位置与运动的简单内容,本章要在小学学习的基础上,从对图形的几何感知到用坐标法量化描述图形的位置及其变化,感悟通过几何建立直观、通过代数得到量化表达的过程.因此,图形与坐标的学习更侧重于对坐标平面上的点与有序实数对之间一一对应关系的理解、对数形结合思想的感悟,并逐步理解坐标系作为参照系的意义和作用,发展学生的抽象能力、空间观念和几何直观.

平面直角坐标系可以看成是数轴的拓展:从直线上的点与实数的一一对应,发展到平面上的点与有序实数对的一一对应.在平面直角坐标系中,点用有序实数对表示,平面图形用方程表示,从而实现了几何问题代数化.所以,平面直角坐标系是沟通几何与代数的桥梁,它的发明为几何的研究提供了一个新工具.对平面直角坐标系,以及利用坐标表达点的位置及其运动的学习,为后续进一步学习坐标法奠定了必要的基础.

《课标(2022 年版)》对图形与坐标提出了以下学业要求：感悟平面直角坐标系是沟通代数与几何的桥梁,理解平面上点与坐标之间的一一对应关系,能用坐标描述简单几何图形的位置;会用坐标表达图形的变化、简单图形的性质,感悟通过几何建立直观、通过代数得到数学表达的过程. 在这样的过程中,感悟数形结合的思想,会用数形结合的方法分析和解决问题. 在具体现实情境中,学会从几何的角度发现问题和提出问题,经历用几何直观和逻辑推理分析问题和解决问题的过程,培养应用意识和创新意识,提升几何直观、空间观念、抽象能力、推理能力等.

图形与坐标强调数形结合,强调用坐标表示简单图形的位置及其变换,以坐标为中介,借助图象研究函数的变换规律,用坐标法分析和解决实际问题.

《课标(2022 年版)》在图形与坐标的教学提示中指出：平面直角坐标系是数轴的拓展,是沟通几何与代数的桥梁,内容核心是平面上的点与用数对表示的坐标的一一对应. 要强调数形结合,引导学生经历用坐标表达图形的轴对称、旋转、平移变化的过程,体会用代数方法表达图形变化的意义,发展几何直观;引导学生经历借助平面直角坐标系解决现实问题的过程,感悟数形结合的意义,发展推理能力和运算能力,增强应用意识和创新意识.

7.1.2 分析框架

结合图形与坐标主题的内容,将表 1.2-1 中列举的抽象能力行为指标进一步具体化,形成图形与坐标的抽象能力的行为表现指标体系,是进一步划分表现水平并进行案例解析的基础和依据,对促进抽象能力的教学与评价,具有重要的导向作用.

根据对图形与坐标课程内容、学业要求以及教学提示的分析,结合表 1.2-1,得到图形与坐标主题内容中抽象能力的行为表现指标体系,如表 7.1-1.

表 7.1-1　图形与坐标中的抽象能力的行为表现指标

行为表现指标	图形的位置与坐标（B31）	图形的运动与坐标（B32）
C1 抽象概念	C1B31-1　抽象平面直角坐标系. 能结合实际情境抽象出具有特殊位置关系的两条数轴,用有序数对表示点的位置,理解有序数对、坐标轴、点的坐标、平面直角坐标系的概念.	

行为表现指标	图形的位置与坐标（B31）	图形的运动与坐标（B32）
C2 抽象命题与规则	C2B31－1　抽象点与坐标的一一对应关系.根据坐标可以描出点的位置,根据点的位置可以写出点的坐标,了解坐标平面上的点与全体有序实数对之间的一一对应关系. C2B31－2　概括不同象限中及坐标轴上点的坐标特征.理解坐标轴上或不同象限上点的坐标的特点.	C2B32－1　抽象图形运动的坐标变化规律.根据图形运动前后的变化,抽象出表达图形变化的坐标之间的数量关系,体会图形运动的不变性.
C3 抽象变量与模型	C3B31－1　建立适当的平面直角坐标系,用坐标描述物体的位置.在实际问题中,能建立适当的平面直角坐标系,用坐标描述物体的位置. C3B31－2　用坐标表示正方形的形状.能在平面直角坐标系中根据正方形的位置,写出其顶点坐标,理解顶点坐标的特点,体会用简单多边形的顶点坐标表示其位置和形状的方法. C3B31－3　用方位角和距离表示平面上点的位置.能在具体情境中抽象出基准点、方向和距离,用方位角和距离表示平面上点的位置.	C3B32－1　用图形运动的坐标表示方法解决实际问题.在具体图形的轴对称、平移、中心对称和放缩情境中,能根据参照物和几何变换的性质建立适当的坐标系,用坐标之间的数量关系描述图形运动中位置的变化规律.
C4 抽象方法与策略	C4B31－1　抽象用坐标表示图形位置的研究方法.经历通过平面直角坐标系确定平面上点的过程,掌握用坐标法表示图形的位置的方法. C4B31－2　抽象数形结合思想.在探索将图形上的点用坐标表示、根据点的坐标描述图形的位置的活动中,体会数形结合的思想.	C4B32－1　总结用坐标表示图形运动的步骤和方法.经历建立平面直角坐标系,用坐标表示图形运动的具体过程,通过反思总结,得到用坐标表示图形运动的步骤:建立平面直角坐标系——写出运动前后对应点的坐标——分析坐标的数量关系——推广到一般,得到图形运动的坐标变化规律. C4B32－2　总结数形结合思想.在探索用坐标表示图形运动的过程中,理解数形结合的思想.
C5 抽象系统与结构	C5B31－1　整理平面直角坐标系的知识结构.能总结位置及其变化的量化研究的基本框架,整理研究图形的位置与平面直角坐标系的知识结构体系.	C5B32－1　整理用坐标表示图形运动的知识结构.能用坐标表示图形运动的研究框架,整理坐标与图形运动的知识结构体系.

7.2 样例解析

对于图形与坐标的教学,要明确在知识发展的过程中,需要做到何种程度才算对知识的理解与掌握达到了标准和学业要求.本节将借助案例进一步解析抽象能力行为表现指标,分析达成这些指标的内涵.

7.2.1 图形的位置与坐标
◆ **案例1 形成平面直角坐标系的概念.**

经历建立平面直角坐标系,用坐标表示点的位置的活动,理解平面直角坐标系的概念,理解坐标的意义,能根据坐标平面上的点写出其坐标,根据坐标画出对应的点的位置,体会数形结合思想,建立几何直观,发展抽象能力.

抽象过程

类比利用数轴建立实数与直线上点的一一对应,调动日常生活经验(如影院的座位号等),建立有序数对的概念,再推广到一般,得到平面直角坐标系的概念.

抽象水平

水平1:能借助坐标网格,用有序数对描述物体的位置.

水平2:在给定的平面直角坐标系中,已知点能够写出其对应的坐标,已知坐标能够描出其对应的点,知道平面直角坐标系是联系数与形的桥梁.

水平3:在具体情境中,能建立适当的平面直角坐标系,用坐标表示物体的位置.

样题

(1) 如图 7.2 - 1,在平面直角坐标系中,点 P 的坐标为(　　).

A.(3,-2)　　　　　B.(-2,3)　　　　　C.(-3,2)　　　　　D.(2,-3)

(2) 如图 7.2 - 2,等边 $\triangle OAB$ 的边长为2,则 B 的坐标为(　　).

A.(1,1)　　　　　B.($\sqrt{3}$,1)　　　　　C.(-$\sqrt{3}$,$\sqrt{3}$)　　　　　D.(1,$\sqrt{3}$)

(3) 中国象棋是中华民族的文化瑰宝,因趣味性强,深受大众喜爱.如图 7.2 - 3,若在象棋棋盘上建立平面直角坐标系,使"帅"的坐标为(0,-2),"马"的坐标为(4,-2),则"兵"的坐标为_____.

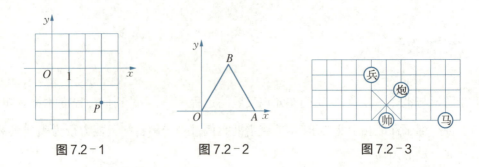

图 7.2-1　　　　　　图 7.2-2　　　　　　图 7.2-3

答案: (1) A.　(2) D.　(3) (-1, 1).

说明: 第(1)题测评抽象水平1;第(2)题测评抽象水平2;第(3)题测评抽象水平3.

◆ **案例2　概括不同象限中及坐标轴上点位置的坐标特征.**

经历把坐标平面上的点按照象限及坐标轴分类,及分析坐标特点的活动,推广到一般,抽象不同象限及坐标轴上点的坐标的符号特点,建立几何直观,发展抽象能力.

抽象过程

通过依据平面直角坐标系中的点与坐标轴的位置关系进行分类,写出具体点的坐标,分析其坐标的符号特点,推广到一般,得到坐标平面内不同象限及坐标轴上点的坐标的符号特征.

抽象水平

水平1:能借助具体点的坐标,用语言表达不同象限中及坐标轴上点的坐标的符号特征.

水平2:能根据点所在象限,用坐标的取值范围表示其坐标的特征.

样题:

(1) 第三象限中的点的坐标的特征是_____.

(2) 若点 $A(a+1, b-2)$ 在第二象限,则点 $B(-a, 1-b)$ 在(　　).

A. 第一象限　　　　B. 第二象限　　　　C. 第三象限　　　　D. 第四象限

答案: (1) 横坐标和纵坐标都是负数.　(2) D.

说明: 第(1)题测评抽象水平1;第(2)题测评抽象水平2.

◆ **案例3　建立适当的平面直角坐标系,用坐标描述物体的位置.**

经历建立适当的平面直角坐标系,用坐标表示物体的位置的活动,能借助坐标量化表达平面上物体的位置,建立几何直观,发展抽象能力.

抽象过程

分析描述物体位置的参照系,根据参照系适当选择坐标原点、坐标轴,用坐标量化表示物体的位置,解决现实中的定位问题.

抽象水平

水平1:能根据手机导航用方位和距离描述位置.

水平2:能根据手机导航定量描述从起点到终点的运动路径.

水平3:能根据手机导航地图建立适当的平面直角坐标系,用坐标描述位置及其变化.

样题

如图 7.2-4 是从起点 A 到终点 B 的导航地图.

(1)能说出终点相对于起点的大致方向吗?

(2)能说出从起点到终点步行的大致方案吗?

(3)能建立适当的坐标系,用坐标描述终点的位置吗?

图 7.2-4

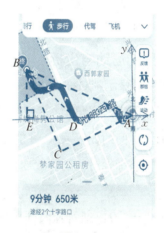

图 7.2-5

答案: 如图 7.2-5,

(1)终点 B 在起点 A 的北偏西大约 67.5°的方向.

(2)从导航中的步行路径看,每次转弯前后的两段路径近似为相等的线段,连接 AB,可以看到有三个斜边在同一直线上的等腰直角三角形,且两个小的等腰直角三角形的直角边长都近似等于大等腰直角三角形直角边长的一半,根据总路程为 650 m,可得小的等腰直角三角形直角边长大约为 81 m(精确到 1 m),大的直角三角形的直角边长约为 163 m,所以,步行方案为:① 沿着西偏南的道路步行 81 m;② 沿着西偏北的道路步行 81 m;③ 沿着西偏南的道路步行 163 m;④ 沿着西偏北的道路步行 163 m;⑤ 沿着西偏南的道路步行 81 m;⑥ 沿着西偏北的道路步行 81 m,最终到达终点 B.

（3）如图 7.2 - 5，以起点 A 为原点，以正东方向为 x 轴正方向，以正北方向为 y 轴正方向，建立平面直角坐标系，过点 B 作 $BE \perp x$ 轴，垂足为点 E，作 $\angle ABC$ 的平分线 BD，交 x 轴于点 D，则 $AD = BD$.

设 $ED = a$，则 $BE = a$，$AD = BD = \sqrt{2}a$，$AE = (\sqrt{2} + 1)a$，

由（2）可解得 $AB = 325\sqrt{2}$ m，

根据勾股定理，得 $a^2 + [(\sqrt{2} + 1)a]^2 = (325\sqrt{2})^2$，解得 $a \approx 176$（m）.

所以 $(\sqrt{2} + 1)a \approx 425$（m）.

所以终点 B 相对于起点 A 的坐标大约是 $(-425, 176)$.

即终点 B 在起点 A 以西 425 m，以北 176 m 处.

说明： 第（1）题测评抽象水平 1；第（2）题测评抽象水平 2；第（3）题测评抽象水平 3.

7.2.2 图形的运动与坐标

◆ **案例 1 用坐标表示轴对称**

经历建立适当的平面直角坐标系并用坐标表示轴对称对应点位置的活动，抽象关于坐标轴对称的点的坐标间的数量关系，并能写出一个点关于坐标轴对称点的坐标，用坐标描述简单的多边形关于坐标轴对称的位置变化规律，建立几何直观，发展抽象能力.

抽象过程

在正方形网格中，根据轴对称的性质，画出一个点关于一条直线的对称点，根据轴对称的基本要素，建立适当的平面直角坐标系，把用坐标量化表示图形在轴对称运动中其位置变化规律的问题简化为研究关于坐标轴对称的对应点的坐标之间的数量关系问题；其次，画出若干个对称点，写出坐标，观察坐标之间的数量关系，通过归纳推广到一般，得到关于坐标轴对称的对应点的坐标变化规律，并用推理的方法证明这一规律.

抽象水平

水平 1：在正方形网格中，已知对称轴，能画出一个点的对称点，能以对称轴为坐标轴建立平面直角坐标系，把用坐标表示轴对称问题简化为研究关于坐标轴对称的对应点的坐标关系问题.

水平 2：在坐标网格中，能作出关于坐标轴对称的几个具体的对应点，写出对应点的坐标，观察轴对称前后的坐标变化，通过归纳推广到一般，得到坐标变化的规律，并能用语言和

符号表达.

水平3:能结合图形,通过演绎推理,证明关于坐标轴对称的对应点的坐标之间的坐标变化规律.

样题:

(1)如图7.2-6,已知直线 l,$\triangle ABC$ 与 $\triangle A'B'C'$ 关于直线 l 对称,要量化表达三角形在轴对称下的位置变化规律,需要建立平面直角坐标系,研究这两个三角形的对应顶点之间坐标的数量关系.你认为怎样建立坐标系才能使得坐标之间的数量关系更简约明了?

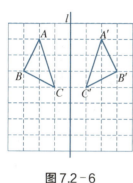

图7.2-6

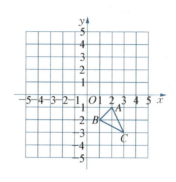

图7.2-7

(2)如图7.2-7,在平面直角坐标系中,写出 $\triangle ABC$ 的三个顶点坐标,根据轴对称的性质,作出其关于 y 轴对称的对应三角形的顶点,写出坐标,你发现对应三角形的顶点坐标有什么数量关系?类似地,作出这个三角形关于 x 轴对称的对应三角形,它们对应顶点的坐标又有什么数量关系?一般地,你能写出点 $P(x,y)$ 关于 x 轴、y 轴对称的对应点坐标之间的数量关系吗?

(3)你能证明第(2)题中发现的关于坐标轴对称的对应点的坐标之间的数量关系吗?

答案:

(1)以对称轴为一条坐标轴(图中以对称轴为 y 轴),建立平面直角坐标系.

(2)如图 7.2-8,点 A,B,C 的坐标分别为 $(2,-1)$,$(1,-2)$,$(3,-3)$;其关于 y 轴的对称点 A_1,B_1,C_1 的坐标分别为 $(-2,-1)$,$(-1,-2)$,$(-3,-3)$;关于 y 轴对称的对应点的坐标之间的数量关系是:横坐标互为相反数,纵坐标相等.一般地,点 $P(x,y)$ 关于 y 轴的对称点是 $P_1(-x,y)$.

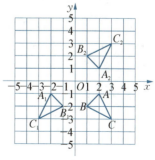

图7.2-8

类似地,关于 x 轴对称的对应点的坐标之间的数量关系是:横坐标相等,纵坐标互为相反数.一般地,点 $P(x,y)$ 关于 x 轴的对称点是 $P_2(x,-y)$.

（3）证明:如图7.2-9,若点 $P(x,y)$ 与 P' 关于 x 轴对称,连接 PP',则 x 轴垂直平分线段 PP'.根据坐标的定义,P 与 P' 的横坐标相等,纵坐标互为相反数,P' 的坐标为 $(x,-y)$.同理,若 $P(x,y)$ 与 P'' 关于 y 轴对称,则它们的横坐标互为相反数,纵坐标相等,P'' 的坐标为 $(-x,y)$.

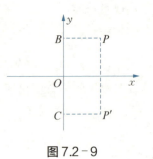

图 7.2-9

说明: 第（1）题测评抽象水平1;第（2）题测评抽象水平2;第（3）题测评抽象水平3.

◆ **案例 2　用坐标表示平移.**

经历建立适当的平面直角坐标系,并用坐标表示平移中对应点位置的过程,抽象沿着坐标轴方向平移的对应点坐标的数量关系;能写出一个点沿着坐标轴方向平移的对应点坐标,能用坐标描述简单的多边形沿着坐标轴平移的位置变化规律,建立几何直观,发展抽象能力.

抽象过程

在正方形网格中,根据平移的性质,画出一个点沿着一个方向平移前后的对应点,根据平移的基本要素（方向和距离）,以平移的方向为坐标轴方向,建立平面直角坐标系,把用坐标量化刻画平移的对应点位置变化规律的问题简化为研究关于沿着坐标轴方向平移的对应点的坐标之间的数量关系问题;画出若干个对应点,写出坐标,观察坐标之间的数量关系,通过归纳推广到一般,得到沿着坐标轴方向平移的对应点的坐标变化规律.

水平划分

水平1:在正方形网格中,已知平移的方向和距离,能画出一个点在这一平移下的对应点,以与平移的路径所在直线平行的直线为坐标轴,把用坐标表示轴对称问题简化为研究沿着坐标轴平移的对应点坐标的数量关系问题.

水平2:在坐标网格中,能画出沿着坐标轴方向平移下的若干个对应点,写出对应点的坐标,观察坐标之间的数量关系,通过归纳推广到一般,得到坐标变化的规律,并能用语言和符号表达.

水平3:能用坐标表示一个图形沿着坐标轴方向平移的对应点坐标之间的数量关系,用坐标量化表达一个图形的平移的坐标变化规律.

样题

（1）如图 7.2 - 10，△ABC 平移后得到 △$A'B'C'$，要量化表达三角形在平移下的位置变化规律，需要建立平面直角坐标系，研究这两个三角形的对应顶点之间坐标的数量关系. 你认为怎样建立坐标系才能使得坐标之间的数量关系更简约明了？

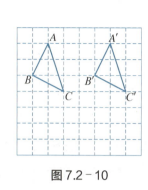

图 7.2 - 10

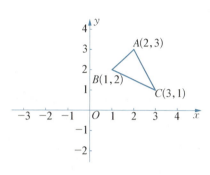

图 7.2 - 11

（2）如图 7.2 - 11，在平面直角坐标系中，以 $A(2, 3)$，$B(1, 2)$ 和 $C(3, 1)$ 为顶点的 △ABC，作出其向下平移 3 个单位长度后的三角形，写出其顶点坐标，你发现平移后，对应点的坐标有什么变化规律？ 一般地，把点 $P(x, y)$ 向左、向右、向上、向下分别平移 $k(k > 0)$ 个单位长度，得到的对应点的坐标依次为_____.

（3）将抛物线 C_1：$y = x^2 - 2x + 3$ 先向左平移 1 个单位长度，再向下平移 2 个单位长度得到抛物线 C_2 的解析式为_____.

答案：

（1）以与平移的路径平行的直线方向为坐标轴，建立平面直角坐标系.

（2）横坐标不变，纵坐标减去 3；$(x - k, y)$，$(x + k, y)$，$(x, y + k)$，$(x, y - k)$.

（3）$y = x^2$.

说明： 第（1）题测评抽象水平 1；第（2）题测评抽象水平 2；第（3）题测评抽象水平 3.

◆ **案例 3　用坐标表示中心对称.**

经历建立适当的平面直角坐标系、用坐标表示中心对称中对应点位置的过程，抽象关于原点对称的对应点坐标的数量关系；能写出一个点关于原点对称的对应点的坐标，用坐标描述简单的多边形关于原点对称的位置变化规律，建立几何直观，发展抽象能力.

抽象过程

在正方形网格中，根据中心对称的性质，画出一个点关于一个固定点的中心对称点，根据中心对称的基本要素(对称中心),以对称中心为坐标原点,建立平面直角坐标系,把用坐标量化刻画中心对称的对应点位置变化规律的问题简化为研究关于原点对称的对应点的坐标之间的数量关系问题;其次,画出中心对称中若干个具体点的对应点,写出坐标,观察坐标之间的数量关系,通过归纳推广到一般,得到中心对称的对应点的坐标变化规律,并用推理的方法证明这一规律.

水平划分

水平1:在正方形网格中,已知对称中心,能画出一个点的中心对称点,能以对称中心为坐标原点建立平面直角坐标系,把用坐标表示中心对称问题简化为研究关于坐标原点对称的对应点的坐标之间数量关系的问题.

水平2:在平面直角坐标系中,能作出关于原点对称的几个具体的对应点,写出对应点的坐标,观察中心对称前后的坐标变化,通过归纳推广到一般,得到坐标变化的规律,并能用语言和符号表达.

水平3:能结合图形,通过演绎推理,证明关于原点对称的对应点的坐标之间的坐标变化规律.

样题

(1)如图7.2–12,已知点 O,△ABC 与△$A'B'C'$关于点 O 成中心对称,要量化表达三角形在轴对称下的位置变化规律,需要建立平面直角坐标系,研究这两个三角形的对应顶点之间坐标的数量关系.你认为怎样建立坐标系才能使得坐标之间的数量关系更简约明了?

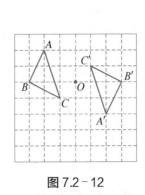

图 7.2–12　　　　　　　　　　图 7.2–13

(2)如图7.2–13,在平面直角坐标系中,写出△ABC 各个顶点的坐标,根据中心对称的性质,作出其关于原点对称的对应三角形,写出坐标,你发现对应三角形的顶点坐标有什么数量关系？一般地,点 $P(x, y)$ 关于原点对称点的坐标是什么?

(3) 你能证明第(2)题中发现的关于原点对称的对应点的坐标之间的数量关系吗?

答案:

(1) 以对称中心为坐标原点,建立平面直角坐标系.

(2) 点 A, B, C 的坐标分别为: $A(-2, 2)$, $B(-3, 0)$,

$C(-1, -1)$;△ABC 关于原点对称的对应三角形为△$A'B'C'$,

如图 7.2－14;点 A', B', C' 的坐标分别为: $A'(2, -2)$, $B'(3,$

$0)$, $C'(1, 1)$.

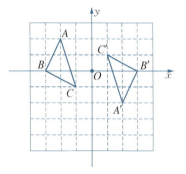

图 7.2－14

可以发现,关于原点对称的对应点的坐标中,横坐标、纵

坐标都是互为相反数.一般地,点 $P(x, y)$ 关于原点对称点的

坐标是 $(-x, -y)$.

(3) 如图 7.2－15,设点 P 的坐标为 (x, y),作点 P 关于原点的对称点 P',设 P' 的坐标为

(x', y').过点 P 分别作 x 轴、y 轴的垂线,垂足分别为点 N, M,过点 P' 分别作 x 轴、y 轴的垂

线,垂足分别为点 E, F.

根据中心对称的性质,线段 PP' 经过对称中心 O 且被 O 点平

分,所以 $OP = OP'$.又因为 $\angle PMO = \angle P'FO = 90°$, $\angle POM =$

$\angle P'OF$,所以△$POM \cong △P'OF$.所以 $OM = OF$.同理,$ON = OE$.

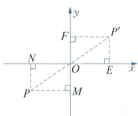

图 7.2－15

因为点 P, P' 分别位于第三、第一象限或第二、第四象限,所以

有 $x' = -x$, $y' = -y$.即点 $P(x, y)$ 关于原点对称点的坐标是

$(-x, -y)$.

也可以用平移的坐标变化规律来证明.根据点 O 是线段 PP' 的中点,点 P 到点 O 与点 O

到点 P' 的平移的方向和距离相同,设从点 P 到点 O 分别沿着 x 轴、y 轴正方向平移了 a, b 个

单位,则点 O 的坐标为 $(x + a, y + b)$,点 P' 的坐标为 $(x + 2a, y + 2b)$.因为原点 O 的坐标为

$(0, 0)$,所以 $a = -x$, $b = -y$, $x + 2a = -x$, $y + 2b = -y$.所以点 $P(x, y)$ 关于原点对称点的坐

标是 $(-x, -y)$.

说明:第(1)题测评抽象水平 1,第(2)题测评抽象水平 2,第(3)题测评抽象水平 3.

7.3 教学设计案例

图形与坐标主要是研究以数的方式描述形,用坐标来描述图形的位置和图形的运动,通过观察图形运动前后的变化,抽象出在平面直角坐标系用点的坐标的数量关系量化表达图形的位置及其变化规律.

7.3.1 单元设计案例:平面直角坐标系

一、知识结构图

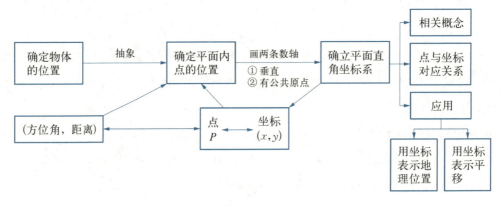

图 7.3 - 1

二、内容与内容解析

1. 内容

平面直角坐标系,点与坐标的对应关系,坐标方法的应用,用坐标表示平移.

2. 内容解析

刻画物体的位置是生产生活实际的需要,平面直角坐标系是在学习数轴的基础上,建立平面上刻画点的位置的参照系,它是沟通数与形的桥梁与纽带.

刻画直线上点的位置,需要先确定基准(参照点),再用相对于基准点的方向和距离来描述直线上点的位置. 类似地,要量化刻画平面上点的位置,以参照点为原点,用两条互相垂直的数轴建立参照系,用正负数构成的有序数对来刻画平面上点的位置,建立平面上的点与有序数对之间的一一对应关系;也可以确定参照点,用方位角和距离建立参照系,形成刻画平面上点的位置的方法.建立平面直角坐标系,用直角坐标表示点的位置,能用数的运算刻画平面上点的位置变化,还可以直观地表示两个变化的量之间的关系和变化规律,使得平面直角坐标系成为直观地表达函数的变化规律和变化趋势的数学工具.平面直角坐标系蕴含着数形结合的思想,具有发展空间观念、几何直观和抽象能力的育人价值.

基于以上分析,确定本单元的教学重点:平面直角坐标系的相关概念;点与坐标的对应关系.

三、目标与目标解析

1. 目标

(1)经历建立平面直角坐标系刻画平面上点的位置的过程,理解坐标的概念、了解平面直角坐标系内点与坐标的一一对应关系,发展空间观念、几何直观和抽象能力.

(2)经历用方位角、距离及经纬网描述物体位置的活动,了解用经纬网及方位角、距离表示位置的方法,发展空间观念、几何直观和抽象能力.

(3)能用坐标描述平面内点的位置,能由点的位置确定坐标,能用坐标表示简单几何图形的位置,用坐标表示地理位置和点的平移,建立几何直观.

(4)能反思和总结通过平面直角坐标系建立数与形之间联系的数形结合方法,发展抽象方法和策略的能力.

2. 目标解析

达成目标(1)的标志:能类比直线上点的位置刻画的方法,以参照点(基准点)为公共原点,建构两条互相垂直的数轴,用有序数对量化描述平面上点的位置;理解坐标的概念,知道坐标轴及不同象限上点的坐标的特征,了解平面上的点与有序实数对之间的一一对应关系.

达成目标(2)的标志:知道还可以用经纬网表示地理位置,用方位角和距离表示平面上点的位置.

达成目标(3)的标志:会画平面直角坐标系,根据点写出坐标,会由坐标确定点,能用坐标的运算表示图形的平移,体会数形结合思想.

达成目标(4)的标志:能类比数轴研究平面直角坐标系,建立数形联系,体会数形结合思想,学会学习.

四、目标谱系

核心素养\内容	数学眼光	数学思维	数学语言	学会学习
平面直角坐标系	1. 经历生活中表示物体位置的过程,理解用有序数对描述位置的方法. 2. 类比建立数轴,用数描述直线上点的位置的方法,构建平面直角坐标系,用坐标描述平面上点的位置,理解平面直角坐标系的相关概念,发展几何直观和抽象能力. 3. 能类比实数与数轴上的点之间的一一对应关系,抽象平面上的点与有序实数对之间的一一对应关系,发展几何直观和抽象能力.	1. 能从特殊到一般,经过观察和归纳,得到已知点写坐标和已知坐标画点的方法. 2. 掌握不同象限、不同坐标轴上的点的坐标特征,掌握与坐标轴平行的直线上点的坐标特征,以及象限角平分线上点的坐标特征,体会数形结合的思想方法,发展推理能力. 3. 经历建立不同坐标系描述同一个多边形的顶点位置的活动,理解坐标系不同,点的坐标一般也不同.	1. 会用有序数对表示物体的位置. 2. 能建立适当的平面直角坐标系,会用坐标表示点的位置,会根据坐标描点,会用坐标表示简单图形的位置及形状,体会数形结合思想.	1. 会类比数轴的学习经验学习平面直角坐标系. 2. 能基于平面上点的位置与坐标之间的对应关系,建立数形之间的联系.
坐标方法的简单应用	1. 能总结用坐标刻画物体位置的方法(选择参照点、建立坐标系、确定位置坐标),发展抽象方法与策略的能力. 2. 会用方位角和距离刻画物体位置(选择参照点,基准方向,用角度和距离刻画位置),建立几何直观,发展抽象方法和策略的能力. 3. 能基于直观,用坐标运算表示位置的平移,建立几何直观,发展抽象能力.	1. 能从特殊到一般归纳平移的坐标变化规律. 2. 能根据平移的坐标变化规律,写出一个已知点沿坐标轴方向平移后点的坐标,画出平移后的图形.	1. 会根据实际情况,选择合适的原点、正方向、单位长度建立平面直角坐标系,将实际问题转化为坐标问题,发展模型观念和应用意识. 2. 能用方位角和距离表达现实情境中的位置.	学会用坐标法建立数与形之间的联系,形成用数形结合思想解决问题的应用意识.

五、教学问题诊断分析

1. 已有基础

学习过用有序数对表示物体位置,会建立数轴用坐标表示直线上点的位置.

2. 学习需要

从直线上点的位置的坐标表示到平面上点的位置的坐标表示,为什么要引入第二条数轴,两条数轴的位置怎样设置,这些问题必须想清楚;同时从一个数表示直线上点的位置,到用两个数表示平面上点的位置,这两个数之间怎样配对,也是需要考虑的问题.

3. 难点及应对策略

本单元的教学难点是:理解平面直角坐标系中两条数轴为什么要有公共原点,平面直角坐标系中点与坐标的一一对应关系.教学中,要设置恰当的学习任务,引导学生从用数表示直线上点的位置过渡到量化刻画平面上点的位置,在任务驱动下,通过理解位置的参照系,设定参照点(公共原点),交叠两条数轴,通过设定数轴互相垂直简化数对确定方法等活动,借助现实生活经验,建立平面直角坐标系,用坐标刻画平面上点的位置,通过已知点写坐标和已知坐标描点的活动,理解平面上的点与坐标之间的一一对应关系.

六、教学建议

1. 设计整体研究思路:量化刻画位置任务驱动——建构坐标系——平面直角坐标系的定义——点与坐标的对应关系——应用.

2. 确定整体教学策略:类比数轴,确定基准,用数轴构建平面直角坐标系,以坐标为中介,建立数与形的联系,对图形的位置及其变化进行量化刻画.

3. 结合内容设计活动,体会和总结数学思想方法.如在构建平面直角坐标系,用坐标表示平面上点的位置活动中体会抽象的思想和数形结合的思想;在探索坐标轴及各象限上点的坐标规律和平移的坐标规律活动中学习从特殊到一般的归纳方法.

4. 融合内容发展数学核心素养.在量化刻画点的位置的任务驱动下,通过确定参照点设计公共原点,通过坐标轴的垂直相交构建平面直角坐标系,在这个过程中发展几何直观和抽象能力;在已知点写坐标,已知坐标描点活动中发展几何直观和推理能力,在此基础上通过类比数轴上点与实数之间的一一对应关系,抽象坐标平面上的点与有序实数对之间的一一对应关系,发展抽象能力;在归纳坐标轴及各象限上点的坐标规律和平移的坐标变化规律中发展归纳推理能力,在用坐标法建立两个变量之间联系的过程中建立几何直观.

5. 课时安排：平面直角坐标系 3 课时，坐标方法的简单应用 3 课时，数学活动 1 课时，小结复习 1 课时，共 8 课时.

7.3.2 课时设计案例：平面直角坐标系（第 1 课时）

教学目标

1. 经历建构平面直角坐标系刻画平面上点的位置的活动，理解平面直角坐标系的相关概念，建立几何直观，发展抽象能力.

2. 经历由点的位置写出点的坐标、由坐标确定点的位置的活动，理解平面直角坐标系内点与坐标的一一对应关系，体会数形结合思想，建立几何直观.

3. 类比数轴的学习经验学习平面直角坐标系，学会学习.

重点难点

1. 重点：构建平面直角坐标系，用坐标量化刻画点的位置.

2. 难点：理解平面直角坐标系中两条数轴为什么有公共原点.

教学过程设计

一、情境引入，提出问题

现实生活中常常需要对位置进行量化刻画.

▶ **问题 1** 我们班第 3 列上有哪些同学？

师生活动： 学生介绍，第一个是张明，第二个是李燕……

追问 1： 你用了几个数确定李四的位置？

师生活动： 教师引导学生一列上需要一个数确定同学的位置.

追问 2： 你能介绍下学习委员的位置吗？

师生活动： 学生介绍学习委员在第几列第几行，比如第 3 列第 4 行.

追问 3： 你用了几个数确定学习委员的位置？

师生活动： 教师引导学生体会教室平面内需要 2 个数刻画学生的位置.

追问 4： 怎样用数更简明地表示第 3 列第 4 行？

师生活动： 利用小学所学的知识，用有序数对 $(3, 4)$ 表示第 3 列第 4 行.

追问 5： $(3, 4)$，$(4, 3)$ 表示同一个位置吗？

师生活动：教师引导学生发现用数对表示位置，要先规定行列顺序，规定的顺序不一样，(a, b)的意义不一样，体会数对的有序性.

设计意图：初步体会用实数量化刻画直线上点的位置，用有序数对量化刻画平面内点的位置.

二、探究思考，形成新知

生活中，同学们会用数量刻画点的位置，那么将第三列抽象为直线，第三列上的同学抽象为点，怎么量化刻画直线上点的位置？将教室抽象为平面，教室的每位同学抽象为点，怎么量化刻画平面内点的位置？

▶ **问题 2** 如何量化刻画直线上点 A，O，B 的相对位置关系？

师生活动：为了刻画点的相对位置关系，首先要选一个基准点，再从相对于基准点的方向和距离进行刻画. 例如以点 O 为基准点，再刻画点 A，B 相对于点 O 的位置.

追问 1：确定了基准点后，对直线进一步作怎样的规定，才能对直线上的点进行量化刻画？

师生活动：教师引导学生以基准点为原点，确定正方向和单位长度，在此基础上，用正负刻画相对于基准点的方向，用 A，B 相对于原点的距离与单位长度的比值刻画它们离原点远近，学生建立数轴刻画直线上点的位置. -1 表示在原点 O 的左侧，离原点 1 个单位长度，$+2$表示在原点 O 的右侧，离原点 2 个单位长度，如图 7.3 - 2.

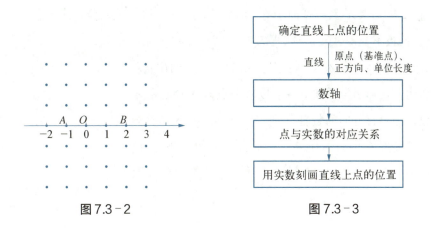

图 7.3 - 2   图 7.3 - 3

追问 2：我们如何借助数轴刻画直线上点的位置？

师生活动：引导学生形成思维导图，如图 7.3 - 3.

设计意图：量化刻画直线上点的位置需先确定基准点，量化刻画平面内点的位置也需要先确定基准点,两者的思路一致,回顾数轴的研究思路,为进一步学习平面直角坐标系提供活动经验.

▶ **问题3** 类比直线上点的位置的刻画方法,平面内点的位置如何量化刻画?

追问1: 确定直线上点的位置,需先规定基准点,确定平面内点的位置首先要做什么?

师生活动: 学生类比直线上点的位置的刻画,确定平面内点的位置需先确定基准点. 鼓励学生举例,例如刻画班级里学习委员的位置是以教室门口(第0行第0列)为基准点;航海时以灯塔为基准点刻画各艘轮船的位置. 确定平面内点的位置需要先规定一个基准点(参照点).

追问2: 在如图7.3-4的平面内以 O 为基准点,如何刻画点 A 相对于点 O 的位置?

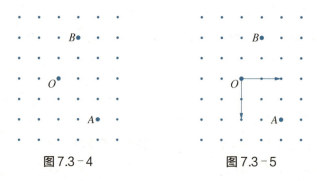

图7.3-4　　　　　　图7.3-5

师生活动: 学生可能会用有序数对,可能用方位角、距离刻画,也可能会说点 O 向下移2格,再向右移2格到点 A. 教师适时引导,点 A 相对点 O 的位置关系分解成水平方向和垂直方向的相对位置,板书或课件展示,如图7.3-5.

追问3: 平面内如何量化刻画点 A 相对于点 O 的位置?

师生活动: 教师引导需建立一条以基准点 O 为原点的水平方向的数轴和垂直方向的数轴,用数字 $+2$ 表示在水平方向上的相对于基准点 O 的位置关系:在垂直数轴的右侧、距离垂直方向数轴2个单位长度;用数字 -2 表示垂直方向的相对于点 O 的位置:在水平数轴下方,距离水平数轴2个单位长度,如图7.3-6.

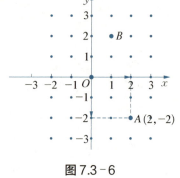

图7.3-6

分别用表示在水平方向上的相对于点 O 的位置关系的数字 $+2$ 和用表示在垂直方向相对于点 O 的位置关系的数字 -2,组成的有序数对 $(2,-2)$ 表示点 A 相对点 O 的位置.这样构建的框架能用正负数及0组成的数对表示平面内任意一点相对于基准点的位置.这个框架就称为平面直角坐标系.

追问 4：平面直角坐标系有什么特征？

师生活动：由两条垂直的数轴组成，以基准点为公共原点.

设计意图：平面内点 A 相对于点 O 的位置分解成水平方向和垂直方向的相对位置关系，需建立以基准点 O 为公共原点的互相垂直的两条数轴，发展学生的几何直观、空间想象能力和抽象能力.

▶ **问题 4**　请画一个平面直角坐标系，并说说什么是平面直角坐标系？

师生活动：通过观察，教师和学生不断补充完善，得到平面直角坐标系的定义. 介绍相关概念：原点、横轴、纵轴、象限等.

追问 1：怎样在平面直角坐标系中用有序数对表示点的位置？

师生活动：学生观察点 $A(2, -2)$ 是如何确定的，刻画水平方向的相对于原点的位置的数 2 是过点 A 作 x 轴的垂线，垂足所对应的数字；刻画垂直方向的相对于原点的位置的数 -2，是过点 A 作 y 轴的垂线，垂足所对应的数字；推广到一般，在坐标平面内任意点 P，过点 P 作 x 轴的垂线，垂足所对应的数字 a 是点 P 的横坐标，过点 P 作 y 轴的垂线，垂足所对应的数字 b 是点 P 的纵坐标，(a, b) 是点 P 的坐标，表示成 $P(a, b)$，并用这种方法写出点 B 的坐标.

追问 2：C 的坐标是 $(-1, -3)$，你能描出点 C 的位置吗？

师生活动：根据坐标的概念，确定点的位置.

设计意图：理解平面直角坐标系的相关概念，理解点与坐标的对应关系.

▶ **问题 5**　建立平面直角坐标系后，平面上的点与坐标之间有怎样的关系？

师生活动：教师引导学生总结，平面内的一个点对应一个有序数对——坐标，反过来，一个坐标对应着坐标平面内的一个点，直角坐标平面上的点与有序实数对具有一一对应关系；点是形，坐标是数，两者的对应，是数与形的对应，体会数形结合思想.

设计意图：体会平面直角坐标系建立的意义是建立数与形的联系.

三、辨别应用，巩固新知

例 1　在平面直角坐标系中描出下列各点：

$$A(4, 5), B(-2, 3), C(-3.5, -2), D(4, -2), E(0, -4).$$

解：如图 7.3-7 所示.

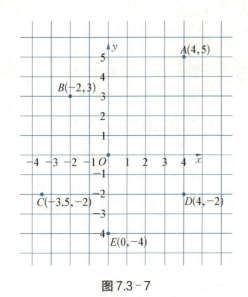

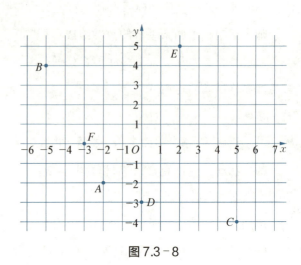

图 7.3－7   图 7.3－8

例 2 写出图 7.3－8 中点 A，B，C，D，E，F 的坐标.

解： $A(-2，-2)$，$B(-5，4)$，$C(5，-4)$，$D(0，-3)$，$E(2，5)$，$F(-3，0)$.

四、回顾小结，概括提升

回顾本节课所学内容,思考并回答下列问题:

（1）什么是平面直角坐标系?

（2）平面直角坐标系中的两条数轴为什么有公共原点?

（3）如何由点写坐标、由坐标描点?

（4）本节课你经历了怎样的学习过程? 学习了哪些思想方法?

师生活动： 回顾本节课的学习历程,建构得到如图 7.3－9 的知识结构图.

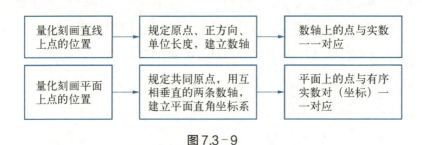

图 7.3－9

五、目标检测

1. 如图 7.3－10,写出其中标有字母的各点的坐标.

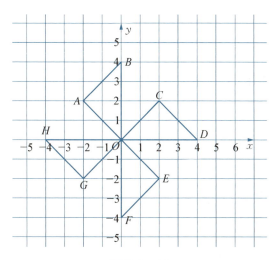

图 7.3 - 10

2. 在平面直角坐标系中描出下列各点:

$L(-5,-3)$,$M(4,0)$,$N(-6,2)$,$P(5,-3.5)$,$Q(0,5)$,$R(6,2)$.

答案:

1. $A(-2,2)$,$B(0,4)$,$C(2,2)$,$D(4,0)$,$E(2,-2)$,$F(0,-4)$,$G(-2,-2)$,$H(-4,0)$,$O(0,0)$.

2. 如图 7.3 - 11 所示.

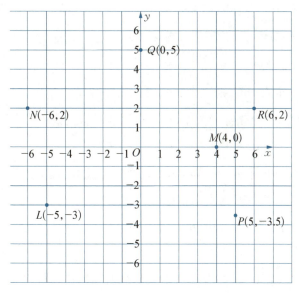

图 7.3 - 11

设计意图：第 1 题、第 2 题均检测目标 2.

7.3.3　课时设计案例：用坐标表示平移

教学目标

1. 经历"作图观察——坐标表示——归纳猜想——推理说明"的探究过程，探究平移的坐标变化规律，发展几何直观、归纳推理能力.

2. 经历在平面直角坐标系中用坐标表示平移的过程，体会数形结合的思想，形成探究用坐标表示图形运动的一般研究框架.

重点难点

1. 重点：在平面直角坐标系中，图形平移变换中坐标的变化规律.

2. 难点：归纳平移变换的坐标变化规律.

教学过程设计

一、情境引入，提出问题

▶ **问题 1**　我们已经学习了用坐标量化刻画平面内点的位置. 平移是一种图形的运动，图形平移中，它的大小、形状不变，位置发生了变化，这种位置变化的规律能用坐标进行量化描述吗？

师生活动：教师引导学生回顾用坐标表示位置和平移运动，提出本课研究的问题.

设计意图：回顾思考，提出问题，引入新课.

二、探究思考，形成新知

▶ **问题 2**　任意画一个△ABC，把这个三角形向右平移 7 个单位长度，画出平移后的三角形，探索平移前后三角形顶点坐标的关系，有什么发现？能把这种规律推广到一般吗？

追问 1：怎样画出△ABC 平移后的△A′B′C′？

追问 2：如果用坐标表示这个平移中三角形的位置变化，需要怎样做？

追问 3：怎样建立适当的平面直角坐标系？

追问 4：写出对应顶点 A，A′，B，B′，C，C′ 的坐标，你能发现它们的坐标变化有什么规律吗？

追问 5：如果把△A′B′C′ 向左平移回到△ABC 的位置，是怎样平移的？对应顶点的坐标有什么变化？

追问6:能把平移中对应点的坐标变化规律推广到一般,并用符号表示吗?

师生活动:教师引导学生根据平移的定义画图(如图7.3-12),建立适当的坐标系,写出对应点的坐标(如图7.3-13),观察坐标之间的数量关系,发现:把△ABC向右平移7个单位长度,对应顶点的坐标是原有三角形顶点的横坐标加7,纵坐标不变;把△$A'B'C'$向左平移7个单位长度,则坐标的变化是横坐标减7,纵坐标不变.推广到一般,得到图形沿着x轴方向左右平移的规律是:向右平移$a(a>0)$个单位长度,横坐标加a,纵坐标不变;向左平移$a(a>0)$个单位长度,横坐标减a,纵坐标不变.用符号表示为:

$$Q(x-a,\,y)\xleftarrow[\,(a>0)\,]{\text{向左平移}\,a\,\text{个单位长度}}P(x,\,y)\xrightarrow[\,(a>0)\,]{\text{向右平移}\,a\,\text{个单位长度}}R(x+a,\,y).$$

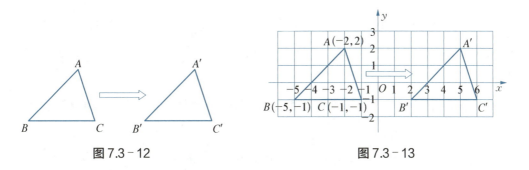

图7.3-12　　　　　　　　　　图7.3-13

并用坐标的意义说明理由:把点$P(x,\,y)$向右或向左平移,得到的点与点P在平行于x轴的直线上,它们的纵坐标相等(不变);向右平移$a(a>0)$个单位长度,横坐标加a;向左平移$a(a>0)$个单位长度,横坐标减a,并用几何画板进行直观演示.

设计意图:画出图形、建立坐标系、写出坐标、观察坐标的数量关系发现坐标变化规律,通过归纳推广到一般,通过这样的直观与推理相结合的探究活动,获得图形左右平移下坐标的变化规律.

▶ **问题3**　如图7.3-14,如果把△$A'B'C'$向下平移5个单位长度得到△$A''B''C''$,则图形上点的坐标又有什么变化规律呢?能把这一规律推广到一般吗?

师生活动:教师引导学生类比左右平移的研究方法,从特殊到一般地归纳上下平移的坐标变化规律:把图形向上(或向下)平移$b(b>0)$个单位长度,图形上点的坐标变化规律是横坐标不变,纵坐标加(或减)b.用图7.3-15表示平移的坐标变化规律.

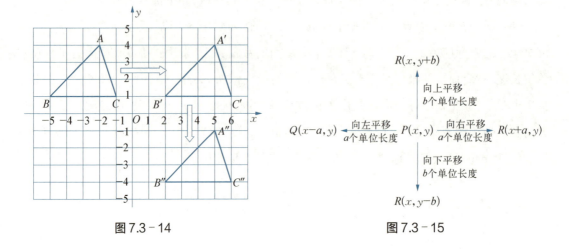

图 7.3-14   图 7.3-15

▶ **问题 4** 观察 $\triangle ABC$ 和 $\triangle A''B''C''$ 的顶点坐标,发现有什么关系? 一般地,把图形先向右 (或向左)平移 $a(a>0)$ 个单位长度,再向上(或向下)平移 $b(b>0)$ 个单位长度,坐标有什么 变化规律?

    师生活动: 教师引导学生综合前面的研究,归纳得到坐标的变化规律是横坐标加(或 减)a,同时纵坐标加(或减)b.

    设计意图:探索依次沿着坐标轴方向平移的坐标变化规律.

▶ **问题 5** 前面探索平移的坐标变化规律的过程的操作步骤有哪些?

    师生活动: 教师引导学生总结,先画出平移后的图形,再建立适当的平面直角坐标系,然 后写出平移前后的坐标,在观察的基础上归纳坐标变化的规律,即:作图观察——坐标表 示——归纳猜想——推理说明.

    设计意图:总结思考过程,积累用坐标表示图形运动的数学活动经验,抽象方法与策略. 发展抽象能力,学会学习.

▶ **问题 6** 反过来,如果把图形中每一点横坐标都加上或减去相同的数,纵坐标都加上或减 去相同的数,根据得到的坐标画出点,画出的图形是原图形经过怎样运动得到的呢?

    (1) 如图 7.3-16,$\triangle ABC$ 三个顶点的坐标分别是 $A(4,3)$,$B(3,1)$,$C(1,2)$. 将 $\triangle ABC$ 三个顶点的横坐标都减去 6,纵坐标不变,分别得到点 A_1,B_1,C_1,依次连接 A_1,B_1, C_1 各点,所得 $\triangle A_1B_1C_1$ 与 $\triangle ABC$ 的大小、形状和位置有什么关系?

    (2) 将 $\triangle ABC$ 三个顶点的纵坐标都减去 5,横坐标不变,分别得到点 A_2,B_2,C_2,依次连

接 A_2，B_2，C_2 各点,所得 $\triangle A_2 B_2 C_2$ 与 $\triangle ABC$ 的大小、形状和位置有什么关系?

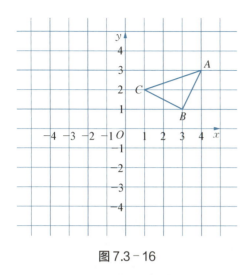

图 7.3–16

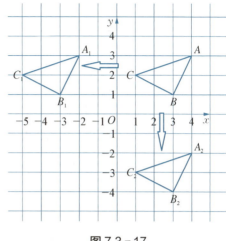

图 7.3–17

师生活动: 学生作图观察(如图 7.3–17),发现:(1) $\triangle A_1 B_1 C_1$ 与 $\triangle ABC$ 的大小、形状完全相同,位置不同,可以看作将 $\triangle ABC$ 向左平移 6 个单位长度后得到的;(2) $\triangle A_2 B_2 C_2$ 与 $\triangle ABC$ 的大小、形状完全相同,位置不同,可以看作将 $\triangle ABC$ 向下平移 5 个单位长度后得到的.

通过归纳推广到一般,得到如下结论:如果把图形中每一点横坐标都加上(或减去)a($a>0$),纵坐标不变,根据得到的坐标画出图形,则所得的图形是原图形向右(或向左)平移 a 个单位长度得到的;如果把图形中每一点纵坐标都加上(或减去)b($b>0$),横坐标不变,根据得到的坐标画出图形,则所得的图形是原图形向上(或向下)平移 b 个单位长度得到的. 如果横坐标都加(或减去)a($a>0$),纵坐标都加(或减去)b($b>0$),依据得到的坐标画出图形,则所得的图形是原图形先向右(或向左)平移 a 个单位长度,再向上(或向下)平移 b 个单位长度得到的.

设计意图:根据横坐标加减同一个正数,纵坐标加减同一个正数,讨论得到的图形的运动方式,体现了逆向思维的方式.

三、辨别应用,巩固新知

例1 如图 7.3–18,将平行四边形 $ABCD$ 先向左平移 2 个单位长度,再向上平移 3 个单位长度,可以得到平行四边形 $A'B'C'D'$,画出平移后的图形,并指出其各个顶

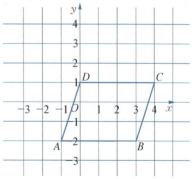

图 7.3–18

点的坐标.

解: 图略,$A'(-3, 1)$,$B'(1, 1)$,$C'(2, 4)$,$D'(-2, 4)$.

例2 如图7.3－19,正方形 $ABCD$ 四个顶点的坐标分别是 $A(-2, 4)$,$B(-2, 3)$,$C(-1, 3)$,$D(-1, 4)$,将正方形 $ABCD$ 向下平移7个单位长度,再向右平移8个单位长度,两次平移后四个顶点相应变为点 E,F,G,H.

（1）点 E,F,G,H 的坐标分别是什么?

（2）如果直接平移正方形 $ABCD$,使点 A 移到点 E,它和我们前面得到的正方形位置相同吗?

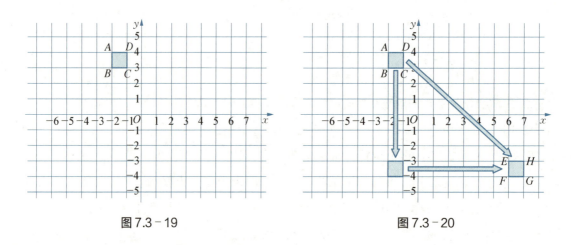

图7.3－19　　　　　　　　　图7.3－20

解: 点 E,F,G,H 的坐标分别是 $(6, -3)$,$(6, -4)$,$(7, -4)$,$(7, -3)$.如果直接平移正方形 $ABCD$,使点 A 移到点 E,它和我们前面得到的正方形位置相同,如图7.3－20.

解决此类问题的方法,一是根据平移画出图形,根据图形写出坐标;二是根据平移规律,先计算平移后点的坐标,由坐标确定点的位置,再作出图形.

一般地,将一个图形依次沿两个坐标轴方向平移所得到的图形,可以通过将原来的图形作一次平移得到.

四、回顾小结,概括提升

通过用坐标表示平移,我们可以更精确地把握平移中图形位置的变化规律,思考并回答下列问题:

（1）图形平移中,每一点坐标有什么变化规律?

（2）我们是怎样研究平移运动点的坐标的变化规律的?

（3）你还有什么感悟？

师生活动：再次呈现图 7.3－15 表达的图形平移中点的坐标变化规律.

五、目标检测

1. 在平面直角坐标系中，将点 $(3，-2)$ 先向右平移 2 个单位长度，再向上平移 3 个单位长度，则所得点的坐标是_____.

2. 如图 7.3－21，点 $A，B$ 的坐标分别为 $(2，0)，(0，1)$. 若将线段 AB 平移至 A_1B_1，则 $a+b$ 的值为（　　）.

A. 2　　　　　　　B. 3　　　　　　　C. 4　　　　　　　D. 5

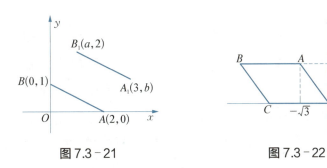

图 7.3－21　　　　　　　　　图 7.3－22

3. 如图 7.3－22，四边形 $ABCO$ 是平行四边形，$A，C$ 两点的坐标分别为 $(-\sqrt{3}，\sqrt{5})$，$(-2\sqrt{3}，0)$.

（1）点 B 的坐标为_____；

（2）将这个四边形向下平移 $2\sqrt{5}$ 个单位长度后得到四边形 $A'B'C'O'$，请你写出平移后四边形四个顶点的坐标.

答案：

1. $(5，1)$.　　2. A.

3.（1）$(-3\sqrt{3}，\sqrt{5})$；（2）$A'(-\sqrt{3}，-\sqrt{5})$，$B'(-3\sqrt{3}，-\sqrt{5})$，$C'(-2\sqrt{3}，-2\sqrt{5})$，$O'(0，-2\sqrt{5})$.

设计意图：第 1 题、第 2 题、第 3 题均检测目标 2.

7.4 教学建议

通过建立平面直角坐标系,对图形的位置及其变化进行量化刻画,感悟平面直角坐标系是联系数与形的桥梁,理解平面上的点与坐标之间的一一对应关系,感受对几何图形的初步量化研究,体会数形结合思想,这是图形与坐标内容的核心.数轴是一维坐标系,通过规定原点、正方向和单位长度建立参照系,使得实数与数轴上的点成一一对应关系,平面上点的位置刻画,需要类似地建立二维坐标系,通过建立平面直角坐标系作为参照系,使得平面上的点与有序实数对之间建立一一对应关系.

在平面直角坐标系的教学过程中,要重视在量化表达图形的位置的任务驱动下,引导学生经历如下活动:选择参照点作为共同原点,建立互相垂直的两条数轴,构建二维参照系,使得平面上的点能用唯一的坐标表示,反过来,对于任意一个有序数对,能在坐标平面内找到唯一确定的点.通过具体点的坐标表示和根据坐标描点的活动,感悟平面上的点与坐标之间的一一对应关系,体会平面直角坐标系是描述平面上点的位置的参照系,具有基准作用.在构建平面直角坐标系,感悟坐标平面内的点与有序实数对的一一对应关系的活动中发展抽象能力,建立几何直观.另外,现实生活中用有序数对描述物体的位置是平面直角坐标系学习的现实经验基础,从基于生活经验的有序数对到数学中的平面直角坐标系,可以引导学生在平面直角坐标系抽象活动中加以体会.

在用坐标表示平移的教学中,建议以量化表达图形在平移中位置变化规律为核心任务,在回顾坐标法表示位置的基础上,用坐标表示点平移前后的位置,通过归纳得到平移中对应点的坐标变化规律,建立几何直观,发展抽象能力和推理能力.

平面直角坐标系,用坐标表示平面上点的位置及其变化,是建立参照系描述点的位置及其变化的最常用的方法,但还存在基于其他的参照系描述点的位置及其变化的方法,如用方位角和距离(极坐标系)和经纬度描述物体的位置,建议设计适当的教学活动,让学生经历用方位角和距离描述物体位置的活动,通过情境介绍和阅读活动,了解极坐标系和经纬网,体会参照系和量化描述位置方法的多样性.

第8章 抽象能力在"统计与概率"中的行为表现与案例解析

初中阶段学生主要学习抽样与数据分析、随机事件的概率两个主题内容,抽样与数据分析的主题内容包括数据的收集、整理、描述和分析,随机事件的概率包括概率的意义和计算,学习中离不开抽象活动. 比如,收集数据获取信息、用统计图表描述数据、抽象特征数、抽象样本估计总体的思想,等等. 根据本书第1章提出的抽象能力行为指标体系,本章结合第四学段学生的年龄和心理特征制定初中数学统计与概率主题中抽象能力的行为指标框架,通过具体案例分析统计与概率内容中的抽象活动,划分抽象水平,提供测评样题. 最后,以"随机事件的概率"为例,提供"单元—课时"教学设计的案例,说明怎样在统计与概率教学中发展抽象能力和数据观念.

8.1 行为表现

根据问题的背景收集、整理、描述、分析数据,抽象样本的特征数,挖掘数据的信息和规律,作出推断决策,这种数据处理能力有助于学生感知大数据时代数据分析的重要性,更好地适应现代和未来的学习与生活.

随着大数据分析、人工智能的发展,数学中抽象、建模、数据分析、探求规律的研究与应用领域不断拓展. 为了提升统计与概率的教学与评价,更好地融合统计与概率主题内容发展数学核心素养,首先需要根据《课标(2022 年版)》分析相关内容和学业要求,明确统计与概率内容中抽象能力的行为表现,知道抽象能力在统计与概率的学习活动中表现为能做什么.

8.1.1 课程内容与学业要求

要明确抽象能力在统计与概率中表现为能做什么,首先需要认识学生的抽象能力在统计与概率学习中是如何从无到有、一步步发展起来的. 在义务教育阶段,统计与概率的学习从小学延续到初中,对数据处理过程的认识从小学阶段的数据意识发展到初中阶段的数据观念,是渐进的,体现出整体性和阶段性. 因此,初中阶段对统计与概率中抽象能力的培养要注重中小学相关内容的教学衔接,在针对数据分析中抽象能力行为发展的阶段性和层次性上作区别对待才能取得良好效果.

从小学第二学段开始,统计与概率的内容螺旋上升地展开,学生对此领域相关概念外延的认识越来越多,对其内涵的理解也逐步提升.伴随着学生认知能力的发展和数学素养的提升,在抽样调查、数据分析的相关活动中,学生以数据、随机事件为对象的抽象能力和行为表现也在不断增强.

小学阶段对统计与概率领域的认识主要体现在数据意识的培养,《课标(2022年版)》在数据分析方面运用了"意识"与"观念"两个不同的词语,虽然它们都是思维对客观世界的认识活动,在不同学段的具体教学过程中对其培养的力度是不一样的,即对"思维深刻性"要求不一样,与此对应的思维抽象性的层次要求也有所差异.从《义务教育数学课程标准(2022年版)解读》中可以得出"意识是基础,观念更成熟;有意识未必有观念,观念是意识的高级形式".意识基于经验的感悟(感性),观念基于概念的理解(理性),能力基于实践的掌握(理性到实践,解决问题).这与相应学段的学情和年龄特征及认知水平对应,低年级基于感官,更具体,侧重意识;高年级基于概念,更一般,侧重观念、能力.

表 8.1–1　统计与概率在各学段中的要求

领　域	第一学段 (1～2年级)	第二学段 (3～4年级)	第三学段 (5～6年级)	第四学段 (7～9年级)
统计与概率	数据分类	数据的收集、整理与表达	1. 数据的收集、整理与表达 2. 随机现象发生的可能性	1. 抽样与数据分析 2. 随机事件的概率
抽象行为发展特征	学会数据的分类	学会对数据特征的概括	培养初步对数据特征的概括、迁移表达能力	养成对数据特征的高度概括、准确表达能力

在义务教育第四学段(7～9年级),统计与概率领域主要分为"抽样与数据分析"和"随机事件的概率"两个主题.统计中数据处理过程为:收集数据——整理数据——描述数据——分析数据.

《课标(2022年版)》对统计与概率领域提出的学业要求是:

(1)抽样与数据分析.知道抽样调查的必要性和简单随机抽样的特点.能根据问题的需要,设计恰当的调查问卷并会用简单随机抽样收集数据;能绘制扇形统计图、频数直方图,能用扇形统计图、条形统计图、折线统计图、频数直方图等整理与描述收集到的数据,能读懂扇形统计图、条形统计图、折线统计图、频数直方图等反映的数据信息,能利用频数直方图解释数据中蕴含的信息;能计算一组数据的中位数、众数、加权平均数,知道计算加权平均数的分布式计算方法,知道中位数、众数、平均数都能刻画这组数据的集中趋势以及它们各自的特点;会计算一组简单数据的离差平方和、方差,知道离差平方和、方差都能刻画这组数据的波动(离散)程度,知道按照组内离差平方和最小的原则对数据进行分类的方法;知道样本与总体的关系,能用样本平均数估计总体平均数,能用样本方差估计总体方差;知道百分位数和四分位数,能计算一组数据的四分位数,知道箱线图可以直观反映数据分布的信息;能根据问题的需要提取中位数、众数、平均数、四分位数、方差等数据的数字特征,能根据数据的数字特征解释或解决问题;能根据需要使用恰当的统计图表整理和表示数据,能根据统计图表分析随机现象的变化趋势;体会数据分析的重要性,感悟通过样本特征估计总体特征的思想,形成数据观念,发展模型观念.

(2)随机事件的概率.能描述简单随机事件的特征(可能结果的个数有限,每一个可能结果出现的概率相等),能用列表、画树状图等方法求出简单随机事件所有可能的结果以及指定随机事件发生的所有可能结果,能计算简单随机事件的概率;知道经历大量重复试验,随机事件发生的频率具有稳定性,能用频率估计概率;体会数据的随机性以及概率与统计的关系;能综合运用统计与概率的思维方法解决简单的实际问题.

《课标(2022年版)》对统计与概率领域提出了以下教学提示:

抽样与数据分析的教学.应当以现实生活中的实例为背景,引导学生理解抽样的必要性,知道要根据研究问题的需要,选择恰当的方法收集数据,会用简单随机抽样的方法;引导学生通过对实际问题中数据的整理与分析,认识数据的数字特征各自的意义与功能,理解平均数、中位数、众数如何刻画数据的集中趋势,理解方差如何刻画数据的离散程度,理解四分位数如何刻画数据的取值特征,会用样本数据的数字特征分析相关问题;引导学生通过对实际问题中数据的分类,了解数据分类的意义和简单的数据分类方法,知道几种统计图各自的功能,会选择恰当的统计图表描述和表达数据,能根据样本数据的变化趋势推断总体的变化趋势.在这样的过程中,让学生感悟数据分析的必要性,形成和发展数据观念和模型观念.

随机事件的概率的教学.要从小学阶段的定性描述逐渐走向初中阶段的定量分析,应当通过简单易行的情境,引导学生感悟随机事件,理解概率是对随机事件发生可能性大小的度量;引导学生认识一类简单的随机事件,其所有可能发生结果的个数是有限的,每个可能结果发生的概率是相等的,在此基础上了解简单随机事件概率的计算方法;引导学生通过大量重复试验,发现随机事件发生频率的稳定性,感悟用频率估计概率的道理,会用频率估计概率.在这样的过程中,引导学生会从统计与概率的角度认识、理解和表达现实世界中大量存在的随机现象.

这样的教学实践活动会涉及大量的数据计算,建议与信息科技教师合作,设计跨学科的项目式学习课程,引导学生会使用计算机处理数据,养成利用信息技术开展研究的习惯.

综上,不论是抽样与数据分析的教学还是随机事件的概率的教学,其过程都反映出"具体——抽象——具体"的过程.通过生活中的具体实例或者是需要操作的数学活动,学生从中感悟并归纳出普遍规律,进而抽象出概念和规则,最终可以在复杂的问题情境中将较为抽象的数学理论知识应用于实际,即能根据不同的数学模型或现实问题情景抽象出合适统计量,抽象出计算概率的方法.

8.1.2 分析框架

结合统计与概率主题内容,把表 1.2－1 中列举的抽象能力行为指标进一步具体化,形成本主题内容中抽象能力的行为指标体系,是进一步划分表现水平并进行案例解析的基础,对促进抽象能力的教学与评价设计,具有重要的导向作用.根据前面对统计与概率的内容要求、学业要求及教学提示的分析,结合表 1.2－1,得到统计与概率的抽象能力的行为指标体系如表 8.1－1.

表 8.1－1　统计与概率中的抽象能力的行为表现指标

行为表现 指标	抽样与数据分析（C1）			随机事件的概率（C2）
	收集与整理数据 （C11）	描述数据（C12）	分析数据（C13）	随机事件与概率 （C21）
C1 抽象 概念	C1C11－1 体会抽样的必要性,了解简单随机抽样的特点.能结合实际情境体会抽样的必要性,概括并了解简单随机抽样的特点和要求.	C1C12－1 了解统计图的意义.能结合具体问题了解各类统计图的意义,会从各类统计图中读取数据的信息.	C1C13－1 理解统计量的意义.能通过具体实例抽象出平均数、加权平均数、中位数、众数、方差和四分位数等统计量,理解其意义;知道平均数、中位数、众数、加权平均数是对数据集中趋势的描述,方差是对数据波动程度的描述,四分位数是对数据分布的中心位置和分布范围的刻画.	C1C21－1 了解随机事件的意义.能结合实例了解随机现象与随机事件. C1C21－2 了解概率的意义.通过大量重复试验了解频率与概率的意义,知道概率是对随机事件发生可能性的定量刻画.

行为表现指标	抽样与数据分析（C1）			随机事件的概率（C2）
	收集与整理数据（C11）	描述数据（C12）	分析数据（C13）	随机事件与概率（C21）
C2 抽象命题与规则	C2C11-1 会设计调查问卷，用统计表分类整理数据. 会根据需要设计合理的调查问卷，用统计表分类整理数据.	C2C12-1 会画扇形统计图、频数分布直方图. 会根据各类数据个数占数据总个数的比例画出扇形统计图；会计算频数分布直方图中组数、组距和频率，画出频数分布直方图.	C2C13-1 理解统计量的计算公式. 能抽象出平均数和加权平均数、离差平方和、方差、四分位数的计算公式.	C2C21-1 能用列举法求简单随机事件的概率. 能用列表法、画树状图法列举简单随机事件的所有可能结果和指定事件所包含的结果，求出简单随机事件的概率. C2C21-2 通过大量重复试验，知道可以用频率估计概率. 在经历大量重复试验的基础上，体会随机事件发生的频率具有稳定性，知道在大量重复试验中，可以用频率估计概率.
C3 抽象变量与模型	C3C11-1 会用样本估计总体，体会数据模型. 在现实情境中，会设计适当的抽样调查，通过分析样本数据特征估计总体数据特征.	C3C12-1 能选择适当的统计图直观、有效地描述数据. 知道各种统计图的特点，能选择适当的统计图直观、有效地描述数据.	C3C13-1 解决问题. 在具体现实情境中，能发现和提出问题，根据解决问题的需要，确定变量，收集和整理变量的数据，选择适当的统计图描述数据，选择适当的数据分析方法分析数据，作出推断和决策，解决问题.	C3C21-1 解决问题. 能在现实情境中发现随机现象，通过建立概率模型进行分析、判断和决策.
C4 抽象方法与策略	C4C11-1 会总结数据收集的方法. 会总结全面调查和抽样调查的方法和特点，了解各自的适用范围.	C4C12-1 总结选择统计图描述数据的一般方法. 能根据各类统计图的特点，选择适当的统计图描述数据，总结根据数据的背景和需要选择统计	C4C13-1 总结基于数据分析解决问题的方法. 经历具体的数据分析活动，通过反思总结基于数据分析解决问题的方法；明确数据背景和调查目的，根据数据	C4C21-1 抽象用概率研究随机现象，解决简单问题的基本方法. 通过具体问题的解决和反思，总结用概率分析随机现象、解决问题及求概率的方法.

行为表现指标	抽样与数据分析（C1）			随机事件的概率（C2）
	收集与整理数据（C11）	描述数据（C12）	分析数据（C13）	随机事件与概率（C21）
		图 的 一 般 方 法 与 策略.	的背景和调查目的选择适当的统计量分析数据的集中趋势、波动程度和分布规律,分析变量的变化规律和变化趋势.	
C5 抽象系统与结构	C5C11－1 了解数据处理过程.通过具体统计活动总结数据处理的过程:数据的收集、整理、描述、分析,形成数据处理的认知结构.	C5C12－1 总结用统计图描述数据的一般过程.经历具体统计活动,通过反思总结数据描述的一般过程:明确统计目的→明确整理后的数据类别与结构特点→根据统计目的和数据特点选择适当的统计图描述数据.	C5C13－1 抽象数据分析的一般过程.经历具体的统计活动,通过反思总结数据分析的一般过程:明确数据背景与调查目标→根据数据背景和需要选择适当的统计量分析数据→解释数据分析结果.	C5C21－1 整理概率知识,优化认知结构.回顾并整理概率内容的知识体系:研究内容:随机现象的规律.研究过程:定性描述→定量分析(概率计算)→应用.研究方法:试验、归纳、建立数据模型.

8.2　样例解析

8.2.1　数据的收集与整理

◆ **案例 1　体会抽样的必要性，了解简单随机抽样的特点.**

经历根据问题背景和现实需要选择合理的调查方式收集数据的活动,了解全面调查和抽样调查的意义,体会抽样的必要性,了解简单随机抽样的特点,发展抽象能力.

抽象过程

在具体问题情境中,经历根据问题的背景和现实需要选择调查方式的活动,总结如何选择适当的方法收集数据.

水平划分

水平 1:能判断一个给定的调查是全面调查还是抽样调查.

水平 2:在具体抽样调查中能判断简单随机抽样的合理性.

水平 3:能根据数据的背景和调查目的选择合适的调查方式,总结抽样调查的必要性和简单随机抽样的合理性.

样题

(1)下面调查中是全面调查的有_____.

① 通过手机短信调查央视某一档节目的收视率;

② 班级选举班长进行的全班投票;

③ 检查即将发射的气象卫星的零部件质量;

④ 进行汽车碰撞实验检查汽车碰撞条件下对乘客的安全保护水平.

(2)学校需要了解有多少学生已经患上近视,下面哪些抽样方式是恰当的? 并说明你的理由.

① 在学校门口通过观察统计有多少学生佩戴眼镜;

② 在低年级学生中随机抽取一个班进行调查;

③ 从每个年级的每个班级都随机抽取几个学生进行调查.

(3)为了完成下列任务,你认为采用什么调查方式更合适? 并说明你选择的调查方式的操作要求与特点.

① 了解一沓钞票中有没有假钞;

② 了解一批西瓜是否甜;

③ 了解你们班同学是否喜欢科普类书籍.

答案:

(1) ②③.

(2) ① 不恰当.因为并不是所有近视的学生都戴眼镜,有人只在上课或看书的情况下才戴眼镜;另外,也有学生可能会戴隐形眼镜,这样就会使得一部分近视的学生没有被统计进去.② 不恰当.因为一般情况下,高年级的近视情况会比低年级严重,只选低年级不具有代表性.③ 比较恰当.这样的样本比较具有代表性.

(3) ① 假钞必须查实,故采用普查,其特点是能收集到所有数据,反映所有数据的信息;② 西瓜是消费品,不能逐一品尝,故采用抽样调查,其特点是随机选取个体组成样本,保证每个个体被选中的概率相同,不同的抽样方式得到的数据分析结果可能不同,但在多次重复抽样中,数据规律会呈现出稳定性;③ 一个班的学生数量有限,故可采用普查,其特点是能收集到所有数据,反映所有数据的信息.

说明: 第(1)题测评抽象水平 1;第(2)题测评抽象水平 2;第(3)题测评抽象水平 3.

◆ **案例2 会设计调查问卷,用统计表分类整理数据.**

经历设计调查问卷和整理数据活动,体会数据分类整理和表达方法,学会用适当的方法收集数据,发展模型观念和数据信息抽象能力.

抽象过程

经历根据实际需要,设计合理的调查问卷,选择适当的收集数据的方法,用统计表分类整理数据的活动,初步归纳数据分类的思想,从整理的数据中获取数据信息,解释其现实意义,获得数据整理的方法.

水平划分

水平 1:知道设计调查问卷的要求,会根据调查问卷实施调查,会用划记法收集数据.

水平 2:会根据现实需要设计调查问卷,实施调查,设计表格分类整理数据.

水平 3:能进行简单随机抽样,用抽样调查的方法收集数据,设计表格整理数据,初步从整理的数据中作出推断,解释数据信息的现实意义.

样题

(1) 为了有效开展课外体育活动,合理购买新的体育器材,班级需要进行学生喜欢何种课外体育活动的调查,设计了如下的调查问卷:

你认为这份调查问卷的设计合理吗？如果认为不合理,请修改问卷.

(2) 某省对 31 个县进行空气质量调查,按空气质量级别对数据分组,现采用划"正"字为记.记录如下表,请你补充完成下表.

级　别	划　记	县 个 数
一级	一	
二级	正下	
三级	正正正正	
四级	丁	
五级		
合计		

(3) 某车间对一批 5 000 件产品进行质量检验,先随机抽取 25 件产品进行质检,按质量级别对数据分组,现采用划"正"字为记.记录如下表,请你补充完成下表,并估计不合格产品有多少件.

级　别	划　记	频　数	频　率	百分比
优良	正下			
合格	正正正			
不合格				
合计				

答案:

(1) 不合理,数据分类调查应该不重不漏,修改如下:

姓名_____	性别_____	班级_____

你喜欢的课外体育活动是(单选)(　　).

A. 乒乓球　　　　B. 篮球　　　　C. 羽毛球　　　　D. 跑步　　　　E. 跳绳

(2) 表补充完整如下：

级　别	划　记	县 个 数
一级	一	1
二级	正下	8
三级	正正正正	19
四级	丅	2
五级	一	1
合计	31	31

(3) 表补充完整如下：

级　别	划　记	频　数	频　率	百分比
优良	正下	8	0.32	32%
合格	正正正	15	0.60	60%
不合格	丅	2	0.08	8%
合计	25	25	1	100%

不合格产品约有 $5\,000 \times 8\% = 400$(件).

说明: 第(1)题测评抽象水平 1;第(2)题测评抽象水平 2;第(3)题测评抽象水平 3.

8.2.2　数据的描述

◆　**案例 1　了解统计图的意义.**

经历从具体统计图中阅读数据信息的活动,了解各类统计图的意义,发展从统计图中抽象数据信息的能力.

抽象过程

经历观察统计图的数据类别结构,分离构成统计图的数据类别,分析不同类别的数据关系,推广到一般,得到不同统计图的数据结构特点,在具体的统计图中读取数据的信息,并解释其实际意义.

水平划分

水平 1:能从条形图、折线图中读取数据的信息.

水平 2:能从扇形图、频数分布直方图中读取数据的信息,了解扇形图与频数分布直方图的特点.

水平 3:能解释各类统计图中数据信息的现实意义.

样题

(1) 如图 8.2-1 是我国六次人口普查数据的条形统计图和人口增长率的折线统计图.下列结论中正确的是(　　).

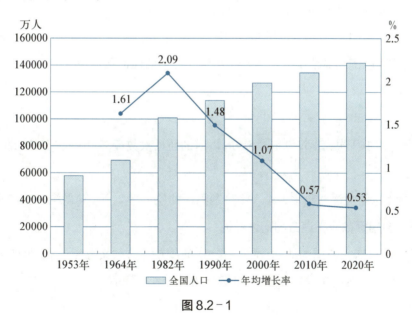

图8.2-1

A. 我国人口从 1953 年到 1982 年增加,1982 年后减少

B. 我国人口数一直在增加,增长率也在增加

C. 我国人口数一直在增加,增长率在降低

D. 我国人口数一直在增加,但增长率 1982 年前呈增加趋势,1982 年后呈下降趋势

（2）如图 8.2-2 是某校参加各兴趣小组的学生人数分布扇形统计图,已知参加 STEAM 课程兴趣小组的人数为 120 人,则该校参加各兴趣小组的学生共有_____人.

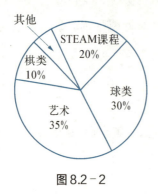

图 8.2-2

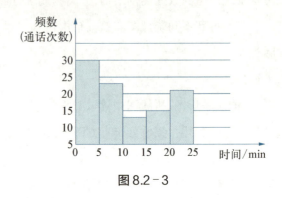

图 8.2-3

（3）小明同学统计了他家 10 月份的电话明细清单,按通话时间画出如图 8.2-3 所示的直方图（数据包括左端点不包括右端点）.

① 估计他家这个月一共打了多少次电话?

② 估计通话时间不足 10 min 的多少次?

③ 哪个时间范围的通话次数最多? 哪个时间范围的通话次数最少?

答案:

（1）D.　（2）600.

（3）① 大约 102 次;② 53 次;③ 5 min 以内的通话次数最多,10 min 到 15 min 的通话次数最少.

说明: 第（1）题测评抽象水平 1,第（2）题测评抽象水平 2,第（3）题测评抽象水平 3.

◆ **案例 2　会用频数分布直方图描述数据.**

经历画频数分布直方图的活动,了解频数分布直方图的意义及相关概念,能解释数据中蕴含的信息,发展几何直观、数据观念和抽象能力.

抽象过程

经历画频数分布直方图的活动,分析其反映的数据分类特征,归纳组距、组数、频数和直方图等概念,分析具体实例（直方图）抽象出频数概念和频数分布的意义,进一步抽象出组数和频率的计算公式.在真实情境中,通过分析频数直方图,抽象出关键信息和内容,解释数据中蕴含的信息.

水平划分

水平1：了解组数、组距、频数、频率的意义.

水平2：能够合理确定一组数据的组数、组距,计算频数并绘制频数分布直方图.

水平3：在现实情境中,能根据数据的背景和需求,选择频数分布直方图描述数据,解释数据中蕴含的信息.

样题

（1）下面是某校学生中随机抽取的63名学生的身高（身高为整数）频数分布表：

身高分组（cm）	划 记	频 数
$149 \leqslant x < 152$	丅	2
$152 \leqslant x < 155$	正一	6
$155 \leqslant x < 158$	正正丅	12
$158 \leqslant x < 161$	正正正正	19
$161 \leqslant x < 164$	正正	10
$164 \leqslant x < 167$	正下	8
$167 \leqslant x < 170$	正	4
$170 \leqslant x \leqslant 173$	丅	2

上述数据分类中的极差、组数、组距各是多少？它们之间有什么关系？

（2）下面数据是截至2010年费尔兹奖得主获奖时的年龄：

$$29 \quad 39 \quad 35 \quad 33 \quad 39 \quad 28 \quad 33 \quad 35 \quad 31 \quad 31 \quad 37 \quad 32 \quad 38$$

$$36 \quad 31 \quad 39 \quad 32 \quad 38 \quad 37 \quad 34 \quad 29 \quad 34 \quad 38 \quad 32 \quad 35 \quad 36$$

$$33 \quad 29 \quad 32 \quad 35 \quad 36 \quad 37 \quad 39 \quad 38 \quad 40 \quad 38 \quad 37 \quad 39 \quad 38$$

$$34 \quad 33 \quad 40 \quad 36 \quad 36 \quad 37 \quad 40 \quad 31 \quad 38 \quad 38 \quad 40 \quad 40 \quad 37$$

请根据下面不同的分组方法列出频数分布表,画出频数分布直方图,比较哪一种分组能更好地说明费尔兹奖得主获奖时的年龄分布：

① 组距是2,各组是 $28 \leqslant x < 30$, $30 \leqslant x < 32$,…；

② 组距是5,各组是 $25 \leqslant x < 30$, $30 \leqslant x < 35$,…；

③ 组距是 10,各组是 $20 \leqslant x < 30$, $30 \leqslant x < 40$, ….

（3）下面是从蔬菜大棚中收集到的 50 株西红柿秧上小西红柿的个数：

28　62　54　29　32　47　68　27　55　43

36　79　46　54　25　82　16　39　32　64

61　59　67　56　45　74　49　36　39　52

85　65　48　58　59　64　91　67　54　57

68　54　71　26　59　47　58　52　52　70

请按组距为 10 将数据分组,列出频数分布表,画出频数分布直方图,并分析数据分布的情况.

答案：

（1）极差为 24 cm,组数为 8,组距为 3 cm；组距 = $\dfrac{\text{极差}}{\text{组数}}$.

（2）极差为 $40 - 28 = 12$（岁）,组距分别是 2, 5, 10 时,频数分布直方图如图 8.2－4 所示.

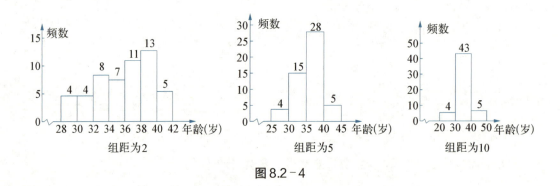

图 8.2－4

由图 8.2－4 可知,组距为 2 时,数据过于分散,组距为 10 时,数据过于集中,频数分布比较模糊,不便于观察数据分布的特征和规律,不能很好地反映菲尔兹奖得主的年龄分布规律. 因此,组距是 5 时的直方图最能够体现菲尔兹奖得主的年龄分布情况.

（3）极差为 $91 - 16 = 75$,组距为 10,分 8 组：$15.5 < x < 25.5$, $25.5 < x < 35.5$, $35.5 < x < 45.5$, $45.5 < x < 55.5$, $55.5 < x < 65.5$, $65.5 < x < 75.5$, $75.5 < x < 85.5$, $85.5 < x < 95.5$,各组的频数分别为：2, 6, 6, 13, 12, 7, 3, 1. 频数分布直方图如图 8.2－5 所示.

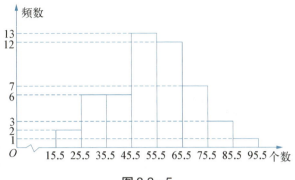

图 8.2－5

从图中可知,每株秧苗上小西红柿的个数在 45~65 范围最多,约占调查总数的一半.

说明: 第(1)题测评抽象水平 1,第(2)题测评抽象水平 2,第(3)题测评抽象水平 3.

◆ **案例 3　能选择适当的统计图直观、有效地描述数据.**

经历选择适当的统计图描述数据的活动,能说出各种统计图的特点,能选择适当的统计图直观、有效地描述数据,发展抽象各种统计图特征的能力.

抽象过程

通过分析不同统计图特点,得出不同统计图的适用范围;在具体情境中,归纳出如何根据数据的背景选择适当统计图描述数据的方法,以更直观地反映数据的分布特点.

水平划分

水平 1:在具体情境中,体会条形图、折线图、扇形图、直方图、趋势图的特征.

水平 2:能总结条形图、折线图、扇形图的各自特征,能区分条形图和直方图的特点、折线图与趋势图的特点.

水平 3:在具体情境中,能选择适当的统计图描述数据,直观有效地表达数据的分布特征.

样题

(1) 对于学校中不同年龄学生人数的比,能直观有效地表示这种数据特征的统计图是( ).

A. 条形统计图　　　　　　　　　B. 折线统计图

C. 扇形统计图　　　　　　　　　D. 频率分布直方图

(2) 测量工件的直径时往往有微小的误差,且工件直径是一个连续的变量,需要对测量的数据按照一定的范围分类,要直观有效地反映各类数据出现的频率,最适合的统计图是( ).

A. 条形统计图   B. 折线统计图

C. 扇形统计图   D. 频率分布直方图

(3) 某商场记录了一段时间内某种商品的单价与日销售量的数据如下表:

单价/元	4.0	4.1	4.2	4.3	4.4	4.7	5	5.4	5.5	6
日销量/件	90	91	92	86	80	72	60	63	52	48

并在平面直角坐标系内画出了如图8.2-6所示的散点图.

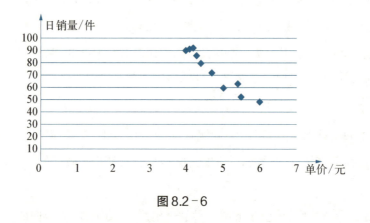

图8.2-6

① 能反映日销量随单价增加而变化的趋势的统计图有＿＿＿＿＿＿＿＿;

② 能直观预测给定价格时销售量的统计图是＿＿＿＿＿＿＿＿;

③ 请你预测当单价定为5.1元/件时,日销量大概是多少件? 并说明你这样预测的理由.

答案:

(1) C.   (2) D.

(3) ① 折线图、趋势图;② 趋势图;③ 用统计软件画出趋势图(如图8.2-7),可以大致预测当单价为5.1元/件时日销售量大约为63件.

说明: 第(1)题测评抽象水平1,第(2)题测评抽象水平2,第(3)题测评抽象水平3.

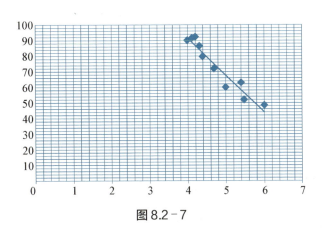

图 8.2-7

8.2.3 数据的分析

◆ **案例 1 通过具体实例抽象平均数以及加权平均数.**

经历用加权平均数分析数据的集中趋势的活动,能用自己的语言解释平均数和加权平均数的意义,发展抽象代表数据集中趋势的统计量的能力,知道分布式求加权平均数的方法.

抽象过程

经历从现实情境中用平均数刻画数据集中趋势的活动,归纳出平均数的"数据总和与数据个数之比"的含义,分离加权平均数的构成要素——数据及数据的权,分析"权"的意义和作用——反映数据重要程度的参数,推广到一般,得出加权平均数所反映的数据集特征——一组数据的中心点.

水平划分

水平 1:理解(算术)平均数的概念,并能利用其公式计算算术平均数.

水平 2:知道"权"表示数据的相对重要程度,体会权的差异对平均数的影响,进而掌握加权平均数的概念和统计意义;会用公式计算实际问题中数据的加权平均数,知道算术平均数与加权平均数的区别与联系.

水平 3:能根据具体数据的背景及需要,在计算其平均数时对数据赋予适当的"权",会用加权平均数分析数据的集中趋势,解释其实际含义,发展数据特征数的抽象能力.

样题

(1) 在校园诗歌朗诵比赛中,采用 10 位评委现场打分,每位选手的最后得分为去掉一个最低分,去掉一个最高分后的平均分.已知 10 位评委给某位选手的打分分别是:9.0,9.4,

9.3，9.8，9.5，9.1，9.6，9.4，9.7，9.6．求这位选手的最后得分．

（2）某中学规定学生的学期体育成绩满分为 100，其中早锻炼及体育课外活动占 20%，期中考试成绩占 30%，期末考试成绩占 50%．小桐的三项成绩（百分制）依次是 95，90，85．小桐这学期的体育成绩是多少？

（3）某公司为网络维护员、客户经理、创作总监这三种岗位各招聘一名职员，给三项成绩赋予相同的"权"合理吗？请你设计合理的权重，分别为公司招聘一名网络维护员、一名客户经理和一名创作总监．

应　试　者	测　试　成　绩		
	创新能力	计算机能力	公关能力
A	72	50	88
B	85	74	45
C	67	70	67

答案：

（1）$(9.4 + 9.3 + 9.5 + 9.1 + 9.6 + 9.4 + 9.7 + 9.6) \div 8 = 9.45$．

即这位选手的最后得分是 9.45．

（2）$95 \times 20\% + 90 \times 30\% + 85 \times 50\% = 88.5$．

即小桐这学期的体育成绩是 88.5．

（3）给三项成绩赋予相同的"权"不合理．本题设计权重答案不唯一，答案合理即可．例如招聘创作总监，则需要其创新能力较强，创新能力成绩的"权"是 7，计算机能力成绩的"权"是 2，公关能力成绩的"权"是 1．

说明： 第（1）题测评抽象水平 1，第（2）题测评抽象水平 2，第（3）题测评抽象水平 3．

◆ **案例 2　通过实际案例理解中位数和众数的意义．**

经历在具体情境中用中位数、众数描述数据的集中趋势的活动，理解中位数、众数所代表的一组数据的本质特征，能利用中位数和众数分析数据的集中趋势，并能根据数据分析结果作出简单的判断和预测，发展数据观念、模型观念和抽象能力．

抽象过程

在具体的问题情境中讨论端值数据的影响，通过对数据中间值及众多相同数据的考查，提取描述数据集中趋势的特征数——中位数、众数,解释它们的意义——中位数的位置特征和众数的重复数据特征.

水平划分

水平 1:能理解中位数、众数的概念,并找出一组数据的中位数、众数.

水平 2:能在实际情境中说明中位数、众数的意义,并利用中位数、众数描述一组数据的集中趋势.

水平 3:在现实情境中,根据数据的背景和数据处理的需要,选择中位数和众数分析数据的集中趋势.

样题

(1) 某学校九年级 1 班 9 名同学参加定点投篮测试,每人投篮 6 次,投中的次数统计如下:4,3,5,5,2,5,3,4,1,这组数据的中位数、众数分别为(   ).

A. 4,5   B. 5,4   C. 4,4   D. 5,5

(2) 在一次男子马拉松长跑比赛中,随机抽取 12 名选手,他们所用的比赛时间(单位:min)如下:

132   140   129   180   132   154   146   145   158   175   165   148

① 样本数据(12 名选手的成绩)的中位数、众数各是多少?

② 一名选手的成绩是 148 min,你认为他的成绩如何?

(3) 图 8.2-8 是小颖前三次购买苹果单价的统计图,第 4 次又买了苹果,这四个单价的中位数恰好也是众数,则第 4 次买苹果的单价是(   ).

A. 9 元/千克   B. 8 元/千克

C. 7 元/千克   D. 6 元/千克

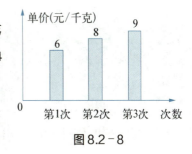

图 8.2-8

答案:

(1) 将 4,3,5,5,2,5,3,4,1 按由小到大的顺序排列为:1,2,3,3,4,4,5,5,5,处在最中间的数是 4,所以中位数是 4,其中 5 出现了 3 次,出现次数最多,所以众数是 5.因此答案为 A.

(2) ① 中位数是 147,众数是 132;② 因为 148 > 147,说明该选手比至少一半的选手慢.

(3) 逐个选项进行验证,可知:当第 4 次买苹果的单价是 8 元/千克时,四个单价按从小到大的顺序排列为6,8,8,9,此时中位数是8,众数是8,即中位数与众数相等,答案为B.

说明: 第(1)题测评抽象水平1,第(2)题测评抽象水平2,第(3)题测评抽象水平3.

◆ **案例3　通过实际情境抽象出方差的概念.**

经历刻画数据的波动水平的探索过程,能用自己的语言说明离差平方和、方差的意义,会计算一组数据的离差平方和、方差,发展统计量的抽象能力.

抽象过程

在具体的问题情境中,基于判断一组数据的稳定性需要,经历借助统计图呈现数据波动程度、观察数据的波动程度的活动,发现数据的波动程度与每一个数据与其平均数的"距离"相关,进而用这组数据与其平均数离差平方的均值刻画数据波动水平,通过归纳推广到一般,得到方差的计算公式并用数学符号予以表达.

水平划分:

水平1:能用方差概念判断一组数据的波动情况.

水平2:能够应用方差的计算公式求一组简单数据的方差.

水平3:在实际情境中,根据数据处理的需要,能应用方差解释数据的波动情况.

样题

(1) 甲、乙、丙、丁四位同学五次数学测验成绩统计如下表所示:

	甲	乙	丙	丁
平均分	85	90	90	85
方差	50	42	50	42

如果从这四位同学中,选出一位同学参加数学竞赛,那么应选(　　　).

A. 甲　　　　　　　　B. 乙　　　　　　　　C. 丙　　　　　　　　D. 丁

(2) 甲、乙两地9月上旬的日平均气温如图8.2-9所示,则甲、乙两地这10天日平均气温的方差的大小关系为 $s_{甲}^2$ _____ $s_{乙}^2$. (填">"或"<")

(3) 如图8.2-10是甲、乙两名射击运动员某节训练课的5次射击成绩的折线统计图,下列判断正确的是(　　　).

A. 乙的最好成绩比甲高　　　　　　　　B. 乙的成绩的平均数比甲小

C. 乙的成绩的中位数比甲小　　　　　　D. 乙的成绩比甲稳定

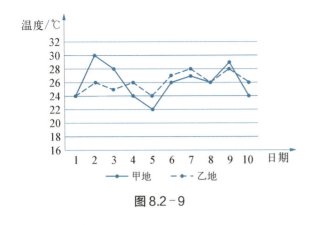

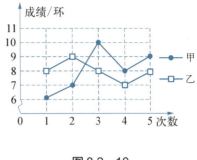

图8.2–9   图8.2–10

答案：

（1）根据题意可知：选平均分高且方差小（越稳定）的乙去参加数学竞赛，所以答案为 B.

（2）>.

（3）由图8.2–10可知，甲运动员的成绩为：6，7，10，8，9，乙运动员的成绩为：8，9，8，7，8，甲的最好成绩为10环，乙的最好成绩为9环，A 选项错误；甲的成绩平均数为：$(6+7+10+8+9)\div5=8$，乙的成绩平均数为：$(8+9+8+7+8)\div5=8$，甲、乙成绩的平均数相等，B 选项错误；甲的成绩的中位数为8，乙的成绩的中位数为8，甲、乙成绩的中位数相等，C 选项错误；甲的成绩的方差为$\frac{1}{5}[(6-8)^2+(7-8)^2+(10-8)^2+(8-8)^2+(9-8)^2]=2$，乙的成绩的方差为$\frac{1}{5}[(8-8)^2+(9-8)^2+(8-8)^2+(7-8)^2+(8-8)^2]=0.4$，$0.4<2$，所以乙的成绩比甲稳定，D 选项正确. 因此答案为 D.

说明： 第（1）题测评抽象水平1；第（2）题测评抽象水平2；第（3）题测评抽象水平3.

◆ **案例4　理解四分位数、百分位数与箱线图.**

经历计算四分位数与阅读箱线图的活动，会计算四分位数，能举例说明四分位数与箱线图的关系，感悟百分位数的意义，并能用来表达数据的分布，发展数据观念、几何直观和抽象能力.

抽象过程

在具体的问题情境中，从判断一组数据的分布情况等需要出发，经历用中位数把一组由小到大排列后的数据分成两组，再在分成的每一组中用中位数再分成两组的方法，得到四分位数,用自己的语言解释数据的 25%,50%,75% 这三个分位数的意义.进一步,通过归纳得到计算一组 n 个数据的四分位数的方法:计算第 p 百分位数时,先按从小到大排列原始数据,再计算 $i = n \times p\%$,若 i 不是整数,而大于 i 的比邻整数为 j,则第 p 百分位数为第 j 项数据;若 i 是整数,则第 p 百分位数为第 i 项与第 $(i+1)$ 项数据的平均数.

水平划分

水平 1:能够将一组数据组由小到大排列后,找出最小值、最大值,并能计算 25% 值、中位数及 75% 值.

水平 2:能将一组数据组由小到大排列后,按最小值、25% 值、中位数、75% 值及最大值分为四等份,根据四分位数绘制出箱线图,理解箱线图在数据特征表达中的特殊作用.

水平 3:能在复杂的问题情境中,根据数据处理的需要,将一组数据组由小到大排列后,找出第 p 百分位数,能根据结果解决简单问题.

样题

(1)某车间 12 名工人一天生产某产品(单位:kg)的数量分别为:13.8,13,13.5,15.7,13.6,14.8,14,14.6,15,15.2,15.8,15.4,则所给数据的第 25,50,75 百分位数分别是_____.

(2)求出下列数据的四分位数并绘制箱线图.

$$6, 47, 49, 15, 42, 41, 7, 39, 43, 40, 36.$$

(3)在甲、乙两校中各随机抽取 20 名九年级学生同一项目的体育测试成绩,数据如下:

甲校	23	25	28	30	30	31	32	34	34	36	37	38	38	38	38	38	39	40	45	49
乙校	23	23	29	30	31	30	31	32	33	35	37	38	38	39	40	40	40	40	45	48

请分析数据的分布规律,并对两校的这次体育测试成绩作出评价.

答案:

(1)将 12 个数据按从小到大排序:13,13.5,13.6,13.8,14,14.6,14.8,15,15.2,15.4,15.7,15.8.由 $i = 12 \times 25\% = 3$,得所给数据的第 25 百分位数是第 3 个数据与第 4 个数据的平均数即 $\dfrac{13.6 + 13.8}{2} = 13.7$;由 $i = 12 \times 50\% = 6$,得所给数据的第 50 百分位数是第 6

个数据与第 7 个数据的平均数, 即 $\dfrac{14.6+14.8}{2}=14.7$; 由 $i=12\times75\%=9$, 得所给数据的第 75

百分位数是第 9 个数据和第 10 个数据的平均数, 即 $\dfrac{15.2+15.4}{2}=15.3$. 故答案为: 13.7,

14.7, 15.3.

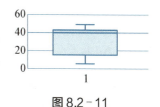

图 8.2－11

（2）按由小到大排列的结果为: 6, 7, 15, 36, 39, 40, 41,

42, 43, 47, 49, 一共 11 项. 四分位数分别为 $Q_1=15$, $Q_2=40$, $Q_3=$

43. 箱线图如图 8.2－11 所示.

（3）分别计算这两组数据的平均数, 甲、乙两校的平均成绩分

别为 35.15, 35.1, 甲、乙两校的方差分别为 37.827 5, 41.29, 根据样本估计总体, 两校的平均

成绩差不多, 甲校方差稍小, 因此, 甲校的成绩比较整齐. 比较中位数, 甲、乙两校的中位数分

别为 36.5 和 36, 差别细微. 为了更精细地描述两个样本的数据分布情况, 分别计算它们的四

分位数:

甲校: $Q_2=36.5$, $Q_1=30.5$, $Q_3=38$;

乙校: $Q_2=36$, $Q_1=30.5$, $Q_3=40$.

画出箱线图, 如图 8.2－12 所示: 从中我们可以发现, 从

抽取的样本看, 甲、乙两校成绩的中位数几乎相等（中位数线

差不多高）, 两校低于中位数的成绩数据分布差不多, 但甲校

成绩中, 超过中位数的数据更集中于中位数附近, 这与用平均

数、方差比较的结果基本一致. 还可以发现, 乙校中位数以上

的数据多, 而两校的第 1 分位数一样, 中位数差不多, 乙校成

绩的第三分位数明显大于甲校成绩的第三分位数, 因此, 乙校

体育成绩的高分段人数比例比甲校高. 根据样本估计总体, 两

校的总体成绩分布也具有这些特征.

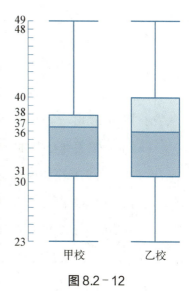

图 8.2－12

8.2.4　随机事件的概率

◆　**案例 1　了解概率的意义.**

经历量化刻画随机事件发生的可能性大小的活动, 能用例子说明概率的意义——对随

机事件发生可能性大小的量化表达, 发展抽象能力.

抽象过程

通过随机试验活动,感受随机事件发生的可能性有大小,尝试用数量表达随机事件发生的可能性大小;基于简单随机试验,分离出所有可能的结果数和指定随机事件所包含的结果数这两个基本要素,分析要素的关系,用指定随机事件包含的结果数与随机试验的总结果数的比值刻画随机事件发生可能性的大小;推广到一般,给出概率的定义和计算公式.

水平划分

水平 1:能在实际情境中知道随机事件发生可能性有大小,理解等可能事件的意义.

水平 2:理解概率的取值范围,知道随机事件发生的可能性越大其概率越接近 1,随机事件发生的可能性越小其概率越接近于 0.

水平 3:能用列举法(列表法、画树形图)列出所有可能的结果,以及指定随机事件发生的所有可能结果,计算简单随机事件的概率,解决简单的实际问题.

样题

(1) 天气预报显示"上海明天下雨的概率为 85%".下列说法正确的是(　　　).

A. 上海明天将有 85% 的时间下雨　　　　B. 上海明天将有 85% 的地区下雨

C. 上海明天下雨的可能性较大　　　　　　D. 上海明天下雨的可能性很小

(2) 不透明袋子中装有 2 个红球,1 个白球和 5 个黄球,这些球除了颜色外无其他差别.从袋子中随机摸出一个球,分别计算摸出红球、白球以及黄球的概率.

(3) 把一副普通扑克牌中的 13 张梅花牌洗匀后正面向下放在桌子上,从中随机抽取一张,求下列事件的概率(梅花 A 上的点数为 1):

① 抽出的牌是梅花 6;　　　　　　　　　② 抽出的牌带有人像;

③ 抽出的牌上的数小于 5;　　　　　　　④ 抽出的牌的花色是梅花.

(4) 甲袋子中装有 2 个相同的小球,它们分别写有字母 A 和 B;乙袋子中装有 3 个相同的小球,它们分别写有字母 C, D 和 E;丙袋子中装有 2 个相同的小球,它们分别写有字母 H 和 I. 从三个袋子中各随机取出 1 个小球.

① 取出的 3 个小球上全是元音字母的概率是多少?

② 取出的 3 个小球上全是辅音字母的概率是多少?

答案:

(1) C.

(2) $P($摸出红球$) = \dfrac{1}{4}$，$P($摸出白球$) = \dfrac{1}{8}$，$P($摸出黄球$) = \dfrac{5}{8}$.

(3) ① $\dfrac{1}{13}$；② $\dfrac{3}{13}$；③ $\dfrac{4}{13}$；④ 1.

(4) 解：根据题意，可以画出如图 8.2－13 的树状图：

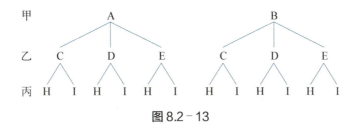

图 8.2－13

由树状图可以看出，所有可能出现的结果共有 12 种，且这些结果出现的可能性相等.

① 全是元音字母的结果只有 1 种，即 AEI，所以取出的 3 个小球上全是元音字母的概率为 $P = \dfrac{1}{12}$.

② 全是辅音字母的结果共有 2 种，即 BCH，BDH，所以取出的 3 个小球上全是辅音字母的概率为 $P = \dfrac{2}{12} = \dfrac{1}{6}$.

说明： 第(1)题测评抽象水平 1，第(2)题、第(3)题测评抽象水平 2，第(4)题测评抽象水平 3.

◆ **案例 2 通过大量重复试验，知道可以用频率估计概率.**

经历通过抛掷均匀硬币的大量重复试验，探索频率与概率的关系的活动，知道在大量重复试验中，随机事件发生的频率具有稳定性，知道可以用频率估计概率，发展频率与概率关系的初步抽象能力.

抽象过程

开展随机试验，观察并记录随机事件发生的频率，通过大量重复试验，根据试验所得的数据散点图或折线统计图，建立起频率与概率之间的联系，获得用频率估计概率的方法.

水平划分

水平 1：知道通过大量重复试验，随机事件发生的频率稳定在概率附近.

水平 2：能概括频率与概率的关系，知道可以用频率估计概率.

水平 3：能用频率估计概率解决简单的实际问题.

样题

（1）下表记录了重复抛掷一枚硬币得到的正面朝上次数的数据：

抛掷次数 n	50	100	150	200	250	300	500
正面朝上次数 m	28	60	78	104	123	152	251
频率 $\dfrac{m}{n}$							

① 计算正面朝上的频率(结果保留小数点后两位)；

② 随着试验次数的不断增加,硬币正面朝上的频率有什么规律?

（2）小明投掷了 10 次质地均匀的正方体骰子(六个面上分别标有 1，2，3，4，5，6 的点数),出现 2 次朝上一面的点数为 3,小明认为,根据频率估计概率,投掷一次这个骰子,朝上一面点数为 3 的概率为 0.2,你认为小明的推断合理吗? 为什么?

（3）某水果公司以 2 元/kg 的成本价新进 10 000 kg 柑橘,考虑到柑橘损坏的情况,销售人员首先从所有的柑橘中随机抽取若干柑橘,进行"柑橘损坏率"统计,并把获得的数据记录在下表中：

柑橘总质量 n／kg	损坏柑橘质量 m／kg	柑橘损坏的频率 $\dfrac{m}{n}$ （结果保留小数点后三位）
50	5. 50	0. 110
100	10. 50	0. 105
150	15. 15	_____
200	19. 42	
250	24. 25	
300	30. 93	_____
350	35. 32	
400	39. 24	_____
450	44. 57	_____
500	51. 54	_____

如果公司希望这些柑橘能够获得利润 5 000 元,那么在出售柑橘(去掉损坏的柑橘)时,每千克大约定价为多少元比较合适?

答案:

(1) ① 见下表:

抛掷次数 n	50	100	150	200	250	300	500
正面朝上次数 m	28	60	78	104	123	152	251
频率 $\dfrac{m}{n}$	0.56	0.60	0.52	0.52	0.49	0.51	0.50

② 随着试验次数的不断增加,硬币正面朝上的频率稳定在概率附近.

(2) 小明的推断不合理,因为只有在大量重复试验中,频率才能稳定在概率附近,10 次重复试验太少,事实上根据简单随机事件的概率求法,可得朝上一面点数为 3 的概率为 $\dfrac{1}{6}$.

(3) 从表中可以看出,随着柑橘质量的增加,柑橘损坏的频率越来越稳定.柑橘总质量为 500 kg 时的损坏频率为 0.103,于是可以估计柑橘损坏的概率为 0.1(结果保留小数点后一位).由此可知,柑橘完好的概率为 0.9.

根据估计的概率可以知道,在 10 000 kg 柑橘中完好柑橘的质量为 $10\,000 \times 0.9 = 9\,000$ (kg).

完好柑橘的实际成本为 $\dfrac{2 \times 10\,000}{9\,000} = \dfrac{2}{0.9} \approx 2.22$ (元/kg).

设每千克柑橘的售价为 x 元,则 $(x - 2.22) \times 9\,000 = 5\,000$.

解得 $x \approx 2.8$ (元).

因此,出售柑橘时,每千克定价大约 2.8 元可获利润 5 000 元.

说明:第(1)题测评抽象水平 1,第(2)题测评抽象水平 2,第(3)题测评抽象水平 3.

8.3 教学设计案例

为了落实概率初步内容中数学核心素养的发展要求,需要对统计与概率初步内容进行整体设计,并通过课时教学加以落实,用试验观察、数据收集、整理分析的方法理解生活中的随机事件发生可能性的数值特征,推断结论,引发思考,建立以统计与概率为基础的基于概念和推理的数据感知,发展符号意识、抽象能力和推理能力;在知识应用过程中形成通过数学抽象构建基本概念,解决问题,感悟用数据说话的思想,形成研究随机事件可能性大小的方法与策略体系,形成一般研究框架.这些核心素养行为表现的形成和发展,既需要在单元设计中整体布局,形成系统,又需要在不同的课时中对不同的行为表现进行有针对性的培养.因此,在核心素养的行为表现目标引领下,进行"单元—课时"教学,是落实数学核心素养发展育人目标的基本教学形式.

8.3.1 单元设计案例:随机事件的概率

一、知识结构图

图 8.3 - 1

二、内容与内容解析

1. 内容

随机事件及其相关概念,概率的意义及计算,用列举法求概率,用频率估计概率.

2. 内容解析

生活中存在很多随机现象.随机事件是指在一定条件下,可能发生也可能不发生的事件,随机事件发生的可能性有大有小,概率是刻画随机事件发生可能性大小的数值.简单随机事件的概率可以通过理论计算确定——"用列举法求概率"(这是建立模型方法),一般的随机事件的概率采用试验估算确定——"用频率估计概率"(这是统计方法),求概率的本质是确定样本空间 Ω 上的所有子集的并、交运算组成的集类上集合的规范测度.本单元内容的核心思想是抽象思想、随机思想、模型思想,本单元内容的核心育人价值是发展学生的数据观念和模型观念,发展抽象能力和应用意识.

基于以上分析,确定本单元的教学重点:概率的意义及计算,用列举法求概率,用频率估计概率.

三、目标与目标解析

1. 目标

(1)能从现实情境或试验操作中抽象随机事件,理解随机事件概率的意义,掌握概率的计算方法,建立概率模型,发展抽象能力和模型观念,学习用数学的眼光观察现实世界和用数学的语言表达现实世界.

(2)能理解简单随机事件的特征及"用频率估计概率"的要求,能根据随机事件的特征运用不同的方法求随机事件的概率,进一步发展分析问题和解决问题的能力,发展推理能力,学习用数学的思维方式思考现实世界.

(3)能通过反思总结,提炼计算随机事件的概率过程中蕴含的随机思想,感悟"用列举法求概率"和"用频率估计概率"两种方法的不同,初步理解通过数据认识现实世界的意义,发展抽象能力、数据观念和应用意识.

2. 目标解析

达成目标(1)的标志:能辨别或例举生活中的随机事件,并能用数值量化刻画随机事件发生可能性的大小,知道什么是概率.

达成目标(2)的标志:知道简单随机事件的特征(试验的结果有限个,试验中每个结果出现的可能性相同),理解"在大量重复试验中,频率稳定于概率"的意义,能用合适的列举法求简单随机事件的概率,会用频率估计概率.

达成目标(3)的标志:经历试验操作和问题解决过程,总结用概率解决实际问题的一般过程(实际背景——随机事件——数据处理及计算——概率——实际应用),体会随机的思想,即在一次试验中,随机事件是否会发生是不知道的,但其发生的可能性大小的规律是确定的;相同的事情,每次收集到的数据可能不同,但只要有足够的数据就可以从中发现规律,也就是说,多次随机抽样得到的样本数据可能不同,但只要随机抽样的次数足够多,其样本特征数总会稳定于一个固定值(偏离这一固定值的概率会足够小),这就是样本估计总体的依据(大数定律).经历计算不同随机事件的概率,理解各种列举法优缺点及"用列举法求概率"和"用频率估计概率"两种方法的不同.

四、目标谱系

核心素养 内容	数学观察	数学思维	数学表达	学会学习
随机事件与概率	1. 经历分析现实中随机现象及随机试验活动,抽象事件、必然事件、不可能事件和随机事件的意义. 2. 抽象简单随机试验的特征:可能出现的结果只有有限个,且每个结果出现的可能性大小相等. 3. 能基于事件中包含的结果数与简单试验中出现的结果总数的比值量化表达事件发生的可能性大小,抽象概率的意义.	经历简单随机事件特征的归纳活动,掌握简单随机事件概率的计算方法,发展推理能力.	1. 会用概率量化表达随机事件发生的可能性大小. 2. 能用语言和符号表达事件概率的公式及意义.	1. 体会简单随机事件量化刻画的基本过程:确定度量单位(分离等可能的结果)——分析事件包含的单位个数(包含的等可能结果数)——计算单位数的比(事件包含的等可能结果数与试验的等可能结果总数的比值). 2. 体会量化刻画事件发生可能性大小的方法与基于单位度量测量几何图形的方法具有一致性.
列举法求概率	理解列举法求简单试验中事件概率的意义:通过列举法列出简单随机事件的结果总数和指定事件的结果数,用指定随机事件的结果数与随机事件的结果总数的比值作为指定随机事件概率值.	经历探索列表法和树状图法求概率的活动,体会分类列举中分类的要求与特点(分步+分类),理解简单分类和分步分类的异同,初步学会分步计数法,发展推理能力.	能借助表格或树状图直观表达简单试验的所有结果,发展模型观念,提升数据分析素养.	初步学会分步分类的方法:先确定试验程序,明确分类步数(2步或3步),再确定每步类别,最后通过步骤数与类别数的积确定结果总数.
用频率估计概率	1. 发现简单随机事件的概率可以用试验来检验. 2. 通过观察大量的重复试验,发现随机事件结果出现的频率稳定于它的概率.	经历试验次数由少到多时,通过观察和归纳发现频率稳定于某一固定数值的规律,理解用频率估计概率的意义——频率偏离概率的可能性越来越小,发展数据观念和抽象能力.	在具体问题情境中,能设计试验,实施试验,会用统计表和统计图整理试验数据,用频率估计概率的方法解决简单的实际问题,发展数据观念.	1. 学习建立"用频率估计概率"的模型,形成一般过程:实际问题——试验操作——数据整理及计算——用频率估计概率——用概率解决问题. 2. 通过比较"用列举法求概率"与"用频率估计概率",确定求两种随机事件概率的方法,学会对比和归纳.

五、教学问题诊断分析

1. 已有基础

在小学阶段,学生学习了收集、整理、分析数据的简单方法,会定性描述简单随机现象发生可能性的大小,建立了初步的数据意识.

2. 学习需要

随机事件的概率强调经历简单随机事件发生概率的计算过程,尝试用概率定量描述随机现象发生可能性大小,是定性描述到定量描述的发展,需要学生基于试验找到定量刻画随机事件发生可能性大小的方法,抽象概率的意义.另外,在列举法求概率时涉及到分步分类方法;在用频率估计概率活动中需要理解"频率稳定于概率"的意义.

3. 难点及应对策略

本单元的教学难点是:概率意义的理解,分步分类列举随机事件的结果,对"频率稳定于概率"意义的理解.教学中,需要结合实例让学生充分经历随机事件发生可能性大小数值刻画活动,促进学生理解概率的意义;用列举法求概率时,强化对分类过程的指导和对简单随机事件特点的理解;在用频率估计概率的教学中要让学生充分理解频率稳定于概率的本质——随着试验次数的增加,频率偏离概率的可能性越来越小,用频率估计概率出现错误的可能性越来越小.

六、教学建议

1. 本单元提到的简单随机事件的概率指的是古典概率,教学时要强调古典概率的两个基本特征.

2. 采用单元整体教学策略,形成并提出概率的研究思路、研究内容和研究方法.

研究主题:用数值量化刻画随机事件发生的可能性大小.

研究思路:定义——算法——应用.

研究内容:概率、用列举法求概率、用频率估计概率.

研究方法:从具体到抽象,归纳,用统计方法整理与分析数据,建立数据模型.

3. 引导学生对比列表法求概率与画树状图法求概率,对比用列举法求概率与用频率估计概率,总结方法的不同及各自的适用范围.

4. 重视试验的前提条件,渗透随机思想;重视数据的整理和计算,渗透概率与统计的关系.

5. 课时安排:随机事件与概率 2 课时,列举法求概率 2 课时,用频率估计概率 2 课时,小结与复习 1 课时,共 7 课时.

8.3.2　课时设计案例:用频率估计概率(第 1 课时)

教学目标

1. 知道通过大量重复试验,可以用频率估计概率.

2. 经历抛硬币试验,对数据进行收集、整理、描述与分析,体验频率的随机性和规律性,了解用频率估计概率的合理性和必要性,建立数据观念.

重点难点

1. 重点:用频率估计概率.

2. 难点:理解频率与概率的关系.

教学过程设计

一、回顾思考,提出问题

▶ **问题 1**　抛掷一枚质地均匀的硬币,"正面向上"的概率是多少?

追问 1: 能否用同样的方法确定抛一个瓶盖出现"凹面向上"的概率?

追问 2: 你觉得还需要解决什么问题?

师生活动: 学生根据简单随机事件概率的意义,确定硬币"正面向上"的概率为 0.5;教师引导学生分析:不能用这种方法确定抛一次瓶盖出现"凹面向上"的概率,因为这个事件不满足简单随机事件的要求.需要进一步研究,不是简单随机事件,怎样确定其发生的概率.

设计意图:回顾旧知,提出问题,并加以思考,发展抽象能力.

二、试验探究,发现规律

▶ **问题 2**　抛掷一枚质地均匀的硬币,"正面向上"的概率是 0.5,是否意味着抛掷一枚硬币50 次时,一定会有 25 次"正面向上"?

师生活动: 学生凭借生活经验知道不一定,此时教师组织学生用试验进行检验.提出活动任务:全班同学三人一组,每组同学抛掷一枚硬币 50 次,统计"正面向上"出现的次数,计算频率,填写表 8.3－1,并在图 8.3－2 中绘制频率统计图.活动要求:第 1 名同学负责抛掷硬币,约达一臂高度,接住落下的硬币,报告试验结果;第 2 名同学记录试验结果;第 3 名同学监督,尽可能保证每次试验条件相同.

表 8.3-1　各小组试验数据记录表

组　别	1组	2组	3组	4组	5组	6组	7组
"正面向上"的次数 m							
"正面向上"的频率 $\dfrac{m}{n}$							

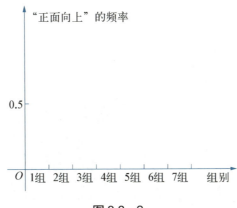

图 8.3-2

▶ **问题 3**　在上述试验中,你发现了什么规律?能推广到一般吗?请说说你的理解.

师生活动:学生发现抛掷一枚硬币 50(或 100)次时,"正面向上"的次数不一定是 25(或 50)次,"正面向上"的频率不一定是 0.5,如图 8.3-3.同时通过汇总全班的试验数据(如表 8.3-2)后发现,当试验次数越来越多时,频率偏离 0.5 的次数越来越少,频率越来越稳定于概率值 0.5,如图 8.3-4.教师引导学生给出规律的一般化表达:在大量重复试验中,随着试

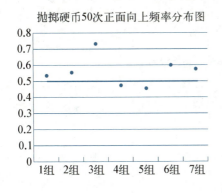

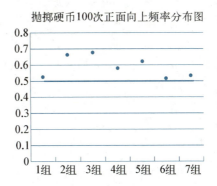

图 8.3-3

验次数的增加,随机事件结果出现的频率越来越稳定于一个固定的数值,这个固定的数值就是试验一次该事件发生的概率.频率稳定于概率不是越来越接近于概率,而是偏离概率的可能性越来越小,用频率估计概率出现错误的可能性越来越小.教师结合数学史材料用多媒体展示历史上数学家的试验(如表8.3-3),说明数学家雅各布·伯努利对这种规律给出了证明.

表8.3-2　全班试验数据累加表

抛掷次数 n	50	100	150	200	300
"正面向上"的次数 m					
"正面向上"的频率 $\dfrac{m}{n}$					
抛掷次数 n	400	600	800	1 000	
"正面向上"的次数 m					
"正面向上"的频率 $\dfrac{m}{n}$					

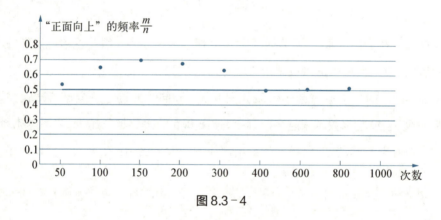

图8.3-4

表8.3-3　历史上数学家的试验数据记录表

试验者	抛掷次数 n	"正面向上"的次数 m	"正面向上"的频率 $\dfrac{m}{n}$
棣莫弗	2 048	1 061	0.518
布丰	4 040	2 048	0.506 9
费勒	10 000	4 979	0.497 9

试验者	抛掷次数 n	"正面向上"的次数 m	"正面向上"的频率 $\frac{m}{n}$
皮尔逊	12 000	6 019	0.501 6
皮尔逊	24 000	12 012	0.500 5

设计意图:通过大量重复试验和数据的整理和直观表述发现规律,抽象频率与概率的关系,知道通过大量重复试验可以用频率估计概率.

三、应用新知,解决问题

▶ **问题4** 现在,同学们知道怎样确定抛一个瓶盖,出现凹面向上的概率了吗?

师生活动:组织学生设计重复试验,通过大量重复试验,用频率估计概率,并通过实施大量重复试验,估计一次抛掷中,瓶盖凹面向上的概率,解决本课开始提出的问题.

四、反思总结,概括提升

1. 本节课我们学习了哪一种求随机事件概率的方法?与用列举法求概率在适用范围上有什么不同?

2. 说说你对频率与概率之间关系的认识?

师生活动:教师引导学生从上述问题出发回顾本节课内容.

设计意图:归纳小结,巩固方法.

五、目标检测

1. 下表记录了一名球员在罚球线上投篮的结果.

投篮次数 n	50	100	150	200	250	300	500
投中次数 m	28	60	78	104	123	152	251
投中频率 $\frac{m}{n}$							

(1) 计算投中频率(结果保留小数点后两位);

(2) 这名球员投篮一次,投中的概率约是多少(结果保留小数点后一位)?

2. 用前面抛掷硬币的试验方法,全班同学分组做掷骰子的试验,估计掷一次骰子时"点数是1"的概率.

答案：

1. （1）0.56，0.60，0.52，0.52，0.49，0.51，0.50. （2）0.5.

2. $\dfrac{1}{6}$.

设计意图：第 1 题检测目标 1，第 2 题检测目标 2.

8.4 教学建议

统计是通过数据收集、分类整理和描述、数据的分析等活动来推断数据的特征和分布规律,从而理解和表达随机现象;概率则通过模型计算、大量重复试验来量化刻画随机事件发生的可能性大小.

根据统计与概率的上述特点和《课标(2022年版)》中的教学建议,提出如下的发展抽象能力的教学建议:

1. 通过实例,让学生经历数据收集、分类整理、描述和分析等活动,在这些统计实践活动中体会抽象的必要性和用恰当的方法收集数据的必要性.学会简单随机抽样,根据调查目的设计调查问卷,用恰当的方法收集数据;根据数据的背景抽象数据分类标准进行数据分类整理,抽象不同统计图的特点并能选择恰当的统计图描述数据;根据数据的背景抽象适当的特征数分析数据的特征,理解样本估计总体的思想,根据样本的数据特征推断总体数据特征.

2. 随机事件的概率的教学.通过实例,让学生经历从小学阶段对随机现象的定性描述逐渐走向初中阶段的定量分析,抽象概率的意义.通过简单的现实中的随机现象问题,引导学生感悟随机事件,理解概率是对随机事件发生可能性大小的度量;引导学生认识一类简单的随机事件,其所有可能发生结果的个数是有限的,每个结果发生的概率是相等的,在此基础上了解简单随机事件概率的计算方法;引导学生通过大量重复试验,发现随机事件发生频率的稳定性,感悟用频率估计概率的道理,会用频率估计概率.

因为统计与概率是实践性的内容,因此教学中应该设计实践性的活动,让学生亲身经历统计活动和随机现象的感悟与数量表达活动,体会数据的随机性,抽象数据的特征,抽象收集数据、整理数据、描述数据、分析数据、作出推断的方法,建立数据观念.

第 9 章 基于课程标准的"抽象能力"测试与分析

前面我们以《课标(2022 年版)》为依据,分析了抽象能力的内涵,建构了抽象能力行为表现的指标体系.在此基础上,本章讨论融合初中数学课程内容测试抽象能力发展水平的试卷布局、试题命制、测试分析,并对抽象能力水平测试的命题提出一些建议.

在前面各章中,我们讨论了《课标(2022 年版)》中抽象能力的内涵,以《课标(2022 年版)》为依据,建构了抽象能力行为表现的指标体系,并给出了抽象能力行为表现水平的案例,以及着眼于培养抽象能力的"单元—课时"教学设计案例.《课标(2022 年版)》提出了"教—学—评"一致性的要求,在教学实践中,教学评价、学业水平测试对教师的"教"与学生的"学"具有重要的导向作用.因此,研究核心素养导向的命题、测试与评价,对推进融合内容发展数学核心素养的教学改革,提高数学育人质量与效率,具有重要的现实意义与理论意义.本章将介绍融合内容的阶段性抽象能力发展水平测试的试卷布局与试题命制,形成测试样卷,抽样施测、分析测试数据,提出命题建议.

9.1 阶段性抽象能力测试卷的研制

9.1.1 命题的原则与流程

《课标(2022 年版)》给出的学业水平考试命题原则主要有:

(1)坚持素养立意,凸显育人导向.以核心素养为导向的考试命题,要关注数学的本质,关注通性通法,综合考查"四基""四能"与核心素养.适当提高应用性、探究性和综合性试题的比例,题目设置要注重创设真实情境,提出有意义的问题,实现对核心素养导向的义务教育数学课程学业质量的全面考查.

(2)遵循课标要求,严格依标命题.全面理解和体现课程标准要求,依据课程标准所规定的课程目标、内容要求、学业要求和学业质量命题,各领域考查内容所占比例与其在课程标准中所占比例大体一致,难易程度大体平衡,保证命题的科学性.

进一步，《课标（2022 年版）》提出了命题规划的要求：

（1）纸笔测试应合理规划题目类型，关注客观题与主观题分值所占比例，原则上客观题分值要低于主观题分值；主观题要探索命制问题解决及多学科融合类试题；试卷呈现避免套路化.

（2）合理确定试卷容量. 适当精减题量，要着重减少单纯考查技能熟练性的题目，保证学生有充足的作答时间.

（3）科学制订多维细目表. 在内容要求、素养表现的基础上，确定题型题量、难易程度、分值比例等. 多维细目表的编制具体翔实，指向明确，便于命题操作，关注试卷难度、合格率、区分度等指标.

对于试题命制，提出了"明确考查意图、创设合理情境、设置合理问题、科学制定评分标准"等要求，实际上，给出了编制试题的工作步骤.

根据上述要求，结合我们长期以来的中考、学业水平测试等试题命制经验，提出核心素养行为表现水平测试题命制的如下原则：

（1）素养导向——在考核"四基""四能"的基础上，融合课程内容的理解应用活动考核核心素养行为表现.

（2）合理布局——编制融合内容的认知要求、思想方法、核心素养行为表现的多维细目表，合理布局试卷中对数学核心素养各种行为表现的权重分布.

（3）科学命题——严格依标命题，合理控制难度、区分度，提高试题的信度与效度. 基于拟考知识的认知要求和核心素养行为表现类型及水平创设适当的情境（数学情境、现实情境、跨学科情境等），设置适当的问题引发学生的认知活动和核心素养行为表现.

（4）合理评分——改变原来踩点给分的方法，探索基于学生答题反映出的认知水平和核心，素养行为表现的评分方法.

基于上述命题原则，形成抽象能力阶段性发展水平测试卷（七年级、八年级、九年级）的编制流程：明确测试抽象能力目的——研制抽象能力在不同主题内容上的分布表——命制试题——研制评分标准.

9.1.2 测试卷的布局

为了测评不同年级学生抽象能力发展水平，基于前面各章中的抽象能力行为表现指标体系，结合年级内容，确定试卷长度与测试时间，设置试卷布局，研制抽象能力在不同主题内容中的分布表.测试题型包括选择题、填空题与解答题,测试时间为 60 分钟. 为便于纵向比较,尽管三套试卷在测试内容上各有不同,但不同试卷的抽象能力水平要求基本一致,且不同试卷之间设计有 1~2 道锚题(相同试题)便于准确比较不同年级学生的抽象能力水平. 三份样卷的抽象能力指标在不同主题内容中的分布具体如下:

表 9.1－1　七年级抽象能力测试卷分布表

题次	题型	分值	主题	C1	C2	C3	C4
1	选择	3	A11			C3A11－1	
2	选择	3	B23	C1B23－1			
3	选择	3	A22	C1A22－1			
4	选择	3	B12		C2B12－4		
5	选择	3	T13			C3T13－1	
6	选择	3	A13			C3A13－1	
7	填空	4	A21	C1A21－1			
8	填空	4	A31			C3A31－1	
9	填空	4	B11			C3B11－2	
10	填空	4	B11			C3B11－2	
11	填空	4	B11			C3B11－1	
12	填空	4	A12			C3A12－1	
13(1)	解答	3	B11	C1B11－2			
13(2)	解答	5	B11	C1B11－2			
14	解答	8	A21			C3A21－1	
15(1)	解答	4	A21				C4A21－1
15(2)	解答	6	A21				C4A21－1
16(1)	解答	2	T12		C2T12－1		
16(2)	解答	4	T13	C1T13－1			
16(3)	解答	4	T13				C4T13－1

题次	题型	分值	主题	C1	C2	C3	C4
17	解答	10	B22			C3B22－1	
18（1）	解答	4	A11		C2A11－2		
18（2）	解答	4	A13			C3A13－1	
18（3）	解答	4	A21			C3A21－1	
指标权重				0.1	0.03	0.77	0.1

表 9.1－2　八年级抽象能力测试卷分布表

题次	题型	分值	主题	C1	C2	C3	C4
1	选择	3	A11	C1A11－1			
2	选择	3	B21	C1B21－2			
3	选择	3	A31	C1A31－1			
4	选择	3	B13		C2B13－6		
5	选择	3	T13			C3T13－1	
6	选择	3	A32		C2A32－2		
7	填空	4	B14		C2B14－3		
8	填空	4	A13			C3A13－1	
9	填空	4	A32			C3A32－1	
10	填空	4	B21			C3B21－1	
11	填空	4	B14		C2B14－2		
12	填空	4	A32	C1A32－1			
13	解答	8	T13		C2T13－1		
14（1）	解答	2	B14				C4B14－3
14（2）	解答	4	B14				C4B14－3
14（3）	解答	2	B14				C4B14－3

题次	题型	分值	主题	C1	C2	C3	C4
15	解答	10	A34			C3A34 - 1	
16(1)	解答	2	T12	C1T12 - 1			
16(2)	解答	2	T12		C2T12 - 1		
16(3)	解答	2	T12			C3T12 - 1	
16(4)	解答	4	T13				C4T13 - 1
17	解答	10	B21				C4B21 - 1
18(1)	解答	4	A11		C2A11 - 2		
18(2)	解答	4	A13			C3A13 - 1	
18(3)	解答	4	A21			C3A21 - 1	
指标权重				0.17	0.24	0.37	0.22

表 9.1 - 3　九年级抽象能力测试卷分布表

题次	题型	分值	主题	C1	C2	C3	C4
1	选择	3	A21	C1A21 - 1			
2	选择	3	B21, B22	C1B21 - 1 C1B22 - 1			
3	选择	3	A34			C3A34 - 1	
4	选择	3	T13			C3T13 - 1	
5	选择	3	A22			C3A22 - 1	
6	选择	3	A13			C3A13 - 1	
7	填空	4	A21	C1A21 - 1			
8	填空	4	B15		C2B15 - 2		
9	填空	4	A33			C3A33 - 1	
10	填空	4	B22		C2B22 - 1		

题次	题型	分值	主题	C1	C2	C3	C4
11	填空	4	A21			C3A21－1	
12	填空	4	T21		C2T21－2		
13	解答	8	B15			C3B15－1	
14	解答	8	B21				C4B21－1
15(1)	解答	5	A34			C3A34－1	
15(2)	解答	5	A34			C3A34－1	
16(1)	解答	2	T12		C2T12－1		
16(2)	解答	2	T13	C1T13－2			
16(3)	解答	2	T13				C4T13－1
16(4)	解答	4	T13			C3T13－1	
17	解答	10	B14				C4B14－3
18(1)	解答	4	A11		C2A11－2		
18(2)	解答	4	A13			C3A13－1	
18(3)	解答	4	A21			C3A21－1	
指标权重				0.12	0.16	0.54	0.18

9.1.3　命制试题

根据《课标(2022年版)》中抽象能力的内涵以及抽象能力的行为表现,数学抽象能力的形成与发展依赖于问题情境和有意义的问题的引导,引发学生的抽象活动.因此,在命制试题时,首先明确抽象目标,确定需要考核学生抽象概念(C1)、命题与规则(C2)、变量与模型(C3)、方法与策略(C4)还是系统与结构(C5);其次,确定在什么内容主题上考核;第三,确定是在知识发生发展的过程中考核还是在知识的应用过程中考核;第四,确定考核的抽象水平;第五,创设适当的情境;第六,进行合理设问;第七,研制评分标准.

例1 (八年级测试卷第 2 题)下列标志中,轴对称图形是(　　).

本题考核的是图形的变化主题中的概念抽象能力,水平要求 1,只要求能用轴对称图形的定义直观地辨认轴对称图形,考核的指标是 C1B21 - 2.此题情境简单真实,问题与水平 1 要求相匹配.

例2 (八年级测试卷第 15 题)在盛水的水槽中放一块长方体材料,请设出适当的变量和常量,建立函数表达式表示沉在水下部分的高度与材料密度之间的变化规律.

此题要考核从真实情境中抽象核心变量,用符号表示,需要应用数学知识和科学中的物体沉浮原理及浮力与重力之间关系的有关知识,通过符号变量之间的数量关系,建立函数模型表达变化过程,考查在具体情境中抽象变量与模型的能力,水平要求 3,考核指标是C3A34 - 1,提问方式与水平 3 要求匹配.

9.1.4　研制评分标准

评分标准是对学生答题中表现出的抽象能力水平进行量化描述,这需要从"踩点给分"的传统做法逐步过渡到根据学生的表现水平给分.比如,对于比较两组数据水平的统计问题,可能学生给出的结论相同,但选择的统计量不同,由于不同的统计量有不同的特点,比较两组数据的水平,首选平均数,其次是中位数,而众数就不太合理,因为它是类别统计量,这样可以按照"平均数 > 中位数 > 众数"的级别给分;学生可能选择用平均数分析数据,平均数的公式正确,计算结果错误,但不影响结果判断,这样的答题可以不扣分或少扣分.再如,在基于现实情境的二次函数建模中,如果建立的模型合理,求二次函数最值的方法正确,但运算错误,则可以少扣分,等等.为了整体分析全卷评价核心素养的效度,需要基于核心素养导向的多维细目表,用每小题中核心素养行为表现的实际得分除以小题中该核心素养行为表现总分计算其得分率,再通过对全卷各题计算核心素养行为表现同级水平得分率的加权平均数得到整份试卷中某一核心素养行为表现水平的得分率,以超过所有学生的中位数为标准判定某学生具有核心素养行为表现的某一级水平.例如,如果某试卷中测试抽象能力水平3的试题分别为3分题、4分题、5分题3个小题,总分为12分,所有被测学生中这三个题总得分的中位数为5分,则判定得分不少于5分的学生达到了抽象能力水平3,判定得分低于5分的学生为没有达到抽象能力水平3.

此外,还有更专业的数据采集和分析方法,可以采用IRT(试题反映理论,有专用软件)确定水平,进行抽象能力的水平分层.具体过程如下:

通过项目特征函数来测量学生的数学抽象能力.项目的特征函数测量的是能力水平为 θ 的被试正确作答该项目的概率.本研究使用的项目特征函数为双参数模型:

双参数模型: $p(\theta) = \dfrac{1}{1 + e^{-D \cdot a \cdot (\theta - b)}}$.

该模型中的参数意义为:

D 通常取常数 1.7;

a 为该试题的区分度,计算公式为 $a = \dfrac{H - L}{N}$,其中 H 代表能力水平高前 27% 的被试完全答对该问题的人数,L 代表能力水平低后 27% 的被试完全答对题的人数,N 代表测试者总人数;

b 表示该试题的难度系数,计算公式为 $b = \dfrac{R}{N}$,其中 R 代表完全答对该试题的人数,N 代表测试者总人数.

在确定一次测试中的每个项目的特征函数和被试在每个项目上的作答正确程度后,求出参试学生在本次测试中反映出的其潜在数学抽象能力水平值 θ 的似然函数的最大值.本研究中的似然函数是:

$$L(\theta) = L(U|\theta, a, b, c) = \prod_{j=1}^{m} e^{u_j \cdot \ln p_j(\theta)} \cdot e^{(1-u_j) \cdot \ln(1 - p_j(\theta))}. \tag{9.1}$$

函数中的 $p_j(\theta)$ 表示能力值为 θ 的测试者答对第 j 道试题的概率,是第 j 题项目特征函数;u_j 为测试者对第 j 题的反映值.利用导数求出函数 $L(\theta)$ 的最大值点,即得到 θ 的极大似然估计,即该参试学生在本次测试中反映出的潜在数学抽象能力水平值.

先对式(9.1)两边进行求对数运算后,则得到:

$$\ln L(\theta) = \sum_{j=1}^{n} u_j \cdot \ln p_j(\theta) + \sum_{j=1}^{n} (1 - u_j) \cdot \ln(1 - p_j(\theta)). \tag{9.2}$$

之后再对式(9.2)两边求导,得:

$$\frac{\mathrm{d}}{\mathrm{d}\theta}\ln L(\theta) = D \cdot \sum_{j=1}^{n} \frac{a_j \cdot (u_j - p_j(\theta))(p_j(\theta) - c_j)}{p_j(\theta) \cdot (1 - c_j)}.$$

令$\frac{\mathrm{d}}{\mathrm{d}\theta}\ln L(\theta) = 0$,解方程可得$\theta$值.

通过对θ值进行线性变换以更好地呈现学生的数学抽象能力. 最终,学生在本研究中的数学抽象能力分最终被表示为: $500 + 100\theta$. 进一步,可以根据这一分数的分布进行抽象能力的水平分层.

9.2 抽样施测与数据分析方法

9.2.1 测试的对象与范围

本章研制了七、八、九三个年级的数学抽象能力测试样卷,用样卷分别对三个年级的学生进行抽样施测.为了保证学生拥有足够的知识储备以完成相应数学测试,本次测试于 2023年 6 月初实施.本次测试采用纸笔测试的方式,所有参加测试的学生,需要回答试卷中的所有题目.

9.2.2 测试样本的选取与数据分析方法

在某县县城和农村各选取七、八、九年级一个班级作为样本(共 279 名学生参加测试),各年级参试学生人数接近,每年级参试学生中,性别、城乡分布均匀.所有被试具体信息如表9.2‑1.

表9.2‑1 七、八、九三个年级选取的样本表

	人　数	男	女	城　镇	乡　村
七年级	90	49	41	42	48
八年级	93	49	44	48	45
九年级	96	47	49	41	55
总人数	279	145	134	131	148

在本次测试中,七年级试卷的信度为 0.82,八年级试卷的信度为 0.70,九年级试卷的信度为 0.77,均具有较高的信度.对测试后的数据,进行 IRT 分析.

9.3　测试结果分析

9.3.1　七、八、九三个年级学生成绩的抽象能力的水平划分

对七年级学生的成绩进行 IRT 分析,得到的数据如图 9.3－1 所示.基于参试学生数学抽象能力的分布特征,将 564 分及以上的学生划定为 A 水平,将 465～564 分(含 465 分)的学生划定为 B 水平,将 408～465 分(含 408 分)的学生划定为 C 水平,将低于 408 分的学生划定为 D 水平.

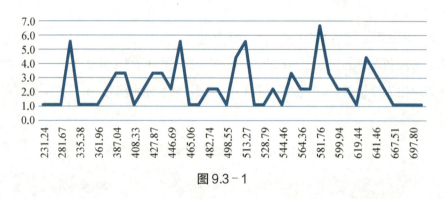

图 9.3－1

对八年级学生的成绩进行 IRT 分析,得到的数据如图 9.3－2 所示.基于参试学生数学抽象能力的分布特征,将 548 分及以上的学生划定为 A 水平,将 462～548 分(含 462 分)的学生划定为 B 水平,将 414～462 分(含 414 分)的学生划定为 C 水平,将低于 414 分的学生划定为 D 水平.

图 9.3－2

对九年级学生的成绩进行 IRT 分析,得到的数据如图 9.3－3 所示.基于参试学生数学抽象能力的分布特征,将 561 分及以上的学生划定为 A 水平,将 461～561 分(含 461 分)的学生划定为 B 水平,将 403～461 分(含 403 分)的学生划定为 C 水平,将低于 403 分的学生划定为 D 水平.

图9.3-3

9.3.2 七、八、九三个年级学生抽象能力水平的层级比较

通过将三个年级参试学生所体现出的水平层级进行对比,如图9.3-4,我们发现,数学抽象能力处于 A 水平的学生的比例随着年级的上升出现了明显下降;处于 B 水平的学生的比例则明显上升,尤其在七、八年级的跨越上体现得特别明显;处于 C,D 水平的学生的比例则出现了明显下降.说明学校数学教学在提升一般学生的抽象能力上起到了突出的作用,但难以带领优秀学生的抽象能力走向更高的层次.

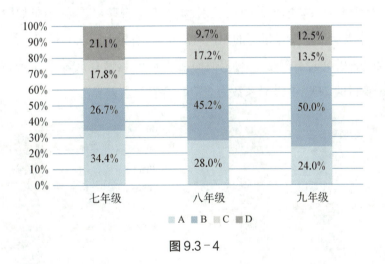

图9.3-4

9.3.3 七、八、九三个年级测试结果分析

(一)七年级测试结果分析

分析七年级 A,B,C,D 能力层级的学生在抽象能力水平1,水平2,水平3问题上的表现,结果如表9.3-1.可以发现:

在水平 1 的问题上,七年级 A 层级学生的正确率仅为 63% ,存在较大进步空间,甚至低于其在水平 2、水平 3 问题上的表现;七年级 B、C 层级学生在水平 1 问题上的正确率均接近 50% ,明显高于 D 层级学生 37% 的正确率.

在水平 2 的问题上,七年级 A、B 层级学生的表现相对接近,明显高于 C 层级学生 46% 的正确率和 D 层级学生 19% 的正确率.

水平 3 的问题可以有效区分出 A 层级学生和其他层级的学生. A、D 层级学生在水平 2、水平 3 的问题上的表现基本上没有差异,而 B、C 层级学生均出现了明显的下降.

表 9.3－1　七年级不同层级学生在不同抽象水平问题上的正确率

七年级	整　体	A	B	C	D
C1_P	53.5%	63.0%	55.0%	51.0%	37.0%
C2_P	55.9%	75.0%	67.0%	46.0%	19.0%
C3_P	42.3%	72.0%	38.0%	25.0%	15.0%

分析七年级学生的数学抽象能力在性别、城乡上是否存在差异,结果如图 9.3－5 和图 9.3－6 所示,七年级女生在 A 层级上的比例略高于男生;男生则在 B 层级上的比例略高于女生,其差异系数为 −0.683,不存在显著差异;而在城乡上,城镇有 50% 的七年级学生可以达到 A 层级,远高于乡村的 21%,其差异系数为 2.765,存在显著差异.

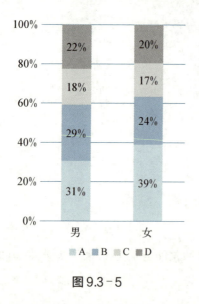

图 9.3－5

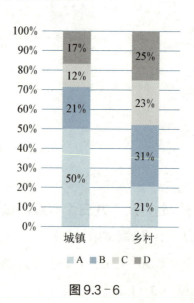

图 9.3－6

（二）八年级测试结果分析

分析八年级 A、B、C、D 能力层级的学生在抽象能力水平 1、水平 2、水平 3 问题上的表现,结果如表 9.3－2.可以发现:

在水平 1 的问题上,八年级 A、B 层级学生的正确率均接近 85%,高于 C 层级的 72% 和 D 层级的 64%;相比七年级学生在水平 1 问题上的表现,有了很大的进步.

在水平 2 的问题上,八年级各层级学生的表现差距明显,A 层级学生的正确率仅为 58%,明显低于七年级 A 层级学生在水平 2 问题上的表现;与七年级学生相比,八年级 B、C 层级学生的表现也出现了明显下降,说明出现了明显的学生分化.

在水平 3 的问题上,八年级各层级学生的表现进一步下降,A 层级学生的正确率仅为 48%,而 C、D 层级学生的表现均位于 15%～20% 之间,比较接近.

表9.3－2　八年级不同层级学生在不同抽象水平问题上的正确率

八年级	整 体	A	B	C	D
C1_P	80.5%	86.0%	84.0%	72.0%	64.0%
C2_P	41.0%	58.0%	40.0%	27.0%	19.0%
C3_P	33.6%	48.0%	33.0%	19.0%	16.0%

分析八年级学生的数学抽象能力在性别、城乡上是否存在差异,结果如图 9.3－7 和图 9.3－8 所示,八年级男生在 A 层级上的比例比女生高 10%,在 B 层级上的比例略高于女生;

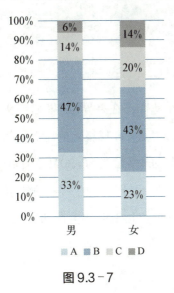

图9.3－7

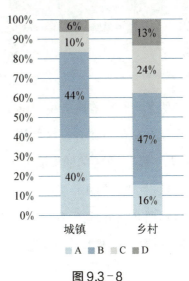

图9.3－8

总体情况来看,八年级男生的抽象能力略高于女生,但其差异系数为1.161,不存在显著差异.而在城乡上,城镇有40%的八年级学生可以达到A层级,远高于乡村的16%,其差异系数为2.417,存在显著差异.

(三) 九年级测试结果分析

分析九年级A、B、C、D能力层级的学生在抽象能力水平1、水平2、水平3问题上的表现,结果如表9.3-3.可以发现:

在水平1的问题上,九年级A、B、C层级学生的正确率均在85%左右,高于D层级68%的正确率;相比八年级学生在水平1问题上的表现,C层级学生出现了很大的进步.

在水平2的问题上,九年级A、B层级学生的正确率均在70%左右,略高于C层级56%的正确率,明显高于D层级的30%;相比八年级学生在水平2问题上的表现,A、B、C层级学生均出现了很大的进步.

水平3的问题可以有效区分九年级的A层级学生,其正确率继续稳定在75%,明显高于其在八年级48%的正确率.而与八年级相比,B、C、D层级学生在表现上变化不显著,说明只有A层级学生可以在抽象能力上出现进一步提升.

表9.3-3 九年级不同层级学生在不同抽象水平问题上的正确率

九年级	整 体	A	B	C	D
C1_P	85.0%	89.0%	88.0%	83.0%	68.0%
C2_P	62.2%	73.0%	67.0%	56.0%	30.0%
C3_P	43.7%	75.0%	43.0%	18.0%	13.0%

分析九年级学生的数学抽象能力在性别、城乡上是否存在差异,结果如图9.3-9和图9.3-10所示,九年级男生在A层级上的比例略低于女生,在B层级上的比例则相对接近;总体情况来看,九年级男、女生的抽象能力大致相当,其差异系数为-0.304,不存在显著差异.而在城乡上,城镇有20%的九年级学生可以达到A层级,低于乡村的27%;城镇有56%的九年级学生可以达到B层级,高于乡村的45%;城镇、乡村的九年级学生在抽象能力发展上基本一致.其差异系数为0.320,不存在显著差异.

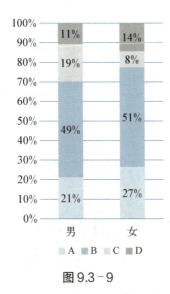

图9.3-9

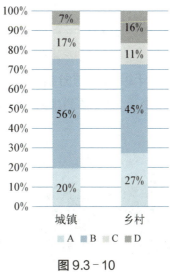

图9.3-10

9.4 各年级测试典型题分析

9.4.1 七年级测试题分析

第 6 题（3 分） 某点阵的排列规则如下：

（第 6 题图）

$$1 = 1^2 \qquad 1 + 3 = 2^2 \qquad 1 + 3 + 5 = 3^2 \qquad 1 + 3 + 5 + 7 = 4^2$$

则其第 n 个图所代表的等式为（ A ）.

A. $1 + 3 + 5 + \cdots + (2n - 1) = n^2$

B. $1 + 3 + 5 + \cdots + (2n + 1) = n^2$

C. $1 + 3 + 5 + \cdots + n = n^2$

D. $1 + 2 + 3 + \cdots + n = n^2$

本题测评抽象代数规则能力，水平 3；编码：C3A13 - 1.

Rasch 得分	答　案
3 分	A
0 分	其他答案

　　该试题考查的是学生能否"从问题情境中抽象出核心变量之间的关系，并概括出一般结论"，通过参考抽象能力测评框架，该问题被划定为水平 3. 该问题要求学生发现图形与算式在结构上的特征，以及图形与算式之间的联系，从而写出第 n 个图所代表的等式. 为了考查参测学生的发展水平，利用以上问题对七、九年级的学生进行测试. 结果发现，九年级学生在该问题上的表现明显高于七年级学生，即使 C 水平的九年级学生在该问题上的正确率也达到了 92%，远高于七年级学生 69% 的正确率.

年 级	人 数	整体	A	B	C	D
七年级	90	74.4%	97.0%	83.0%	69.0%	32.0%
九年级	96	91.7%	100.0%	96.0%	92.0%	58.0%

第16题（10分） 清朝康熙年间编纂的《全唐诗》包含4万多首诗歌,逾300万字,是后人研究唐诗的重要资源.小云利用统计知识分析《全唐诗》中李白和杜甫作品的风格差异.下面给出了部分信息:

a.《全唐诗》中李白和杜甫分别有896首和1 158首作品;

b. 在《全唐诗》中,二人全部作品中与"风"相关的部分词语频数统计表如下:

词语频数 诗人	春风	东风	清风	悲风	秋风	北风
李白	72	24	28	6	26	8
杜甫	19	4	6	10	30	14

c. 通过统计二人的个性化用字,可绘制一种视觉效果更强的"词云图",出现次数较多的关键字被予以视觉上的突出.

李白个性化用字词云图

杜甫个性化用字词云图

（第16题图）

注:在文学作品中,东风即春风,常含有生机勃勃之意和喜春之作,如:等闲识得东风面,万紫千红总是春;北风通常寄寓诗人凄苦的情怀,抒写伤别之情.

根据以上信息,回答下列问题:

（1）补全条形统计图:（水平1;编码:C2T12-1）

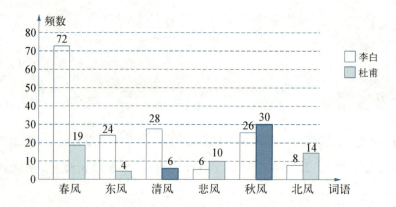

Rasch 得分	答　案
2 分	条形图正确补全
0 分	其他答案

（2）在与"风"相关的词语中，李白最常使用的词语是＿＿春风＿＿，他的所有诗歌作品中，大约每＿＿12＿＿首中就会出现一次该词语（结果取整数），而杜甫最常使用的词语是＿＿秋风＿＿.（水平 2；编码：C1T13－1）

Rasch 得分	答　案
4 分	填写全部正确
2 分	"12"填写正确，在"春风"和"秋风"的填写上出现错误
0 分	其他答案

（3）下列推断合理的是＿＿①③＿＿.（水平 3；编码：C4T13－1）

① 相较于杜甫，与"风"有关的词语在李白的诗歌中更常见；

② 个性化用字中，李白最常使用的汉字是"水"，杜甫则是"江"；

③ 在诗歌中使用"风"字，李白多表达喜悦，而杜甫更多表达悲伤.

Rasch 得分	答　案
4 分	填写全部正确
2 分	只写了一个正确答案
0 分	其他答案

其中第(3)小题考查的是学生能否从"跨学科的问题中抽象出核心变量之间的关系";通过参考抽象能力测评框架,该问题被划定为水平 3.利用统计数据来比较诗人的写作风格是非常新颖的文学比较方法,因此该问题对学生的抽象能力提出了一定要求.学生需要在跨学科情境中识别图表中的信息,通过平均数、众数等统计量对李白、杜甫的写作风格进行比较,抽象出"风"的运用与两位诗人写作风格之间的关系,从而完成统计推断.

此小题测试结果如下表所示,在七年级参试学生中,A 水平学生在该问题上的正确率为 92%,高于 B 水平的 81%,基本上具备了基于统计数据完成统计推断的能力;而 C 水平学生的正确率为 69%,远高于 D 水平学生的 26%,说明 D 水平学生不具备理解统计数据意义的能力.

年　级	人　数	整　体	A	B	C	D
七年级	90	71.1%	92.0%	81.0%	69.0%	26.0%

9.4.2　八年级测试题分析

第 6 题(3 分)　已知两个一次函数 y_1,y_2 的图象相互平行,它们的部分自变量与相应的函数值如下表:

x	m	0	2
y_1	4	3	t
y_2	6	n	−1

则 m 的值是(　A　).

A. $-\dfrac{1}{3}$　　　　B. -3　　　　C. $\dfrac{1}{2}$　　　　D. 5

抽象能力行为表现:抽象函数性质能力,水平 3;编码:C2A32－2.

Rasch 得分	答　案
3 分	A
0 分	其他答案

该问题考查的是学生能否从"表格中抽象出核心变量之间的关系,并概括出一般结论";通过参考抽象能力测评框架,该问题被划定为水平3.学生需要基于一次函数的性质,发现变化中的不变量,首先求出 n, t 的值;进而求出一次函数的表达式,从而确定 m 的值.表格中的字母较多,需要学生基于性质发现一般性规律,该问题对学生的抽象能力提出了较高要求.

如下表所示,在八年级参试学生中,即使 A 水平学生,在该问题上的正确率也仅为 69% ,略高于 B 水平的 57% ,B 水平学生基本上没有达到在表格情境中抽象出一般规律的能力;而 C、D 水平学生的正确率仅为 38% 和 22% ,不具备理解题意的能力.

年 级	人 数	整 体	A	B	C	D
八年级	93	53.8%	69.0%	57.0%	38.0%	22.0%

9.4.3 九年级测试题分析

第 16 题(10 分) 国家创新指数是反映一个国家科学技术和创新竞争力的综合指数.对国家创新指数得分排名前 40 的国家的有关数据进行收集、整理、描述和分析.下面给出了部分信息:

a. 国家创新指数得分的频数分布直方图如下(数据分成 7 组:$30 \leqslant x < 40$, $40 \leqslant x < 50$, $50 \leqslant x < 60$, $60 \leqslant x < 70$, $70 \leqslant x < 80$, $80 \leqslant x < 90$, $90 \leqslant x \leqslant 100$);

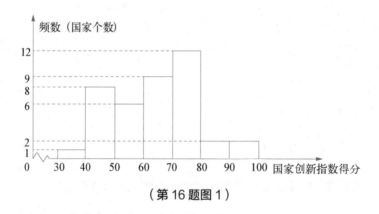

(第 16 题图 1)

b. 国家创新指数得分在 $60 \leqslant x < 70$ 这一组的是:

61.7 62.4 63.6 65.9 66.4 68.5 69.1 69.3 69.5

c. 40 个国家的人均国内生产总值和国家创新指数得分情况统计图如下:

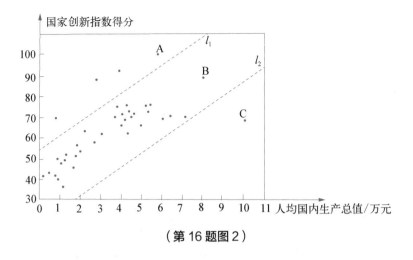

（第16题图2）

d. 中国的国家创新指数得分为 69.5.

（以上数据来源于《国家创新指数报告（2018）》）

根据以上信息,回答下列问题:

（1）中国的国家创新指数得分排名世界第_____17_____.（水平1;编码: C2T12-1）

Rasch 得分	答　案
2分	17
0分	其他答案

（2）在40个国家的人均国内生产总值和国家创新指数得分情况统计图中,包括中国在内的少数几个国家所对应的点位于虚线 l_1 的上方. 请在图中用"○"圈出代表中国的点.（水平2;编码: C1T13-2）

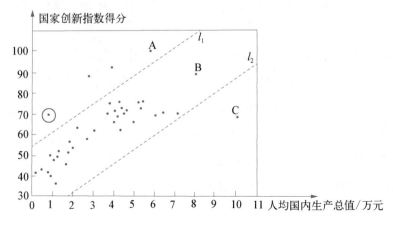

Rasch 得分	答　案
2 分	圈出了正确的点
0 分	其他答案

（3）在国家创新指数得分比中国高的国家中,人均国内生产总值的最小值约为　2.8　万美元.（结果保留一位小数）（水平 2;编码: C4T13－1）

Rasch 得分	答　案
2 分	2.8
0 分	其他答案

（4）下列推断合理的是　①②　.（水平 3;编码: C3T13－1）

① 相比于点 A, B 所代表的国家,中国的国家创新指数得分还有一定差距,中国提出"加快建设创新型国家"的战略任务,进一步提高国家综合创新能力;

② 相比于点 B, C 所代表的国家,中国的人均国内生产总值还有一定差距,中国提出"决胜全面建成小康社会"的奋斗目标,进一步提高人均国内生产总值.

Rasch 得分	答　案
4 分	答案正确
2 分	选对了一个正确答案
0 分	其他答案

其中第（4）小题考查的是学生能否从"跨学科的问题中抽象出核心变量之间的关系";通过参考抽象能力指标体系,该问题被划定为水平 3.借助《国家创新指数报告（2018）》中的真实数据,该问题通过统计图表帮助学生发现人均国内生产总值和国家创新指数得分,对学生的抽象能力提出了较高要求.学生需要通过比较不同类型国家的国内生产总值和国家创新指数得分,明确我国在未来阶段的发展方向.

此小题测试结果如下表所示,在九年级参试学生中,A 水平学生在该问题上的正确率为

78%,基本上具备了基于统计数据完成统计推断的能力,其明显高于 B 水平学生的 59% 和 C 水平学生的 46%.而 D 水平学生的正确率仅为 29%,不具备读取并理解统计数据意义的能力.

年　级	人　数	整　体	A	B	C	D
九年级	96	58.3%	78.0%	59.0%	46.0%	29.0%

9.4.4　跨年级水平发展

为了更好地对比七、八、九三个年级学生的抽象能力水平,本测试设置了以下两个问题作为锚题;通过对比不同年级学生在以下问题上的表现,尝试推断不同年级学生抽象能力的发展情况.如图 9.4-1 所示,锚题得分率大体呈现出七、八、九年级逐渐上升的整体趋势.但是在锚题 2 的第(3)问中,出现了七年级学生水平高于八、九年级学生的情况.说明在经历了初中三年的数学学习后,在解决需要较高抽象能力的问题时,可能会出现八、九年级学生反而弱于七年级学生的情况.

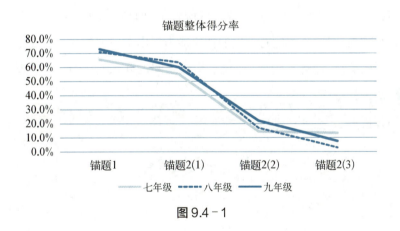

图 9.4-1

锚题 1: A 国、B 国、C 国人口的年龄分布直方图分别如图所示.如果对这三个国家人口的平均年龄进行排序,正确的是(　B　).

A. A 国 > C 国 > B 国

B. A 国 > B 国 > C 国

C. B 国 > C 国 > A 国

D. B 国 > A 国 > C 国

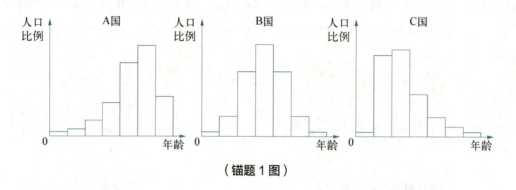

（锚题1图）

Rasch 得分	答　案
3分	B
0分	其他答案

该试题考查的是学生能否从"跨学科的问题中抽象出核心变量之间的关系"，通过参考抽象能力测评框架，该问题被划定为水平 2. 在地理学中，通常采用直方图来表示某国家或地区的人口分布特征；在数学中，平均数是重要的统计量，而在常规教学中，很少要求学生通过直方图来估算平均数. 因此该问题对学生的抽象能力提出了一定挑战：学生需要在跨学科情境中识别图表中的信息，理解平均数、加权平均数之间的联系与区别，通过估算对三个国家人口的平均年龄进行排序.

学生作答分析：

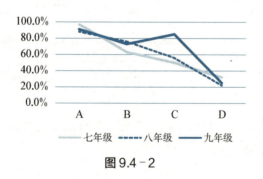

图9.4-2

由图 9.4-2 可知，三个年级中 A、D 水平的学生在该问题上的表现相对接近，但均出现了七年级学生的得分率略高于八、九年级学生的情况；对于 B 水平的学生，八、九年级学生的表现接近，均高于七年级学生；对于 C 水平的学生，七、八、九年级学生的表现逐次上升.

锚题2：猜想与探究.

小牧将1~8共8个自然数组成了4个两位数,其中1,2,3,4在十位上,5,6,7,8在个位上;小牧随意调换数字,将这4个两位数相加,得到如下竖式：

$$
\begin{array}{r}
1\ 5 \\
2\ 6 \\
3\ 7 \\
+\ 4\ _2 8 \\
\hline
1\ 2\ 6
\end{array}
\qquad
\begin{array}{r}
1\ 8 \\
3\ 5 \\
4\ 7 \\
+\ 2\ _2 6 \\
\hline
1\ 2\ 6
\end{array}
\qquad
\begin{array}{r}
3\ 8 \\
2\ 7 \\
1\ 6 \\
+\ 4\ _2 5 \\
\hline
1\ 2\ 6
\end{array}
$$

（1）通过观察以上三个竖式,你能发现哪些规律?

Rasch 得分	答　　案
4分	发现个位、十位上数字不变,仅位置上进行调换,最后和不变
2分	仅发现和不变
0分	其他答案

该试题考查的是学生能否"从问题中抽象出核心变量、变量的规律及变量之间的关系",参考抽象能力测评框架,该问题被划定为水平1.相比较而言,学生可以轻易地发现最后相加结果不变;但只有观察能力较强的学生可以发现在以上算式中,虽然个位上的数字、十位上的数字均被随意地调换,但实际上和的个位、十位数字没有出现变化.基于以上说明,将学生的作答分为以上三种情形,以标定学生的观察及归纳能力.

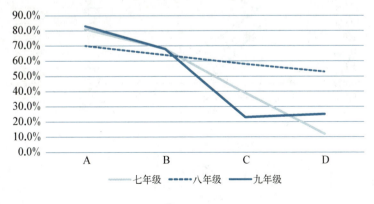

图9.4-3

由图9.4-3可知,三个年级中B水平的学生在该问题上的表现相对接近,其得分率处于60%~70%之间;七、九年级A水平的学生在该问题上的表现略高于八年级的学生;同时,八年级C、D水平学生的表现优于七、九年级的学生.其中九年级C、D水平的学生基本不具备解决该问题的能力.整体来说,八年级的学生在该问题上的表现优于七、九年级的学生.

（2）能证明你的结论吗?

Rasch 得分	答　　案
4分	证明:因为十位上的数字只可能是1,2,3,4,个位上的数字只可能是5,6,7,8,设4个两位数十位上的数字分别为a,b,c,d,个位上的数字分别为m,n,p,q,则$a+b+c+d=1+2+3+4=10$,$m+n+p+q=5+6+7+8=26$,所以这4个两位数的和为$10(a+b+c+d)+m+n+p+q=10\times10+26=126$
2分	仅举出具体两位数说明,没有通过字母表示数进行一般化的符号抽象、推理和运算
0分	其他答案

该问题考查的是学生能否"用符号关系表示抽象出的核心变量之间的数量关系",通过参考抽象能力测评框架,该问题被划定为水平2.一部分学生可以通过举例的方式验证在（1）中发现的结论;但只有抽象能力较强的学生可以设字母,列出相应的算式来表达（1）中蕴藏的一般规律.基于学生能否用字母表示抽象出的一般规律,将学生的作答分为以上三种情形,以测量学生的抽象能力.

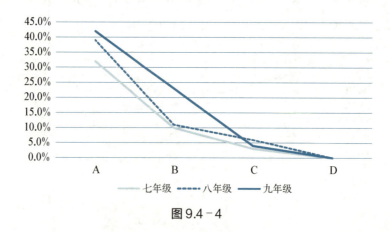

图9.4-4

由图 9.4 - 4 可知,三个年级中 C、D 水平的学生在该问题上的表现相对接近,不具备解决该问题的能力;七、八年级 B 水平的学生在该问题上的表现非常接近,但明显低于九年级的学生;而在 A 水平的学生中,学生的表现随着年级的升高而提高. 整体来说,九年级学生在该问题上的表现优于七、八年级的学生.

（3）将 0~9 这 10 个数字每个数只用一次,小牧组成了若干个一位数和两位数. 这些一位数与两位数的和能否为 100? 如果可以,请写出一组符合题意的组合方式;如果不可以,请说明理由.

Rasch 得分	答　　案
4 分	这些一位数与两位数的和不能为 100. 理由如下: 理由一:假设结论成立,设这些个位数字的和为 x（x 为正整数）,则十位数字的和为 $45 - x$,所以有 $10(45 - x) + x = 100$,解得 $x = \dfrac{350}{9}$,x 不是正整数,假设不成立. 所以这些一位数与两位数的和不能为 100. 理由二:假设所有的数字都在个位,最开始总和是 45. 每把一个数字从个位移动到十位,数字的总和都会增加 9 的倍数,但 100 不是 9 的倍数,因此这些一位数与两位数的和不能为 100
2 分	仅仅做出了判断;或者尝试去研究调整一个数在个位,或者在十位上,对总和产生的影响
0 分	其他答案

该试题考查学生能否利用"从具体的问题解决中概括出一般结论,形成数学的方法与策略",通过参考抽象能力测评框架,该问题被划定为水平 3. 该问对学生的抽象能力提出了较高的挑战,仅有一部分学生可以通过举例的方式,尝试变化某一数字在个位或者十位的位置以发现其对数字总和的影响,从而发现一般规律,体现出一定的抽象能力;但只有抽象能力最强的学生可以从整体上抽象出数字总和的规律,列出方程解决问题. 因此,基于学生能否从整体上通过观察、尝试,抽象出规律,进而解决问题,将学生的作答分为以上三种情形,以测量学生的抽象能力.

由图 9.4 - 5 可知,三个年级中 B、C、D 水平的学生在该问题上的表现相对接近,不具备解决该问题的能力;而在 A 水平学生中,七年级学生的表现最高,其得分率接近 30%;八年级

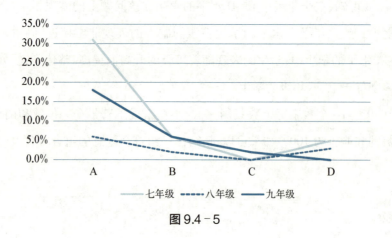

图9.4－5

的 A 水平学生得分率明显下降,但在九年级有所回升,但仍明显低于七年级学生的表现.整体来说,七年级的学生在该问题上的表现优于八、九年级的学生.

9.5　评价建议

　　《课标(2022年版)》强调通过素养立意的学业评价改革,实现"教—学—评"一致性,导向发展核心素养的数学教学,改变学生的学习方式,优化数学育人效果.从数据分析看,本次测试样卷都具有较高的信度,而且,抽象水平3具有较好的区分度,水平1和水平2在所有层级学生中具有相对稳定性,这也反映了本书中对抽象能力行为表现的三个水平的划分具有合理性.

　　在数学核心素养的九个行为表现中,有的表述为"意识",有的表述为"观念",有的表述为"能力".意识是基于操作和经验的感悟,观念是基于概念的理解形成的稳定清晰的认识,能力是指向外部问题解决的目标导向行为能力.抽象能力要求较高,是指向外部问题解决的目标导向行为能力,要求学生在现实情境和跨学科情境中抽象核心变量及变量之间的关系,并用数学符号表达,得到数学概念、命题法则、变量模型、方法策略和结构体系等研究对象,发现和提出有意义的问题.要在考试命题中完整再现所有的抽象活动过程,不能直接照搬,而要抓住关键,并进行适当的简化.

　　研制核心素养导向的试卷,首先要梳理初中阶段数学核心素养行为表现的要求,重点考核体现数学基本思想的"抽象能力、推理能力、运算能力、模型观念、数据观念",基于抽象、推理和建模需要考核空间观念、几何直观,注重应用意识和创新意识的考核.

　　《课标(2022年版)》在描述学业质量时,提出了核心素养在知识形成和应用两类活动中的行为表现:

　　(1)能从生活情境、数学情境中抽象概括出数与式、方程与不等式、函数的概念和规则,掌握相关的运算求解方法,合理解释运算结果,形成一定的运算能力、推理能力和抽象能力;知道运动过程中的不变量、图形运动的变化特征,能运用几何图形的基本性质进行推理证明,初步掌握几何证明方法,进一步增强几何直观、空间观念和推理能力;知道频数、频率和概率的意义,能够进行简单的数据分析,形成数据观念.综合运用数学和其他学科知识与方法解决问题,积累数学活动经验,发展核心素养.

　　(2)能从具体的生活与科技情境中,抽象出函数、方程、不等式等数学表达形式,用数学的眼光发现问题并提出(或转化为)数学问题,用数学的思维探索、分析和解决具体情境中的现实生活问题,给出数学描述和解释,运用数学的语言与思想方法,综合运用多个领域的知识,提出设计思路,制订解决方案.能够在解决问题的过程中选择合适的方法进行评估,并对结果的实际意义作出解释.能够知道解决问题方法的多样性,具备一定的应用意识和模型意识,初步会用数学语言表达与交流.

因此,可以设计数与代数特别是方程、不等式、函数等概念理解、性质探究、运算求解、解释结果等活动,考查学生的抽象能力、推理能力和运算能力;可以设计图形结构和变换下的不变性的直观观察、操作确认、推理论证等探究活动,考查学生的空间观念、几何直观和推理能力.函数是数形结合的内容,在高中和大学,函数是分析领域,是联系代数与几何的领域,因此,可以设计函数性质的探究活动,考查学生对"数形结合"思想的理解,考查几何直观水平;可以设计现实情境或跨学科情境中的问题解决试题,考查学生的抽象能力、模型观念、应用意识、创新意识及实践能力.在考查数学核心素养的行为表现的试题中,"情境""设问"和"评分标准"是关键,数学探究活动主要是数学情境、数学的实际应用和跨学科问题的解决,以及现实情境中真实问题的解决.

例 1 (八年级卷第 14 题,8 分) 如图是风筝的常见形状,叫做筝形,请你类比平行四边形的研究方法,从边的角度给出这类图形的定义,提出这类图形的两条性质并加以证明,提出一条与定义不同的判定,并加以证明.

(1) 定义:＿＿＿＿＿＿＿＿＿＿＿＿＿＿＿＿

＿＿＿＿＿＿＿＿＿＿＿＿＿＿＿＿;(2 分)

(2) 性质及证明:＿＿＿＿＿＿＿＿＿＿＿＿

＿＿＿＿＿＿＿＿＿＿＿＿＿＿＿＿;(4 分)

(3) 判定及证明:＿＿＿＿＿＿＿＿＿＿＿＿

＿＿＿＿＿＿＿＿＿＿＿＿＿＿＿＿.(2 分)

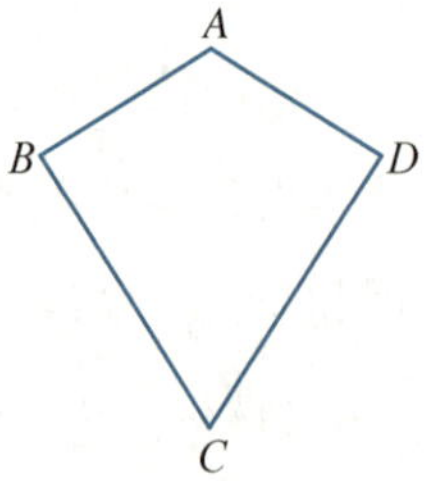

(例 1 图)

这个问题中,创设了几何探究的情境,从现实中的风筝形状出发,让学生类比平行四边形的研究框架,通过定义明确研究对象,通过证明确立论证的逻辑,通过命题表达论证的结果,体现欧几里得几何的基本思想,考核学生的概念、命题、方法策略和系统结构的抽象能力.情境、设问体现了"研究对象聚焦,核心问题明确,设问前后连贯、逻辑一致"的命题思想,通过这种具有系统性的探究活动,考核学生的方法策略与系统结构抽象能力及其下位的概念、命题抽象能力和空间观念,基于概念与推理的几何直觉以及从定义出发建立知识体系的高水平推理能力.这种命题思想和命题要求适用于几何综合探究题的研制,为改进当前几何试题中经常出现的"研究对象分散、设问缺乏逻辑性、思考缺乏系统性"的"拼凑"现象提供了可行的思路与方法.

例2 （八年级卷第17题,10分）如图,某景区有 A, B, C 三个景点,游客的旅游线路是 $A—B—C$,要在紧靠公路的一侧设计一个停车场,使得停车场下车后,游客步行游览完景点再回来上车的总路程最短,请设计停车场的位置,并说明理由.

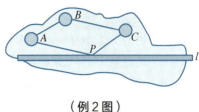

（例2图）

本题通过创设现实情境,提出真实问题,引发学生把实际问题抽象为几何中的对称问题,抽象轴对称基本图形,通过轴对称变换转化问题,应用轴对称的性质分析和解决问题,设计停车场位置的活动,问题聚焦,思考系统,引导学生高水平的数学认知活动,抽象能力在解决真实问题中起到至关重要的作用.

本次抽样施测的数据表明,高水平的抽象能力整体水平没有随着年级的提高而发展,主要原因可能是由于年级的提高,学习任务越来越重,教师教学更多向现实低头,采用"知识点＋操练"的方式教学,学生经历抽象活动机会减少了,这既反映了教师沿用传统的"刷题训练"应考的观念组织教学,也从另一侧面反映了我们的中考命题还没有真正从"知识点考查"转型到"素养考查",说明素养立意的考试命题变革是紧迫而重要的研究课题.

从本次抽测的样卷的指标分布分析,八年级和九年级的指标分布比较合理,但七年级在 C3 上分布权重太高,占77% ,C1, C2, C4 上的分布权重太低;三份测试卷中都没有 C5 上的分布;施测的样本偏小. 这些问题,需要在今后的研究与实践中进一步改进.

参考文献

［1］巴特沃思.数学脑［M］.吴辉,译.上海：东方出版中心,2004.

［2］鲍建生,周超.数学学习的心理基础与过程［M］.上海：上海教育出版社,2009.

［3］鲍建生.数学核心素养在初中阶段的主要表现之一：抽象能力［J］.中国数学教育,2022(5)：4-9+13.

［4］丁树良,罗芬,涂冬波,等.项目反应理论新进展专题研究［M］.北京：北京师范大学出版社,2012.

［5］菲利克斯·克莱因.高观点下的初等数学(第二卷)：几何［M］.舒湘芹,陈义章,杨钦樑,译.上海：复旦大学出版社,2008.

［6］侯卫婷.让数学抽象拾级而上——数学抽象能力培养的实践研究［J］.数学教学通讯,2021(33)：21-23.

［7］黄荣金,李业平.通过变式教数学——儒家传统与西方理论的对话［M］.董建功,译.上海：华东师范大学出版社,2019.

［8］黄兴丰,顾圆圆,顾婷,等.7~9年级学生几何思维水平的发展——来自苏南C市的调查［J］.数学通报,2013,52(06)：13-17.

［9］康文彦,刘辉.培养学生数学抽象核心素养的几种途径［J］.教育探索,2017(5)：38-41.

［10］孔涅.对青年数学家的建议［M］//高尔斯.普林斯顿数学指南(第三卷).齐民友,译.北京：科学出版社,2014.

［11］李昌官.数学抽象及其教学［J］.数学教育学报,2017,26(4)：61-64.

［12］李文林.数学史概论(第三版)［M］.北京：高等教育出版社,2011.

［13］林敏,孙志凤.简评皮亚杰关于反省抽象及其发展的研究［J］.华东师范大学学报(教育科学版),2006(2)：66-71.

［14］洛林·W.安德森,等.布卢姆教育目标分类学：分类学视野下的学与教及其测评：完整版［M］.蒋小平,张琴美,罗晶晶,译.修订版.北京：外语教学与研究出版社,2009.

［15］马敏.初中数学"数学抽象"素养测评的实践探索——基于2020年江苏省义务教育数学学业质量监测［J］.教育研究与评论,2022(4)：23-29.

［16］邵光华.作为教育任务的数学思想与方法［M］.上海：上海教育出版社,2009.

［17］史宁中,曹一鸣.义务教育数学课程标准(2022年版)解读［M］.北京：北京师范大学出版社,2022.

［18］史宁中.数学基本思想18讲［M］.北京：北京师范大学出版社,2016.

［19］史宁中.数学思想概论(第2辑)：图形与图形关系的抽象［M］.长春：东北师范大学出版社,2015.

［20］苏枫林.基于学科核心素养的初中数学"方程"大单元教学要素分析［J］.数学研究科教导刊(电子版),2019(32)：197.

［21］王成营.数学符号意义及其获得能力培养的研究［D］.武汉：华中师范大学,2012.

［22］王红兵.针对初中毕业阶段学生范希尔几何思维水平的调查及其分析［J］.数学教育学报,2018, 27(03)：52－56.

［23］王宽明.八年级学生几何推理能力与几何思维水平相关性研究［J］.教学与管理,2013(27)：101－103.

［24］魏海楠.让学生的数学学习自然生成——"等式的基本性质"教学设计、实施和反思［J］.中学数学研究(华南师范大学版)(下半月),2019(8)：12－15.

［25］吴秀燕,杨正富.培养数学抽象能力的教学实践与思考——以函数概念为例［J］.中学数学教学参考,2021(35)：67－70.

［26］吴增生.数学抽象的认知与脑机制［J］.数学教育学报,2018, 27(4)：68－75.

［27］吴增生.数学思想方法及其教学策略初探［J］.数学教育学报,2014, 23(3)：11－15.

［28］希尔伯特.希尔伯特几何基础［M］.江泽涵,朱鼎勋,译.北京：北京大学出版社,2009.

［29］许瑞雨.浅谈数学抽象思维能力培养的策略［J］.民营科技,2011(10)：91.

［30］殷容仪,赵维坤.基于质量监测的初中学生数学抽象发展状况的调查研究［J］.数学教育学报,2017, 26(1)：14－15+63.

［31］张奠宙,张广祥.中学代数研究［M］.北京：高等教育出版社,2006.

［32］中华人民共和国教育部.义务教育数学课程标准(2022 年版)［M］.北京：北京师范大学出版社,2022.

［33］FISCHER M H. Cognitive representation of negative numbers［J］. Psychological Science, 2003, 14(3)：278－282.

［34］GRAY E, TALL D. Abstraction as a natural process of mental compression［J］. Mathematics Education Research Journal, 2007, 19(2)：23－40.

［35］KIERAN, C. Algebraic thinking in the early grades：What is it? ［J］ The Mathematics Educator, 2004, 8(1), 139－151.

［36］LAKATOS I, WORRALL J, ZAHAR E. Proofs and Refutations：The Logic of Mathematical Discovery［M］. Cambridgeshire：Cambridge University Press, 1976.

［37］NIEMI D, VALLONE J, VENDLINSKI T. The Power of Big Ideas in Mathematics Education：Development and Pilot Testing of POWERSOURCE Assessments. CSE Report 697［J］. National Center for Research on Evaluation, Standards, and Student Testing (CRESST), 2006.

［38］RODRIGUEZ-MORENO D, HIRSCH J. The dynamics of deductive reasoning：An fMRI investigation［J］. Neuropsychologia, 2009, 47(4)：949－961.

［39］SHAKI S, PETRUSIC W M. On the mental representation of negative numbers：context-dependent SNARC effects with comparative judgments［J］. Psychonomic Bulletin & Review, 2005, 12 (5)：931－937.

［40］TEPPO A. Van Hiele Levels of Geometric Thought Revisited［J］. The Mathematics Teacher, 1991, 84(3)：210－221.